本书受到陕西理工大学中国语言文学学科、汉水文化重点学科指导和支持，同时受到陕西省社科规划办项目"汉中方言口传文化遗产典藏及综合研究（编号：2021K002）"和陕西理工大学社科处项目"基于汉中方言文化语料的深度调查和比较研究（编号：SLGSKRC2301）"支持。在此一并感谢。

汉中方言研究

张璐 著

The Research of Hanzhong Dialects

中国社会科学出版社

图书在版编目（CIP）数据

汉中方言研究/张璐著 .—北京：中国社会科学出版社，2024.8
ISBN 978-7-5227-3537-5

Ⅰ.①汉… Ⅱ.①张… Ⅲ.①西北方言-方言研究-汉中
Ⅳ.①H172.2

中国国家版本馆 CIP 数据核字（2024）第 090840 号

出 版 人	赵剑英	
选题策划	宋燕鹏	
责任编辑	金 燕	宋燕鹏
责任校对	李 硕	
责任印制	李寡寡	

出　　版	中国社会科学出版社	
社　　址	北京鼓楼西大街甲 158 号	
邮　　编	100720	
网　　址	http://www.csspw.cn	
发 行 部	010-84083685	
门 市 部	010-84029450	
经　　销	新华书店及其他书店	
印　　刷	北京明恒达印务有限公司	
装　　订	廊坊市广阳区广增装订厂	
版　　次	2024 年 8 月第 1 版	
印　　次	2024 年 8 月第 1 次印刷	
开　　本	710×1000　1/16	
印　　张	25.75	
字　　数	386 千字	
定　　价	148.00 元	

凡购买中国社会科学出版社图书，如有质量问题请与本社营销中心联系调换
电话：010-84083683
版权所有　侵权必究

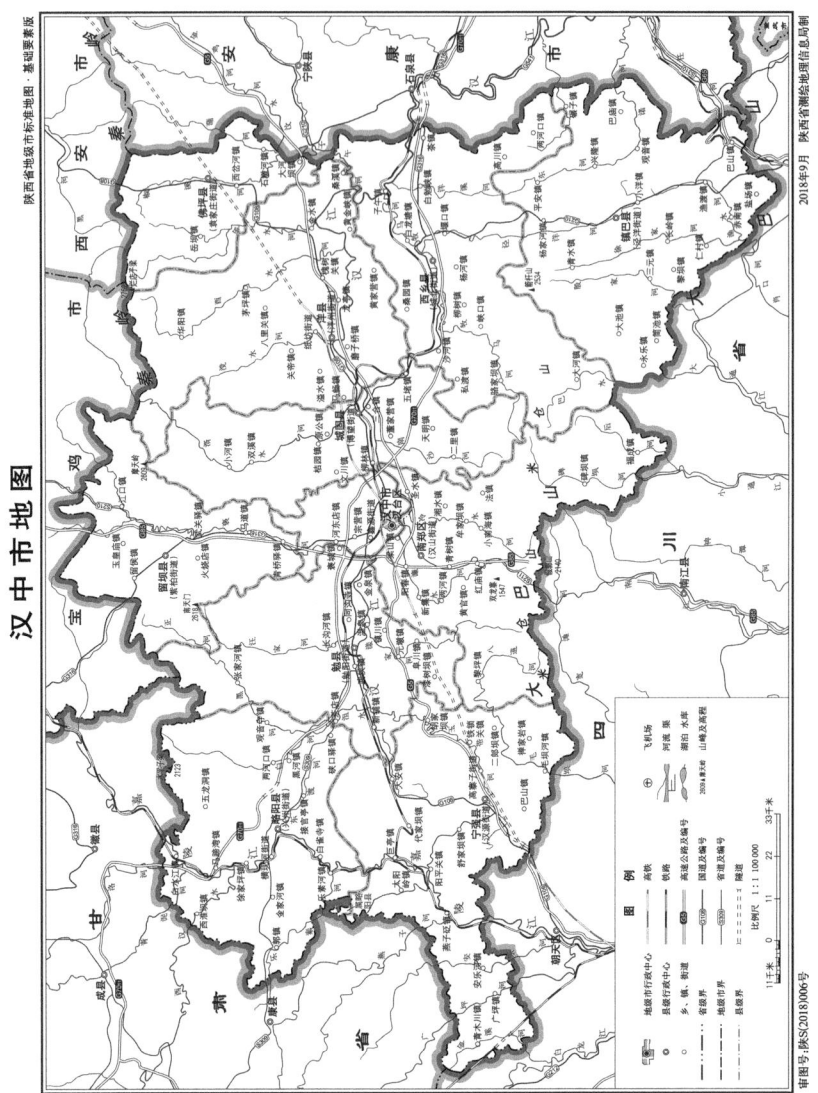

目　　录

前　言 …………………………………………………………… (1)

第一章　导论 …………………………………………………… (1)
第一节　汉中自然地理与历史人文 ………………………… (1)
一　自然地理 ……………………………………………… (1)
二　历史沿革 ……………………………………………… (2)
三　人口人文 ……………………………………………… (3)
第二节　材料来源以及发音合作人简况 …………………… (4)
一　材料来源 ……………………………………………… (4)
二　发音合作人简况 ……………………………………… (5)
第三节　符号说明 …………………………………………… (6)

第二章　汉中方言语音 ………………………………………… (7)
第一节　汉中西关、北关语音系统 ………………………… (7)
一　声母 …………………………………………………… (7)
二　韵母 …………………………………………………… (8)
三　单字调 ………………………………………………… (9)
四　连读调与词调 ………………………………………… (9)
第二节　汉中东关、南关语音系统 ………………………… (17)
一　声母 …………………………………………………… (17)

二　韵母 ……………………………………………………… (17)
　　三　单字调 …………………………………………………… (18)
　第三节　汉中方言同音字汇 ……………………………………… (19)

第三章　汉中方言语音与中古音的比较 ……………………… (43)
　第一节　声母比较 ………………………………………………… (43)
　第二节　韵母比较 ………………………………………………… (43)
　第三节　声调比较 ………………………………………………… (43)
　第四节　声韵调的演变特点 ……………………………………… (53)
　　一　声母的演变特点 …………………………………………… (53)
　　二　韵母的演变特点 …………………………………………… (54)
　　三　声调的演变特点 …………………………………………… (54)
　　四　古入声字在汉中方言中的演变 …………………………… (54)
　第五节　例外字表 ………………………………………………… (57)
　　一　声母例外字表 ……………………………………………… (57)
　　二　韵母例外字表 ……………………………………………… (58)
　　三　声调例外字表 ……………………………………………… (60)

第四章　汉中方言分类词表 …………………………………… (62)
　　一　天文 ………………………………………………………… (62)
　　二　地理 ………………………………………………………… (66)
　　三　时令时间 …………………………………………………… (72)
　　四　农业 ………………………………………………………… (79)
　　五　植物 ………………………………………………………… (83)
　　六　动物 ………………………………………………………… (96)
　　七　房舍 ………………………………………………………… (104)
　　八　器具、用品 ………………………………………………… (107)
　　九　称谓 ………………………………………………………… (119)
　　十　亲属 ………………………………………………………… (126)

十一　身体 ………………………………………………… (131)
十二　疾病、医疗 ………………………………………… (139)
十三　衣服、穿戴 ………………………………………… (145)
十四　饮食 ………………………………………………… (152)
十五　红白大事 …………………………………………… (165)
十六　日常生活 …………………………………………… (175)
十七　讼事 ………………………………………………… (182)
十八　交际 ………………………………………………… (186)
十九　商业、交通 ………………………………………… (191)
二十　文化教育 …………………………………………… (198)
二十一　文体活动 ………………………………………… (204)
二十二　动作 ……………………………………………… (211)
二十三　位置 ……………………………………………… (228)
二十四　代词等 …………………………………………… (231)
二十五　形容词 …………………………………………… (234)
二十六　副词、介词等 …………………………………… (248)
二十七　量词 ……………………………………………… (253)
二十八　附加成分等 ……………………………………… (257)
二十九　数字等 …………………………………………… (259)

第五章　重叠与后缀 …………………………………… (264)
第一节　重叠 …………………………………………… (264)
一　重叠式名词 …………………………………………… (264)
二　重叠式动词 …………………………………………… (268)
三　重叠式形容词 ………………………………………… (268)
第二节　后缀 …………………………………………… (271)
一　名词性后缀 …………………………………………… (271)
二　动词性后缀 …………………………………………… (274)
三　形容词性后缀 ………………………………………… (275)

第六章 代词 (278)

第一节 人称代词 (278)
一 人称代词"我、你、他"等的用法 (279)
二 "伢"和"人伢"的来源和用法 (280)
三 "残个人""二一个人"的用法 (283)
四 "自家""各家""各人"的用法 (283)

第二节 指示代词 (284)
一 读音 (285)
二 用法 (286)

第三节 疑问代词 (287)
一 表示人、事物的疑问代词 (288)
二 表示时间、处所的疑问代词 (289)
三 表性状、原因、数量的疑问代词 (289)
四 表示任指、虚指的疑问代词 (290)

第七章 副词 (292)

第一节 程度副词 (292)
一 表示程度高的副词 (292)
二 表示程度低的副词 (297)

第二节 范围副词 (298)

第三节 情状副词 (299)
一 表动作态度、目的的副词 (299)
二 表动作的具体状态的副词 (302)

第四节 时间、频度副词 (304)
一 表时间的副词 (304)
二 表频率的副词 (306)

第五节 肯定、否定副词 (309)

第六节 语气副词 (310)

第八章　介词和助词 (314)

第一节　介词 (314)
一　表示对象的介词 (314)
二　表被动的介词 (315)
三　表比较的介词 (316)
四　表时间、处所的介词 (316)
五　表凭借的介词 (316)

第二节　助词 (317)
一　结构助词"的" (317)
二　体貌助词 (318)

第九章　语气和语气词 (327)

第一节　陈述语气 (328)
第二节　疑问语气 (331)
第三节　祈使语气 (333)
第四节　感叹语气 (336)
第五节　语气词的连用情况 (337)
第六节　汉中方言语气词连用规律分析 (339)

第十章　特定句式 (341)

第一节　"把"字句 (341)
第二节　"叫"字句 (345)
第三节　"把、叫"同现句与助词"给" (347)
第四节　"把"字句、"叫"字句与助词"给" (349)
第五节　比较句 (350)
一　差比句 (351)
二　极比句 (354)
三　递比句 (355)
四　平比句 (356)

第十一章　疑问句 …… (359)
  第一节　是非问 …… (359)
  第二节　特指问 …… (363)
  第三节　选择问 …… (364)

第十二章　复句关系表达 …… (367)
  第一节　因果类复句 …… (367)
    一　因果句 …… (367)
    二　推断句 …… (369)
    三　假设句 …… (370)
    四　条件句 …… (372)
    五　目的句 …… (373)
  第二节　并列类复句 …… (373)
    一　并列句 …… (374)
    二　连贯句 …… (375)
    三　递进句 …… (375)
    四　选择句 …… (377)
  第三节　转折类复句 …… (378)
    一　转折句 …… (378)
    二　让步句 …… (379)
    三　假转句 …… (380)

第十三章　语料标音 …… (382)
  第一节　语法例句 …… (382)
  第二节　歇后语，谚语 …… (387)
  第三节　故事 …… (393)

参考文献 …… (395)

前　言

　　汉中市位于陕西省南部,地处秦岭巴山环绕的汉中盆地中心。作为一个小型地级市,它内部分布着中原官话秦陇片、关中片、西南官话川黔片等方言。这些方言形成了复杂的接触关系,表现出方言接触和融合的许多现象。

　　本书的研究对象是以汉中市汉台区城区西关、北关方言为代表的汉中(汉台区)方言,描写汉中方言的语音、词汇、语法系统,进行共时分析和历时比较研究。

　　全文共十三章。第一章为导论部分,简述汉中及其方言概貌,介绍自然地理、历史人文。

　　第二章至第三章描写汉中方言语音系统。列出汉台城区的两种主要音系,进行内部差异比较,描写连读调与词调,列出同音字汇;进行历时比较,归纳声母、韵母和声调的演变规律。通过单字调的调值、古全浊声母仄声字今读送气与不送气演变、连读调与词调等方面的考察,认为汉中城区西关、北关方言调类属于中原官话秦陇片的系统,调值则与属于西南官话川黔片的汉中东关、南关非常相似。汉中话声调的演变特点主要体现在古入声字的走向上,清入派入阴平和阳平的字比北京话范围大,数量多;次浊入主要归阴平,全浊入主要归阳平。对调值和调类的考察说明中原官话与西南官话在汉中市融合的过程中已经形成深度接触。

　　第四章列出汉中方言分类词表,反映词汇中所蕴含的汉中人民生产方式、生活习俗、文化思想观念。

第五章至第十二章是汉中方言语法系统。描写汉中方言的重叠形式和常见的后缀用法，描写代词、副词、介词和助词、语气与语气词等各词类的用法和功能。对"把"字句、"叫"字句、比较句等特定句式描写分析，把句式的功能与相关介词、助词、动词、语气词等的功能联系起来考察。对是非问、特指问和选择问的具体表达方法进行描写和举例，描写分析因果类复句、并列类复句和转折类复句的关联词、表达方式和方法。在汉中方言这个系统中，既存在着属于中原官话的一些典型性词汇、语法特点，也存在着属于西南官话的典型性词汇、语法特点，它们体现在一些特征词和特殊句式中，成为汉中方言词汇、语法系统的特色。

　　第十三章是语料标音部分，含有典型例句，当地俗语和歇后语、故事。它们是文中所描写的语音、词汇、语法部分内容的集中体现。

第一章

导　　论

第一节　汉中自然地理与历史人文

一　自然地理

汉中市位于陕西省西南部，汉江中上游，北依秦岭，南屏巴山，东、北与安康市（宁陕、石泉、汉阴、紫阳县）、西安市（周至县）、宝鸡市（太白县）接壤，西南与甘肃省（康县、两当县）、四川省（青川、南江、万源市）毗邻。全市辖汉台区、南郑区、城固县、西乡县、宁强县、略阳县、镇巴县、留坝县、佛坪县、勉县、洋县11个县区，截至2022年10月，总人口378.98万，市域总面积2.72万平方千米。古汉中陆路富享褒斜、陈仓、傥骆、子午等多条千年古道，连接关中、甘肃、四川、湖北；水路坐拥汉江和嘉陵江两大水系，连接巴蜀和荆楚。

汉中城区位于汉台区南部，是陕甘川毗邻地区规模最大的城市，汉台区辖7个镇8个街道办事处，人口57.05万，总面积556平方千米，是汉王刘邦建立西汉王朝的发祥地，以"两汉三国"为特色的历史文化遗存闻名。

汉中地势北高南低，地形大致分为三带：南部为汉江冲积平原，占土地面积38%；中部为沟梁相间的丘陵地带，占土地面积28%；北部属秦岭南坡山地，属秦岭东西构造带的一部分，地貌特征表现为山高、谷深、坡陡，占土地面积34%[1]。河流属长江水系，主要由汉江、褒河两

---

[1] 汉中市汉台区人民政府：汉台区自然地理，汉台区地情网，http://www.htq.gov.cn/hzshtqzf/zjht/zrdl/201305/a577e91403214ff38808e6989aaba57b.shtml，2021年1月4日。

大过境河流以及境内18条较大的沟渠水道组成。农作物主要有水稻、油菜、小麦、玉米等。

北秦岭、南巴山，群山环绕的盆地地貌天然闭塞，复杂的自然地理构造使得汉中方言内部形成差异，又产生融合，不断碰撞和演变，同时造成了语言阻隔和发展演变的不平衡。汉中是南北古栈道的连接处，褒斜栈道称北栈道，通往关中平原，金牛道称南栈道，通往四川北部，这些古栈道带来的语言间的流通与影响一直延续到现代公路产生后。水路方面，汉江在秦汉时期即为主要水运航道，可直达武汉，沿河两岸沟渠工程、码头渡口等带来的阻隔与流通，进一步深化了语言差异化混合化的演变趋势。目前针对汉中自然地理构造对方言差异产生直接影响的专项研究还比较缺乏。

二　历史沿革

根据汉中考古、史志学界的追溯研究，汉中前身称南郑。夏朝至东周，汉中地域曾称褒国、南郑、汉中等，行政隶属在古秦国、蜀国、巴国间更迭。秦统一六国后，设汉中郡，地域包括今汉中市、安康市及湖北郧阳区一带。刘邦被封汉王时，定都南郑，汉代末期名称沿用汉中郡，辖南郑、褒中、成固（城固县）、沔阳县（勉县），郡治南郑，辖区与现在汉中市11县区相当。三国时期刘备占据汉中，自立为汉中王，沿用汉中郡，辖地含有8县，其中南郑县指汉中。经两晋、南北朝政权更迭，到北周时期，汉中市中部为梁州，东为洋州，西为兴州，唐代称汉中郡兴元府，元代称兴元路，明代称汉中府，民国称汉中道。

新中国成立后，南郑县分汉中城及郊区为南郑市，1955年改名为汉中市，1961年市县分设，南郑县辖原市区汉江以南地区及褒城县南部，驻地迁于周家坪，汉中市辖原市区汉江以北地区及褒城县东部，迄今辖区未变。1964年汉中市改汉中县，1980年又恢复汉中市，1996年改为汉台区①。

---

① 汉中市地方志编纂委员会编：《汉中市志》，中共中央党校出版社1994年版，第38页。

三　人口人文

不同历史时期的人口迁移与叠置使得汉中方言内部产生语言体系的层级叠置与融合。不同时代、来源不同的人口迁入迁出，使用的方言口语及其背后的语言文化不断相互影响、相互适应，形成了今天我们调查到的汉中方言主体面貌。

根据汉中人口迁移情况来看，较大规模的人口情况改变有：西周末年，姬姓郑人自今陕西凤翔县和华县先后迁入；战国至秦朝，成都平原和关中平原的部分居民融入汉中土著居民中。西汉刘邦屯兵汉中时期，有较大数量的军队人口留在汉中，这些人口绝大多数是黄河和长江中下游地区的居民，两汉战乱，东汉初年汉中人口降至4万以下。三国时期，诸葛亮从西县（今甘肃省天水市南）迁百姓千余家到汉中，汉中人口有所增加。隋唐、两宋时期汉中人口增长缓慢，元代战乱，人口损耗巨大。

明初洪武年间，陕西、山西、河南、山东、四川等地流民十万余人逃至地广人稀的汉中、金城一带定居[1]。成化年间，一部分"荆襄流民"进入陕南，他们大多定居于平川盆地[2]。明代移民成为战乱后汉中地区人口的主体，也就是所谓的"老民"[3]。明末清初战乱期间，汉中人口不断减少。逐渐恢复生产后，周边及外地居民不断移入，形成"十家九户客，百年土著无"的局面[4]。薛平拴对清代陕南移民情况进行概括，认为南郑移民主要为关中、陇南、四川、两湖人，"在汉江以北者，称为北坝（今汉台），人民土著居多。自汉江以南，亦系平原，称为南坝，多系四川、湖广、江西等地外来居民，佃地开荒"，形成了"新民"群体。

年代较近的人口迁徙和语言影响在新中国建立后，汉中作为我国"四五计划"和"三线建设"的重要基地，国防、航空工业大小厂区星

---

[1] 陈良学：《明清大移民与川陕开发》，陕西人民出版社2015年版，第23页。
[2] 郭沈青：《陕南中原官话的性质与归属》，《语文研究》2006年第4期。
[3] 陈良学：《明清大移民与川陕开发》，陕西人民出版社2015年版，第15页。
[4] 郭鹏主编，汉中市人民政府主修，汉中市地方志办公室编纂：《汉中地区志》，三秦出版社2005年版，第293页。

罗棋布，在整个汉中市、汉台区范围内形成了一个个不同的语言岛，并与周边连片方言区域相互影响和渗透。

在民族人口构成方面。"明、清、民国时期少数民族主要是回族，集中居住在城区东门桥、塔儿巷、北团结街、东关及铺镇一带。新中国成立后，少数民族人口发展很快，回族人口仍聚居在城区的东门桥、塔儿巷、北团结街、东关街、陈家营及铺镇街一带地区，零星分布居住城乡及工厂、企业。满族、蒙古族、土家族、壮族、苗族等其余少数民族，是1965年以前随三线建设工厂内迁及工作调动、婚娶等原因迁来本市定居。"① 汉中市区东门桥外的东关正街入口处的"塔儿巷"，是汉中回族最集中的聚居区，至今周围建有民族饭店、民族小学、牛羊肉市场、牛羊肉泡馍、拉面等民生和经营场所，居民姓氏以马姓、米姓为主，笔者联系相关发音人，进行初步的方言音系调查结果与下文所描写的代表性音系无差异，因此没有进行更多地深入调查和研究。

随着汉中区域内城镇化的人口流动速度，及现代化交通工具的迅猛发展，在密集的五年左右时间内，汉中本地居民到西安和到成都这两大最近的省会城市最常采用的出行方式实现了从普通火车到高速公路汽车、飞机、高铁的大跨越。在自然地理距离不变的情况下，所需时间大幅度减少，人员流动加速，受教育程度、普通话的快速推广等原因，在汉中城区寻找典型的有明显区别的东关话和南关话发音人已经非常困难。实际上，以使用人口数量、居住区域面积、获当地人认可这些因素来判断，汉中西关、北关方言应当是最具有代表性和典型性的方言，目前来看，也代表着汉中方言未来的演变趋势和方向。

第二节　材料来源以及发音合作人简况

一　材料来源

2016年，笔者主持了国家语委中国语言资源保护专项调查任务"陕

---

① 汉中市地方志编纂委员会编：《汉中市志》，中共中央党校出版社1994年版，第119页。

西汉语方言调查·汉中"。在完成专项任务的基础上，增加词汇调查条目数量，编制了《汉中话词汇调查表》。为了考察汉中话与其他 11 个县区的关系，用此表调查了汉中 11 个县区的词汇。截至 2021 年，制作了汉中市 11 个县区中以城关镇为代表点的《汉中词汇对照集》（未刊）。与此同时，笔者于 2014 年至 2021 年多次深入汉中话的语言文化相关部分，参与中国语言资源保护工程，参与陕西省档案局各县方言调查建档工作，采集了大量自然语料。本书语音部分的材料，使用《方言调查字表》的调查和平日对当地方言使用的积累。本书的词汇材料，前期按照《中国语言资源调查手册·汉语方言》进行第一次调查，后期对黄党生、付良汉老师进行第二次调查。

二　发音合作人简况

根据汉中城区实际情况，按照"语保工程"规定的发音人选拔要求，选取汉台区城区主要的两种音系代表发音人，从户籍来源、家庭住址、出生后活动轨迹、家庭成员情况、工作经历、受教育程度、对汉中方言的认识等方面综合考虑，使发音材料具有可靠性。

笔者本人籍贯是汉中市，除外出求学等经历，工作居住均在汉中市，亲友主要是汉中本地人，对汉中各县区方言具备一定的语感。黄党生老师是语保工程"陕西汉语方言调查·汉中"的老男发音人，是工作在陕西理工大学人文学院语言教研室三十余年的汉中籍教授，一直居住在汉中市，常提供一些难以调查到的自然语段、语篇等长篇语料，并常帮助笔者鉴别和分析采集到的其他语料。另一位发音人付良汉老师对汉中民俗十分了解。他们共同为本书材料的丰富性可靠性提供了保证。

调查点	姓名	性别	年龄	文化程度	语言面貌
汉中西关北关	黄党生	男	68	大学本科	汉中西关北关话
汉中西关北关	张国中	男	66	初中	汉中西关北关话
汉中东关南关	付良汉	男	70	初中	汉中东关南关话
汉中东关南关	王学汉	男	64	高中	汉中东关南关话

第三节　符号说明

字下加"－"表示白读音，加"＝"表示文读音。

举例时，"／"表示"或"，"｜"表示"和"，"（）"表示可以省略的字。

"□"代表有音无字的音节。"～"代表例字。加"＝"表示同音代替字。

注解与举例之间用冒号"："。举例用"～"代表本词条。

同一条目在调查时都只记录方言口语使用中最常用的说法。有多种说法的按照使用频率由高到低排列，中间用"／"隔开。

根据语用环境需要对词条进行解释说明的，在词语和音标记录后加文字注释，注释用小一号字体。

词条记音使用国际音标，出现连读变调时标注实际调值。实际调值为 21 的轻声标为 0，实际调值为 35 的仍然标为 35。国际音标用 IPAPANNEW 字体，送气符号用上标的 h，卷舌央元音用 ɚ，合音用"［　］"表示。

第 二 章

汉中方言语音

近年来发表的汉中市区方言调查文献[1]，对汉中市城区方言的性质已形成共识：汉中西关、北关为中原官话秦陇片，汉中东关、南关为西南官话川黔片。本书此次调查认为根据人口数量、居住区域面积、当地人认可等综合因素判断，汉中西关、北关方言是当地最具有代表性和典型性的方言。以下分别列出汉中西关、北关与汉中东关、南关音系，其他语音共时分析和历时演变情况均以汉中西关、北关音系为代表。

第一节 汉中西关、北关语音系统

一 声母

声母23个，包括零声母在内。

p 八兵病半　　p^h 派片爬皮　　m 麦明磨迷

　　　　　　　　　　　　　　　　　　　f 飞副肥饭

t 多东毒定　　t^h 讨天甜梯　　　　　　　　　　l 脑南老连

ts 资竹争纸　　ts^h 刺拆床春　　　　　　s 丝事山顺

tʂ 张致遮镇　　$tʂ^h$ 抽车城陈　　　　　　ʂ 手十设时　　ʐ 热软然让

tɕ 姐假酒九　　$tɕ^h$ 清全轻权　　ȵ 年泥硬咬　　ɕ 想谢响县

k 高共柜古　　k^h 开看哭困　　ŋ 熬安我藕　　x 好灰活坏

---

[1] 见本书"1.2汉中方言研究现状"内容。

ø 味月温王用

说明：

① ［pʰ tʰ tsʰ tʂʰ tɕʰ kʰ］等送气音，气流较强。

② ［f s ɕ x］等擦音，发音时阻碍部位接触面积较大，气流较强。

③ ［tʂ tʂʰ ʂ ʐ］发音时舌尖抵在上齿龈的偏前部位，卷舌不深，有时带舌叶音色彩。

④合口呼的零声母发音时上下唇略有接触，但不形成阻碍。齐齿呼零声母有轻微摩擦。

⑤ ［l］与［ȵ］在细音韵母前形成对立。

二 韵母

韵母 36 个。

ɿ 师丝试次

| ʅ 十直尺石 | i 米戏急七 | u 苦猪骨谷 | y 遇雨橘局 |

ɚ 二而耳儿

a 茶塔辣八	ia 加牙压夹	ua 华瓦刮划	
ɤ 歌盒热壳	iE 写接贴节	uɤ 坐活托国	yɤ 靴月药学
ai 开买排鞋		uai 外快怪坏	
ei 赔飞色白		uei 对鬼回亏	
ao 造高少好	iao 交巧笑鸟		
əu 口走收柔	iəu 油六绿流		
an 南山安凡	ian 盐年点天	uan 短官乱欢	yan 原选权玄
ən 深根灯横	in 心新硬星	uən 寸滚春混	yn 君群训云
aŋ 上糖帮忙	iaŋ 响良讲样	uaŋ 床王双黄	
əŋ 蹦朋猛风			
oŋ 东总荣空	ioŋ 兄琼雍用	uoŋ 翁嗡瓮甕	

说明：

①/a/在［a ia ua］中实际音值为［A］，在［an ian uan yan］中音值为［æ］，在［ao iao aŋ iaŋ uaŋ］中的实际音值为［ɑ］。

②［ai uai］的韵尾发音具有向舌面前、高位置移动的趋势，但最终停留在［e］的位置，实际音值为［e］。

③［ɤ］与［p pʰ m］相拼时，比标准的舌位略靠前，唇形略圆。［uɤ yɤ］音节里的［ɤ］，受到韵头影响，唇形略圆。［ɤ］与［tʂ tʂʰ ʂ ʐ］相拼时，实际音值是［ʅə］，具有明显的舌尖音色彩。发音时，从韵头［ʅ］迅速滑向主要元音［ə］，［ə］比标准央元音舌位略靠后。

三　单字调

单字调4个。

调类	调值	例字
阴平	55	东通谷哭刻六
阳平	42	门铜毒白
上声	354	懂统买老
去声	213	动冻痛卖洞饭

说明：

①阴平55，调尾有时有下降的拖音。

②阳平42，音长较其他三个调类短，收尾清晰不拖音。

③上声调尾有时不下降，或下降的动程较短。

四　连读调与词调

邢向东、马梦玲（2017）提出在西北方言研究中建立"词调"的概念后，强调从词汇、语法层面透视汉语方言的连调问题，阐明不仅在西北方言中，而且在晋语、西南官话等方言中也存在不少连调现象都是可以从词调的角度加以考察的。重点厘清了"单字调""连读调""词调"的概念，从"名词重叠式的词调""形容词重叠式的词调""ABB式名词、形容词的词调"等角度举例论述了词调对词语功能、性质的标示作用（邢向东、马梦玲，2018）。

下文归纳汉中方言连读调和词调的表现情况。连读调归纳的是汉中方言两字组由于单字调之间的互相影响而变化的调子，也包括单字调组合以后不发生变化的调子；词调归纳的是汉中方言中双音节词语中不能从单字调的连读音变推导出来的调子。

使用"连读调""词调"的概念，能够更清晰地分辨汉中方言中一般的两字组连调式与一些特殊变调规则的连调式的区别，能够对汉中方言中"轻声不轻""前轻后重"等从语音、声学层面描述不够确切的现象进行描写，从一般的连调规则中独立出来。

（一）连读调

汉中方言单字调4个，两字组组合16种。后字一律不变调。

前字变调的规律是，阴平和阳平在四声之前都不变调；上声354在四声前都失去了下降的弯头，变为35调；去声213单字调是个降升调，进入语流组合后，在阴平和上声前保留前半部分的降，变为21调；在阳平和去声前保留后半部分的升，并受到上声的同化，变为35调。

连读调中产生了两个新调值：[35]调和[21]调。[35]调由上声[354]、去声[213]变来，[21]调由去声[213]变来。

连读调规律请看表2-1，其中变调的用粗体加斜表示。

表2-1

前字＼后字	阴平 55	阳平 42	上声 354	去声 213
阴平 55	55+55	55+42	55+354	55+213
阳平 42	42+55	42+42	42+354	42+213
上声 354	*35*+55	*35*+42	*35*+354	*35*+213
去声 213	*21*+55	*35*+42	*21*+354	*35*+213

说明：表格中只注明变调后的实际调值

两字组连读调举例

前一字阴平

①阴平55+阴平55，不变调

搬家 pan⁵⁵tɕia⁵⁵　　香菇 ɕiaŋ⁵⁵ku⁵⁵　　书包 su⁵⁵pao⁵⁵

发烧 fa⁵⁵ ʂao⁵⁵　　　　插秧 tsʰa⁵⁵iaŋ⁵⁵　　　　结婚 tɕiE⁵⁵xuən⁵⁵
松花 soŋ⁵⁵xua⁵⁵　　　　伤心 ʂaŋ⁵⁵ɕin⁵⁵

②阴平 55 + 阳平 42，不变调

猪油 tsu⁵⁵iəu⁴²　　　　工头 koŋ⁵⁵thəu⁴²　　　　锅沿 kuɤ⁵⁵ian⁴²
公牛 koŋ⁵⁵ȵiəu⁴²　　　　刷牙 sua⁵⁵ia⁴²　　　　关门 kuan⁵⁵mən⁴²
耕田 kən⁵⁵tʰian⁴²　　　　牵牛 tɕʰian⁵⁵ȵiəu⁴²

③阴平 55 + 上声 354，不变调

清早 tɕʰin⁵⁵tsao³⁵⁴　　　　公狗 koŋ⁵⁵kəu³⁵⁴　　　　针灸 tʂən⁵⁵tɕiəu³⁵⁴
风险 fəŋ⁵⁵ɕian³⁵⁴　　　　开脸 kʰai⁵⁵　　　　初五 tsʰu⁵⁵u³⁵⁴
身体 ʂən⁵⁵thi³⁵⁴　　　　工厂 koŋ⁵⁵tʂhaŋ³⁵⁴

④ 阴平 55 + 去声 213，不变调

车票 tʂʰɤ⁵⁵pʰiao²¹³　　　　猪圈 tsu⁵⁵tɕyan²¹³　　　　干旱 kan⁵⁵xan²¹³
出汗 tsʰu⁵⁵xan²¹³　　　　拼命 pʰin⁵⁵min²¹³　　　　松树 soŋ⁵⁵su²¹³
鞭炮 pian⁵⁵pʰao²¹³　　　　听话 tʰin⁵⁵xua²¹³

前一字阳平

①阳平 42 + 阴平 55，不变调

洋灰 iaŋ⁴²xuei⁵⁵　　　　年轻 ȵian⁴²tɕʰin⁵⁵　　　　成心 tʂʰən⁴²ɕin⁵⁵
毛衣 mao⁴²i⁵⁵　　　　羊筋 iaŋ⁴²tɕin⁵⁵　　　　油漆 iəu⁴²tɕʰi⁵⁵
爬山 pʰa⁴²san⁵⁵　　　　回家 xuei⁴²tɕia⁵⁵

②阳平 42 + 阳平 42，不变调

皮鞋 pʰi⁴²xai⁴²　　农民 loŋ⁴²min⁴²　　煤油 mei⁴²iəu⁴²　　红糖 xoŋ⁴²tʰaŋ⁴²

③阳平 42 + 上声 354，不变调

朋友 pʰəŋ⁴²iəu³⁵⁴　　　　门口 mən⁴²kʰəu³⁵⁴　　　　十五 ʂɿ⁴²u³⁵⁴
寻死 ɕin⁴²sɿ³⁵⁴　　　　床板 tsʰuaŋ⁴²pan³⁵⁴　　　　棉袄 mian⁴²ŋao³⁵⁴
年底 ȵian⁴²ti³⁵⁴　　　　连长 lian⁴²tʂaŋ³⁵⁴

④阳平 42 + 去声 213，不变调

同意 tʰoŋ⁴²i²¹³　　　　鞋带 xai⁴²tai²¹³　　　　麻袋 ma⁴²tai²¹³
白布 pei⁴²pu²¹³　　　　划算 xua⁴²suan²¹³　　　　偿命 tʂʰaŋ⁴²min²¹³
石磨 ʂɿ⁴²mɤ²¹³　　　　劳累 lao⁴²luei²¹³

前一字上声

①上声 354 在阴平前变 35，变为 35 + 阴平 55

早先 tsao³⁵ɕian⁵⁵　　老师 lao³⁵sʅ⁵⁵　　雨衣 y³⁵i⁵⁵
养猪 iaŋ³⁵tsu⁵⁵　　打工 ta³⁵koŋ⁵⁵　　土坯 tʰu³⁵pʰi⁵⁵
礼金 li³⁵tɕin⁵⁵　　水箱 suei³⁵ɕiaŋ⁵⁵

②上声 354 在阳平前变 35，变为 35 + 阳平 42

酒席 tɕiəu³⁵ɕi⁴²　　水壶 suei³⁵xu⁴²　　嘴唇 tsuei³⁵tsʰuən⁴²
打雷 ta³⁵luei⁴²　　点名 tian³⁵min⁴²　　口粮 kʰəu³⁵liaŋ⁴²
草鞋 tsʰao³⁵xai⁴²　　软糖 zuan³⁵tʰaŋ⁴²

③上声 354 在上声前变 35，变为 35 + 上声 354

手表 ʂəu³⁵piao³⁵⁴　　雨伞 y³⁵san³⁵⁴　　洗澡 ɕi³⁵tsao³⁵⁴
母狗 mu³⁵kəu³⁵⁴　　火腿 xuɤ³⁵tʰuei³⁵⁴　　典礼 tian³⁵li³⁵⁴
小暑 ɕiao³⁵su³⁵⁴　　水果 suei³⁵kuɤ³⁵⁴

④上声 354 在去声前变 35，变为 35 + 去声 213

惹祸 zɤ³⁵xuɤ²¹³　　本地 pən³⁵ti²¹³　　比赛 pi³⁵sai²¹³
冷冻 lən³⁵toŋ²¹³　　吵架 tsao³⁵tɕia²¹³　　伟大 uei³⁵ta²¹³
反动 fan³⁵toŋ²¹³　　远近 yan³⁵tɕin²¹³

前一字去声

①去声 213 在阴平前变 21，变为 21 + 阴平 55

菜刀 tsʰai²¹tao⁵⁵　　旱烟 xan²¹ian⁵⁵　　败家 pai²¹tɕia⁵⁵
万一 uan²¹i⁵⁵　　后妈 xəu²¹ma⁵⁵　　寿衣 ʂəu²¹i⁵⁵
认真 zən²¹tʂən⁵⁵　　订婚 tin²¹xuən⁵⁵

②去声 213 在阳平前变 35，变为 35 + 阳平 42

上坟 ʂaŋ³⁵fən⁴²　　布鞋 pu³⁵xai⁴²　　酱油 tɕiaŋ³⁵iəu⁴²
剃头 tʰi³⁵tʰəu⁴²　　拜年 pai³⁵ɲian⁴²　　问题 uən³⁵tʰi⁴²
放牛 faŋ³⁵ɲiəu⁴²　　骂人 ma³⁵zən⁴²

③去声 213 在上声前变 21，变为 21 + 上声 354

大碗 ta²¹uan³⁵⁴　　后悔 xəu²¹xuei³⁵⁴　　汗水 xan²¹suei³⁵⁴
中暑 tsoŋ²¹su³⁵⁴　　送礼 soŋ²¹li³⁵⁴　　右手 iəu²¹ʂəu³⁵⁴

政府 tʂən²¹fu³⁵⁴   菜谱 tsʰai²¹pʰu³⁵⁴

④去声 213 在去声前变 35，变为 35 + 去声 213

废话 fei³⁵xua²¹³   顺利 suən³⁵li²¹³   咽气 ian³⁵tɕʰi²¹³

种菜 tsoŋ³⁵tsʰai²¹³   大队 ta³⁵tuei²¹³   算卦 suan³⁵kua²¹³

唱戏 tʂʰaŋ³⁵ɕi²¹³   睡觉 suei³⁵tɕiao²¹³

（二）词调

汉中方言中不能从单字调的连读音变推导出来的调子，属于词调范畴。从词汇结构和类别上看，首先包括重叠式名词 AA 式、AAB 式、ABB 式，形容词重叠式 AA（的）式、ABB 式、AABB 式、A 不 BB、A 咕 BB、A 格 BB 式；其次，包括附加式合成词，尤其是后加式如带后缀的"-子、-头、-场、-家伙"等词；第三，一些助词，如"的、咾、倒、倒起、看"，包括跟在谓词性词语后做趋向补语的"来、去、上、下、出来、起来、开"等；第四，包括做后字的"十、百、千、万"等数词；第五，包括能够单用的量词如"个、张、根、双、副、回"等词；最后，包括在北京话或其他方言中读轻声（如"棉花、手艺、算盘、木匠"等）的词。

除形容词重叠式的词调模式略有不同外，以上各种类型的结构、成分的词调，都与两字组的叠字、带后缀的字、在北京话中读轻声的两字组具有对应关系。因此下文主要描写两字组词调规律和形容词的重叠式词调规律。

1. 两字组词调规律

前字的调类控制后字的变化类型，前字基本不变调，后字调值的变化表现根据前字声调的不同分为两种。详见表 2-2。

表 2-2

前字＼后字	阴平 55	阳平 42	上声 354	去声 213	叠字	带后缀字
阴平 55	55 + 21	55 + 21	55 + 21	55 + 21	55 + 21	55 + 21
阳平 42	42 + 21	42 + 21	42 + 21	42 + 21	42 + 21	42 + 21

续表

后字 前字	阴平 55	阳平 42	上声 354	去声 213	叠字	带后缀字
上声 354	35 + 21	35 + 21	35 + 21	35 + 21	35 + 21	35 + 21
去声 213	21 + 35	21 + 35	21 + 35	21 + 35	21 + 35	21 + 35

说明：表格中只注明变调后的实际调值。

当前字是阴平、阳平和上声时，后字音节调值是 21。这时后字音长短，音强弱，变得又短又轻。这种现象从语音、声学角度，属于"轻声"的范畴。如东边 [toŋ⁵⁵pian²¹]，棉花 [mian⁴²xu A²¹]，火车 [xuɤ³⁵tṣʰɤ²¹]，珠珠 [tsu⁵⁵tsu²¹]，眼眼 [ȵian³⁵ȵian²¹]，渣渣 [tsɑ⁵⁵tsɑ⁵⁵]，前头 [tɕʰian⁴²tʰəu⁰]，底下 [ti³⁵xa²¹]。

当前字是去声时，后字音节调值是 35。这时的音节不短也不轻，调型是上升的，从语音、声学层面，用"轻声"的概念不能完全阐释这种现象，此前学界称为"连调乙""中和调"等。如背心 [pei²¹ɕin³⁵]，算盘 [suan²¹pʰan³⁵]，面面 [mian²¹mian³⁵]，缝缝 [fəŋ²¹fəŋ³⁵]，豆子 [təu²¹tsɿ³⁵]，错的 [tsʰuɤ²¹ti³⁵]，看倒看着 [kʰan²¹tao³⁵]。

根据表 2-2 我们可以看到，汉中方言的词调模式化程度很高，归纳起来就是前字基本不变调，后字调值变为"21"或"35"。两种主要的模式，是"前字（阴平、阳平、上声时）+21"的模式 A，和"前字（去声时）+35"的模式 B。

如下各例，①②③属于模式 A，具有 55+21，42+21，35+21 三种词调；④属于模式 B，只有 21+35 一种词调。

①阴平+21，前字不变调，后字变为 21

珠珠 tsu⁵⁵tsu²¹　　　　签签 tɕʰian⁵⁵tɕʰian²¹　　蜂子 fəŋ⁵⁵tsɿ²¹

真的 tṣən⁵⁵ti²¹　　　　东边 toŋ⁵⁵pian²¹　　　　春天 tsʰuən⁵⁵tʰian²¹

风筝 fəŋ⁵⁵tsən²¹　　　木匠 mu⁵⁵tɕiaŋ²¹

②阳平+21，前字不变调，后字变为 21

瓶瓶 pʰin⁴²pʰin²¹　　　坛坛 tʰan⁴²tʰan²¹　　　浮子 fu⁴²tsɿ²¹

男的 lan⁴²ti²¹　　　棉花 mian⁴²xua²¹　　　颜色 ian⁴²sei²¹

油菜 iəu⁴²tsʰai²¹　　鲇鱼 mian⁴²y²¹

③上声＋21，上声 354 失去向下的轻微弯头变为 35，属于前字不变调，后字变为 21

眼眼 ȵian³⁵ȵian²¹　　舀舀 iao³⁵iao²¹　　　锁子 suɤ³⁵tsʅ²¹

好的 xao³⁵t i²¹　　　火车 xuɤ³⁵tsʰɤ²¹　　点心 tian³⁵ɕin²¹

苦瓜 kʰu³⁵kua²¹　　手艺 ʂəu³⁵i²¹

④去声＋35，去声 213 只保留前段的降调变为 21，属于前字基本不变调，后字变为 35

位位 uei²¹uei³⁵　　　院院 yan²¹yan³⁵　　柜子 kuei²¹tsʅ³⁵

错的 tsʰuɤ²¹ti³⁵　　　背心 pei²¹ɕin³⁵　　算盘 suan²¹pʰan³⁵

利息 li²¹ɕi³⁵　　　　办法 pan²¹fa³⁵

2. 形容词的重叠式词调规律

汉中方言形容词重叠主要有 AA（的）式、ABB 式、AABB 式、A 不 BB、A 咕 BB、A 格 BB 式。

AA（的）式词调模式如下：

阴平重叠（单字调 55）：55＋55＋21

高高的 kao⁵⁵kao⁵⁵ti²¹　　　　　炌炌的 pʰa⁵⁵pʰa⁵⁵ti²¹

多多的 tuɤ⁵⁵tuɤ⁵⁵ti²¹　　　　　宽宽的 kʰuan⁵⁵kʰuan⁵⁵ti²¹

泡泡的 pʰao⁵⁵pʰao⁵⁵ti²¹ 松软膨大状　密密的 mi⁵⁵mi⁵⁵ti²¹ 稠密状

阳平重叠（单字调 42）：42＋42＋21

红红的 xoŋ⁴²xoŋ⁴²ti²¹　长长的 tsʰaŋ⁴²tsʰaŋ⁴²ti²¹　肥肥的 fei⁴²fei⁴²ti²¹

白白的 pei⁴²pei⁴²ti²¹　圆圆的 yan⁴²yan⁴²ti²¹　　实实 ʂʅ⁴²ʂʅ⁴²ti²¹

上声重叠（单字调 354）：35＋35＋21

好好的 xao³⁵xao³⁵ti²¹　紧紧的 tɕin³⁵tɕin³⁵ti²¹　远远的 yan³⁵yan³⁵ti²¹

小小的 ɕiao³⁵ɕiao³⁵ti²¹　死死的 sʅ³⁵sʅ³⁵ti²¹　　冷冷的 lən³⁵lən³⁵ti²¹

去声重叠（单字调 213）：35＋21＋35

亮亮的 liaŋ³⁵liaŋ²¹ti³⁵　定定的 tin³⁵tin²¹ti³⁵ᵈ　硬硬的 ȵin³⁵ȵin²¹ti³⁵

素素的 su³⁵su²¹ti³⁵　　大大的 ta³⁵ta²¹ti³⁵　　顺顺的 suen³⁵suən²¹ti³⁵

可以概括为"前字（阴平、阳平、上声重叠）+21"的模式 A，和"前字（去声重叠）+35"的模式 B 两种，主要特征是固定调值"21"或"35"。其中阴平、阳平、上声重叠不变调，去声重叠产生新的连调35+21，其后的"的"遵循模式 B，仍然读"35"。

ABB 式词调模式如下：

首字阴平（单字调55）：55+21+21

黑黢黢 xei^{55}tɕ^{h}y^{21}tɕ^{h}y^{21}　　　绿湛湛 liəu^{55}tʂan^{21}tʂan^{21}

松垮垮 soŋ^{55}k^{h}ua^{21}k^{h}ua^{21}　　　辣乎乎 la^{55}xu^{21}xu^{21}

烧烘烘 ʂao^{55}xoŋ^{21}xoŋ^{21}　　　冰澈澈 pin^{55}tʂ^{h}ɤ^{21}tʂ^{h}ɤ^{21}

首字阳平（单字调42）：42+21+21

柔筋筋 ʐəu^{42}tɕin^{21}tɕin^{21}　　　甜哕哕 t^{h}ian^{42}yɤ^{21}yɤ^{21}

蓝哇哇 lan^{42}ua^{21}ua^{21}　　　明湛湛 min^{42}tʂan^{21}tʂan^{21}

齐杵杵 tɕ^{h}i^{42}tʂ^{h}u^{21}tʂ^{h}u^{21}　　　实腾腾 ʂʅ^{42}t^{h}ən^{21}t^{h}ən^{21}

首字上声（单字调354）：35+^{21}+21

苦哇哇 k^{h}u^{35}ua^{21}ua^{21}　　　冷秋秋 lən^{35}tɕ^{h}iəu^{21}tɕ^{h}iəu^{21}

水哳哳 suei^{35}tsa^{21}tsa^{21}　　　粉扑扑 fən^{35}p^{h}u^{21}p^{h}u^{21}

展哕哕 tʂan^{35}yɤ^{21}yɤ^{21} 舒展伸开貌

首字去声（单字调213）：21+35+35

面嘟嘟 mian^{21}tu^{35}tu^{35}　　　翘撒撒 liɛ^{21}p^{h}iɛ^{35}p^{h}iɛ^{35} 不合群状

害哇哇 xai^{21}ua^{35}ua^{35} 杂乱貌　　　硬铮铮 ȵin^{21}tsən^{35}tsən^{35}

淡 tan^{21}□p^{h}ia^{35}□p^{h}ia^{35} 淡而无味貌

可以概括为"首字（阴平、阳平、上声）+21+21"的模式 A，和"首字（去声）+35+35"的模式 B 两种。规律性强，分类很清楚，目前还没有发现例外。

A 不 BB、A 咕 BB、A 格 BB 式中，BB 的格式都是 21+21。

AABB 式中，AA 词调与 AA 式名词具有对应关系，BB 的格式都是21+21。此不赘述。

第二节 汉中东关、南关语音系统

一 声母

声母23个，包括零声母在内。

p 八兵布宝　　pʰ 派片爬盘　　m 麦明母庙

　　　　　　　　　　　　　　　　　　　　f 飞副肥饭

t 多东毒低　　tʰ 讨天甜条　　　　　　　　　　　l 脑南老连

ts 资早租字　　tsʰ 刺草寸祠　　　　　s 丝三酸事

tʂ 张真知照　　tʂʰ 抽车吃城　　　　　ʂ 手十蛇世　　ʐ 热软让褥

tɕ 酒九假举　　tɕʰ 清全轻权　　ȵ 年泥业孽　　ɕ 想谢响县

k 高共柜歌　　kʰ 开看哭困　　ŋ 熬安我藕　　x 好灰活化

ø 味月用药

说明：

① [pʰ tʰ tsʰ tʂʰ tɕʰ kʰ] 等送气音，气流较强。

② [f s ɕ x] 等擦音，发音时阻碍部位接触面积较大，气流较强。

③ [tʂ tʂʰ ʂ ʐ] 发音时舌尖抵在上齿龈的偏前部位，卷舌不深，有时带舌叶音色彩。

④合口呼的零声母发音时上下唇略有接触，但不形成阻碍。齐齿呼零声母有轻微摩擦。

⑤ [l] 与 [ȵ] 在细音韵母前形成对立。

二 韵母

韵母38个。

ɿ 师丝试次

ʅ 十直尺石　　　i 米戏急七　　　u 苦猪骨谷　　　y 遇雨橘局

ər 二而耳儿

a 茶塔辣八　　　ia 加牙压夹　　　ua 华瓦刮划

ɛ 特贵北车　　　iɛ 写接贴节　　　uɛ 国或

ɤ 可个科我   uɤ 多左过破   yɤ 靴月药学
ai 开买排鞋   uai 外快怪坏
ei 赔飞色白   uei 对鬼回亏
ao 造高少好   iao 交巧笑鸟
əu 口走收柔   iəu 油六绿流
an 南山安凡   ian 盐年点天   uan 短官乱欢   yan 原选权玄
ən 深根灯横   in 心新硬星   uən 寸滚春混   yn 君群训云
aŋ 上糖帮忙   iaŋ 响良讲样   uaŋ 床王双黄
əŋ 蹦朋猛风
oŋ 东总荣空   ioŋ 兄琼雍用   uoŋ 翁嗡瓮甕

说明：

① [i] 作介音时为半元音 [j]，作单韵母时有一定程度的摩擦。

② /a/ 在 [a ia ua] 中实际音值为 [A]，在 [an ian uan yan] 中音值为 [æ]，在 [ao iao aŋ iaŋ uaŋ] 中的实际音值为 [ɑ]。

③ [ai uai] 的韵尾发音具有向舌面前、高位置移动的趋势，但最终停留在 [e] 的位置，实际音值为 [e]。

④ [E] 开口度较大，与 [ai] 有时听感上较难分辨。

三　单字调

单字调 4 个。

调类	调值	例字
阴平	35	东通谷哭刻六
阳平	42	门铜毒白
上声	45	懂统买老
去声	214	动冻痛卖洞饭

说明：

① 上声 45，起头低，调型比较平。

② 阳平 42，音长较其他三个调类短。

通过比较，汉中东关、南关与汉中西关、北关两个音系的音值差异不大，声母数量和音值全部相同；汉中东关、南关韵母数量比汉中西关、北关多 2 个，它们是"ɛ uE"；声调调类相同，调值比较如下：

  汉中东关、南关 阴平 35 阳平 42 上声 45 去声 214

  汉中西关、北关 阴平 55 阳平 42 上声 354 去声 213

第三节 汉中方言同音字汇

  字汇按韵母先后顺序排列，同一韵母内再按声母先后顺序排列，同一声母再以声调先后顺序排列，阴平、阳平、上声、去声分别用［55］、［42］、［354］、［213］表示。只读轻声、一般不单用的字标轻声调［21］和［35］，列在四个单字调之后。字下加单横线__的，表示白读音；字下加双横线__的，表示文读音。方框"□"代表有音无字或写不出本字。一字多读，按照文中出现顺序依次标 1、2……。例词中用 ~ 代替本字。

ɿ

ts ［55］支枝肢栀资姿咨脂指~甲兹滋辎~重之芝吱 ［354］紫纸姊旨指~挥子~孙仔~细梓滓止趾址籽 ［213］自至字牸~牛：母牛志誌痣渍只~有

tsʰ ［55］疵差参~嗤噗~呲~牙 ［42］雌瓷迟慈磁辞词祠糍~粑池 1 饮马~：当地地名 ［354］此齿跐蹭：身上~了些土 ［213］刺赐恩~翅次伺~候

s ［55］斯厮撕施私师狮尸司丝思诗饲~养员飔~气 ［354］眵豉豆~死矢屎使~唤史驶始 ［213］是氏四肆示视寺嗣事试似祀巳侍士仕柿市 ［21］匙钥~厕茅~蛳螺~时年~：去年

ʅ

tʂ ［55］知蜘只一~鸡质汁织 ［42］执侄直值职殖植 ［213］滞制智致稚峙置治秩掷炙这 1~们

20 / 汉中方言研究

tʂʰ ［55］痴尺吃 ［42］池₂~塘驰持 ［354］侈耻 ［213］赤斥

ʂ ［55］湿失适~应□赶鸡声：呕~ ［42］时十什~物拾实食蚀识射起来，扑：朝前~石~头 ［213］世势誓逝嗜室饰适合~释□具备、准备：~咾一张嘴，比喻光说不干

ʐ ［55］日~子入①性交；②前缀。~噘：骂

i

p ［55］萆碑卑臂笔毕~业必逼碧璧壁匕 ［42］鼻 ［354］滗比秕彼 ［213］蔽闭算~~：蒸笼架敝弊币毙避鄙痹篦~子：密齿梳子粥

pʰ ［55］批披丕坏~子劈裂开：指甲~了屁女阴僻~里啪啦 ［42］皮疲脾琵~琶枇~杷痞地~匹啤 ［354］鄙卑~ ［213］避庇痹屁僻癖辟

m ［55］咪秘泌密蜜 ［42］迷谜猕~猴~子弥彌竹~子眉~毛楣媚崇洋~外抹涂抹：把错字~了 ［354］米女~猫：母猫 ［213］泥弥漫性灰尘、油泥等堵塞小孔：烟管子~住了

t ［55］低堤大~的~确滴₁水~牴~角：犄角 ［42］嫡笛敌狄迪涤 ［354］底抵砥 ［213］缔~结弟~兄帝第递地蒂

tʰ ［55］梯踢 ［42］堤河~题提蹄啼 ［354］体 ［213］替涕剃屉剔惕缔取~

l ［55］荔苙立笠粒栗~子力历 ［42］犁黎隶奴~离~别篱璃梨劙狸~猫沥~青漓厘 ［354］礼李里理鲤 ［213］例厉励丽隶~书离~远点利痢吏官~莉戾唳

tɕ ［55］鸡稽髻饥肌几茶~基机讥缉集~中辑级及~格疾吉即鲫积迹脊籍~贯藉绩寂击激殛棘暨汲圾芨鲫~鱼畸~形奇~数叽姬□~□mᵧ⁰子：小蚊子 ［42］急极集赶~ ［354］挤几~个己虮~子 ［213］祭际荠济剂计继系~紧技妓寄记忌既嫉冀纪季悸霁 ［21］塈胡~荠荸~

tɕʰ ［55］妻栖欺期沏七恓~惶漆膝凄悽蹊喊~ ~歔歔：窃窃私语嘁形容饮

第二章 汉中方言语音 / 21

食中水分将收干的样子：稀饭~成干饭了，茶~干了　［42］齐脐奇骑歧祁鳍其棋琪旗芪　［354］启企~业起祈乞杞枸~岂　［213］去来~砌契器弃气汽泣讫

ŋ　［42］泥水~尼~龙倪宜1适~谊友~疑怀~霓鲵妮呢~子大衣　［354］你　［213］腻~子拟匿逆忤~溺

ɕ　［55］西犀~牛溪奚兮牺嬉~皮笑脸熙希稀吸悉息熄惜昔夕锡析皙嘻~哈哈晰蟋　［42］习袭媳席　［354］洗玺徙喜　［213］细系关~戏隙胥　［21］婿女~

Ø　［55］伊医~生衣依揖一益溢裔　［42］移夷姨肆饴遗怡胰　［354］蚁倚椅矣已以乙尾~巴　［213］艺刈缢仪义议忆亿意异逸抑翼亦译易疫役屹毅驿轶　［21］宜2便~

u

p　［55］不　［42］箵~篮荸~荠　［354］补捕逮~　［213］部簿布怖步　［21］不词缀：瓜~兮~

pʰ　［55］铺~开扑潽稀饭~咘噗□~气：令人倒霉、给人带灾　［42］仆蒲菩脯胸~葡蹼醭白~　［354］朴~实谱普浦重杜~埔哺~乳瀑~布讣　［213］铺~子

m　［55］木~头目睦苜~蓿　［42］模~子牟姓~　［354］亩牡~丹母拇　［213］穆姓~牧幕墓暮慕募木①麻木，反应慢：手冻~了；②笨：~脑壳

f　［55］夫肤孵麸敷福享~复~杂辐~条　［42］浮俘乎扶芙符伏跗服~气匐幅　［354］府腑脏~俯重斧抚釜腐辅~佐否阜曲~：地名　［213］父付赋傅姓赴附驸~马妇负富副复答~腹覆缚服一~药　［21］傅师~袱包~

t　［55］都~城笃督嘟~噜玔1用指头、棍棒等轻击：~个红点点　［42］毒独读牍犊　［354］堵睹赌肚猪~子　［213］杜度渡镀肚~子妒嫉~

tʰ　［55］突秃凸　［42］徒屠途涂图　［354］土吐~痰　［213］兔

l	[55] 鹿禄陆录錄碌　[42] 奴卢炉芦鸬庐泸　[354] 努鲁橹虏掳卤　[213] 路露鹭
ts	[55] 租猪诸朱诛蛛株珠竹足~球　[42] 族逐卒烛触①扭伤：把手~咔；②接~　[354] 祖组阻煮拄主嘱　[213] 做~活著显~助柱驻住注炷蛀铸筑祝　[21] 帚笤~
tsʰ	[55] 粗初出畜~生欻~~：窃窃私语绌粗粗地缝：~到一堆　[42] 除锄雏厨橱蹰　[354] 储楚础杵褚姓处~理　[213] 醋促~进猝处~所
s	[55] 苏酥梳疏蔬书舒枢输~赢殊抒速肃严~宣住~叔淑簌扑~~：象声词　[42] 熟塾赎俗~气　[354] 暑鼠黍署薯数动词蜀属　[213] 素诉塑嗉鸡~子庶恕竖数名词戍树术述秫粟漱束谡
ʐ	[55] 入输~赢褥　[42] 如儒蠕孺茹　[354] 汝乳擩~进去濡辱
k	[55] 姑孤箍估牯锢~露锅骨谷辜菇轱~辘咕　[354] 古股鼓罟强迫　[213] 故固雇顾
kʰ	[55] 枯窟哭　[354] 苦　[213] 库裤酷
x	[55] 呼乎忽惚糊动词：~到脸上　[42] 胡湖糊~涂蝴~蝶狐壶弧葫~芦囫~囵核杏~和~牌鹄　[354] 虎唬琥浒水~　[213] 户护沪扈互瓠糊名词：米~~
∅	[55] 乌呜坞污巫诬屋　[42] 吴无梧蜈　[354] 吾五伍午忤~逆武舞侮鹉鹦~捂焐　[213] 务雾误悟恶可~戊

y

l	[55] 律率绿　[42] 驴　[354] 吕旅缕屡履捋~抹铝侣　[213] 虑滤过~
tɕ	[55] 居车~马炮矩拘驹橘~子菊掬鞠~躬足~球，~二咔：过分锔倨焗~油狙　[42] 局　[354] 举　[213] 巨拒距据锯聚句俱具惧剧炬
tɕʰ	[55] 蛆趋区~别躯驱皴~黑屈麴曲歌~蛐焌烹调法，炒菜将熟时倒进少许水使味道均匀：往锅里~点水　[42] 渠水~瞿姓　[354] 取娶

第二章 汉中方言语音 / 23

    [213] 去~年趣

ȵ   [354] 女~人

ɕ   [55] 墟虚嘘须需肃严~宿住~蓄储戌穗包谷~~粟~米：小米
    [42] 徐俗风~   [354] 许栩   [213] 序叙绪絮续恤抚~蓄畜~
    牧旭囗~式：觊觎的样子   [21] 蓿苜~荽芫~

ø   [55] 淤瘀吁迂裕玉~石狱   [42] 鱼渔于於余馀榆瑜愉俞渝虞
    [354] 语与雨宇禹羽愚   [213] 御誉予预豫娱遇寓盂芋~头愈
    喻域郁育欲浴驭煜屿毓

ər

ər   [55] 旦~头：太阳   [42] 儿而   [354] 尔耳饵扔~掉   [213]
    二贰

a

p   [55] 巴①紧贴：这鞋~脚；②盼望：~希不得芭疤笆~茅：芦苇八扒叭
    趴~门缝缝粑糍~爬向上爬：~旗杆子   [42] 拔爸跋   [354] 把~关
    靶屁~屎   [213] 霸把~刀~壩坝罢

pʰ   [55] 炦软：~耳朵   [42] 爬~山耙~地   [213] 怕害~帕~子
    [21] 杷枇~琶琵~

m   [55] 妈抹~布，~帽子蚂~蚱   [42] 麻   [354] 马码玛~瑙
    [213] 骂   [21] 蟆蛤~

f   [55] 法发   [42] 乏伐筏罚阀

t   [55] 答~应搭耷~拉褡嗒   [42] 达答回~鞑~子   [354] 打
    [213] 大   [21] 瘩疙~

tʰ   [55] 他踏~实沓一~纸坍~台塔塌~火：失败，~账：欠账溻~湿獭拓
    ~章子[42] 踏踩磓捣：~辣子   [213] 榻   [21] 遏邋~

l   [55] 纳拉腊蜡镴捺辣邋~遏垃~圾娜常用于女性的名字钠啦   [42]
    拿   [354] 哪~个喇   [213] 那

ts   [55] 楂渣眨~眼札咂扎①缝制：~衣裳；②驻扎，站住脚：~站；③表程

24 / 汉中方言研究

度深：热~咾喳　［42］杂闸桥~炸油~铡砸咱~们　［354］咋怎么：~来的拃量词，拇指和食指张开的距离：一~长劗细细地剁：~肉馅　［213］诈榨炸爆~乍柞~水夎举起，张开：手~起栅

tsʰ　［55］搽叉鱼~权差~别插擦磙洋芋~~　［42］茶查碴茬察　［354］叉手~腰衩裤~　［213］诧~生岔囗动物把东西咬破：老鼠把口袋~烂咾

s　［55］沙~子纱砂痧撒~手萨杀杉刹~车皷煞~白鲨　［354］洒厦偏~傻撒~种　［213］啥沙分离出所要的部分：~米飒霎

k　［55］嘎　［354］尬

kʰ　［55］咔~嚓　［354］咯~痰卡~片咔~叽布

x　［55］瞎哈~气　［42］还副词：人~没来蛤~蟆　［213］吓下动词：~来，量词：一~

Ø　［55］阿~姨　［42］啊叹词，表示疑问或反问　［213］啊叹词，表应答

ia

p　［55］囗贴：墙上~了个告示　［21］囗表程度加深：湿~~

pʰ　［55］啪象声词：~的一声囗表程度加深：脸~白、白~~　［354］囗叉开：腿~起

m　［42］囗①闭住嘴，保持低调：~起覅开腔；②闭眼小睡：~了一阵

t　［55］囗提、抬：~东西

tɕ　［55］家加痂枷袈嘉稼佳夹~袄浃挟甲胛钾　［42］嗏叹词，引起对方注意：~，来吃颊　［354］假真~贾姓　［213］架驾嫁价假请~袷无袖坎肩：~~　［21］圿垢~

tɕʰ　［55］掐囗~~缝缝：窄缝　［42］囗跨：~不开步　［354］卡~子　［213］恰洽　［21］狭窄~

ȵ　［42］囗"人家"的合音　［213］压~住

ɕ　［55］虾瞎　［42］霞暇瑕遐匣~~：小盒子侠峡辖狭囗收起来：把伞~咾　［213］下~雨夏厦~门

Ø　［55］鸦丫桠鸭押压高~　［42］牙芽衙伢蚜砑~平涯崖　［354］

雅哑亚

ua

ts　［55］抓~住　［42］髽发髽：脑壳后头绾个~~　［354］爪~子

tsʰ　［55］欻后缀。涩~~：很涩的样子　［354］□耷拉着：脸~起

s　［55］刷唰　［354］耍

ʐ　［42］挼

k　［55］瓜蜗~牛刮~胡子呱~~叫　［42］胍团块，疙瘩：脖项里一个~　［354］寡剐　［213］挂卦褂

kʰ　［55］夸咵~嚓：象声词　［354］侉垮胯□撕扯、使脱落：把包谷壳壳~咣　［213］跨挎

x　［55］花哗划~柴　［42］华中华划~船铧滑猾　［213］画话化桦~树划计~

ø　［55］蛙洼挖袜娲　［42］娃　［354］瓦~片掗冚：~面　［213］瓦~刀　［21］鸹老~

ɤ

p　［55］波菠玻钵拨剥播　［42］薄厚~脖勃博搏泊驳帛　［354］跛簸~箕

pʰ　［55］泼坡颇泊湖~　［42］婆　［354］叵□拼：~命　［213］破薄~荷魄~力

m　［55］末沫没沉~寞摸默陌漠茉□~子：蚊子　［42］魔磨~刀摩摹模~范膜馍没~有蘑~菇　［354］抹~黑　［213］磨石~

f　［42］佛拂缚

t　［55］德

tʰ　［55］忒

l　［55］乐快~

tʂ　［55］折~叠遮蜇~伤浙褶　［42］哲蔗蛰辙　［354］者来~不善折~断　［213］这2

tʂʰ	[55] 车彻 [354] 扯 [213] 撤掣	
ʂ	[55] 奢赊摄~像涉干~设~计 [42] 蛇佘姓舌折断: 腿~了勺~~: 勺子 [354] 舍~不得 [213] 赦社射~箭麝舍宿~涉~水	
ʐ̩	[55] 热 [354] 惹	
k	[55] 歌哥戈鸽割佮各胳葛疙袼~褙:做鞋帮用的裱了多层的厚碎布片 [42] 嗝阁口~拧子:性格怪僻总闹别扭的人 [354] 葛 [213] 个量词:一~搁放:~下 [21] 角牴~:犄角	
kʰ	[55] 科棵磕渴刻克瞌壳苛蝌柯坷轲圪~膝盖:膝盖 [42] 咳~嗽 [354] 可颗珂 [213] 课 [21] 颏结~:口吃,结巴	
ŋ	[55] 鄂恶~毒愕噩额扼轭厄鳄颚 [42] 蛾俄鹅娥讹峨 [354] 我 [213] 饿	
x	[55] 喝鹤白~赫~~有名褐呵 [42] 河何荷和合开~盒核审~禾阖颌 [213] 贺	

iᴇ

p	[55] 别~扭鳖憋 [42] 别 [354] 瘪干~ [213] 蹦~起来迸爆开:~包谷花	
pʰ	[55] 撇~开氅~米汤瞥 [354] 撇~捺 [213] 撇不好,差:~的很	
m	[55] 灭篾竹~蔑 [354] 搣掰、折:把花~下来	
t	[55] 爹~娘跌滴₂~水 [42] 叠碟牒蝶谍咥猛吃挕揲,打	
tʰ	[55] 帖贴铁 [354] 腆~肚子	
l	[55] 猎列烈裂 [354] 咧~嘴 [213] 趔~趄	
tɕ	[55] 街皆阶接节揭结 [42] 捷杰劫竭截洁睫 [354] 姐解~决 [213] 介界芥疥届戒借藉~故械诫	
tɕʰ	[55] 切怯 [42] 茄~子口用肩膀扛:~了一袋米 [354] 且起~来 [213] 笡妾窃口趁:~人都在,你赶紧说 [35] 趄趔~	
ȵ	[55] 聂镊蹑业孽捏 [42] 茶~呆呆	
ɕ	[55] 些楔揳血歇蝎 [42] 邪斜谐鞋挟要~携胁协 [354] 写 [213] 泻卸谢懈泄屑	

第二章 汉中方言语音 / 27

ø [55] 耶叶页拽1叫上、领上一起：看电影把我~上椰噎 [42] 爷 [354] 也野冶 [213] 夜液腋

uɤ

t [55] 多哆乑2①刺、捅：~马蜂窝；②搬弄是非以破坏某事物：十个说的，不及一个~的 [42] 夺铎 [354] 躲朵 [213] 剁舵惰堕垛跺 [21] 掇拾~

tʰ [55] 拖脱托煺~馍 [42] 驼驮~水砣陀坨鸵 [354] 妥椭 [213] 唾拓

l [55] 啰~唆诺落烙骆洛络 [42] 挪罗锣箩萝骡螺䐴圆的指纹 [354] 倮 [213] 摞糯懦

ts [55] 做~手术作桌捉 [42] 凿确~拙昨着穿~酌卓啄琢浊镯 [354] 左佐撮一~米 [213] 坐座

tsʰ [55] 搓磋 [42] 矬矮 [213] 措错~位辍矬~子挫

s [55] 蓑~衣梭唆挑~说缩 [354] 锁琐所索 [213] 硕

ʐ [55] 若弱

k [55] 锅郭国 [354] 果裹馃面~~ [213] 过

kʰ [55] 括包~阔廓扩

x [55] 藿~香劐拿刀~开豁 [42] 活 [354] 火 [213] 货和~猪食祸霍获或惑

ø [55] 握倭蹉脚腕腕~咾矮用力弯折：~铁丝窝蜗莴物动~ [213] 卧沃兀那：~个人，~个地方

yɤ

l [55] 劣略掠口焯：~菠菜

tɕ [55] 蕨~根粉橛木~子脚角桌子~~觉~得镢嚼~嘴 [42] 决诀绝厥~过去：昏过去噘骂撅爵 [213] 倔懑脾气~

tɕʰ [55] 缺却确雀朱~鹊 [42] 瘸

ɕ [55] 靴薛雪削~苹果 [42] 穴学横①跟"竖"相对：~起搁；②蛮

横：~胓

| Ø | [55] 悦阅月越~级曰粤虐~待疟约药钥岳乐~器 [354] 哕干~ [213] 越~走~慢 |

ai

p	[55] □~子：腿微瘸的人 [354] 摆 [213] 拜稗~子败
pʰ	[42] 排牌徘 [213] 派~系 [213] 派~出
m	[42] 埋 [354] 买 [213] 卖迈
t	[55] 呆 [42] 逮~捕 [354] 歹 [213] 待怠殆戴贷代袋带大~夫
tʰ	[55] 胎态 [42] 臺台薹苔抬 [213] 太泰汰
l	[55] □~稀：邋遢肮脏的样子 [42] 来 [354] 乃奶 [213] 耐奈赖癞籁睐
ts	[55] 灾栽斋哉嚌咬：叫狗~了一口崽~娃子：詈词，相当于北京话小兔崽子 [42] 宅~基地 [354] 宰载窄狭~ [213] 再在债寨
tsʰ	[55] 猜钗差~事 [42] 才材财裁豺柴 [354] 彩睬采踩 [213] 菜蔡
s	[55] 腮鳃筛~子諰嘶哑：~喉咙 [213] 赛晒塞~外
k	[55] 该街大~ [354] 改解~鞋带 [213] 概溉慨盖丐钙
kʰ	[55] 开 [354] 凯揩楷铠 [213] 忾慨
ŋ	[55] 哀埃艾~草挨~倒坐 [42] 呆~板崖跳~挨~打癌 [354] 蔼矮 [213] 碍爱暧隘
x	[55] 骇嗨叹词 [42] 孩鞋还~是 [354] 海~碗 [213] 亥害
Ø	[55] 哎叹词 [42] 唉叹词

uai

| ts | [55] 拽₂硬塞：~给他 [354] 跩摆谱、骄傲自大的样子：~得很□器物上的桩子：壶~ [213] 拽₃拖、拉：~住他 |
| tsʰ | [55] 揣~到怀里 [213] 踹踹~脸厚：耍赖皮 |

s	[55] 衰摔~跤	[354] 甩	[213] 帅率~领蟀		
k	[55] 乖	[354] 拐枴	[213] 怪		
kʰ	[354] 块	[213] 会~计侩刽~子手快筷			
x	[42] 怀槐淮或惑获	[213] 坏			
∅	[55] 歪①跟"端"相对：画挂~了；②厉害的：~人；③训斥：叫老师~了一顿 [354] 崴脚~了 [213] 外里~				

ei

p	[55] 杯碑卑悲背动词：~柴北百柏伯掰囗~财货：败家、赔钱货 [42] 白 [213] 倍辈背①脊~；②~书焙贝狈被备蓓悖褙袼~，纸~~：纸箱壳惫糒~鞍子
pʰ	[55] 披~上衣裳胚坯~子呸 [42] 培~养陪赔裴 [354] 培修理、整治：~治 [213] 配佩沛
m	[55] 默麦脉 [42] 梅霉莓媒煤嵋眉楣枚玫墨 [354] 每美 [213] 妹昧~良心媚寐魅
f	[55] 飞妃非菲绯扉 [42] 肥 [354] 匪翡诽斐 [213] 废肺吠痱沸费
t	[55] 得~到德~行
tʰ	[55] 特~务
l	[55] 肋~条 [42] 雷擂蕾 [354] 垒磊羸 [213] 累类泪
ts	[55] 窄侧~棱子；侧着 [42] 贼择~菜泽翟责~任则原~摘~花
tsʰ	[55] 侧~面厕测拆~房策政~册手~
s	[55] 涩色啬~皮：小气塞虱 [42] 谁
k	[55] 格方~隔~壁槅牛~子；牛轭 [213] 给
kʰ	[55] 刻~字客稀~：不常见的贵客克~服
ŋ	[55] 额名~扼~要
x	[55] 黑吓~唬
∅	[42] 诶叹词，表惊奇

uei

t [55] 堆 [42] 对撞：~上了 [213] 对~错队兑~水

tʰ [55] 推 [354] 腿 [213] 退蜕蛇~皮褪

l [42] 雷擂~台蕾 [354] 垒磊累积~儡傀~ [213] 内累旁~类种~泪

ts [55] 追锥椎 [354] 嘴 [213] 罪最缀赘醉坠耳~

tsʰ [55] 催崔摧吹炊 [42] 垂锤槌捶 [213] 脆翠粹瘁

s [55] 虽 [42] 髓随绥遂隋 [354] 水 [213] 税睡隧穗流苏：~子碎~屉：小孩子的贬称岁祟

ʐ̩ [354] 蕊 [213] 锐瑞芮姓

k [55] 圭闺规龟硅归 [354] 鬼诡癸轨 [213] 鳜桂跪柜贵

kʰ [55] 盔亏窥 [42] 魁傀奎逵葵 [213] 溃崩~愧

x [55] 灰恢麾挥辉徽 [42] 回茴蛔 [354] 毁诔悔海 [213] 贿汇晦溃~脓会绘桧烩惠恩~慧秽卉彗

Ø [55] 煨~汤危威微 [42] 桅~杆为作~维惟唯违围 [354] 伪虚~萎委尾未~伟纬苇芦~痿猬刺~ [213] 外~爷卫为~啥位未味喂畏魏慰胃谓渭

ao

p [55] 褒包胞衣~：胎盘雹苞 [42] 嫑表祈使的否定词：~去，~说 [354] 保堡宝饱 [213] 抱菢孵：~鸡娃报暴爆鲍豹

pʰ [55] 泡①灯~；②松软多孔：~得很抛脬尿~剖犦~牛：种公牛 [42] 袍刨~地炮~制 [354] 跑 [213] 炮泡~茶

m [55] 猫觐打量，看：~识一眼 [42] 毛茅锚矛~盾蟊~贼 [354] 卯铆 [213] 冒帽貌茂贸

t [55] 刀叨啄：鸡~人□夹：~菜 [354] 祷岛倒打~导捣蹈 [213] 道稻到倒~水盗悼

tʰ [55] 滔掏涛 [42] 桃逃淘陶 [354] 讨 [213] 套 [21] 萄葡~

第二章 汉中方言语音 / 31

ŋ　[55] 熬~工燷~白菜　[42] 熬~夜獒敖 [354] 袄~~：棉袄 [213] 傲奥澳懊坳拗撬：~锁

l　[55] 捞唠~叨　[42] 劳痨~病牢醪~糟挠铙 [354] 脑恼老佬璘 [213] 涝耢动词, 毒：~死咾闹~事落~下病 [21] 咾语气词

ts　[55] 遭糟 [354] 早枣蚤澡爪鸡~~找 [213] 皂造躁灶燥笊~篱子罩

tsʰ　[55] 操糙抄钞　[42] 曹槽巢 [354] 草骣~驴憿~面炒吵 [213] 造躁发火：~火燥秒翘~起来

s　[55] 骚臊~气梢捎稍筲~箕瘙 [354] 扫~地嫂 [213] 扫~帚臊害~潲雨哨睄扫视：~一眼

tʂ　[55] 朝~夕召昭招沼诏 [213] 赵兆照肇

tʂʰ　[55] 超 [42] 朝~代潮嘲晁 [21] 绰宽~

ʂ　[55] 烧~水 [42] 韶苕勺杓粗鲁莽撞：~㑊芍 [354] 少多~ [213] 绍介~少~年邵烧霞, 出霞□恼羞成怒的样子：两句话说~咾

ʐ　[42] 饶 [354] 扰绕~圈子 [213] 绕~路耀照, 看：太阳把眼睛~花了

k　[55] 高膏牙~篙羔糕皋 [354] 稿搞 [213] 告膏~油

kʰ　[55] 敲~门 [354] 考烤拷 [213] 靠犒~劳铐

x　[55] 蒿薅 [42] 豪壕毫嚎 [354] 好~人 [213] 浩好~强耗号皓昊

ø　[21] 噢

iao

p　[55] 膘标彪骠镖剽飙 [354] 表婊俵裱

pʰ　[55] 飘漂~起来 [42] 瓢嫖殍 [213] 票漂~亮

m　[55] 喵 [42] 苗描瞄 [354] 藐渺秒 [213] 庙妙

t　[55] 刁叼貂雕凋碉 [354] 鸟~人：骂人话屌 [213] 钓弔吊掉~下去调~动

tʰ　[55] 挑~选 [42] 条调~整笤~帚 [354] 挑~担：连襻掉打个~

[213] 跳

l　[55] 撩挑：~起来　[42] 疗聊辽寥僚镣潦~草嘹缭獠敹缝：~几针 [354] 了~解瞭~望燎~猪毛　[213] 料尥廖撂扔掉：~咾去　[21] □烧~子：行为轻浮爱出风头的人

tɕ　[55] 交郊胶蛟姣跤教~书焦蕉椒骄娇浇缴　[42] 嚼　[354] 绞狡铰搅剿矫侥饺　[213] 教~师校~对酵觉睡~轿子较叫①喊~；②介词：~风吹跑咾窖

tɕʰ　[55] 敲悄劁~猪蹄~腿跷锹　[42] 樵瞧乔侨桥荞憔翘木头~了　[354] 巧　[213] 俏窍翘~起来撬峭

ȵ　[354] 咬鸟　[213] 尿

ɕ　[55] 消宵霄硝销逍肖嚣萧箫潇枵~薄：不结实　[354] 淆混~小 晓　[213] 孝效校学~笑哮鞘刀~

Ø　[55] 妖邀腰要~求幺吆夭约称：拿秤~一下　[42] 肴摇谣窑遥姚尧　[354] 舀杳　[213] 要重~耀鹞跃跳~鞠鞋或袜子的筒：这鞋~~高得很

əu

m　[55] 哞牛叫声　[42] 谋眸缪　[354] 某

t　[55] 都~有兜　[354] 斗北~抖陡　[213] 豆痘斗~争逗就~是

tʰ　[55] 偷　[42] 头投　[354] 抖　[213] 透

l　[55] 搂拿绳子~住耧　[42] 楼髅□~□səu⁰衣着破败邋遢的样子 [354] 搂~抱篓　[213] 漏陋

ts　[55] 邹诹　[354] 走　[213] 奏皱骤揍做~饭，~作

tsʰ　[55] 搊揫~起来　[42] 愁　[354] 瞅　[213] 凑

s　[55] 搜飕冷~~馊嗖　[354] 叟　[213] 瘦　[21] 嗽咳~□ləu⁴²~：衣着破败邋遢的样子

tʂ　[55] 周舟州洲粥诌　[42] 轴　[354] 拥舉~旗杆子肘猪~子 [213] 纣昼宙咒

tʂʰ　[55] 抽　[42] 绸稠惆筹仇~恨酬　[354] 丑瞅　[213] 臭

第二章 汉中方言语音 / 33

ʂ　[55] 收　[354] 手首守狩　[213] 受兽寿授售

ʐ̩　[42] 柔揉蹂用脚碾　[213] 肉

k　[55] 勾钩沟狗~日的：骂人话呴~~：叫鸡声　[354] 狗猪~苟枸
　　[213] 垢~圿够足~构购

kʰ　[55] 抠眍　[354] 口扣盖在器物底下：~住　[213] 叩扣~押寇蔻

ŋ　[55] 欧瓯呕殴鸥　[354] 藕偶　[213] 沤~肥怄~气煜~热：湿热蒸腾

x　[55] 齁　[42] 侯喉猴瘊　[354] 吼　[213] 后厚候

iəu

t　[55] 丢

l　[55] 溜~走六绿~豆　[42] 流刘留硫琉瘤　[354] 柳绺缕
　　[213] 溜向下滑：从板凳上~下来、~~肩膀熘遛流二~子　[21] 榴石~

tɕ　[55] 揪鬏鸠阄咎纠究~竟　[354] 酒九久韭灸　[213] 就~近
　　蹴蹲：~到地下舅救臼旧枢

tɕʰ　[55] 秋丘邱蚯楸缩：往后头~　[42] 囚泅求球裘尿男阴口~咾：完
　　蛋了。常用的口头詈语　[354] 糗　[21] 鳅泥~

ȵ　[42] 牛　[354] 纽扭钮怩~忸　[213] 谬~误口身体扭动：蹇~

ɕ　[55] 修羞休　[354] 朽　[213] 秀绣锈宿星~袖嗅

ø　[55] 忧优悠幽　[42] 尤邮由油游犹蚰~蜒　[354] 有友
　　[213] 酉莠谷~子诱又右佑祐柚釉幼

an

p　[55] 班斑颁扳般搬　[354] 板版钣拼~命　[213] 扮瓣办伴
　　拌半绊

pʰ　[55] 攀潘　[42] 盘磐　[213] 盼襻纽~判叛畔

m　[42] 蛮瞒馒埋~怨鞔蔓1~菁：芜菁　[354] 满　[213] 慢漫幔曼

f　[55] 藩翻番幡帆　[42] 凡烦繁樊矾　[354] 反~正返往~疲~胃　[213] 范犯泛贩饭

t　[55] 耽担~水丹单　[354] 胆掸鸡毛~子疸　[213] 淡担~子旦但弹~弓蛋石量词歠~舌头

tʰ　[55] 贪坍滩摊瘫　[42] 潭谭谈痰坛檀弹~琴　[354] 毯坦袒扯胸~脯　[213] 探炭碳叹

l　[42] 南男婪蓝篮难困~兰拦栏岚楠燣炒：~臊子　[354] 览揽缆懒　[213] 滥难~得乱溜~子烂

ts　[55] 簪绽裂开：手背上~了个口子　□低下：脑壳~下　[354] 斩盏攒崭　[213] 暫鏨站蘸：吃子、小料碟赞瓒溅：~了一身水栈組~纽子　□□lin³⁵子：说话爱表现、爱出风头的人

tsʰ　[55] 参换餐掺　□一种扣子：皮带~子，衣裳~子　[42] 蚕惭谗馋残　[354] 铲产惨　[213] 灿粲绽~开韂遍：头~韂

s　[55] 三杉衫珊山删姗　[354] 散~装伞馓~子：一种细棍状的油炸面食　[213] 散~步

tʂ　[55] 沾粘~贴詹瞻占~卜毡　[354] 展搌~布：抹布　[213] 占战绽破~

tʂʰ　[42] 蟾缠蝉禅婵　[213] 忏颤~动

ʂ　[55] 膻扇~耳刮苫草~~：草帘子　[354] 陕闪　[213] 疝~气善~人扇~子膳单姓禅、让骟鳝苫盖：~住

ʐ　[42] 然燃黏糊涂，笨：~糯子　[354] 染

k　[55] 甘柑泔尴干~燥肝竿杆懒~手：懒汉疳　[354] 感敢橄秆擀赶　[213] 干~活贛

kʰ　[55] 堪勘看养：~猪刊龛　[354] 坎砍槛　[213] 看~戏

ŋ　[55] 庵~~：瓜、菜田边茅草柴棒搭的简易矮棚子安鞍铵氨鹌~鹑　[354] 暗天~了　[213] 岸按案暗黑~

x　[55] 憨酣鼾颔~水　[42] 含函咸~盐~寒韩邯涵　[354] 喊罕　[213] 憾撼汉旱焊捍汗翰苋~菜

ian

p   [55] 鞭编边蝙　[354] 贬扁匾囗卷起：~袖子，~裤腿　[213] 变辩辫辨遍便

pʰ　[55] 篇偏　[42] 便~宜　[354] 谝~闲传　[213] 骗片

m　[42] 绵棉眠鲶~鱼　[354] 免勉娩缅~怀沔~县冕　[213] 面囗碍于情面被缠着：把人~住不得走咾

t　[55] 掂踮颠癫瘢　[354] 点典碘　[213] 店惦电殿奠佃垫淀

tʰ　[55] 添天　[42] 甜田填　[354] 舔腆腼~㮊~笔

l　[42] 廉镰连联~合怜莲帘裢褴　[354] 脸　[213] 敛~钱殓练链炼恋

tɕ　[55] 监尖歼兼艰间中~奸煎肩坚　[354] 减检俭简柬拣剪碱茧捡　[213] 舰鉴渐剑间~隔涧践件箭溅贱饯行键建健腱毽犍~牛：阉过的公牛荐见

tɕʰ　[55] 笺签扦谦迁千牵纤拉~铅鹐鸟啄食　[42] 钳钱乾前　[354] 潜浅遣谴　[213] 嵌欠芡勾~歉

ȵ　[55] 拈蔫　[42] 年严盐~鲇　[354] 眼碾撵撵研~药捻纸~子　[213] 念

ɕ　[55] 锨仙鲜掀先1原~枕木~　[42] 咸阳衔嫌贤闲弦　[354] 鲜朝~显险　[213] 陷限线羡宪献现县

ø　[55] 淹阉醃腌蔫焉烟燕~京胭炎~症　[42] 岩盐炎~黄子孙阎檐严~格颜延言研沿芫~荽　[354] 掩魇黡俨演衍　[213] 验厌艳焰酽~茶雁筵谚堰砚燕宴咽~气彦

uan

t　[55] 端~正　[354] 短　[213] 断锻段椴缎囗追赶：~贼

tʰ　[42] 团

l　[55] 卵睾丸：~子，常用的口头詈语　[42] 銮鸾　[354] 暖卵产~　[213] 乱混~

ts　[55] 钻~进专砖　[354] 转~移纂发髻：绾个~~　[213] 纂编~

36 / 汉中方言研究

钻电~赚撰篆转~街传自~

tsʰ [55] 余~丸子踹搋~板子：骗人川穿 [42] 攒攒凑：~牌局传~递椽~子船 [354] 喘 [213] 篡窜串

s [55] 酸拴栓 [213] 算蒜闩涮

ʐ [354] 软阮荽地衣：地~

k [55] 官棺倌观冠鸡~子鳏关贯穿：篾条~豆腐 [354] 管馆 [213] 贯万~钱财惯灌罐冠~军观道~

kʰ [55] 宽 [354] 款

x [55] 欢 [42] 桓还~账环 [354] 缓 [213] 唤焕换幻宦患痪瘫~

ø [55] 豌剜弯湾挽~荠荠菜腕瞪 [42] 完丸团在一起：~元宵玩顽 [354] 皖碗晚挽宛婉绾~头发 [213] 腕万蔓2藤藤~~

yan

tɕ [55] 捐娟绢卷卷曲的：~~头发蜷蜷缩：~倒床上 [354] 卷~烟 [213] 卷~子圈猪~券眷

tɕʰ [55] 圈眼~ [42] 全泉拳权颧~骨蜷痊 [354] 犬 [213] 劝

ɕ [55] 轩宣喧鲜~净 [42] 旋~风玄悬 [354] 癣选 [213] 馅肉~旋①头发~；②一边：~走~说楦鞋~子□~鸡~阉鸡

ø [55] 冤渊鸳 [42] 圆员缘~故元原源袁辕园援猿 [354] 远遥~ [213] 院愿怨远绕：~路

ən

p [55] 奔~驰锛 [354] 本 [213] 笨奔朝前~坌

pʰ [55] 喷~水 [42] 盆 [213] 喷~嚏

m [55] 闷焖扪 [42] 门 [21] 们

f [55] 分~开芬纷氛 [42] 焚坟汾临~ [354] 粉 [213] 粪奋愤忿份

第二章　汉中方言语音　/　37

t	[55] 登灯蹬噔　[354] 等戥~子：称草药的小秤　[213] 扽澄~沙凳邓镫瞪	
tʰ	[55] 吞饨馄~　[42] 腾誊抄写：~一遍藤疼	
l	[42] 能楞睖棱　[354] 冷　[213] 愣	
ts	[55] 曾增争筝睁挣~扎　[354] 怎　[213] 赠锃挣~钱憎	
tsʰ	[55] 参~差撑铛　[42] 岑曾~经层　[213] 衬~衣蹭碜囗顶撞：一开口把人~得不得下台 撑椅子~~	
s	[55] 森参人~僧生牲笙甥　[354] 省　[213] 渗瘆	
tʂ	[55] 针斟珍榛臻真蒸贞侦正~月征朕鸡~子甄　[354] 枕诊疹整　[213] 镇阵振震证症郑正反~政	
tʂʰ	[55] 称伸~懒腰　[42] 沉陈尘辰晨臣橙~子乘~法承丞呈程成城诚　[354] 惩逞　[213] 称对~趁秤囗小心保持镇定的样子：~住劲	
ʂ	[55] 深身申伸娠升声　[42] 神绳宬承担、容纳：硬~住　[354] 沈审婶　[213] 葚甚肾慎谂~胜剩盛兴~圣什~么	
ʐ	[55] 扔　[42] 任姓人仁壬仍　[354] 忍　[213] 任~务认刃韧纫	
k	[55] 跟根更~换粳~米庚羹耕　[354] 哽梗埂田~子耿　[213] 更~多亘~古够达到、及：胳膊~不到	
kʰ	[55] 坑吭　[354] 恳垦啃~骨头肯	
ŋ	[55] 恩嗯	
x	[55] 亨哼　[42] 痕恒衡横~幅　[354] 很狠　[213] 恨杏	

in

p	[55] 彬宾槟滨殡缤冰兵斌膑濒　[354] 禀丙秉柄饼炳　[213] 病鬓并合~囗~秧母苗：点种水稻秧苗	
pʰ	[55] 姘拼~命乒~球　[42] 贫频苹凭平评坪瓶屏萍　[354] 品　[213] 聘	
m	[42] 民鸣明名铭冥瞑　[354] 闽悯敏抿泯皿闵　[213] 命	

38 / 汉中方言研究

t　　［55］丁钉铁~疔~痂叮盯　［354］顶鼎　［213］锭钉~鞋订定腚

tʰ　　［55］听厅　［42］亭停庭廷蜓霆婷　［354］挺艇梃

l　　［55］拎　［42］林淋临邻鳞磷凌陵菱灵零铃伶龄霖绫玲琳麟　［354］檩领岭凛翎　［213］赁吝令另　［35］□tsan²¹~子：说话爱表现、爱出风头的人

tɕ　　［55］今金禁~不住襟衿系：~皮带津巾斤筋京荆更半夜乌~惊鲸精晶睛经兢痉~挛　［354］锦紧仅谨茎景警井颈~项馑璟伫先~娃吃　［213］禁~止尽穷~进晋近甄境敬竟竞镜靖静净劲径靳

tɕʰ　　［55］侵~略钦亲~家卿清轻青蜻倾顷腈~纶　［42］琴禽擒噙秦勤芹晴情　［354］寝请　［213］浸油~出来庆磬馨沁清凝固：猪油~住了

ɲ̩　　［42］凝宁安~拧　［213］硬宁~愿

ɕ　　［55］心芯辛新薪欣兴~旺星腥猩馨鑫锌　［42］寻~猪草行~动形型刑邢桁~条　［354］省醒擤　［213］信查幸性姓兴高~

ø　　［55］音阴因姻殷莺鹦樱婴缨英鹰荫　［42］吟淫银寅迎盈赢蝇营莹荧　［354］饮~料引隐瘾尹影颖瘿~胍胍：大脖子病　［213］洇液体散开或渗透：这纸~哩印应映胤~纸钱：祭祀烧纸之前用人民币在烧纸上拍一遍的仪式

uən

t　　［55］敦墩蹲　［354］盹丢~：打盹趸　［213］盾顿钝扽向后拉扯：往后头~遁炖吨

tʰ　　［55］吞饨馄~　［42］屯豚臀沌囤

l　　［55］抡　［42］仑伦沦轮囵纶　［213］论嫩

ts　　［55］尊遵樽　［354］准

tsʰ　　［55］村皴椿春　［42］唇纯醇存淳　［354］忖蠢　［213］寸　［21］鹌鹑~

s　　［55］孙　［354］损笋榫吮隼　［213］顺舜瞬

ʐ̩ ［213］润闰

k ［354］滚磙衮 ［213］棍

kʰ ［55］昆坤鲲琨 ［354］捆䯰~骨头 ［213］困

x ［55］昏婚浑~水荤 ［42］魂浑~身馄饨 ［213］混

∅ ［55］温瘟 ［42］文纹蚊闻雯 ［354］稳吻刎紊 ［213］问

yn

tɕ ［55］均钧菌细~君军珺 ［213］菌~子：各种蘑菇和菌类的总称郡竣俊骏峻隽

tɕʰ ［55］群裙

ɕ ［55］熏勋薰 ［42］寻~找旬询洵荀珣循巡 ［213］讯迅训驯殉逊丢人、掉价：不嫌~人

∅ ［55］晕 ［42］匀云耘芸 ［354］允陨殒 ［213］熨韵孕运

aŋ

p ［55］帮邦浜梆 ［354］榜绑膀~子 ［213］谤讥~：造谣诽谤傍棒蚌~壳子磅

pʰ ［55］胖~臭 ［42］滂旁螃庞 ［213］胖

m ［55］牤~牛：公牛 ［42］忙芒茫盲氓 ［354］莽蟒 ［21］□边、面：兀~个

f ［55］方坊芳 ［42］妨房防肪 ［354］纺仿访 ［213］放

t ［55］当~官裆 ［354］党挡 ［213］当上~档荡宕

tʰ ［55］汤 ［42］堂螳膛棠唐糖塘搪~瓷溏 ［354］倘躺淌 ［213］烫趟

ŋ ［55］肮~脏 ［42］昂

l ［42］囊窝-郎廊狼馕 ［354］朗□大~子人：做事不拘小节心胸开阔的人 ［213］浪打~柴：发洪水的时候打捞河里的杂木、树枝等攮抓、摸：~咾一把

ts ［55］赃脏肮~ ［354］昝啥~乎：什么时候 ［213］葬藏~族脏~腑

□ ①~锤子：常用口头詈语，表示反对和不满；②~棒：活泼爱逗笑的人

tsʰ ［55］仓苍 ［42］藏隐~

s ［55］桑丧哭~棒 ［354］嗓搡 ［213］丧~气

tʂ ［55］张章樟彰 ［354］长队~涨~水掌 ［213］丈仗杖帐账胀障

tʂʰ ［55］昌娼猖 ［42］长~短肠常平~尝偿 ［354］厂场敞~开 ［213］畅唱倡

ʂ ［55］商伤裳殇墒 ［42］尝偿 ［354］赏晌 ［213］上尚绱

ʐ ［55］嚷 ［42］瓤攘让踩、踏、~场，~人 ［354］壤穰~和：软和 ［213］让

k ［55］冈岗山~刚纲钢缸 ［42］扛正面对抗：~上了 ［354］岗~位港 ［213］杠□冒：~烟，~气

kʰ ［55］康糠慷 ［42］扛~枪 ［354］扛盖：把盖子~上 ［213］抗炕

x ［55］夯①打~；②大力推：从背后~咾一把巷街~ ［42］行银~杭航绗 ［213］项脖~

iaŋ

l ［42］良凉~快量计~粮梁二家~：骂人话，相当于北京话二球梁 ［354］两辆 ［213］亮谅量酒~晾凉使变凉：~开水

tɕ ［55］刚~才将~来浆~水疆缰僵姜江豇~豆 ［354］蒋奖桨讲 ［213］降~温酱将大~匠犟糨~子：面浆糊绛虹彩虹

tɕʰ ［55］枪羌腔 ［42］墙强~弱樯 ［354］抢强勉~ ［213］呛炝

ȵ ［42］娘 ［354］仰~躺子 ［213］酿~造

ɕ ［55］相~互箱厢湘襄镶香乡 ［42］详祥降投~翔 ［354］想饷享响 ［213］先2~后：妯娌相~貌向象像橡项姓

ø ［55］央秧殃 ［42］羊洋烊杨阳扬疡 ［354］养痒仰~仗氧 ［213］漾水撒出：端好耍~出去咾样~子：模样

uaŋ

ts [55] 庄装桩妆 [354] 奘饱满状：气~得很 [213] 壮~大状装填充：~袄袄

tsʰ [55] 疮窗 [42] 床 [354] 闯创撞~人

s [55] 霜双 [354] 爽 [213] 双~生子 [21] 泷阴~天：阴天

k [55] 光咣~当 [42] 桄木~~：小木棒 [354] 广 [213] 逛 □~欻欻：形容面子上挂不住，尴尬的样子

kʰ [55] 筐框匡眶哐~啷 [42] 狂 [213] 况矿旷

x [55] 荒慌 [42] 黄簧皇蝗蟥凰惶恍 [354] 隍癀 [354] 谎晃~眼幌 [213] 晃~荡

ø [55] 汪 [42] 亡芒麦~王 [354] 网柱~法往 [213] 忘妄望旺

əŋ

p [55] 崩绷嘣 [213] 蚌迸~发蹦泵

pʰ [55] 抨烹砰嘭 [42] 朋棚彭膨蓬篷澎 [354] 捧 [213] 碰

m [55] 蒙骗：~人 [42] 萌盟蒙~面 [354] 猛蠓 [213] 孟梦

f [55] 风枫疯丰封峰蜂锋烽 [42] 冯逢缝~补 [354] 讽 [213] 凤奉俸缝~隙

oŋ

t [55] 东冬咚 [354] 董懂湩惹、弄：~事，~得稀脏 [213] 冻栋动洞

tʰ [55] 通嗵象声词彤红~~ [42] 同铜桐童僮瞳潼 [354] 捅桶筒统 [213] 痛

l [42] 聋笼火~衣脓隆浓龙 [354] 拢陇垄笼~络 [213] 弄 [21] 窿窟~

ts [55] 鬃宗综中忠终钟盅衷踪 [354] 总~数冢种肿踵 [213]

粽纵中~举众重~心种~地

tsʰ ［55］聪葱匆囪充冲舂从~容 ［42］丛虫重~复崇从服~ ［354］宠 ［213］冲鲁莽、冒失：说话太~

s ［55］松嵩 ［42］俗①无能、懦弱貌：看他兀~样子；②猥琐而可憎的人。瞎~：坏人；霉~：倒霉的人 㞞精液 ［354］耸悚 ［213］送宋诵颂讼

z̩ ［42］戎绒融荣茸容溶蓉熔榕 ［354］氄~毛

k ［55］公蚣工功攻弓躬宫恭供~学生 ［354］拱~手巩龚汞 ［213］供~品共贡

kʰ ［55］空~中 ［354］孔恐 ［213］控空抽~

x ［55］轰烘 ［42］虹弘红洪鸿宏 ［354］哄~人 ［213］哄起~

ioŋ

tɕ ［354］炯迥窘

tɕʰ ［42］琼穷

ɕ ［55］兄胸凶 ［42］熊雄

ø ［55］雍拥庸 ［354］永泳咏勇涌恿踊甬俑蛹 ［213］用佣

uoŋ

ø ［55］翁嗡 ［213］瓮甕

第 三 章

汉中方言语音与中古音的比较

第一节　声母比较

古今声母的分合及条件见表 3-1 "古今声母比较表 1"、3-2 "古今声母比较表 2"。表 3-1 从古音出发看今音的分合。表 3-2 从今音到古音，看今声母的来源，表左是今声母，表端是古声母，横竖相交处是该声母的例字。

第二节　韵母比较

古今韵母的演变与古韵母的摄、等、开合口、韵、声母类型有关。下面以中古韵十六摄为序，列表比较古今韵母的关系及其条件。表 3-3 "古今韵母比较表 1" 从古音出发看今音，表左是韵摄、开合口，表端是韵等和声母组系。咸深山臻宕江曾梗通九摄先列舒声韵，后列入声韵。

表 3-4 "古今韵母比较表 2" 从今音出发看它的来源。表左是今韵母，表端是古韵摄、开合口等，中间相交处是该韵母的例字。

第三节　声调比较

古今声调的关系见表 3-5 "古今声调比较表"。表左是古声调和声母的清浊，表端是今声调。

44 / 汉中方言研究

表3-1 古今声母比较表1

		清		全浊	次浊	清	浊	
		全清	次清	平 仄			平 仄	
帮组	洪	帮 p	滂 pʰ	並 p	明 m			帮组
非组	细	非 f	敷 f	奉 f	微 ∅			非组
端组		端 t	透 tʰ	定 tʰ	泥 l/ȵ 来 l			端组
精组	洪	ts	tsʰ	ts		心 s	邪 tsʰ s	今洪	精组
	细	tɕ	tɕʰ	tɕ		ɕ	ɕ	今细	
知组	开二	ts	tsʰ	ts				今开二	知组
	开三	tʂ	tʂʰ	tʂ				今细	
	其他	ts	tsʰ	ts				其他	
庄组		tʂ	tʂʰ	tʂ s		生 ʂ	崇 tʂʰ s		庄组
章组	开	ts	tsʰ	ts		书 s	禅 tsʰ s	开	章组
	合、止开三	tʂ	tʂʰ	tʂ		ʂ	ʂ	合、止开三	
日母	止开三				日 ∅ ʐ			止开三	日母
	其他				ȵ ∅			其他	
见晓组	洪	k	kʰ	k	疑 ŋ ∅	晓 x	匣 x	今洪	见晓组
	细	tɕ	tɕʰ	tɕ	ȵ ∅	ɕ	ɕ	今细	
影组	洪	ŋ ∅			云 ∅			今洪	影组
	细	∅			以 ∅ ʐ			今细	

表 3-2　古今声母比较表 2

	帮	並	明	非	敷	奉	微	端	透	定	泥	来	精	清	从	心	邪	知	彻	澄	庄	初	崇	生	章	昌	船	书	禅	日	见	溪	群	疑	晓	匣	影	云	以
p	八	病																																					
pʰ	派	爬																																					
m			麦																																				
f				飞	副	饭																																	
t								多																															
tʰ									讨	甜																													
l											脑	老																											
ts													资	刺	存		祠																						
tsʰ																																							
s																丝	随																						
tʂ																		竹		柱	争		栈		纸														
tʂʰ																			拆	茶		抄				春	船	书											
ʂ																				抽 沉			土	使			顺	书	树										
ʐ																																							锐
tɕ																															九		巨						
tɕʰ																																轻	权						
ɲ																														热									
ɕ																																			响	县		熊	
k																															高		共						
kʰ																																开	狂						
ŋ																																							
x																																			好	活			
ø																														儿							安	温	雨	用

表3-3　古今韵母比较表1

		一等 帮系	一等 端系	一等 见系	二等 帮系	二等 泥组 知庄组	二等 见系	三四等 帮系	三四等 端组	三四等 泥组	三四等 精组	三四等 庄组	三四等 知章组	三四等 日母	三四等 见系
果	开	ɤ波	uɤ多 a大	ɤ歌											ɿ茄
果	合		uɤ坐	uɤ过 ɤ科											yɤ靴
假	开				a巴	a拿 a茶	ia家				ɿ姐	u初	ɤ遮	ɤ惹	ɿ爷
假	合					ua耍	ua瓜 a傻								
遇	合	u捕	u徒	u苦				u夫	i低	y女	y姐	u初	u猪	u如	y举
蟹	开	ei贝	ai台	ai该	ai排	ai奶	ɿ阶 ai楷	i闭		i礼					i鸡
蟹	合	ei杯	uei堆	uei灰 uai块			uai乖 ua挂	ei废			uei脆		uei缀	uei芮	uei桂
止	开							i皮 ei被		i离	ɿ资	ɿ师	ɿ知 ɿ支	ɚ儿	i奇
止	合							ei飞		uei泪	uei嘴	uai衰	uei锥	uei蕊	uei规
效	开	ao保	ao刀	ao高	ao包	ao闹	iao交	iao标	iao刁	iao尿	iao焦	ao邹	ao超	ao绕	iao骄
流	开	u苗 ao茂	ou偷	ou狗				u浮	iou丢	iou纽	iou秋	ou邹	ou稠	ou柔	iou九
咸	开		an耽	an感		an站	ian碱 yan馅	ian贬	ian点	ian拈	ian尖	an森	an沾	an染	ian剑
舒	合							an凡							
深舒	开							in品		in林	in侵		ən针	ən任	in今

第三章 汉中方言语音与中古音的比较 / 47

续表

		一等				二等			三四等					
		帮系	端系	见系	帮系	泥组	知庄组	见系	帮系	端组	泥组	精组	知章组	日母	见系
山舒	开	an 般	an 丹	an 干	an 扮		an 盏	ian 艰	ian 鞭		ian 碾	ian 煎	an 展	an 然	ian 建
	合		uan 端	uan 官			uan 闩	uan 关	an 反			yan 全	uan 转	uan 软	yan 卷
臻舒	开	ən 奔	ən 吞	ən 眼					in 宾		in 邻	in 津	ən 珍	ən 人	in 巾
	合		uən 敦	uən 昆					ən 分		uən 伦	uən 遵 yn 俊	uən 春	uən 润	yn 匀
宕舒	开	aŋ 帮	aŋ 当	aŋ 纲					aŋ 方		iaŋ 娘	iaŋ 将	aŋ 张	aŋ 让	iaŋ 姜
	合			uaŋ 光											uaŋ 筐
江舒					aŋ 棒		uaŋ 桩	aŋ 港 iaŋ 江							
曾舒	开	əŋ 崩	əŋ 灯	əŋ 恒		ən 冷	ən 生	ən 坑 in 茎	in 冰	in 丁	in 陵	in 精	ən 征	ən 仍	in 兴
	合			əŋ 弘				ən 横							
梗舒	开	əŋ 棚							in 兵		in 领		ən 逞		in 京 iŋ 兄
	合														ioŋ 兄 in 颎
通舒	开	əŋ 蓬	oŋ 东	oŋ 工 uoŋ 翁					əŋ 风		oŋ 龙	oŋ 从	oŋ 忠	oŋ 绒	oŋ 供 ioŋ 胸
	合														
咸人	开		a 搭	ɤ 鸽			a 扎	ia 夹	a 法			iɛ 接	ɤ 蜇		iɛ 劫
	合														

续表

	一等 帮系	一等 端系	一等 见系	二等 帮系	二等 泥组	二等 知庄组	二等 见系	三四等 帮系	三四等 端组	三四等 泥组	三四等 精组	三四等 庄组	三四等 知章组	三四等 日母	三四等 见系
深入 开										i立	i缉	ei涩	ɣˀ执 蛰	u人	i及
山入 开		a达	ɣˀ割	a八		a札	a瞎 ia锴	ɣˀ别	ɿ铁	ɿ烈	ɿ节		ɣˀ哲	ɣˀ热	ɿ结
山入 合	ɣˀ泼	uʌ掇	uʌ括			uʌ刷	ua刮 a挖	a伐		ɿ劣	ɣˀ绝	uʌ出			yˀ决
臻入 开								i笔		i栗	ɿ七	ɿ虱	ɿ侄	ɿ日	i吉
臻入 合	ɣˀ没	u突	u骨					uʌ物		y律	y戌		u出		y屈 yˀ掘
宕入 开	ɣˀ博	uʌ托	ɣˀ各	ɣˀ剥 u朴			ɣˀ觉 uʌ握			yˀ略	yˀ爵		uʌ酌	uʌ弱	yˀ脚
宕入 合			uʌ郭					ɣˀ缚							yˀ攫
江入 开						uʌ捉									
曾入 开	ei北	ei德	ei刻					i逼		i力	i即	ei侧	ei织		i极
曾入 合			uʌ国												y域
梗入 开				ei柏		ei拆	ei格	i碧	i的	i历	i积		ɿ赤		i敌
梗入 合							uʌ砍				y窄				y疫
通入 合	u扑	u督	u哭					u福		u陆	y蹴	uʌ缩	u竹	u辱	y菊

表3-4

古今韵母比较表2

	果开一	果开三	果合一	果合三	假开二	假开三	假合二	遇合一	遇合三	蟹开一	蟹开二	蟹开三	蟹开四	蟹合一	蟹合二	蟹合三	止开三	止合三	效开一	效开二	效开三	效开四	流开一	流开三	咸开一	咸开二	咸开三	咸开四	咸合三
ɿ																	紫												
ʅ																	知												
ər																	儿												
i								朴	猪			际	批				比												
u									女																				
y																													
a						巴					罢	佳													塔	扎	掐		
ia						家																							
ua							瓜								挂														
ɤ	大		波																										
iɛ			歌	茄		车						阶																	
uɤ			多			姐		错																					
yɤ				靴																									
ai										胎	排			块	乖		披												
uai																													
ei										贝				杯		废	非	揣					某	否					
uei														堆		脆 桂	泪							喝	掇	跌		

续表

	果		假			遇		蟹				止		效				流		咸			
	开	合	开		合	合		开			合	开	合	开				开		开			合
	一 三	一 三	二	三	二 三	一 三	一	二	三	四	一 二 三 四	三	三	一	二	三	四	一	三	一	二	三 四	三
ao														保	包	招		剖	彪				
iao															交	膘	叫		抖 肘		站 闪 尖			
ue						做													揪				
uei																							
an																				胆	减	失	
ian																						甜	
uan																							
yan																							
ən																							
in																							
uən																							
yn																							
aŋ																							
iaŋ																							
uaŋ																							
əŋ																							
ioŋ																							
ioŋ																							
uoŋ																							

续表

	深	山								臻				宕				江	曾			梗						通	
	开	开	开	开	开	合	合	合	合	开	开	合	合	开	开	合	合	开	开	开	合	开	开	开	合	合	合	合	合
	三	一	二	三	四	一	二	三	四	一	三	一	三	一	三	一	三	二	一	三	一	二	三	四	二	三	四	一	三
ʅ	执																												
ɿ											侄																		
ər																													
i	立										笔												碧	滴					
u	入																											扑	
y																													
a		达	八					伐																					
ia			辖																										
ua							滑																						
ɤ		割		哲		拨						勃	佛	博				剥	得										
iɛ				别	铁								律		勺														
uɤ						夺		说						作	酌			桌			国								
yɤ									决						略	郭	镢	学											
ai																						拆							
uai																													
ei																				直					横				
uei	涩																									惑			

续表

	深		山				臻			宕		江	曾		梗			通	
	开		开		合		开	合		开	合	开	开	合	开		合	合	
	三	一	二	三	四	一	三	四	一	三	一	三	一	三	一	三	一	三	一	二	三	一	三	一	三
ao																				
iao																				
ou																				
ieu																				
an		丹				搬														
ian			扮 毡				反													
uan			艰 鞭 边			端 关	沿 专 县													
yan							卷 玄													
en	沉								吞 珍	奔 分										
in	林								彬	嫩 春										
uen										俊										
yn																				
aŋ											帮 张	邦		征		整 硬				
iaŋ											娘	讲		冰		兵	瓶			
uaŋ											庄 光 狂	窗								
əŋ													崩				彭		篷 东	凤
oŋ													弘							隆
ioŋ																		兄 迥		胸
uoŋ																				

表 3-5　　　　　　　　古今声调比较表

古音		今音	阴平	阳平	上声	去声
平声	清		东该灯风			
	浊	次浊		门龙牛油		
		全浊		铜皮糖红		
上声	清				懂古鬼九	
	浊	次浊			买老五有	
		全浊				动罪近后
去声	清					冻怪半四
	浊	次浊				卖路硬乱
		全浊				洞地饭树
入声	清		谷百搭节	急哲		恰
	浊	次浊	六麦叶月		颖	洽
		全浊		毒白盒罚	蜀	

第四节　声韵调的演变特点

一　声母的演变特点

①古泥来母字在今洪音前相混，细音前相分。如：难 lan^{42} = 兰 lan^{42}，怒 lu^{213} = 路 lu^{213}，年 ȵian^{42} ≠ 连 lian^{42}，女 ȵy^{354} ≠ 吕 ly^{354}。

②古知庄章组字声母分读 ts tsʰ s 和 tʂ tʂʰ ʂ。古开口字中，知二庄组和章组止摄三等读 ts tsʰ s，与精组字合流；知三章组（除止摄）读 tʂ tʂʰ ʂ。合口字均读为 ts tsʰ s。

③古日母字，除止摄开口三等字今读零声母外，其他日母字都读 ʐ。

④微母、云母、以母和疑母合口字都读零声母。

⑤疑母开口一等字和二等（除假效山摄）字读 ŋ，如"昂偶额"等；效摄二等字、流宕曾摄三等字及咸山梗摄入声字、蟹摄四等字读 ȵ，如"咬业牛虐霓"等；其他字读零声母。影母开口一等字（除果摄）和

效蟹摄二等字读 ŋ，如"安爱拗挨"等；其他字都读零声母。

二 韵母的演变特点

①止摄知组字读 ʅ，章庄组、精组字读 ɿ，深摄缉韵、臻摄质韵、曾摄职韵、梗摄昔韵的知章庄组入声字都读 ʅ。

②深臻曾梗通摄舒声韵母部分合流，今读为 ən/əŋ，in，uən/uoŋ，yŋ/ioŋ。其中深臻摄读 ən，in，uən，yn；曾梗摄帮组字读 əŋ，合口三等庚韵读 ioŋ，其它字读 ən，in。通摄帮组、非组字读 əŋ，见晓影组字读 oŋ，ioŋ，uoŋ，其他读 oŋ。如果和北京话相比，可以说［ən:əŋ｜in:iŋ］两组韵母相混，［uən:uŋ｜yn:yŋ］两组韵母相分。如：新 = 星 ɕi⁵⁵｜根 = 庚 kən⁵⁵，春 ts'uən⁵⁵｜翁 uoŋ⁵⁵｜东 toŋ⁵⁵｜运 yn²¹³｜用 ioŋ²¹³。

③曾摄开口三等庄组入声字、曾摄开口一等"得特则刻"、梗摄开口二等"择格客额赫色"多有文白异读。文读 ɤ 韵，与北京话相同；白读 ei 韵，与西安话相同。"多坐过托活郭"等字读 uɤ 韵，"雪橛月一月、二月倔削觉"等字读 yɤ 韵，"个"读 ɤ 韵，与西安话相同。

三 声调的演变特点

①平声分阴阳，古清入、次浊入字主要归阴平，全浊入归阳平。如百 pei⁵⁵ ≠ 白 pei⁴²，法 fa⁵⁵ ≠ 罚 fa⁴²，跌 tiɛ⁵⁵ ≠ 碟 tiɛ⁴²。

②根据此次声调调查结果与相关调查材料（邢向东 2007），汉中西关、北关调类属于中原官话秦陇片的系统，但调值则与属于西南官话川黔片的汉中东关、南关非常相似，说明中原官话与西南官话在汉中市融合的过程中已经形成深度接触的特性。如：

汉中东关、南关　　阴平 35　　阳平 42　　上声 45　　去声 214

汉中西关、北关　　阴平 55　　阳平 42　　上声 354　　去声 213

四 古入声字在汉中方言中的演变

按照《方言调查字表》中的入声字进行调查，去掉汉中话不用的生僻字合计 567 字。

古清声母入声字合计 313 字，归入阴平合计 225 字，占比 72%。如果与北京话相比较，汉中话归入阴平的字范围大，数量多。例如以下各字，汉中话全部归入阴平，但在北京话中归派有所不同：塌透 鸽见 鸭影 捉庄 失书 削心 磕溪 腌影 瞎晓 漆清（以上各字普通话也派入阴平），窄庄 百帮 脚见 铁透 雪心 渴溪 塔透 尺昌（以上各字普通话中派入上声），涩生 括见 刻溪 作精 迫帮 血晓 客溪（以上各字普通话中派入去声）。

其中，古全清声母字共 227 字，归入阴平 162 字，次清声母字共 87 个，归入阴平 63 字，以下是归入阴平的全部清声母字：

搭鸽喝眨夹袂甲胛鸭押压接折褶摄腌跌挟法涩汁湿吸揖撒萨割喝八札紮杀瞎鳖薛蜇蜇人浙设揭歇蝎憋节楔结噎钵拨掇舐豁挖刷刮雪说发血笔毕必悉膝瑟虱质失室一不卒兵卒骨忽戌橘作作坊各阁胳恶削脚约攉劙剥桌卓啄捉觉角握北得德则塞黑逼即鲫息熄侧色啬织职百柏伯迫窄格赫吓恐吓擘革隔扼轭碧璧积迹脊惜昔只益壁滴嫡绩锡析击激速谷屋笃督沃福肃宿竹缩粥叔菊掬畜畜牧蓄储蓄郁足粟锔（以上全清）

塔塌榻湿磕掐搯怯帖贴嗑獭擦渴彻撒铁切泼脱撮阔缺七漆窟黢出溪泊托绰焯却廓扩戳确壳刻时刻刻刻字克匿力测拍拆客策册尺劈踢剔戚吃扑仆秃哭畜畜生麴曲（以上次清）

古清声母入声字归入阳平的有 34 字，与北京话相比范围要大，这样的字约占清入字总数的 11%。这个特点与成都话是一致的，应当是汉中话古清入字派入四声时受了西南方言的影响的原因。例如：

答劫胁执急级别区别哲折折断洁拙厥决诀吉博郝爵着穿着酌啄媳识摘责馘幅蝠烛（以上全清 30 字）踏察匹醋（以上次清 4 字）。

古清声母入声字归入其他声调的有：

归入上声共 13 字：靥给供给葛唠乙索雀饺的目的卜嘱（以上全清 11 字）乞朴（以上次清 2 字）。

归入去声共 41 字：轧轧棉花泄泄露屑讫恤率蟀搁霍朔式饰忆亿抑孽炙适释复回复腹筑祝束（以上全清 24 字）拓恰妾泣撒猝错鹊饬栅僻赤斥酷覆促触（以上次清 17 字）。

古次浊声母入声字共计 117 字，归入阴平的字 90 字，占比 76%。

这部分字在北京话中主要是派入去声的。比较来看，次浊入主要归阴平是汉中话声调系统的一大特点。例如：

纳拉腊蜡镴聂镊蹑猎叶页业立笠粒入捺辣瘌抹灭列烈裂热孽捏末沫抹劣悦阅袜月越曰粤密蜜栗日没沉没律率物莫寞摸诺落骆洛络乐鄂略若弱虐疟药钥岳乐默肋勒陌额麦脉觅历历史木鹿禄目穆牧六陆育绿录褥玉狱欲浴

古次浊声母入声字归入其他声调的有：

归入阳平共 5 字：苶篾没没有膜墨

归入上声共 3 字：捋掠辱

归入去声共 19 字：拽逸杌勿幕烙酪翼域逆亦译易液腋溺疫役肉

古全浊声母入声字共计 137 字，归入阳平 112 个，占比 82%。全浊声母入声字主要派入阳平，与普通话的规律一致。例如：

杂合盒闸炸狭峡匣捷叠碟牒蝶谍协乏集辑习袭蛰惊蛰十什拾及达拔钡匣别离别辙舌折折了杰截夺活滑猾绝伐筏罚掘橛穴疾侄秩实勃核术白术佛掘薄泊铎跋凿昨嚼着附着勺芍缚雹浊镯学贼直值食蚀殖植极白帛泽择宅核审核核果剧剧烈剧戏剧籍藉席射石笛敌狄寂获仆独读牍犊族毒服伏逐轴熟俗赎局

古全浊声母入声字归入其他声调的有：

归入阴平共 10 字：沓涉悖突鹤特屐夕复复杂淑

归入上声共 2 字：蜀属

归入去声共 13 字：洽弼术述秫倔辟掷划曝瀑斛续

李荣先生在《汉语方言的分区》中指出："中原官话的特性是古次浊入声今读阴平，与其它六区分开。（古次浊入声读阴平蕴涵［imply］古清音入声也读阴平，古全浊入声读阳平。）"①

综上所述，汉中话声调的演变规律与北京话的不同主要体现在古入声字的走向上。清入派入阴平和阳平的字比北京话范围大，数量多；次浊入主要归阴平，全浊入主要归阳平。以古入声字的演变归派情况为依

---

① 李荣：《汉语方言的分区》，《方言》1989 年第 4 期。

据，汉中话划入中原官话是没有疑问的。

第五节 例外字表

一 声母例外字表

古全浊声母仄声字今塞音、塞擦音读送气的，也列在表中。括号内注明按规律今音当读的声母。阴平 55 阳平 42 上声 354 去声 213。

帮：谱 pʰu³⁵⁴ 庇痹 pʰi²¹³ 绊 pʰan²¹³ 迫 pʰɤ⁵⁵ 秘泌 mi⁵⁵ （p）

滂：玻 pɤ⁵⁵ 怖 pu²¹³ 扳 pan⁵⁵ 泊 pɤ⁵⁵ （pʰ）

並：耙 pʰa⁴² 佩 pʰei²¹³ 避 phi²¹³ 鳔 pʰiao⁵⁵ 叛 phan²¹³ 辟 pʰi²¹³ 仆 pʰu⁴² 瀑 pʰu²¹³ （p）

明：谬 ȵiəu²¹³ （m）

非：脯 pʰu³⁵⁴ （f）

敷：捧 pʰəŋ³⁵⁴ （f）

微：芒 maŋ⁴² （Ø）

端：堤 tʰi⁵⁵ 鸟 ȵiao³⁵⁴ （t）

透：贷 tai²¹³ （tʰ）

定：沓 tʰa⁵⁵ 囤 tʰuən⁴² 沌 tʰuən⁴² 突 tʰu⁵⁵ 特 tʰei⁵⁵ 艇挺 tʰin³⁵⁴ （t）

泥：粘 ʐan⁴² （l）

来：辇 ȵian³⁵⁴ （l）

精：浸 tɕʰin²¹³ 雀 tɕʰyɤ³⁵⁴ （tɕ）

从：就就是 təu²¹³ （tɕ）

心：赐伺 tsʰɿ²¹³ 粹 tsʰuei²¹³ 燥 tsʰao²¹³ （s） 膝 tɕʰi⁵⁵ （ɕ）

知：爹 tiɛ⁵⁵ （tʂ）

彻：饬 tʂɿ²¹³ （tʂʰ）

澄：橙 tʂʰən⁴² （tʂʰ） 绽 tsʰan²¹³ 撞 tsʰuaŋ³⁵⁴ （ts） 迟池饮马池，地名 tsʰɿ⁴² （tʂʰ）秩 tʂʰɿ²¹³ 着着火 tʂʰɤ⁴² 瞪 təŋ²¹³ （tʂ）

庄：搊 tʂəu³⁵⁴ 斩 tʂan³⁵⁴ 榛臻 tʂən⁵⁵ 查 tsʰa⁴² 侧 tsʰei⁵⁵ （ts）

初：栅 tsa²¹³ （tsʰ）

崇：士柿仕事 sʅ²¹³（ts）

生：产 tsʰan³⁵⁴疝 ʂan²¹³（s）

章：酎 tsuɤ⁴²（tʂ）粥 tʂəu⁵⁵（ts）

昌：枢 su⁵⁵（tsʰ）

船：盾 tuən²¹³（tsʰ）

书：翅 tsʰʅ²¹³（s）

禅：蝉禅 tsʰan⁴²（tʂʰ）

见：会会计 kʰuai²¹³愧 kʰuei²¹³括 kʰuɤ⁵⁵扛 kʰaŋ⁴²昆 kʰuən⁵⁵矿 kʰuaŋ²¹³（k）懈ɕiɛ²¹³酵 ɕiao²¹³脸 lian³⁵⁴讫 tɕʰi²¹³（tɕ）

溪：搭 tɕʰia³⁵⁴恢 xuei⁵⁵（kʰ）墟 ɕy⁵⁵溪 ɕi⁵⁵吃 tʂʰʅ⁵⁵（tɕʰ）

群：跪 kʰuei²¹³（k）鲸 tɕin⁵⁵（tɕʰ）

疑：讹 ŋɤ⁴²（∅）阮 ʐuan³⁵⁴（∅）

晓：歪 ∅uai⁵⁵况 khuaŋ²¹³（x）瞎 xa⁵⁵吓 xa²¹³（ɕ）

匣：汞 koŋ³⁵⁴丸完 ∅uan⁴²皖 ∅uan³⁵⁴（x）鞋 xai⁴²蟹 xai0 项 xaŋ²¹³巷 xaŋ²¹³迥 tɕioŋ³⁵⁴肴 ∅iao⁴²萤 ∅in⁴²（ɕ）

影：秽 xuei²¹³压轧 ȵia²¹³（∅）

云：汇 xuei²¹³熊雄 ɕioŋ⁴²（∅）

以：铅 tɕʰian⁵⁵捐 tɕyan⁵⁵锐 ʐuei²¹³荣蓉镕 ʐoŋ⁴²（∅）

二 韵母例外字表

括号里注明该字的古韵（举平声以赅上去）和今音的一般读音。

果摄：无

假摄：下底下吓 xa²¹³（麻 ia）傻 sa³⁵⁴（麻 ua）

遇摄：做 tsəu²¹³（模 u）都全都 təu⁵⁵（模 u）措错 tsʰuɤ²¹³（模 u）模摸范摹 mɤ⁴²（模 u）庐 lu⁴²（鱼 y）去来去 tɕhi²¹³（鱼 y）所 suɤ³⁵⁴（鱼 u）

蟹摄：咳 kʰɤ⁴²（咍 ai）罢 pa²¹³（佳 ai）稗 pei⁵⁵（佳 ai）佳 tɕia⁵⁵（佳 ai）洒 sa³⁵⁴（佳 ai）涯 ia（佳 ai）携ɕiɛ⁴²畦 tɕʰi⁴²（齐 uei）

止摄：玺徙 ɕi³⁵⁴（支 ʅ）筛 sai⁵⁵（脂 ʅ）履 ly³⁵⁴（脂 ʅ）厕 tsʰei⁵⁵（之 ʅ）揣 tshuai³⁵⁴（支 uei）谁 sei⁴²（脂 uei uai）季 tɕi²¹³（脂 uei）遗 i⁴²

（脂 uei）

效摄：抓 tsua⁵⁵（肴 ao）瓜 tsua³⁵⁴（肴 ao）搞 kao³⁵⁴（肴 iao）

流摄：矛 mao⁴²（尤 u）谋 məu⁴²（尤 u）廖姓 liao²¹³（尤 iəu）就就是 təu²¹³（尤 iəu）漱 su²¹³（尤 əu）彪 piao⁵⁵（幽 iəu）

咸舒：赚 tsuan²¹³（咸 an）

深舒：寻 ɕyn⁴²（侵 in）簪 tsan⁵⁵（侵 ən）

山舒：鲜 ɕyan⁵⁵（仙 ian）癣 ɕyan³⁵⁴（仙 ian）轩 ɕyan⁵⁵（元 ian）沿 ian⁴²（仙 yan）铅 tɕʰian⁵⁵（仙 yan）兖 ian³⁵⁴（仙 yan）阮 ʐuan²¹³（元 yan）宛 uan³⁵⁴（元 yan）县 ian²¹³（先 yan）

臻舒：啃 kʰuən³⁵⁴（痕 ən）讯 ɕyn²¹³（真 in）逊 ɕyn²¹³（魂 uən）遵 tsuən⁵⁵（谆 yn）皴 tsʰuən⁵⁵（谆 yn）笋榫 suən³⁵⁴（谆 yn）窘 tɕioŋ³⁵⁴（谆 yn）尹 in³⁵⁴（谆 yn）荤 xuən⁵⁵（文 yn）

宕舒：饷 ɕiaŋ³⁵⁴（阳 aŋ）

曾舒：扔 ər³⁵⁴（蒸 ən）

梗舒：盲 maŋ⁴²（庚 əŋ）打 ta³⁵⁴（庚 ən）盟 məŋ⁴²（庚 in）矿 kʰuaŋ²¹³（庚 yɤ）荣 ʐoŋ⁴²（庚 ioŋ）

通舒：樋 tʰuɤ⁵⁵（东 oŋ）翁甕 uoŋ⁵⁵（东 oŋ）

咸入：腌 ian⁵⁵（严 iɛ）挟 tɕia⁵⁵（帖 iɛ）

深入：蛰 tʂɤ⁴²（缉 ʅ）涩 sei⁵⁵（缉 ʅ）入 ʐu⁵⁵（缉 ʅ）

山入：瞎 xa⁵⁵（辖 ia）薛 ɕyɤ⁵⁵（薛 iɛ）篾 mi⁴²（屑 iɛ）捋 ly³⁵⁴（末 uɤ）聒 kua⁵⁵（末 uɤ）劣 liɛ⁵⁵（薛 yɤ）袜 ua（月 a）血 ɕiɛ⁵⁵（屑 yɤ）

臻入：虱 sei⁵⁵（质 iʅ）瑟 sɤ²¹³（质 iʅ）日 ʐʅ⁵⁵（质 iʅ）率蟀 suai²¹³（术 u）勿 u²¹³（物 uɤ）

宕入：幕 mu²¹³（铎 ɤ）烙酪 lao²¹³（铎 uɤ）郝 xao³⁵⁴（铎 ɤ）嚼 tɕiao⁴²（药 yɤuɤ）绰宽~ tʂʰao⁵⁵（药 yɤuɤ）勺 ʂɤ⁴²（药 yɤuɤ）芍 ʂao⁴²（药 yɤuɤ）

梗入：魄 pʰɤ²¹³（陌 ei）宅 tsai⁴²（陌 ei）剧 tɕy²¹³（陌 i）吃 tʂʰʅ⁵⁵（锡 i）划 xua²¹³（麦 uai）

通入：沃 uɤ（沃 u）六 iəu（屋 u y）缩 suɤ⁵⁵（屋 u y）绿 liəu⁵⁵（烛

y）促 tsʰu²¹³（烛 y）

三 声调例外字表

古清平

读阳平（8字）：鬘 tsua 于 y 魁 kʰuei 雌 tsʰʅ 绥 suei 荀 ɕyn 妨 faŋ 扛 kʰaŋ

读上声（3字）：俘 fu 萎 uei 搂 tʂəu

读去声（7字）：过 kuɤ 俱 tɕy 坳 ŋao 嵌 tɕʰian 犍 tɕian 姘 pʰin 纵 tsoŋ

古浊平

读阴平（27字）：耶 iɛ 巫诬 u 殊 su 奚兮 ɕi 期 tɕʰi 危 uei 微 uei 涛 tʰao 猫 mao 撩 liao 搂 ləu 悠 iəu 酣 xan 帆 fan 铅 tɕʰian 捐 tɕyan 藩 fan 饨 tʰuən 蹲 tuən 浑 xuən 裳 ʂaŋ 擎 tɕʰin 鲸 tɕin 拎 lin 庸 ioŋ

读上声（9字）：愚 y 跑 pʰao 淆 ɕiao 储 tsʰu 潜 tɕʰian 闽 min 场 tʂʰaŋ 穰 zaŋ 筒 tʰoŋ

读去声（2字）：跳 tʰiao 茎 tɕin

古清上、次浊上

读阴平（16字）：估牯 ku 坞 u 矩 tɕy 奶乳房 lai 几茶几 tɕi 漂 pʰiao 悄 tɕʰiao 纠 tɕiəu 剖 pʰəu 呕殴 ŋəu 慷 kʰaŋ 懵蠓 məŋ 拥 ioŋ

读阳平（4字）：傀 kʰuei 靡 mi 髓 suei 唯 uei

读去声（12字）：愈 y 贿 xuei 只 tsʅ 纪 tɕi 已 sʅ 懊 ŋao 莠 iəu 叩叩头 kʰəu 境 tɕin 矿 kʰuaŋ

古全浊上

读阴平（1字）：鳔 pʰiao

读阳平（0字）

读上声（25字）：釜腐辅 fu 雨宇禹羽 y 矣 i 伟苇 uei 有友 iəu 俭 tɕian 缓 xuan 皖 uan 远 yan 很 xən 窘 tɕioŋ 强勉强 tɕʰiaŋ 晃晃眼 xuaŋ 往 uaŋ 艇挺 tʰin 永 ioŋ 汞 koŋ

古去声

读阴平（22字）：稼 tɕia 锢 ku 疏 su 输 su 艾 ŋai 荔 li 思 sɿ 饲 sɿ 厕 tsʰei 糙 tsʰao 稍 sao 召 tʂao 戊 u 究 tɕiəu 殴 ŋəu 勘 kʰan 荫 in 窜 tsʰuan 绢 tɕyan 殡 pin 晕 yn 轰 xoŋ

读阳平（12字）：耙 pʰa 暇 ɕia 蔗 tʂɤ 和 xuɤ 咳 kʰɤ 谊 ȵi 鼻 pi 肄 i 遂 suei 疗 liao 玩 uan <u>横</u> ɕyɤ

读上声（34字）：佐 tsuɤ 簸 pɤ 亚 ia 瓦 ua 捕 pu 吐 tʰu 署 su 薯 su 讣 pu 屡 ly 载 tsai 慨 kʰai 蔼 ŋai 尬 ka 块 kʰuai 譬 pʰi 骰 sɿ 会计 kʰuai 饵 ər 伪 uei 餧 uei 翡 fei 纬 uei 导 tao 扫 sao 绕 ʐao 偶 ŋəu 缆 lan 枕 tʂən 仅 tɕin 饷 ɕiaŋ 访 faŋ 撞 tsʰuaŋ 柄 pin

第四章

汉中方言分类词表

本词表以《汉语方言词语调查条目表》（《方言》2003 年第 1 期）为基础，根据汉中方言的实际情况进行了条目增删，分为 29 类，目前收词 6120 条。同义词语按出现频率排列。注音、用字、符号等处理同前文。

一 天文

（一） 日、月、星

太阳 tʰai²¹iaŋ³⁵／日头 ər⁵⁵tʰəu⁰

太阳坝 tʰai²¹iaŋ³⁵pa⁰ 太阳地，太阳光照到的地方：把洋芋片片搁到～，一两天就晒干咾

阴处 in⁵⁵tsʰu⁰ 阴凉的地方：我们站到～说话

向阳 ɕiaŋ³⁵iaŋ⁴²

背阴 pei²¹in⁵⁵

阳面 iaŋ⁴²mian⁰

阴面 in⁵⁵mian⁰

月亮 yɤ⁵⁵liaŋ⁰

月亮坝 yɤ⁵⁵liaŋ⁰pa⁰：月亮光照到的地方：～里打手电，不要天良（亮）

星星 ɕin⁵⁵ɕin⁰

星宿 ɕin⁵⁵ɕiəu⁰

扫把星 sao²¹pa³⁵ɕin²¹①彗星；②形容倒霉带灾的人

流星 liəu⁴²ɕin⁰

天河 tʰian⁵⁵xɤ⁰

（二）风、云、雷、雨

风 fəŋ⁵⁵

大风 ta²¹fəŋ⁵⁵

旋风 ɕyan⁴²fəŋ⁰

吹风 tsʰuei⁵⁵fəŋ⁵⁵ 刮风

顺风 suən²¹fəŋ⁵⁵

逆风 ȵi²¹fəŋ⁵⁵

上风头 ʂaŋ²¹fəŋ⁵⁵tʰəu²¹ 上风

下风头 ɕia²¹fəŋ⁵⁵tʰəu²¹ 下风

风停咾 fəŋ⁵⁵tʰin⁴²lao⁰ 风停了

雷 luei⁴²

打雷 ta³⁵luei⁴²

响雷 ɕiaŋ³⁵luei⁴²

闷雷 mən²¹luei⁴²

雷啄咾 luei⁴²tsua⁴²lao⁰ 被雷劈了：院坝里兀个松树叫~

闪电 ʂan³⁵tian⁰

扯闪 tʂʰɤ³⁵ʂan³⁵ 打闪电

雨 y³⁵⁴

下雨 ɕia²¹y³⁵⁴

大雨 ta²¹y³⁵⁴

小雨 ɕiao³⁵y³⁵⁴

毛毛雨 mao⁴²mao⁰y³⁵⁴

冻雨 toŋ²¹y³⁵⁴

淋雨 lin²¹y³⁵⁴ 连续不断的阴雨：每年秋天都要下月打月的~每年秋天都要下快一个月的雨

□雨动宾 yn⁴²y³⁵⁴

雨点点 y³⁵tian³⁵tian⁰ 雨点

雨星星 y³⁵ɕin⁵⁵ɕin⁰ 细小的雨滴

雨霏霏 y³⁵fei⁵⁵fei⁰ 比雨星星大一点，开始拉成线的小雨

冒点点 mao⁴²tian³⁵tian⁰（冒声调特殊）开始稀疏地落雨点：～开点点咾，赶紧回

雨停了 y³⁵tʰin⁴²lao⁰

（三）冰、雪、霜、露

雪 ɕyɤ⁵⁵

下雪 ɕia²¹ɕyɤ⁵⁵

大雪 ta²¹ɕyɤ⁵⁵

小雪 ɕiao³⁵ɕyɤ⁵⁵

雪糁糁 ɕyɤ⁵⁵tʂən⁵⁵tʂən⁰ 小雪粒

雪颗颗 ɕyɤ⁵⁵kʰɤ⁵⁵kʰɤ⁰ 小雪粒

雪片片 ɕyɤ⁵⁵pʰian³⁵pʰian⁰ 雪片

雪堆堆 ɕyɤ⁵⁵tuei⁵⁵tuei⁰ 雪堆

坐雪 tsuɤ²¹ɕyɤ⁵⁵ 积雪：这向天气暖，就下一天也坐不下雪 最近一段天气暖，就算下整整一天，也积不下雪

化雪 xua²¹ɕyɤ⁵⁵ 雪融化

冰 pin⁵⁵

结冰 tɕiɛ⁵⁵pin⁵⁵

冰溜子 pin⁵⁵liəu²¹tsɿ³⁵ 地面上结成的一溜薄冰，行走容易摔倒

冰吊吊 pin⁵⁵tiao²¹tiao³⁵ 房檐等处滴水形成的冰挂

冰碴 pin⁵⁵tsʰa⁰ 比较厚的冰层：冬天价河里兀～厚的没法 冬天河里的冰层厚得很

冰渣渣 pin⁵⁵tsa⁵⁵tsa⁰ 碎的小冰渣

冷子 lən³⁵tsɿ⁰ 冰雹

下冷子 ɕia²¹lən³⁵tsɿ⁰ 下冰雹

霜 suaŋ⁵⁵

打霜 ta³⁵suaŋ⁵⁵ 降霜：白菜要等～才好吃哩

雾 u²¹³

起雾 tɕʰi³⁵u²¹³ 下雾

露水 lu²¹suei³⁵

虹 kaŋ²¹³

天狗吃太阳 tʰian⁵⁵kəu⁰tʂʰɿ⁵⁵tʰai²¹liaŋ³⁵ 日食

天狗吃月亮 tʰian⁵⁵kəu⁰tʂʰɿ⁵⁵yɤ⁵⁵liaŋ⁰ 月食

（四）气候

天气 tʰian⁵⁵tɕi⁰ ①天气；②情况和形势：你不看下市场上啥天气，还敢喂猪哩 你不看看最近市场上什么情况，还敢养猪呢

云 yn⁴²

黑云 xei⁵⁵yn⁴² 乌云

晴 tɕʰin⁴²

晴天 tɕʰin⁴²tʰian⁰

响晴 ɕiaŋ³⁵tɕʰin⁴² 非常晴朗，万里无云的晴天

晴唠 tɕʰin⁴²lao⁰ ∕

出太阳唠 tsʰu⁵⁵tʰai²¹iaŋ³⁵lao⁰ 天气由阴雨转晴的样子

阴 in⁵⁵

阴天 in⁵⁵tʰian⁰ 阴天

阴泷天 in⁵⁵suaŋ⁰tʰian⁰ 湿度很大的阴天：这~不好过，圪膝盖疼

阴下唠 in⁵⁵xa⁰lao⁰ ∕

阴泷唠 in⁵⁵suaŋ⁰lao⁰ 天气由晴转阴冷的样子

沤热天 ŋəu²¹ʐɤ⁵⁵tʰian⁰ 又潮湿又闷热的天气

伏天 fu⁴²tʰian⁰

入伏 ʐu⁵⁵fu⁴²

出伏 tsʰu⁵⁵fu⁴²

头伏 tʰəu⁴²fu⁴²

中伏 tsoŋ⁵⁵fu⁴²

三伏 san⁵⁵fu⁴²

进九 tɕin²¹tɕiəu³⁵⁴

一九 i⁵⁵tɕiəu³⁵⁴

二九 ər²¹tɕiəu³⁵⁴

三九 san⁵⁵tɕiəu³⁵⁴

出九 tsʰu⁵⁵tɕiəu³⁵⁴

干 kan⁵⁵干旱

涝 lao²¹³雨涝

二　地理

（一）地

田 tʰian⁴²

水田 suei³⁵tʰian⁴²水田，区别于旱地

稻田 tao²¹tʰain⁴²种稻子的田地

秧田 iaŋ⁵⁵tʰian⁰育秧期间的田地

秧母田 iaŋ⁵⁵mu⁰tʰian⁴²培育秧母苗的小块田地

地 ti²¹³旱地的统称

麦田 meⁱ⁵⁵tʰian⁰种麦子的田地

坡地 pʰɤ⁵⁵ti²¹³山坡上开出来的田地

菜地 tsʰai³⁵ti²¹³

沙沙地 sa⁵⁵sa⁰ti²¹³沙地

藕田 ŋəu³⁵tʰian⁴²具有黏土壤和浅水的田块，专门种植浅水藕

空地 kʰoŋ³⁵ti²¹³

荒地 xuaŋ⁵⁵ti²¹³

田坎 tʰian⁴²kʰan⁰/

田埂子 tʰian⁴²kən³⁵tsʅ⁰

田坝 tʰian⁴²pa⁰统称田里：他在～拔草哩他在田里拔草呢

（二）山

山 san⁵⁵

山沟 san⁵⁵kəu⁵⁵

山卡卡 san⁵⁵tɕʰia²¹tɕʰia³⁵山缝缝

山洼洼 san⁵⁵ua⁵⁵ua⁰ 山沟里较平整的低洼地

山顶顶 san⁵⁵tin³⁵tin⁰ 山顶

山包包 san⁵⁵pa⁰⁵⁵pao⁰ 山包

山洞 san⁵⁵toŋ²¹³/洞子 toŋ²¹tsʅ³⁵

崖 ŋai⁴² 悬崖

半坡 pan²¹pʰɤ⁵⁵ 半山腰，通常山不陡峭：走～咾，歇口气 走到半山腰了，休息一下吧

抹坡 mɤ³⁵pʰɤ⁰ 比较平缓的山坡

南山 lan⁴²san⁰ 对汉中南边巴山山脉的统称：你的扶贫户在～哩么北山哩？你帮扶的贫困户在南山还是在北山

北山 pei⁵⁵san⁰ 对汉中北边秦岭山脉的统称

阴面子 in⁵⁵mian⁰tsʅ⁰ 背阴面

阳面子 iaŋ⁴²mian⁰tsʅ⁰ 向阳面

（三）江、河、湖、海、水

河 xɤ⁴²

河坝 xɤ⁴²pa⁰ 河滩，指河边水深时淹没，水浅时露出的地方：娃们最爱在～里捡石头

河坎 xɤ⁴²kʰan³⁵⁴ 台阶状或斜坡状的河岸

河边头 xɤ⁴²pian⁵⁵tʰəu⁰ 河边：吃咾饭到～转一下

河道 xɤ⁴²tao²¹³

河床 xɤ⁴²tsʰuaŋ⁴²

暗河 ŋan³⁵xɤ⁴² 地下河道

小河 ɕiao³⁵xɤ⁴² 小溪

水沟沟 suei³⁵kəu⁵⁵kəu⁰ 小水沟

渠 tɕʰy⁴²

堰沟 ian²¹kəu³⁵ 汉中农业常引汉江及其各支流和水库的水筑堰灌田，灌田的主水渠称为堰沟。另，汉江有一个较大的支流叫堰沟河，《水经注》称䰽水，涔水。源头在汉中市城固县汪坝乡曹坝村南泡桐树坝

坝 pa²¹³ ①拦截江河渠道水流的建筑物：大～；②坝子，指地势较平

的地带、小的平原地区。汉中以坝为名的村镇名很多

拦水坝 lan⁴²suei³⁵pa²¹³坝

桥闸 tɕʰiao⁴²tsa⁴²兼有拦河闸和交通桥两部分功能的现代大桥。汉中市近年建有汉江桥闸等大型桥闸

湖 xu⁴²

海 xai³⁵⁴

塘 tʰaŋ⁴²/塘子 tʰaŋ⁴²tsʅ⁰池塘。功能主要是人工养鱼等：他们屋里包咾三个～他们家承包了三个鱼塘

潭 tʰan⁴²潭，水面不大，水深较深

泉 tɕʰyan⁴²

泉水 tɕʰyan⁴²suei³⁵⁴

泉眼眼 tɕʰyan⁴²ȵian³⁵ȵian⁰泉眼，泉水源头的穴洞或缝

井 tɕin³⁵⁴

井水 tɕin³⁵suei³⁵⁴

压水井 ȵia²¹suei³⁵tɕin³⁵⁴使用活塞和杠杆原理的人工动力水井，主要使用浅层地表水。汉中农家院落常见

机井 tɕi⁵⁵tɕin³⁵⁴利用动力机械驱动水泵提水的水井

井绳 tɕin³⁵ʂən⁴²

担水 tan⁵⁵suei³⁵⁴

扁担 pian³⁵tan⁰

水坑坑 suei³⁵kʰən⁵⁵kʰən⁰小水坑

水滩滩 suei³⁵tʰan⁵⁵tʰan⁰小水滩

大水 ta²¹suei³⁵⁴洪水

发大水 fa⁵⁵ta²¹suei³⁵⁴发洪水

淹 ian⁵⁵/灌 kuan²¹³洪水淹没：八四年发大水，地势低的村子都叫～完咾

地震 ti³⁵tʂən²¹³

水灾 suei³⁵tsai⁵⁵

旱灾 xan²¹tsai⁵⁵

灾年 tsai⁵⁵ȵian⁴²

水 suei³⁵⁴

冷水 lən³⁵suei⁰凉水

热水 ʐɤ⁵⁵suei⁰热水

开水 kʰai⁵⁵suei⁰①烧开的供饮用的水，通常指白开水；②旧时招待贵客，用作客人刚进门时，正餐前的点心，如红糖鸡蛋，醪糟鸡蛋等，是主人家的谦虚说法：来咾噢，坐，先喝点~

温温水 uən⁵⁵uən⁰suei³⁵⁴温水

清水 tɕʰin⁵⁵suei⁰

浑水 xuən⁵⁵suei⁰

水水 suei³⁵suei⁰

（四）石沙、土块、矿物

洞洞 toŋ²¹toŋ³⁵/窟窿 kʰu⁵⁵loŋ⁰

缝缝 fəŋ²¹fəŋ³⁵

石头 ʂʅ⁴²tʰəu⁰统称

石头蛋蛋 ʂʅ⁴²tʰəu⁰tan²¹tan³⁵圆形的石头

石头块块 ʂʅ⁴²tʰəu⁰kʰuai³⁵kʰuai⁰块状的石头

石头颗颗 ʂʅ⁴²tʰəu⁰kʰɤ⁵⁵kʰɤ⁰小石块

石头渣渣 ʂʅ⁴²tʰəu⁰tsa⁵⁵tsa⁰碎石块

鹅包石 ŋɤ⁴²pao⁰ʂʅ⁴²鹅卵石

土 tʰu³⁵⁴

泥巴 ȵi⁴²pa⁰/泥 ȵi⁴²

洋灰 iaŋ⁴²xuei⁵⁵水泥

灰 xuei⁵⁵①灰烬；②尘土；③石灰或洋灰的简称：阳娃他妈在工地上当小工，专门给伢和~

白灰 pei⁴²xuei⁵⁵/石灰 ʂʅ⁴²xuei⁰

沙子 sa⁵⁵tsʅ⁰/沙 sa⁵⁵

河沙 xɤ⁴²sa⁵⁵

砖 tsuan⁵⁵

砖头 tsuan⁵⁵tʰəu⁰

青砖 tɕʰin⁵⁵tsuan⁵⁵

红砖 xoŋ⁴²tsuan⁵⁵

方砖 faŋ⁵⁵tsuan⁵⁵

烧砖 ʂao⁵⁵tsuan⁵⁵

砖坯子 tsuan⁵⁵pei⁵⁵tsʅ⁰

胡墼 xu⁴²tɕi⁰ 在砖厂烧制的红砖普遍应用以前，当地普遍使用的一种盖房砌墙用的长方形大土坯，击压泥土制成，不入窑烧制

瓦 ua³⁵⁴

亮瓦 liaŋ²¹ua³⁵⁴ 玻璃等材质的明瓦

土瓦 tʰu³⁵ua³⁵⁴ 指传统的黏土青瓦

石棉瓦 ʂʅ⁴²mian⁴²ua³⁵⁴

机制瓦 tɕi⁵⁵tʂʅ²¹ua³⁵⁴

瓦片子 ua³⁵pʰian⁰tsʅ⁰ 整块的青瓦

瓦渣渣 ua³⁵tsa⁵⁵tsa⁰ 破碎的瓦片渣子

煤 mei⁴² 煤炭的统称

块煤 kʰuai³⁵mei⁴²

蜂窝煤 fəŋ⁵⁵uɤ⁵⁵mei⁴²

煤灰 mei⁴²xuei⁵⁵

洋油 iaŋ⁴²iəu⁴²/煤油 mei⁴²iəu⁴²

炭 tʰan²¹³

木炭 mu⁵⁵tʰan²¹³ 树木烧成的炭。是汉中最常用的炭

石炭 ʂʅ⁴²tʰan²¹³ 指煤炭。一般是外地运来的

青冈炭 tɕʰin⁵⁵kaŋ⁰tʰan²¹³ 汉中山区有青冈树分布，木材坚硬，制作的木炭属于白炭，耐烧，无烟，污染小，是当地公认最好的木炭

桴燥子 fu⁵⁵tsao⁰tsʅ⁰ 指在炭火余烬中未燃尽的木炭颗粒，特点是易于燃烧，人们常常收集起来用作下次生火的引子

扬尘 iaŋ⁴²tʂʰən⁴² 尘土：年跟前扫~年底清扫灰尘大扫除

火 xuɤ³⁵⁴

烟子 ian⁵⁵tsʅ 烟

失火 ʂʅ⁵⁵xuɤ³⁵⁴着火

吸铁石 ɕi⁵⁵tʰiɛ⁰ʂʅ⁰

金 tɕin⁵⁵

沙金 sa⁵⁵tɕin⁵⁵旧时在汉江等河道有很多淘金船，专门采集沙金

银 in⁴²

铜 tʰoŋ⁴²

铁 tʰiɛ⁵⁵

白铁 pei⁴²tʰiɛ⁰

锌 ɕin⁵⁵

锡 ɕi⁵⁵

玉石 y⁵⁵ʂʅ⁴²

玉 y⁵⁵

（五）城乡处所

地方 ti²¹faŋ³⁵

坨 tʰuɤ⁴²一块，一片：他在兀一~住倒的

城里 tʂʰən⁴²li⁰/街上 kai⁵⁵ʂaŋ⁰

乡里 ɕiaŋ⁵⁵li⁰对城里而言

山里 san⁵⁵li⁰

府里 fu³⁵li⁰汉中历史曾设汉中府，本地人用府里称呼汉中市内：他们伢早就搬到~去咾

县上 ɕian²¹ʂaŋ³⁵汉中市内的各县

城墙 tʂʰən⁴²tɕʰiaŋ⁴²

城门洞子 tʂʰən⁴²mən⁴²toŋ²¹tsʅ³⁵

城楼子 tʂʰən⁴²ləu⁴²tsʅ⁰

壕沟 xao⁴²kəu⁰

城里头 tʂʰən⁴²li³⁵tʰəu⁰

城外头 tʂʰən⁴²uai²¹tʰəu³⁵

城心心 tʂʰən⁴²ɕin⁵⁵ɕin⁰城中心

城边边 tʂʰən⁴²pian⁵⁵pian⁰ 城边上

集 tɕi⁴² 赶集，人们按照约定日子买卖东西形成集市，后来在集市基础上形成好多村镇。

汉中市及周边县集市举例：

线集 ɕian³⁵tɕi⁴²（现在汉中市铺镇线集巷）

狗集 kəu³⁵tɕi⁴²（现在汉中市望江路，猫狗鸽子等小动物买卖市场，每个周六逢集）

西菜集 ɕi⁵⁵tsʰai³⁵tɕi⁴²（铺镇）

东菜集 toŋ⁵⁵tsʰai³⁵tɕi⁴²（铺镇）

新集 ɕin⁵⁵tɕi⁴²（南郑区）

石家集 ʂʅ⁴²tɕia⁰tɕi⁴²（南郑区）

罗家集 luɤ⁴²tɕia⁰tɕi⁴²（南郑区）

立集 li⁵⁵tɕi⁴²（勉县）

双集 suaŋ⁵⁵tɕi⁴²（略阳县）

潭家集 tʰan⁴²tɕia⁰tɕi⁴²（宁强县）

三　时令时间

（一）季节

春天 tsʰuən⁵⁵tʰian⁰

夏天 ɕia²¹tʰian³⁵／热天 ʐɤ⁵⁵tʰian⁰

秋天 tɕʰiəu⁵⁵tʰian⁰

冬天 toŋ⁵⁵tʰian⁰

立春 li⁵⁵tsʰuən⁵⁵

雨水 y³⁵suei⁰

惊蛰 tɕin⁵⁵tʂɤ⁰

春分 tsʰuən⁵⁵fən⁵⁵

清明 tɕʰin⁵⁵min⁰

谷雨 ku⁵⁵y³⁵⁴

立夏 li⁵⁵ɕia²¹³

小满 ɕiao³⁵man³⁵⁴

芒种 maŋ⁴²tsoŋ³⁵⁴

夏至 ɕia³⁵tsʅ²¹³

小暑 ɕiao³⁵su³⁵⁴

大暑 ta²¹su³⁵⁴

立秋 li⁵⁵tɕʰiəu⁵⁵

处暑 tsʰu²¹su³⁵⁴

白露 pei⁴²lu²¹³

秋分 tɕʰiəu⁵⁵fən⁵⁵

寒露 xan⁴²lu²¹³

霜降 suaŋ⁵⁵tɕiaŋ⁰

立冬 li⁵⁵toŋ⁵⁵

小雪 ɕiao³⁵ɕyɤ⁵⁵

大雪 ta²¹ɕyɤ⁵⁵

冬至 toŋ⁵⁵tsʅ²¹³

小寒 ɕiao³⁵xan⁴²

大寒 ta³⁵xan⁴²

皇历 xuaŋ⁴²li⁰

阴历 in⁵⁵li⁰

阳历 iaŋ⁴²li⁰

(二) 节日与民俗

节气 tɕiɛ⁵⁵tɕʰi⁰ 节日

腊八 la⁵⁵pa⁰ 腊月初八。这天讲究煮腊八稀饭

腊月二十三 la⁵⁵yɤ⁰ər²¹ʂʅ⁰san⁵⁵ 当地民俗，这一天是灶王爷上天的日子

腊月二十八 la⁵⁵yɤ⁰ər²¹ʂʅ⁰pa⁵⁵ 当地民俗，这一天开始煮过年吃的腊汁肉

大年三十 ta²¹ɲian⁰san⁵⁵ʂʅ⁰ 当地民俗，大年三十家人团聚开始过年

三十黑咾 san⁵⁵ʂʅ⁰xei⁵⁵lao⁰/三十天 san⁵⁵ʂʅ⁰tʰian⁰ 三十晚上

吃年饭 tʂʰʅ⁵⁵ n̠ian⁴² fan²¹³ 吃年夜饭

烧纸 ʂao⁵⁵ tsʅ³⁵⁴ 当地民俗，大年三十当天应该去祖坟拜祭祖先，在年夜饭前回到家里开始过年。路程太远的，在吃完年夜饭后，到道路边、墙角下等地用草木灰画圈，在圈里焚化烧纸，拜祭祖先

洗脚 ɕi³⁵ tɕyɤ⁵⁵ 当地民俗，大年三十晚上十二点前要洗脚，预示新的一年跑得快、收益多

大年初一 ta²¹ n̠ian⁰ tsʰu⁵⁵ i⁰ 当地民俗，讲究初一不能出门，不动刀铲，初一到初五不倒垃圾等禁忌

初二 tsʰu⁵⁵ ər²¹³ 当地民俗，大年初二开始走亲访友去拜年

拜年 pai³⁵ n̠ian⁴²

过年 kuɤ³⁵ n̠ian⁴²

大年 ta³⁵ n̠ian⁴² 当地民俗，除了大年初一，把正月十五也称为大年

小年 ɕiao³⁵ n̠ian⁴² 指腊月二十三

初五 tsʰu⁵⁵ u³⁵⁴ 当地民俗，过了初五，过年的各种关于吉利彩头的禁忌就可以解除

扫五穷 sao³⁵ u³⁵ tɕʰioŋ⁰ 当地民俗，"扫五穷"即扫除邪、怪、灾、病、贫五种穷鬼，星命家所说的恶煞凶神等。旧时正月初五一大早，就有专门进行"扫五穷"的驱鬼队伍挨家挨户进行法事，寄托祛邪、避灾、祈福等美好愿望，目前已经申请为当地的非物质文化遗产

耍狮子 sua³⁵ sʅ⁵⁵ tsʅ⁰

正月十五 tʂən⁵⁵ yɤ⁰ sʅ⁴² u³⁵⁴

包元宵 pao⁵⁵ yan⁴² ɕiao⁰／丸元宵 uan⁴² yan⁴² ɕiao⁰

吃元宵 tʂʰʅ⁵⁵ yan⁴² ɕiao⁰

耍社火 sua³⁵ ʂɤ²¹ xuɤ³⁵

看社火 kʰan³⁵ ʂɤ²¹ xuɤ³⁵

扎灯笼 tsa⁵⁵ təŋ⁵⁵ loŋ⁰ 制作灯笼

打灯笼 ta³⁵ təŋ⁵⁵ loŋ⁰

灯会 təŋ⁵⁵ xuei²¹³

猜谜 tsʰai⁵⁵ mi⁴²

正月间 tʂən⁵⁵ yɤ⁰ tɕian⁰

年毕咾 ȵian⁴² pi⁵⁵ lao⁰ 年过完了

二月二 ər²¹ yɤ⁰ ər²¹ 二月初二。龙抬头，这一天可以开始理发

清明 tɕʰin⁵⁵ min⁰ 清明节

上坟 ʂaŋ³⁵ fən⁴² 当地民俗，至少要在清明节前一周去祖先坟头扫墓烧纸，不能拖到清明节当天

五月端午 u³⁵ yɤ⁰ tuan⁵⁵ u⁰/端午 tuan⁵⁵ u⁰

粽子 tsoŋ²¹ tsɿ³⁵ 传统豆沙红枣馅，甜味'

包粽子 pao⁵⁵ tsoŋ²¹ tsɿ³⁵

吃粽子 tʂʰʅ⁵⁵ tsoŋ²¹ tsɿ³⁵

煮鸡蛋 tsu³⁵ tɕi⁵⁵ tan⁰

煮蒜 tsu³⁵ suan²¹³

赛龙舟 sai³⁵ loŋ⁴² tʂəu⁵⁵

喝雄黄酒 xɤ⁵⁵ ɕioŋ⁴² xuaŋ⁰ tɕiəu³⁵⁴ 当地民俗，端午节家人一起喝雄黄酒，通常要给孩子的眉心、胳膊、前心后心上抹一些雄黄

挂艾蒲草 kua²¹ ŋai⁵⁵ pʰu⁰ tsʰao³⁵⁴ 当地民俗，端午节前一天或当天，要在大门门楣上挂一把艾草蒲草，既是保持传统习俗，还有驱除蚊蝇等实效。在这年暑天最热时，或者家里的孩子长湿疹等皮肤病时，就用这把艾蒲草煮水擦洗皮肤以祛除暑热湿毒

香包 ɕiaŋ⁵⁵ pao⁰ 五色彩线系着一个装满艾草，雄黄和檀香粉末，混合香料的小布包袋，用以防止毒虫侵扰，祛毒避邪，祈福吉祥

七月初七 tɕʰi⁵⁵ yɤ⁰ tsʰu⁵⁵ tɕʰi⁵⁵ 乞巧节。当地民俗，这天要为家里的女孩烧鸡蛋。挑选一个新鲜圆满的鸡蛋，画上孩子的样子或写上名字，用干草烧熟，祈愿烧去一年的霉运，烧去一年的病痛。剥开如果蛋黄担蛋心圆满，就表示这个孩子很有福

七月半 tɕʰi⁵⁵ yɤ⁰ pan²¹³ 鬼节。当地民俗，认为七月半鬼门开，七月十四这天晚上天黑后最好不要在外逗留，也讲究在路边焚烧纸钱祭孤魂野鬼

八月十五 pa⁵⁵ yɤ⁰ ʂʅ⁴² u³⁵⁴ 中秋节。当地讲究吃月饼，吃水果，煮肉

做菜吃团圆饭，赏月

重阳 tsʰoŋ⁴²iaŋ⁴²/

九月九 tɕiəu³⁵ yɤ⁰ tɕiəu³⁵⁴ 有老人的家庭喝茱萸酒，吃团圆饭，给老人买新衣服

（三）年

今年 tɕin⁵⁵ ȵian⁰

年时个 ȵian⁴² sɿ⁰ kɤ⁰ /昨年 tsuɤ²¹ ȵian⁰ 去年

明年 min⁴² ȵian⁰

前年 tɕʰian⁴² ȵian⁰

大前年 ta³⁵ tɕʰian⁴² ȵian⁰

往年 uaŋ³⁵ ȵian⁰

往年价 uaŋ³⁵ ȵian⁰ tɕia⁰

后年 xəu²¹ ȵian³⁵

大后年 ta³⁵ xəu²¹ ȵian³⁵

年年 ȵian⁴² ȵian⁰

年初 ȵian⁴² tsʰu⁵⁵ /

开咾年 kʰai⁵⁵ lao⁰ ȵian⁴² 开年后

年底 ȵian⁴² ti³⁵⁴

上半年 ʂaŋ²¹ pan³⁵ ȵian⁴²

下半年 ɕia²¹ pan³⁵ ȵian⁴²

一年 i⁴² ȵian⁴² /整年 tʂən³⁵ ȵian⁴²

（四）月

正月 tʂən⁵⁵ yɤ⁰

腊月 la⁵⁵ yɤ⁰

闰月 ʐuən²¹ yɤ³⁵

月初 yɤ⁵⁵ tsʰu⁵⁵

月底 yɤ⁵⁵ ti³⁵⁴

一个月 i⁴² kɤ²¹ yɤ³⁵

上个月 ʂaŋ²¹ kɤ³⁵ yɤ⁰

上上个月 ʂaŋ³⁵ʂaŋ²¹kɤ³⁵yɤ⁰

这个月 tʂɤ²¹kɤ³⁵yɤ⁰

下个月 ɕia²¹kɤ³⁵yɤ⁰

月月 yɤ⁵⁵yɤ⁵⁵

月初 yɤ⁵⁵tsʰu⁵⁵

十几号 ʂʅ⁴²tɕi⁰xao²¹³ 指中旬

月底 yɤ⁵⁵ti³⁵⁴

二五八月 ər²¹u³⁵pa⁵⁵yɤ⁰ 指的是春秋过渡、不冷不热的月份：~乱穿衣

五黄六月 u³⁵xuaŋ⁰liəu⁵⁵yɤ⁰ 指夏天刚热起来的时候

腊月黄天 la⁵⁵yɤ⁰xuaŋ⁴²tʰian⁰ 腊月里：~的，你们要吵架咾。当地民俗讲究腊月里不能搬家，挪动家具，不出远门，不能吵架说不吉利的话等

（五）日、时

今天 tɕin⁵⁵tʰian⁰

明天 min⁴²tʰian⁰

后天 xəu²¹tʰian⁰

大后天 ta³⁵xəu²¹tʰian⁰

第二天 ti³⁵ər²¹tʰian³⁵

昨天 tsuɤ⁴²tʰian⁰

前天 tɕʰian⁴²tʰian⁰

上前天 ʂaŋ³⁵tɕian⁴²tʰian⁰ 大前天

上天 ʂaŋ³⁵tʰian⁰ 前段时间的某一天

前几天 tɕʰian⁴²tɕi⁰tʰian⁰

前一向 tɕʰian⁴²i⁰ɕiaŋ²¹³ 前一段时间

过一向 kuɤ²¹i⁰ɕiaŋ²¹³ 过一段时间

好一向 xao³⁵i⁰ɕiaŋ²¹³ 好长一段时间

礼拜天 li³⁵paitʰian⁰

一个礼拜 i⁴²kɤ²¹li³⁵pai⁰

整天 tʂən³⁵tʰian⁵⁵/成天 tʂʰən⁴²tʰian⁵⁵

见天 tɕian²¹tʰian⁵⁵/天天 tʰian⁵⁵tʰian⁰

早晨 tsao³⁵ʂən⁰

清早 tɕʰin⁵⁵tsao³⁵⁴/赶早 kan³⁵tsao³⁵⁴

上午 ʂaŋ²¹u³⁵⁴

中午 tsoŋ⁵⁵u³⁵⁴

下午 ɕia²¹u³⁵⁴

擦黑 tsʰa²¹xei⁵⁵ 傍晚，天刚黑的时候

黑定咾 xei⁵⁵tin²¹lao³⁵ 天完全黑了

白天 pei⁴²tʰian⁰

黑咾 xei⁵⁵lao⁰ 夜晚

半夜 pan³⁵iɛ²¹³

半夜间 pan²¹iɛ³⁵tɕian⁰ 半夜里

通夜 tʰoŋ⁵⁵iɛ⁰ 通宵

（六）其他时间概念

一闪眼 i⁴²ʂan³⁵ȵian³⁵⁴ 一眨眼

一个扎 i²¹kɤ²¹tsa⁵⁵ 好一会儿

好一阵 xao³⁵i⁰tʂən²¹³/好一歇 xao³⁵i⁰ɕiɛ⁵⁵ 好长一段时间

啥北年 sa⁴²pei³⁵ȵian⁰ 哪一年，哪个年代：兀是~的事咾，褽提咾

啥时候 sa³⁵ʂʅ⁴²xəu⁰ 什么时候

原先 yan⁴²ɕian⁵⁵ 原来

最后 tsuei³⁵xəu²¹³ 后来

这阵 tʂɤ³⁵tsən⁰/现在 ɕian³⁵tsai²¹³ 现在

往回 uaŋ³⁵xuei⁰ 以前：~都没有交过钱

往天 uaŋ³⁵tʰian⁰ 日常里，平常日子：~他都是回屋里吃饭

二回 ər³⁵xuei⁴² 下一回

二天 ər²¹tʰian³⁵ 改天

下辈子 ɕia³⁵pei²¹tsʅ³⁵

过后 kuɤ³⁵xəu²¹³ 以后

几几年 tɕi³⁵tɕi³⁵ȵian⁰

几月 tɕi³⁵yɤ⁰

几号 tɕi³⁵xao⁰

四 农业

(一) 农事

春耕 tsʰuən⁵⁵kən⁵⁵

割麦子 kɤ⁵⁵mei⁵⁵tsʅ⁰ 收割麦子

打麦子 ta³⁵mei⁵⁵tsʅ⁰ 旧时用连枷等农具打收下的麦子使其脱粒

割谷子 kɤ⁵⁵ku⁵⁵tsʅ⁰ 收割水稻

打谷子 ta³⁵ku⁵⁵tsʅ⁰ 摔打谷子使其脱粒

农忙 loŋ⁴²maŋ⁴²

节令早 tɕiɛ⁵⁵lin⁰tsao³⁵⁴ 早秋

节令迟 tɕiɛ⁵⁵lin⁰tsʰʅ⁴² 迟秋

拾掇地 ʂʅ⁴²tuɤ0ti213 收拾地

种地 tsoŋ³⁵ti²¹³

种田 tsoŋ³⁵tʰian⁴²

挖地 ua⁵⁵ti²¹³

翻地 fan⁵⁵ti²¹³

松土 soŋ⁵⁵tʰu³⁵⁴

打坷垃 ta³⁵kʰɤ⁵⁵la⁰ 把凝结的土块打松。常用于雨过天晴后田里或坡上的土块较大，用镢头跟砸，用镢头挖，最后碎小

散田 san³⁵tʰian⁴² 用于水稻收割后，田犁过晾一段时间后，将大块的土用镢头挖小，用于下次栽油菜、种麦子等

点 tian³⁵⁴ 种。种子为颗粒状的和小块状的用：~胡（蚕）豆；~黄豆；~洋芋；~包谷

插秧 tsʰa⁵⁵iaŋ⁵⁵／栽秧 tsai⁵⁵iaŋ⁵⁵

插大秧 tsʰa⁵⁵ta²¹iaŋ³⁵

插小秧 tsʰa⁵⁵ɕiao³⁵iaŋ⁰

拔草 pa⁴² tsʰao³⁵⁴ 薅草

薅秧 xao⁵⁵ iaŋ⁵⁵ 秧苗插后一月多，长得很快，分蘖很多，稻（秧）株之间会封行，有的稻叶稻枝相互交织，阻碍阳光晒进水稻根部，影响稻株之间的通风，不利于稻谷生长抽穗时，人工把交织的稻叶稻枝分开

晒田 sai³⁵ tʰian⁴²

打场 ta³⁵ tʂʰaŋ³⁵⁴

扬场 iaŋ⁴² tʂʰaŋ³⁵⁴

场 tʂʰaŋ³⁵⁴／场院 tʂʰaŋ³⁵ yan⁰

收成 ʂəu⁵⁵ tʂʰən⁰

年成 ȵian⁴² tʂʰən⁰

施肥 sɿ⁵⁵ fei⁴²

浇粪 tɕiao44fən213／浇尿水 tɕiao55 ȵiao21 suei354 施农家肥

尿坑 ȵiao²¹ kʰən³⁵ 粪坑

攒肥 tsan³⁵ fei⁴²

捡粪 tɕian³⁵ fən²¹³

农家肥 loŋ⁴² tɕia⁵⁵ fei⁴²

化肥 xua³⁵ fei⁴²

尿素 ȵiao³⁵ su²¹³

氮肥 tan35fei42 主要指碳铵

氨水 ŋan⁵⁵ suei³⁵⁴

磷肥 lin⁴² fei⁴²

复合肥 fu⁵⁵ xɤ⁰ fei⁴²

浇水 tɕiao⁵⁵ suei³⁵⁴

灌水 kuan²¹ suei³⁵⁴ 使水入地

放水 faŋ²¹ suei³⁵⁴ 排水，使水出地

打水 ta³⁵ suei³⁵⁴

担水 tan⁵⁵ suei³⁵⁴／挑水 tʰiao⁵⁵ suei³⁵⁴ 担水，扁担担两桶水

□水 tia⁵⁵ suei³⁵⁴ 提水，单手提一桶水

抽水 tʂʰəu⁵⁵ suei³⁵⁴ 用机器从河里或井里抽水

拔水 pa⁴²suei³⁵⁴ 用机器从河里或井里抽水

搅水 tɕiao³⁵suei³⁵⁴ 从安装有辘轳的井上往上取水

压水井 ȵia²¹suei³⁵tɕin³⁵⁴

机井 tɕi⁵⁵tɕin³⁵⁴

（二）农具

水桶 suei³⁵tʰoŋ³⁵⁴ 汲水用的木桶

井绳 tɕin³⁵ʂən⁰

水车 suei³⁵tʂʰɤ⁰ 安装在沟渠上，用水流做动力的旧式动力机械装置，可以带动石磨、风箱等

车 tʂʰɤ⁵⁵

鸡公车 tɕi⁵⁵koŋ⁰tʂʰɤ⁵⁵ 手推独轮车：～，不用难，只要你沟子扭得圆

<small>当地关于推鸡公车的顺口溜</small>

架子车 tɕia²¹tsɿ⁰tʂʰɤ⁵⁵ 用木料做车架，上铺木板、主要人力拉，也可以套牲口拉的两轮车

拉拉车 la⁵⁵la⁰tʂʰɤ⁵⁵ 架子车。因为主要是人力拉而得名。是汉中地区最常见的农户用车

尿水车 ȵiao²¹suei³⁵tʂʰɤ⁵⁵／粪车 fən²¹tʂʰɤ⁵⁵ 在架子车的车板上装置固定的圆桶状的木粪桶，专门用于拉人畜粪尿

榼子 kei⁵⁵tsɿ⁰ 牛轭

牛嘴笼笼 ȵiəu⁴²tsuei³⁵loŋ⁴²loŋ⁰ 牛笼嘴

牛鼻子环环 ȵiəu⁴²pi⁴²tsɿ⁰xuan⁴²xuan⁴²／牛鼻桊 ȵiəu⁴²pi⁴²tɕyan⁰ 穿在牛鼻子里铁环

犁 li⁴²

犁把 li⁴²pa²¹³

犁头 li⁴²tʰəu⁰ 犁铧

耙子 pʰa⁴²tsɿ⁰ 耙子，根据制作材料不同，常见铁～，木～，竹～

围席 uei⁴²ɕi⁴² 用竹篾编的两尺左右宽，十几米长的席子，一圈一圈螺旋式往上展开，存放没加工的谷子、麦子等粮食

蘖子 pɤ⁴²tsɿ⁰ 用芦苇秆或细竹竿编的长方形的、可以用作临时的简

易围墙、隔墙，如果搛上麦糠等增加筋道的泥巴，可以做简易房屋的墙，还可以铺开，下面垫上砖头、凳子等，使其通风，在上面可晾晒东西

  木仓 mu^{55}tsʰaŋ^{55} 存放粮食的器具

  连枷 lian^{42}tɕia^{0} 打麦子的脱粒用的农具

  绊桶 pan^{21}tʰoŋ^{354} 摔打谷子使其脱粒的大木桶

  打米机 ta^{35}mi^{35}tɕi^{55} 脱粒机

  风车 fəŋ^{55}tʂɤ^{0} 使米粒跟谷壳分离的农具：谷子在打米机上打了，再在~里风一遍，渣渣风跑了，糠也出来了，米也出来了

  石磙 ʂʅ^{42}kuən^{0} 圆柱形，用来轧谷物，平场地

  石磨 ʂʅ^{42}mɤ^{213} 大型磨，安在院子里磨面粉玉米等

  手磨 ʂəu^{35}mɤ^{213} 小型磨，放在桌上磨量少的豆子，辣椒等

  磨盘 mɤ^{21}pʰan^{35}

  磨子把把 mɤ^{42}tsʅ^{0}pa^{21}pa^{35} 磨盘手柄

  手磨把把 ʂəu^{35}mɤ^{0}pa^{21}pa^{35} 磨盘手柄

  磨子脐脐 mɤ^{42}tsʅ^{0}tɕʰi^{42}tɕʰi^{0} 磨扇中心的铁轴

  筛子 sai^{55}tsʅ^{0} 筛稻、米用的

  细筛 ɕi^{21}sai^{55} 网格细密的筛子，筛面粉等

  罗 luɤ^{42}/罗罗 luɤ^{42}luɤ^{0} 筛粉末状细物用的器具

  碓 tuei213 碓房用的较大型的整体碓。一头用木柄推拉，中间有轴承连杆，另一头是舂米的大石臼

  石臼 ʂʅ^{42}tɕiəu^{213}/碓窝 tuei^{21}uɤ^{35} 家庭通常使用的舂米的小型臼，用碓杵捣米

  碓杵子 tuei^{21}tsu^{35}tsʅ^{0} 舂米、捣米的石杵或木杵

  钉钯 tin^{55}pʰa^{0} 用铁钉做齿的木耙子，碎土、平土使用

  洋镐 iaŋ^{42}kao^{55} 刨硬地用，一头尖形，一头扁小

  锄 tsʰu^{42} 松土、锄草用，扁形

  铡刀 tsa^{42}tao^{0}

  镰刀 lian^{42}tao^{0}

砍刀 kʰan³⁵tao⁰用来劈开或剁断木柴的刀

斧子 fu³⁵tsʅ⁰

木锨 mu⁵⁵ɕian⁰

铁锨 thiᴇ⁵⁵ɕian⁰口是平的

锹 tɕʰiao⁵⁵口是半圆尖头的

笸篮 pu⁴²lan⁰用竹篾编成的帮较浅，直径大的圆形平底的器具，多用来晾晒粮食盛放蔬果等

簸箕 pɤ³⁵tɕi⁰用竹篾或柳条编成的器具，三面有边沿，一面敞口，用来簸粮食等

撮箕 tsʰuɤ⁵⁵tɕi⁰/撮撮 tsʰuɤ⁵⁵tsʰuɤ⁰用在家庭里撮垃圾的工具。旧时用竹篾编成，梯形，宽边是敞口，宽边后的短边有高帮，两斜边有帮连接高帮

土篼 tʰu³⁵təu⁰用在工地等处的撮垃圾工具：修铁路不管是挖方还是垫方，担土都得用~

筐 kʰuaŋ⁵⁵大筐，常背在背上或放在车上／筐筐 khuaŋ⁵⁵kʰuaŋ⁰小筐，常提在手上

箩篼 luɤ⁴²təu⁰用竹篾编成的器具，方底圆口，用来装粮食、蔬果等。没有提手，用棕绳或麻绳结成套套住箩篼，然后将绳子拴绕在扁担上：挑谷子离不了一根扁担，一副~，一把麻绳

扁担 pian³⁵tan⁰／扁挑 pian³⁵tʰiao⁰

挑担子 tʰiao⁵⁵tan²¹tsʅ³⁵担担子

扫把 sao²¹pa³⁵用竹枝扎成，比笤帚大，扫场院用

笤帚 tʰiao⁴²tsu⁰用高粱穗、黍子穗等绑成，扫家里地面用

五 植物

（一）农作物

庄稼 tsuaŋ⁵⁵tɕia⁰

粮 liaŋ⁴²

粮食 liaŋ⁴²ʂʅ⁰

五谷 u³⁵ku⁰

五谷六秧 u³⁵ku⁰liəu⁵⁵iaŋ⁰ 泛指所有粮食种类。俗语"吃咾五谷想六秧"：比喻得陇望蜀

麦子 mei⁵⁵tsʅ⁰

麦莛 mei⁵⁵tsʰa⁰

麦秆 mei⁵⁵kan⁰

麦草 mei⁵⁵tsʰao⁰

麦仁 mei⁵⁵ʐən⁰

麸皮 fu⁵⁵pʰi⁰ 麦粒脱粒后的外壳

麸子 fu⁵⁵tsʅ⁰

小米 ɕiao³⁵mi⁰

包谷 pao⁵⁵ku⁰

早包谷 tsao³⁵pao⁰ku⁰ ①指成熟期较早的玉米品种：今年我们跟前地里种的都是~；②对结婚早的人的一种嘲笑的说法：兀个俫是个~

迟包谷 tsʰʅ⁴²pao⁰ku⁰ 指成熟期晚于一般品种的玉米

包谷杆杆 pao⁵⁵ku⁰kan³⁵kan⁰ 玉米杆

包谷棒棒 pao⁵⁵ku⁰paŋ²¹paŋ³⁵ 玉米棒

包谷芯芯 pao⁵⁵ku⁰ɕin⁵⁵ɕin⁰ 玉米芯

包谷叶叶 pao⁵⁵ku⁰iɛ⁵⁵iɛ⁰ 玉米植株上的叶子

包谷壳壳 pao⁵⁵ku⁰kʰɤ⁵⁵kʰɤ⁰ 玉米棒的外壳

包谷穗穗 pao⁵⁵ku⁰ɕy⁵⁵ɕy⁰ 玉米穗

包谷颗颗 pao⁵⁵ku⁰kʰɤ⁵⁵kʰɤ⁰ 玉米粒

包谷糁糁 pao⁵⁵ku⁰tʂən⁵⁵tʂən⁰ 玉米糁，有粗颗粒、细颗粒

包谷面面 pao⁵⁵ku⁰mian²¹mian³⁵ 玉米面

高粱 kao⁵⁵liaŋ⁰

谷子 ku⁵⁵tsʅ⁰ ①水稻植株；②还没脱皮的水稻颗粒

谷壳 ku⁵⁵kʰɤ⁰ 稻米脱粒后的外壳

秕谷 pi³⁵ku⁰ 子实不饱满的稻谷

秧 iaŋ⁵⁵ 水稻秧苗

大秧 ta²¹iaŋ⁵⁵水稻育秧结束，可以进行插秧的大秧苗

小秧 ɕiao³⁵iaŋ⁵⁵水稻育秧时，从幼苗初步开始成长的小秧苗

秧母 iaŋ⁵⁵mu⁰水稻稻种发芽的幼苗，需要在秧母田里集中育秧

谷草 ku⁵⁵tsʰao⁰/稻草 tao²¹tsʰao³⁵⁴稻草

稗草 pei⁵⁵tsʰao⁰稗子

米 mi³⁵⁴

饭米 fan²¹mi³⁵⁴大米

酒米 tɕiəu³⁵mi⁰糯米

酒米面面 tɕiəu³⁵mi⁰mian²¹mian³⁵糯米粉

棉花 mian⁴²xua⁰

棉花苞苞 mian⁴²xua⁰pao⁵⁵pao⁰棉花朵

芝麻 tsɿ⁵⁵ma⁰

瓜米 kua⁵⁵mi⁰葵花籽，瓜子

苕 ʂao⁴²/红苕 xoŋ⁴²ʂao⁴²红薯。当地品种都是红薯，没有白薯

乌心苕 u⁵⁵ɕin⁵⁵ʂao⁴²红心红薯

瓜儿苕 kua⁵⁵ər⁰ʂao⁴²当地红薯品种，体型较小，比一般品种甜

洋芋 iaŋ⁴²y⁰土豆

芋头 y²¹tʰəu³⁵/芋子 y²¹tsɿ³⁵毛芋头

芋头母 y²¹tʰəu⁰mu³⁵⁴作为芋头种的芋头，种下去周围会长一圈小芋头。吃起来纤维多，发硬，口感没有小芋头好

魔芋 mɤ⁴²y⁰

魔芋粉 mɤ⁴²y⁰fən³⁵⁴

山药 san⁵⁵yɤ⁰

淮山药 xuai⁴²san⁵⁵yɤ⁰

脚板山药 tɕyɤ⁵⁵pan⁰san⁵⁵yɤ⁰当地的野生山药，连片分支成扁平状，称为脚板山药

藕 ŋəu³⁵⁴

莲子米米 lian⁴²tsɿ³⁵mi³⁵mi⁰莲子

(二) 豆类、菜蔬

黄豆 xuaŋ⁴²təu⁰

毛豆 mao⁴²təu⁰

青豆 tɕʰin⁵⁵təu⁰

绿豆 liəu⁵⁵təu⁰

豆芽 təu²¹ia³⁵

黄豆芽 xuaŋ⁴²təu⁰ia⁰

绿豆芽 liəu⁵⁵təu⁰ia⁰

豆芽瓣瓣 təu²¹ia⁰pan²¹pan³⁵

豆芽杆杆 təu²¹ia⁰kan³⁵kan⁰

豆芽根根 təu²¹ia⁰kən⁵⁵kən⁰

豆芽皮皮 təu²¹ia⁰pʰi⁴²pʰi⁰

黑豆 xei⁵⁵təu⁰

小豆 ɕiao³⁵təu⁰

豌豆 uan⁵⁵təu⁰

豌豆角角 uan⁵⁵təu⁰tɕyɤ⁵⁵tɕyɤ⁰ 豌豆角

豌豆米米 uan⁵⁵təu⁰mi³⁵mi⁰ 豌豆粒

豇豆 tɕiaŋ⁵⁵təu⁰

干豇豆 kan⁵⁵tɕiaŋ⁵⁵təu⁰

豆角 təu²¹tɕyɤ³⁵/四季豆 sɿ³⁵tɕi³⁵təu²¹³

刀豆 tao⁵⁵təu⁰

胡豆 xu⁴²təu⁰ 蚕豆

茄子 tɕʰiE⁴²tsɿ⁰

黄瓜 xuaŋ⁴²kua⁰

地黄瓜 ti²¹xuaŋ³⁵kua⁰

菜瓜 tsʰai²¹kua³⁵

丝瓜 sɿ⁵⁵kua⁰

丝瓜瓤瓤 sɿ⁵⁵kua⁰ʐaŋ⁴²ʐaŋ⁰

苦瓜 kʰu³⁵kua⁰

北瓜 pei^{55}kua^{0}南瓜

北瓜米米 pei^{55}kua^{0}mi^{35}mi^{0}南瓜籽

冬瓜 toŋ^{55}kua^0

倭瓜 uɤ^{55}kua^0

笋瓜 suən^{35}kua^0

地瓜 ti^{21}kua^{35}豆薯。草本块根，肥大呈圆形、圆锥形，皮、瓤都是白色，无核，脆嫩多汁，一般剥皮后当水果生吃

葫芦 xu^{42}lu^0/瓢瓜 pʰiao^{42}kua^0

西葫芦 ɕi^{55}xu^{42}lu^0

瓠子瓜 xu^{21}tsʅ^{0}kua^{55}

葱 tsʰoŋ^{55}/葱子 tsʰoŋ^{55}tsʅ^0

大葱 ta^{21}tsʰoŋ^{55}

小葱 ɕiao^{35}tsʰoŋ^{0}香葱。品种离大葱更

分葱 fən^{55}tsʰoŋ^{0}大葱的变种。聚生成团，鳞茎基部易呈连生、群生状，成熟时外被红色薄膜。汉中多见

葱叶叶 tsʰoŋ^{55}iE^{55}iE^0

葱白白 tsʰoŋ^{55}pei^{42}pei^0

葱皮皮 tsʰoŋ^{55}pʰi^{42}pʰi^0

葱胡子 tsʰoŋ^{55}xu^{42}tsʅ^{0}葱须

葱花 tsʰoŋ^{55}xua^{55}

葱节节 tsʰoŋ^{55}tɕiE^{55}tɕiE^{0}葱段

洋葱 iaŋ^{42}tsʰoŋ^{55}

蒜 suan^{213}

蒜骨都 suan^{21}ku^{55}tu^0/独独蒜 tu^{42}tu^{0}suan^{213}独头蒜

蒜苗 suan^{21}miao^{35}

蒜薹 suan^{21}tʰai^{35}

蒜瓣瓣 suan^{35}pan^{21}pan^{35}

蒜泥 suan^{35}ȵi^{42}

蒜水水 suan^{21}suei^{35}suei^0

韭菜 tɕiəu³⁵tsʰai⁰

宽叶子韭菜 kʰuan⁵⁵iɛ⁵⁵tsʅ⁰tɕiəu³⁵tsʰai⁰使用这个词时一般指外地品种的韭菜

韭黄 tɕiəu³⁵xuaŋ⁰

苋菜 xan³⁵tsʰai²¹³红苋菜

洋芋 iaŋ⁴²y⁰

海柿子 xai³⁵sʅ²¹tsʅ⁰/西红柿 ɕi⁵⁵xoŋ⁴²sʅ²¹³

姜 tɕiaŋ⁵⁵

老姜 lao³⁵tɕiaŋ⁰

仔姜 tsʅ³⁵tɕiaŋ⁰

洋姜 iaŋ⁴²tɕiaŋ⁵⁵

姜片片 tɕiaŋ⁵⁵pʰian³⁵pʰian⁰

姜米子 tɕiaŋ⁵⁵mi³⁵tsʅ⁰姜粒

大辣子 ta²¹la⁵⁵tsʅ⁰/菜椒 tsʰai²¹tɕiao⁵⁵

灯笼椒 təŋ⁵⁵loŋ⁰tɕiao⁵⁵红色菜椒

辣子 la⁵⁵tsʅ⁰

红辣子 xoŋ⁴²la⁵⁵tsʅ⁰红色的鲜辣椒

线辣子 ɕian²¹la⁵⁵tsʅ⁰绿色的鲜辣椒

天椒椒 tʰian⁵⁵tɕiao⁰tɕiao⁰/朝天椒 tʂʰao⁴²tʰian⁵⁵tɕiao⁰

干辣子 kan⁵⁵la⁵⁵tsʅ⁰干辣椒

辣面子 la⁵⁵mian²¹tsʅ³⁵辣面

油辣子 iəu⁴²la⁵⁵tsʅ⁰油泼辣子

芥菜 tɕiɛ³⁵tsʰai²¹³

芥末 tɕiɛ²¹mɤ³⁵

胡椒 xu⁴²tɕiao⁰

菠菜 pɤ⁵⁵tsʰai⁰

白菜 pei⁴²tsʰai⁰

包包菜 pao⁵⁵pao⁰tsʰai²¹³

小青菜 ɕiao³⁵tɕʰin⁵⁵tsʰai⁰

小油菜 ɕiao³⁵iəu⁴²tsʰai⁰

莴笋 uɤ⁵⁵suən⁰／青笋 tɕʰin⁵⁵suən³⁵⁴

莴笋叶叶 uɤ⁵⁵suən⁰iE⁵⁵iE⁰

生菜 sən⁵⁵tsʰai⁰

菜 tsʰai²¹³

芹菜 tɕʰin⁴²tsʰai⁰

芫荽 ian⁴²ɕy⁰

茼蒿 tʰoŋ⁴²xao⁵⁵

萝卜 luɤ⁴²pu⁰

（萝卜）糠咾 kʰaŋ⁵⁵lao⁰

萝卜缨缨 luɤ⁴²pu⁰iŋ⁵⁵iŋ⁰

萝卜干 luɤ⁴²pu⁰kan⁵⁵

红萝卜 xoŋ⁴²luɤ⁴²pu⁰

高笋 kao⁵⁵suən³⁵⁴

油菜 iəu⁴²tsʰai⁰

菜苔苔 tsʰai³⁵tʰai⁴²tʰai⁰

平菇 pʰin⁴²ku⁵⁵

花菇 xua⁵⁵ku⁵⁵

菜籽 tsʰai²¹tsɿ³⁵⁴

空心菜 kʰoŋ⁵⁵ɕin⁵⁵tsʰai²¹³

荠荠菜 tɕi²¹tɕi³⁵tsʰai²¹³

椿芽 tsʰuən⁵⁵ia⁰ 香椿

苕芽 ʂao⁴²ia⁴²／洋苕子 iaŋ⁴²ʂao⁴²tsɿ⁰ 紫花苜蓿的嫩芽

摘耳根 tsei⁴²ər⁰kən⁵⁵／臭婆娘 tʂʰəu²¹pʰɤ³⁵ȵiaŋ⁰ 鱼腥草

塔塔菜 tʰa⁵⁵tʰa⁰tsʰai²¹³ 乌塌菜

豆腐菜 təu²¹fu³⁵tsʰai²¹³

鸡毛菜 tɕi⁵⁵mao⁴²tsʰai²¹³

小茴香 ɕiao³⁵xuei⁴²ɕiaŋ⁰

蕨菜 tɕyɤ⁴²tsʰai²¹³

黄花菜 xuaŋ⁴² xua⁰ tsʰai²¹³

（三）树木

树 su²¹³

树林子 su²¹ lin⁴² tsɿ⁰ ／林子 lin⁴² tsɿ⁰

树苗苗 su²¹ miao⁴² miao⁰

树干 su²¹ kan⁵⁵

树皮 su²¹ pʰi⁴²

树尖尖 su²¹ tɕian⁵⁵ tɕian⁰ 树梢

树根根 su²¹ kən⁵⁵ kən⁰ 树根

树疙篼 su²¹ kɤ⁴² təu⁰ 树篼。树干接近根部的部分，结节隆起状

树叶叶 su²¹ iE⁵⁵ iE⁰ 树叶

树枝枝 su²¹ tsɿ⁵⁵ tsɿ⁰ 树枝

树叉叉 su²¹ tsʰa³⁵ tsʰa⁰ 树杈

栽树 tsai⁵⁵ su²¹³

砍树 kʰan³⁵ su²¹³ ／放树 faŋ³⁵ su²¹³

松树 soŋ⁵⁵ su⁰

松针 soŋ⁵⁵ tʂən⁵⁵

松塔 soŋ⁵⁵ tʰa⁵⁵

松香 soŋ⁵⁵ ɕiaŋ⁵⁵ ／黄香 xuaŋ⁴² ɕiaŋ⁰

杉树 sa⁵⁵ su⁰

红豆杉 xoŋ⁴² təu²¹ sa⁵⁵

水杉 suei³⁵ sa⁵⁵

柏树 pei⁵⁵ su⁰

桑树 saŋ⁵⁵ su⁰

桑果 saŋ⁵⁵ kuɤ⁰ 桑葚

桑叶 saŋ⁵⁵ iE⁰

杨树 iaŋ⁴² su²¹³

柳树 liəu³⁵ su²¹³

垂柳树 tsʰuei⁴² liəu⁰ su²¹³

杨柳树 iaŋ⁴² liəu⁰ su²¹³

麻柳树 ma⁴² liəu⁰ su²¹³

柳树絮絮 liəu³⁵ su⁰ ɕy²¹ ɕy³⁵ 柳絮

荆条 tɕin⁵⁵ tʰiao⁴²

桐油树 tʰoŋ⁴² iəu⁴² su²¹³

桐籽 tʰoŋ⁴² tsʅ³⁵⁴

泡桐树 pʰao³⁵ tʰoŋ⁴² su²¹³

香樟树 ɕiaŋ⁵⁵ tʂaŋ⁵⁵ su²¹³

白果树 pei⁴² kuɤ⁰ su²¹³ 银杏树

青冈树 tɕʰin⁵⁵ kaŋ⁰ su²¹³

竹子 tsu⁵⁵ tsʅ⁰

水竹 suei³⁵ tsu⁵⁵ 常生长在江河边、各种水边的一类竹子

木竹 mu⁵⁵ tsu⁵⁵ 主要供产竹笋的一种竹子

箭竹 tɕian²¹ tsu⁵⁵ 叶杆细长、竹身不高的一种竹子

金竹 tɕin⁵⁵ tsu⁵⁵ 竹节短，上细下粗，冬季竹杆偏黄的一种竹子

黑竹 xei⁵⁵ tsu⁵⁵ 竹杆上呈现黑紫色的一种竹子

拐拐竹 kuai³⁵ kuai⁰ tsu⁵⁵ 竹杆下端弯曲生长的竹子。这种竹子生长超过2—4节后就开始弯曲，弯曲部位最多的可达8—10节，竹径生长高约1米后又恢复端直生长。传说只生长在留坝县张良庙内，移植别处就不再弯曲。是汉中名产

竹条 tsu⁵⁵ tʰiao⁴² 竹筒开片后的竹片条

节疤 tɕiɛ⁵⁵ pa⁰ 竹、木茎杆节上的突起部分；树干上枝杈去掉后长成的疤瘤

竹子杆杆 tsu⁵⁵ tsʅ⁰ kan⁵⁵ kan⁰ 竹杆

竹子叶叶 tsu⁵⁵ tsʅ⁰ iɛ⁵⁵ iɛ⁰ 竹叶

笋子 suən³⁵ tsʅ⁰ 竹笋

笋子壳壳 suən³⁵ tsʅ⁰ kʰɤ⁵⁵ kʰɤ⁰ 竹笋外壳

篾片 mi⁴² pʰian⁰

篾条 mi⁴² tʰiao⁴²

青篾 tɕʰin⁵⁵mi⁴² 青色篾条，编竹制品的好材料

黄篾 xuaŋ⁴²mi⁴² 编竹器选材料剩下的较差、颜色偏黄的篾条

大篾 ta²¹mi³⁵ 按照篾条宽度进行的分类。大篾最宽

二篾 ər²¹mi³⁵ 按照篾条宽度进行的分类。二篾较细

（四）瓜果

水果 suei³⁵kuɤ³⁵⁴/果木 kuɤ³⁵mu⁰

干果 kan⁵⁵kuɤ³⁵⁴

桃子 tʰao⁴²tsʅ⁰

毛桃 mao⁴²tʰao⁴² 本地老品种，外皮有毛的桃子的统称

油桃 iəu⁴²tʰao⁴² 新品种，外皮没毛的桃子

杏子 xən²¹tsʅ³⁵

李子 li³⁵tsʅ⁰

麦黄李 mei⁵⁵xuaŋ⁰li³⁵⁴ 最常见的本地老品种李子

血李 ɕiɛ⁵⁵li⁰ 本地的红紫色的一种李子

苹果 pʰin⁴²kuɤ³⁵⁴

枣子 tsao³⁵tsʅ⁰

红枣 xoŋ⁴²tsao³⁵⁴

枣子核核 tsao³⁵tsʅ⁰xu⁴²xu⁰ 枣核

梨 li⁴²

枇杷 pʰi⁴²pʰa⁰

柿子 sʅ²¹tsʅ³⁵

亮柿子 liaŋ³⁵sʅ²¹tsʅ³⁵ 皮薄透亮的柿子，火柿子

泡柿子 pao⁵⁵sʅ²¹tsʅ³⁵ 软柿子，和脆柿子相对

磨盘柿 mɤ²¹pʰan³⁵sʅ²¹³ 中间长有一圈横痕，有点像磨盘的柿子

柿饼 sʅ²¹pin³⁵⁴

石榴 ʂʅ⁴²liəu⁰

柚子 iəu²¹tsʅ³⁵

桔子 tɕy⁵⁵tsʅ⁰

桔子米米 tɕy⁵⁵tsʅ⁰mi³⁵mi⁰ 桔核

广柑 kuaŋ³⁵kan⁵⁵

桔柑 tɕy⁵⁵kan⁵⁵

金桔 tɕin⁵⁵tɕy⁰

橙子 tʂʰən⁴²tsɿ⁰

脐橙 tɕʰi⁴²tʂʰəŋ⁴²

虫眼 tsʰoŋ⁴²ȵian³⁵⁴

木瓜 mu⁵⁵kua⁰

桂圆 kuei²¹yan⁴²／圆圆 yan⁴²yan⁰

圆乳 yan⁴²ʐu³⁵⁴ 桂圆肉干

荔枝 li⁵⁵tsɿ⁵⁵

芒果 maŋ⁴²kuɤ³⁵⁴

菠萝 pɤ⁴²

白果 pei⁴²kuɤ⁰

栗子 li⁵⁵tsɿ⁰

核桃 xɤ⁴²tʰao⁰

离壳子核桃 li²¹kʰɤ³⁵tsɿ⁰xɤ⁴²tʰao⁰ 外壳脱离容易的核桃

夹壳子核桃 tɕia⁵⁵kʰɤ⁰tsɿ⁰xɤ⁴²tʰao⁰ 外壳和核桃肉长在一起不好脱离的核桃

板栗 pan³⁵li⁰／毛栗子 mao⁴²li⁵⁵tsɿ⁰

草莓 tsʰao³⁵mei⁴²

樱桃 in⁵⁵tʰao⁰

红樱桃 xoŋ⁴²in⁵⁵tʰao⁰

黄樱桃 xuaŋ⁴²in⁵⁵tʰao⁰

西瓜 ɕi⁵⁵kua⁰

西瓜米米 ɕi⁵⁵kua⁰mi³⁵mi⁰／西瓜子 ɕi⁵⁵kua⁰tsɿ³⁵⁴

香瓜 ɕiaŋ⁵⁵kua⁰

梨瓜 li⁴²kua⁰

荸荠 pu⁴²tɕi⁰

甘蔗 kan⁵⁵tʂɤ⁰

向日葵 ɕiaŋ²¹ zʅ⁵⁵kʰuei⁴²

瓜米 kua⁵⁵mi⁰ 葵花籽瓜子

甜杆 tʰian⁴²kan³⁵⁴ 高粱秆

花生 xua⁵⁵sən⁰

花生米 xua⁵⁵sən⁵⁵mi³⁵⁴

花生皮皮 xua⁵⁵sən⁵⁵pʰi⁴²pʰi⁰

（五）花草、菌类

花 xua⁵⁵

花苞苞 xua⁵⁵pao⁵⁵pao⁰

花瓣瓣 xua⁵⁵pan²¹pan³⁵

花心心 xua⁵⁵ɕin⁵⁵ɕin⁰

花杆杆 xua⁵⁵kan³⁵kan⁰

花枝枝 xua⁵⁵tsʅ⁵⁵tsʅ⁰

旱莲 xan²¹lian⁴² 汉中市市花

梅花 mei⁴²xua⁰

牡丹花 mu³⁵tan⁰xua⁰

荷花 xɤ⁴²xua⁰/莲花 lian⁴²xua⁰ 荷花。汉中多见，观花和藕田常作经济用途

荷叶 xɤ⁴²iE⁵⁵

莲蓬 lian⁴²pʰəŋ⁰

夹竹桃 tɕia⁵⁵tsu⁵⁵tʰao⁴²

金银花 tɕin⁵⁵in⁴²xua⁵⁵ 当地多见，有专门作为草药种植的

草 tsʰao³⁵⁴/草草 tsʰao³⁵tsʰao⁰

草节节 tsʰao³⁵tɕiE⁵⁵tɕiE⁰

草籽籽 tsʰao³⁵tsʅ³⁵tsʅ⁰

藤 tʰən⁴²/藤藤 tʰən⁴²tʰən⁰

刺 tsʰʅ²¹³

桂花 kuei²¹xua³⁵

金桂 tɕin⁵⁵kuei²¹³

银桂 in⁴²kuei²¹³

丹桂 tan⁵⁵kuei²¹³

菊花 tɕy⁵⁵xua⁰

指甲花 tsʅ⁵⁵tɕia⁰xua⁰

水仙花 suei³⁵ɕian⁵⁵xua⁵⁵

茉莉花 mɤ⁵⁵li²¹xua⁵⁵

喇叭花 la³⁵pa⁰xua⁵⁵

杜鹃花 tu²¹tɕyan⁵⁵xua⁵⁵

芙蓉 fu⁴²ʐoŋ⁴²

万年青 uan³⁵ȵian⁴²tɕʰin⁵⁵

仙人掌 ɕian⁵⁵ʐən⁰tʂaŋ³⁵⁴

苇子 uei⁴²tsʅ⁰ 芦苇

芭茅 pa⁵⁵mao⁰ 芦苇

丝茅 sʅ⁵⁵mao⁰

菌子 tɕyn²¹tsʅ³⁵ 蘑菇

包谷菌 pao⁵⁵ku⁰tɕyn²¹³ 常见菌

刷把菌 sua⁵⁵pa⁰tɕyn²¹³ 常见菌

苔藓 tʰai⁴²ɕyan³⁵⁴

地木 ti²¹mu⁵⁵/地软 ti²¹ʐuan³⁵⁴

(六) 其他（常见经济作物和药材）

茶树 tsʰa⁴²su²¹³ 汉中是陕南茶叶主要产地之一，茶树种植历史悠久

茶叶 tsʰa⁴²iE⁵⁵

红茶 xoŋ⁴²tsʰa⁴²

花茶 xua⁵⁵tsʰa⁴²

绿茶 ly⁵⁵tsʰa⁴²

采茶 tsʰai³⁵tsʰa⁴²

一心一叶 i⁴²ɕin⁵⁵i⁴²iE⁵⁵ 茶叶形状的采摘标准

一心二叶 i⁴²ɕin⁵⁵ər⁴²iE⁵⁵

一心三叶 i⁴² ɕin⁵⁵ san⁵⁵ iE⁵⁵

制茶 tʂʅ²¹ tsʰa⁴²

杀青 sa⁵⁵ tɕʰin⁵⁵ 制茶工艺

炒青 tsʰao³⁵ tɕʰin⁵⁵ 制茶工艺

烘青 xoŋ⁵⁵ tɕʰin⁵⁵ 制茶工艺

晒青 sai²¹ tɕʰin⁵⁵ 制茶工艺

西洋参 ɕi⁵⁵ iaŋ⁴² sən⁵⁵

天麻 tʰian⁵⁵ ma⁴²

元胡 yan⁴² xu⁴²

五味子 u³⁵ uei²¹ tsʅ³⁵

黄芪 xuaŋ⁴² tɕʰi⁴²

党参 taŋ³⁵ sən⁰

柴胡 tsʰai⁴² xu⁰

车前草 tʂʰɤ⁵⁵ tɕʰian⁴² tsʰao³⁵⁴

六　动物

（一）牲畜

牲口 sən⁵⁵ kʰəu⁰

畜生 tsʰu⁵⁵ sən⁰

公马 koŋ⁵⁵ ma³⁵⁴／儿马 ər⁴² ma³⁵⁴

母马 mu³⁵ ma³⁵⁴／骒马 kʰɤ²¹ ma³⁵⁴

骟马 ʂan²¹ ma³⁵⁴

骚牛 sao⁵⁵ ȵiəu⁰ 未阉割过的公牛

犍牛 tɕian³⁵ ȵiəu⁴²

母牛 mu³⁵ ȵiəu⁴²

黄牛 xuaŋ⁴² ȵiəu⁴²

水牛 suei³⁵ ȵiəu⁴²

牛儿子 ȵiəu⁴² ər⁴² tsʅ⁰／牛娃子 ȵiəu⁴² ua⁰ tsʅ⁰ 小牛

牛牴角 ȵiəu⁴² ti⁵⁵ kɤ⁰ 牛角

驴 ly⁴²

叫驴 tɕiao³⁵ly⁴² 公驴

草驴 tsʰao³⁵ly⁴² 母驴

骡子 luɤ²¹tsʅ³⁵

骆驼 luɤ⁵⁵tʰuɤ⁰

羊子 iaŋ⁴²tsʅ⁰ 羊

绵羊 mian⁴²iaŋ⁴²

山羊 san⁵⁵iaŋ⁴²

奶羊 lai³⁵iaŋ⁴²

羊儿子 iaŋ⁴²ər⁴²tsʅ⁰/羊娃子 iaŋ⁴²ua⁰tsʅ⁰ 小羊

羊胡子 iaŋ⁴²xu⁴²tsʅ⁰

羊牴角 iaŋ⁴²ti⁵⁵kɤ⁰ 羊角

羊蹄子 iaŋ⁴²tʰi⁴²tsʅ⁰

狗 kəu³⁵⁴

牙狗 ia⁴²kəu⁰ 公狗

母狗 mu³⁵kəu⁰/草狗 tsʰao³⁵kəu⁰

狗娃子 kəu³⁵ua⁴²tsʅ⁰ 小狗

哈巴狗 xa⁵⁵pa⁵⁵kəu³⁵⁴

猫 mao⁵⁵

男猫 lan⁴²mao⁵⁵ 公猫

女猫 ȵy³⁵mao⁵⁵ 母猫

脚猪 tɕyɤ⁵⁵tsu⁰ 配种用的公猪

青猪 tɕʰin⁵⁵tsu⁵⁵ 阉割过的公猪

母猪 mu³⁵tsu⁰

奶结子 lai³⁵tɕiE⁴²tsʅ⁰ 阉割过的母猪

猪娃子 tsu⁵⁵ua⁰tsʅ⁰ 小猪

骟猪 ʂan²¹tsu⁵⁵

猪圈 tsu⁵⁵tɕyan²¹³

喂猪 uei²¹tsu⁵⁵/看猪 kʰan⁵⁵tsu⁵⁵ 养猪

兔娃子 tʰu²¹ua³⁵tsʅ⁰

野兔子 iE³⁵tʰu²¹tsʅ³⁵

鸡 tɕi⁵⁵

公鸡 koŋ⁵⁵tɕi⁰

仔鸡 tsʅ³⁵tɕi⁰

旋鸡 ɕyan²¹tɕi⁵⁵ 骟鸡

母鸡 mu³⁵tɕi⁰

菢母鸡 pao²¹mu³⁵tɕi⁰

鸡娃子 tɕi⁵⁵ua⁰tsʅ⁰ 小鸡

鸡苗 tɕi⁵⁵miao⁴² 小鸡苗

土鸡 tʰu³⁵tɕi⁰ 本地放养土鸡

来航鸡 lai⁴²xaŋ⁴²tɕi⁵⁵ 外来品种圈养鸡

鸡蛋 tɕi⁵⁵tan⁰

踩蛋 tsʰai³⁵tan²¹³

下蛋 ɕia³⁵tan²¹³

唱蛋 tʂʰaŋ³⁵tan²¹³

菢 pao²¹³

菢蛋 pao³⁵tan²¹³

鸡冠子 tɕi⁵⁵kuan⁵⁵tsʅ⁰

嗉子 su²¹tsʅ³⁵

苦胆 kʰu³⁵tan⁰

针线包 tʂən⁵⁵ɕian⁰pao⁵⁵ 包含鸡心鸡肝鸡胗的一套鸡杂，汉中讲究给女孩子吃了能够聪明伶俐

鸡爪爪 tɕi⁵⁵tsao³⁵tsao⁰ 鸡爪

鸭子 ia⁵⁵tsʅ⁰

公鸭 koŋ⁵⁵ia⁵⁵

母鸭 mu³⁵ia⁵⁵

小鸭 ɕiao³⁵ia⁵⁵

鸭蛋 ia⁵⁵tan⁰

鹅 ŋɤ⁴²

小鹅 ɕiao³⁵ŋɤ⁴²

鹅蛋 ŋɤ⁴²tan⁰

（二）鸟、兽

野物 iE³⁵uɤ⁰

狮子 sʅ⁵⁵tsʅ⁰（当地没有）

老虎 lao⁵⁵xu⁰（当地没有）

母老虎 mu³⁵lao⁵⁵xu⁰ 非常厉害的女人

猴娃子 xəu⁴²ua⁰tsʅ⁰

狗熊 kəu³⁵ɕioŋ⁰

黑娃子 xei⁵⁵ua⁰tsʅ⁰/黑熊 xei⁵⁵ɕioŋ⁴²

熊猫 ɕioŋ⁴²mao⁵⁵ 汉中珍稀物种

狼 laŋ⁴²/狼娃子 laŋ⁴²ua⁰tsʅ⁰ 狼

豹子 pao²¹tsʅ³⁵

毛狗子 mao⁴²kəu⁰tsʅ⁰

黄老鼠 xuaŋ⁴²lao⁰su⁰

黄鹿 xuaŋ⁴²lu⁵⁵

麂子 tɕi³⁵tsʅ⁰

毛二娃 mao⁴²ər²¹ua³⁵/松鼠 soŋ⁵⁵su³⁵⁴

老鼠 lao⁵⁵su⁰

刺猪子 tsʰʅ²¹tʂu³⁵tsʅ⁰/刺猬 tsʰʅ²¹uei³⁵⁴

猪猁子 tʂu⁵⁵li⁰tsʅ⁰/狸猫 li⁴²mao⁰

拱猪子 koŋ³⁵tʂu⁰tsʅ⁰ 猪獾

树围子 su³⁵uei⁴²tsʅ⁰ 果子狸

穿山甲 tsʰuan⁵⁵san⁵⁵tɕia⁵⁵

蛇 ʂɤ⁴²

长虫 tʂʰaŋ⁴²tʂʰoŋ⁰

小龙 ɕiao³⁵loŋ⁰ 蛇，称呼属相时用

蟒蛇 maŋ³⁵ʂɤ⁴²

菜花蛇 tsʰai²¹xua⁵⁵ ʂɤ⁴²

青竹标 tɕʰin⁵⁵tsu⁰piao⁵⁵

水长虫 suei³⁵tʂʰaŋ⁴²tsʰoŋ⁰ 水蛇

蛇垮皮 ʂɤ⁴²kʰua³⁵pʰi⁴² 蛇蜕皮

蜥蜴 ɕi⁵⁵i⁰

雀雀 tɕʰyɤ³⁵tɕʰyɤ⁰／鸟 ȵiao³⁵⁴

老鸹 lao³⁵ua⁰

喜鹊 ɕi³⁵ua⁰／鸦雀子 ia⁵⁵tɕʰyɤ⁰tsʅ⁰

麻拐子 ma⁴²kuai⁰tsʅ⁰／宿宿 ɕy⁵⁵ɕy⁰／麻雀 ma⁴²tɕʰyɤ⁰

燕子 ian²¹tsʅ³⁵

朱鹮 tsu⁵⁵xuan⁴² 汉中珍稀物种

大雁 ta³⁵ian²¹³

鹁鸽 pu⁴²kɤ⁰

鹌鹑 ŋan⁵⁵tsuən⁰

旋黄旋割 suan³⁵xuaŋ⁴²suan²¹kɤ⁵⁵ 布谷鸟

叫咕咕 tɕiao²¹ku³⁵ku⁰／斑鸠 pan⁵⁵tɕiəu⁰

夜猫子 iɛ²¹mao³⁵tsʅ⁰／

信猴 ɕin²¹xəu³⁵⁴ 猫头鹰

啄木倌 tsua⁵⁵mu⁰kua⁰ 啄木鸟

鹦鹉 in⁵⁵u³⁵⁴

八哥 pa⁵⁵kɤ⁰

白鹤 pei⁴²xɤ²¹³ 白鹤。常出没在汉江湿地里

老鹰 lao³⁵in⁵⁵

鹞子 iao²¹tsʅ³⁵ 雀鹰

野鸡 iɛ³⁵tɕi⁰／山鸡 san⁵⁵tɕi⁵⁵

锦鸡 tɕin³⁵tɕi⁰

秧鸡 iaŋ⁵⁵tɕi⁰ 秧鸡。常出没在稻田里

野鸭子 iɛ³⁵ia⁵⁵tsʅ⁰

檐老鼠 ian⁴²lao⁰su⁰ 蝙蝠

翅膀 tsʰɿ²¹paŋ³⁵

嘴 tsuei³⁵⁴

鸟窝 ȵiao³⁵uɤ⁵⁵

(三) 虫类

虫虫 tsʰoŋ⁴²tsʰoŋ⁰

蚕子 tsʰan⁴²tsɿ⁰

蚕牛牛 tsʰan⁴²ȵiəu⁴²ȵiəu⁰/蚕蛹 tsʰan⁴²ioŋ³⁵⁴

蚕沙 tsʰan⁴²sa⁵⁵

养蚕 iaŋ³⁵tsʰan⁴² 当地农户常见副业, 生产养殖

蜘蛛 tʂɿ⁵⁵tsu⁰/蛛蛛 tsu⁵⁵tsu⁰

波丝网网 pɤ⁵⁵sɿ⁰uaŋ³⁵uaŋ⁰ 蜘蛛网

蚂蚁 ma⁵⁵i⁰

土鳖虫 tʰu³⁵piE⁵⁵tsʰoŋ⁴²

蛐蟮 tɕʰy⁵⁵ʂan⁰ 蚯蚓

蜗牛 kua⁵⁵ȵiəu⁰

屎盘牛 sɿ³⁵pan⁰ȵiəu⁰

蜈蚣 u⁴²koŋ⁰

蝎子 ɕiE⁵⁵tsɿ⁰

四脚蛇 sɿ²¹tɕy³⁵ʂɤ⁴²

毛毛虫 mao⁴²mao⁰tsʰoŋ⁴²

米虫 mi³⁵tsʰoŋ⁴²

腻虫 ȵi²¹tsʰoŋ³⁵

苍蝇 tsʰaŋ⁵⁵in⁰

绿头苍蝇 liəu⁵⁵tʰəu⁰tsʰaŋ⁵⁵in⁰

蛆伢子 tɕʰy⁵⁵ia⁰tsɿ⁰

□子 mɤ⁵⁵tsɿ⁰ 蚊子

虮□ tɕi⁵⁵mɤ⁰ 常见, 体型小而黑, 毒性很大的蚊子

花□子 xua⁵⁵mɤ⁵⁵tsɿ⁰ 常见, 腿上有黑白横线的蚊子

长腿□子 tʂaŋ⁴²tʰuei³⁵mɤ⁵⁵tsɿ⁰ 常见, 体型较大, 腿长, 毒性较小的

蚊子
  草□子 tsʰao³⁵mɤ⁵⁵tsɿ⁰ 常在草木水洼处生活的蚊子
  虱子 sei⁵⁵tsɿ⁰
  圪蚤 kɤ⁴²tsao⁰
  虮子 tɕi³⁵tsɿ⁰
  臭虫 tʂʰəu²¹tsʰoŋ³⁵
  牛蝇子 ȵiəu⁴²in⁴²tsɿ⁰ 牛蝇
  蛐蛐 tɕʰy⁵⁵tɕʰy⁰
  灶鸡子 tsao²¹tɕi³⁵tsɿ⁰ 蟋蟀
  蚂蚱 ma⁵⁵tsa⁰
  刀螂 tao⁵⁵laŋ⁰ 螳螂
  知了 tsɿ⁴²lao⁰
  蜂子 fəŋ⁵⁵tsɿ⁰ 蜜蜂
  马蜂 ma³⁵fəŋ⁰
  锥 tsuei⁵⁵ 蜇人
  蜂子窝窝 fəŋ⁵⁵tsɿ⁰uɤ⁵⁵uɤ⁰ 蜂巢
  蜂箱 fəŋ⁵⁵ɕiaŋ⁵⁵
  蜂糖 fəŋ⁵⁵tʰaŋ⁰
  洋蜂糖 iaŋ⁴²fəŋ⁵⁵tʰaŋ⁰
  土蜂糖 tʰu³⁵fəŋ⁵⁵tʰaŋ⁰
  养蜂 iaŋ³⁵fəŋ⁵⁵
  赶花 kan³⁵xua⁵⁵
  亮火虫 liaŋ²¹xuɤ³⁵tsʰoŋ⁰ 萤火虫
  蛾蛾 ŋɤ⁴²ŋɤ⁰ 蛾子
  蝴蝶 xu⁴²tiɛ⁰
  蚂螂 ma⁴²laŋ⁰ 蜻蜓
  新媳妇 ɕin⁵⁵ɕi⁰fu⁰ 瓢虫
  老母虫 lao⁵⁵mu⁰tsʰoŋ⁴² 蛴螬，金龟甲的幼虫
  节节虫 tɕiɛ⁵⁵tɕiɛ⁰tsʰoŋ⁴² 节骨虫。一节一节的，有毒

湿湿虫 ʂɻ⁵⁵ʂɻ⁰tsʰoŋ⁴²／西瓜虫 ɕi⁵⁵kua⁰tsʰoŋ⁴² 鼠妇虫

草鞋虫 tsʰao³⁵xai⁰tsʰoŋ⁴² 蚰蜒

菜青虫 tsʰai²¹tɕʰin⁵⁵tsʰoŋ⁴²

磕头虫 kʰɤ⁵⁵tʰəu⁴²tsʰoŋ⁴²

（四）鱼虾类

鱼 y⁴²

鲤鱼 li³⁵y⁰

鲫鱼 tɕi⁵⁵y⁰

鲫壳子 tɕi⁵⁵kʰɤ⁰tsɻ⁰ 一二两的小鲫鱼

武昌鱼 u³⁵tʂʰaŋ⁰y⁰

草鱼 tsʰao³⁵y⁰

黄花鱼 xuaŋ⁴²xua⁵⁵y⁴²

带鱼 tai³⁵y⁴²

鲈鱼 lu⁴²y⁴²

鲳鱼 tʂʰaŋ⁵⁵y⁴²

鲇鱼 mian⁴²y⁴²

白条子 pei⁴²tʰiao⁴²tsɻ⁰

黑鱼 xei⁵⁵y⁴²

鱿鱼 iəu⁴²y⁴²

花鲢 xua5lian⁰／大头鱼 ta³⁵tʰəu⁴²y⁴² 鳙鱼

白鲢 pei⁴²lian⁴² 鲢鱼

金鱼 tɕin⁵⁵y⁴²

泥鳅 n̻i⁴²tɕʰiəu⁴²

黄鳝 xuaŋ⁴²ʂan⁰ 鳝鱼

干鱼 kan⁵⁵y⁴² 晒干的鱼

鱼甲 y⁴²tɕia⁴² 鱼鳞

刺 tsʰɻ²¹³ 鱼刺

鱼泡 y⁴²pʰao⁵⁵ 鱼鳔

鱼鳃 y⁴²sai⁵⁵

鱼子 y⁴²tsʅ³⁵⁴ 鱼籽

鱼苗 y⁴²miao⁴²

钓鱼 tiao³⁵y⁴²

鱼竿 y⁴²kan⁵⁵

鱼钩 y⁴²kəu⁵⁵

鱼笼笼 y⁴²loŋ³⁵loŋ⁰ 捕鱼筐

渔网 y⁴²uaŋ³⁵⁴

虾 ɕia⁵⁵

虾仁 ɕia⁵⁵zən⁴²

虾米 ɕia⁵⁵mi⁰

虾子 ɕia⁵⁵tsʅ³⁵⁴

乌龟 u⁵⁵kuei⁵⁵

鳖 piE⁵⁵

螃蟹 paŋ⁴²xai⁰

蟹黄 ɕiE³⁵xuaŋ⁴²

青蛙 tɕʰin⁵⁵ua⁵⁵

河马咕嘟 xɤ⁴²ma⁰ku⁵⁵tu⁰ 蝌蚪

疥疤子 kai²¹pa³⁵tsʅ⁰ 癞蛤蟆

蚂蟥 ma³⁵xuaŋ⁰

贝壳 pei²¹kʰɤ³⁵

螺蛳 luɤ⁴²sʅ⁰ 对田螺类的统称

七 房舍

（一）房子

房 faŋ⁴²

修（房）ɕiəu⁵⁵ 建造

立木 li⁵⁵mu⁵⁵ 搭建房屋主体的木框架

上梁 ʂaŋ³⁵liaŋ⁴²

进深 tɕin²¹ʂən⁵⁵ 房屋的长度

开间 kʰai⁵⁵tɕian⁰ 房屋的宽度

桩子 tsuaŋ⁵⁵tsɿ⁰

地基 ti²¹tɕi³⁵

桩基 tsuaŋ⁵⁵tɕi⁰ 地基

根脚 kən⁵⁵tɕyɤ⁰ 地基

一砖到顶 i²¹tsuan⁵⁵tao²¹tin³⁵⁴

院子 yan²¹tsɿ³⁵

院墙 yan²¹tɕʰiaŋ³⁵

照壁 tʂao³⁵pi²¹³

堂屋 tʰaŋ⁴²u⁰

睡房 suei²¹faŋ³⁵

里间 li³⁵tɕian⁰

外间 uai²¹tɕian³⁵

正房 tʂən²¹faŋ³⁵

横房 ɕyɤ⁴²faŋ⁰

客厅 kʰei⁵⁵tʰin⁵⁵

平房 pʰin⁴²faŋ⁴²

楼房 ləu⁴²faŋ⁰

草房 tsʰao³⁵faŋ⁰

楼上 ləu⁴²ʂaŋ²¹³

楼下 ləu⁴²ɕia²¹³

牌楼 pʰai⁴²ləu⁰

门楼 mən⁴²ləu⁴²

门洞 mən⁴²toŋ²¹³

单元 tan⁵⁵yan⁴²

楼梯 ləu⁴²tʰi⁵⁵

梯子 tʰi⁵⁵tsɿ⁰

阳台 iaŋ⁴²tʰai⁴²

(二) 房屋结构

房顶顶 faŋ⁴²tin³⁵tin⁰

房檐 faŋ⁴²ian⁴²

檐沟 ian⁴²kəu⁵⁵

梁 liaŋ⁴²

大梁 ta³⁵liaŋ⁴²

檩条 lin³⁵tʰiao⁰

椽子 tsʰuan⁴²tsʅ⁰

柱子 tsu²¹tsʅ³⁵

柱石 tsu²¹ʂʅ³⁵

台阶 tʰai⁴²tɕiE⁵⁵

顶棚 tin³⁵pʰəŋ⁰ 天花板

正门 tʂən²¹mən³⁵

后门 xəu²¹mən³⁵

大门 ta²¹mən³⁵

二门 ər²¹mən³⁵

小门 ɕiao³⁵mən⁰

门坎 mən⁴²kʰan⁰

门板 mən⁴²pan³⁵⁴

门框 mən⁴²kʰuaŋ⁵⁵

门扇子 mən⁴²ʂan²¹tsʅ³⁵

门墩 mən⁴²tuən⁵⁵

门纂子 mən⁴²tsuan²¹tsʅ³⁵

门背后 mən⁴²pei²¹xəu³⁵

门闩 mən⁴²suan⁵⁵

门杠子 mən⁴²kaŋ²¹tsʅ³⁵

门帘 mən⁴²lian⁰

门环 mən⁴²xuan⁴²

锁子 suɤ³⁵tsʅ⁰

钥匙 yɤ⁵⁵sɿ⁰

窗子 tsʰuaŋ⁵⁵tsɿ⁰

窗台 tsʰuaŋ⁵⁵tʰai⁰

窗户扇扇 tsʰuaŋ⁵⁵xu⁰ʂan²¹ʂan³⁵ 窗扇

窗帘 tsʰuaŋ⁵⁵lian⁰

走廊 tsəu³⁵laŋ⁴²

过道 kuɤ³⁵tao²¹³

楼道 ləu⁴²tao²¹³

楼板 ləu⁴²pan³⁵⁴

(三) 其他设施

灶火 tsao²¹xuɤ³⁵ 厨房

锅头 kuɤ⁵⁵tʰəu⁰ 锅台

厕所 tsʰei⁵⁵suɤ³⁵⁴/茅厕 mao⁴²sɿ⁰/茅坑 mao⁴²kʰən⁰

牛圈 ȵiəu⁴²tɕyan²¹³

猪圈 tsu⁵⁵tɕyan²¹³

猪食槽 tsu⁵⁵sɿ⁰tsʰao⁴²

羊圈 iaŋ⁴²tɕyan²¹³

狗窝 kəu³⁵uɤ⁵⁵

鸡窝 tɕi⁵⁵uɤ⁵⁵

鸡笼笼 tɕi⁵⁵loŋ⁴²loŋ⁰

鸡罩子 tɕi⁵⁵tsao²¹tsɿ³⁵

麦草堆堆 mei⁵⁵tsʰao⁰tuei⁵⁵tuei⁰

八 器具、用品

(一) 一般家具

家具 tɕia⁵⁵tɕy⁰

柜子 kuei²¹tsɿ³⁵

衣柜 i⁵⁵kuei²¹³

穿衣镜 tsʰuan⁵⁵i⁵⁵tɕin²¹³

大立柜 ta²¹li⁵⁵kuei²¹³

高低柜 kao⁵⁵ti⁵⁵kuei²¹³

五斗柜 u³⁵təu³⁵kuei²¹³

组合柜 tsu³⁵xɤ⁴²kuei²¹³

碗柜 uan³⁵kuei²¹³

书柜 su⁵⁵kuei²¹³

桌子 tsuɤ⁵⁵tsʅ⁰

圆桌 yan⁴²tsuɤ⁵⁵

方桌 faŋ⁵⁵tsuɤ⁵⁵

八仙桌 pa⁵⁵ɕian⁵⁵tsuɤ⁵⁵

供桌 koŋ²¹tsuɤ⁵⁵

案子 ŋan²¹tsʅ³⁵ 比较狭长的桌子

茶几 tsʰa⁴²tɕi⁵⁵

办公桌 pan²¹koŋ⁵⁵tsuɤ⁵⁵

一头沉 i⁴²tʰəu⁴²tʂʰən⁴² 一头下面带柜的办公桌

两头沉 liaŋ³⁵tʰəu⁴²tʂʰən⁴² 桌子下端两边都带柜的办公桌

餐桌 tsʰan⁵⁵tsuɤ⁵⁵（新）／饭桌 fan²¹tsuɤ⁵⁵（旧）

桌布 tsuɤ⁵⁵pu²¹³／桌子围围 tsuɤ⁵⁵tsʅ⁰uei⁴²uei⁰

抽匣 tʂʰəu⁵⁵ɕia⁰ 抽屉

椅子 i³⁵tsʅ⁰

躺椅 tʰaŋ³⁵i³⁵⁴

椅子背背 i³⁵tsʅ⁰pei²¹pei³⁵

椅子樽樽 i³⁵tsʅ⁰tsʰən²¹tsʰən³⁵

条凳 tʰiao⁴²tən²¹³

方板凳 faŋ⁵⁵pan³⁵tən⁰

小板凳 ɕiao³⁵pan³⁵tən⁰

圆板凳 yan⁴²pan³⁵tən⁰

高板凳 kao⁵⁵pan³⁵tən⁰

马扎子 ma³⁵tsa⁰tsʅ⁰ 能交叉合拢的便携小凳子

蒲团 pʰu⁴²tʰuan⁰

衣裳架架 i⁵⁵ʂaŋ⁰tɕia²¹tɕia³⁵ ①晾衣架；②衣帽架

衣裳撑撑 i⁵⁵ʂaŋ⁰tsʰən⁵⁵tsʰən⁰ 把衣服送到高处悬挂的长杆子

（二）卧室用具

床 tsʰuaŋ⁴²

床头 ttsʰuaŋ⁴²tʰəu⁴² 老式床头是一对，铺上床板就搭成床

床板 tsʰuaŋ⁴²pan³⁵⁴

棕垫子 tsoŋ⁵⁵tian²¹tsʅ³⁵

毛毡 mao⁴²tʂan⁵⁵ 一般铺在褥子下面挡风保暖

草簾子 tsʰao³⁵lian⁴²tsʅ⁰ 稻草垫子，一般铺在褥子下面增加厚度

凉椅 liaŋ⁴²i³⁵⁴

蚊帐 uən⁴²tʂaŋ²¹³/帐子 tʂaŋ²¹tsʅ³⁵

布蚊帐 pu³⁵uən⁴²tʂaŋ²¹³

纱蚊帐 sa⁵⁵uən⁴²tʂaŋ²¹³

搭钩 ta⁵⁵kəu⁰ 把蚊帐两边分开挂起来的挂钩

帐子檐檐 tʂaŋ²¹tsʅ³⁵ian⁴²ian⁰ 帐帘

毯子 tʰan³⁵tsʅ⁰

毛毯 mao⁴²tʰan³⁵⁴

铺盖 pʰu⁵⁵kai⁰ 被子

铺盖筒筒 pʰu⁵⁵kai⁰tʰoŋ³⁵tʰoŋ⁰ 为睡觉叠成的长筒形的被子

铺盖卷卷 pʰu⁵⁵kai⁰tɕyan³⁵tɕyan⁰ 打成行李背包的被子

铺盖里子 pʰu⁵⁵kai⁰li³tsʅ⁰

铺盖面子 pʰu⁵⁵kai⁰mian²¹tsʅ³⁵

被面子 pei³⁵mian²¹tsʅ³⁵⁴

棉絮 mian⁴²ɕy⁰

装棉絮 tsuaŋ²¹mian⁴²ɕy⁰ 装用作动词，去声：装棉絮

网套 uaŋ³⁵tʰao²¹³

挡头 taŋ²¹tʰəu³⁵ 被子头容易磨损脏污的部分，旧时专门多加一层布或毛巾来加厚。

单子 tan⁵⁵tsɿ⁰

被罩 pei³⁵tsao²¹³

坝铺盖 pa²¹pʰu³⁵kai⁰ 褥子

尿褥 ȵiao²¹ʐu³⁵ 给孩子或老人用的小褥子

抱褥 pao²¹ʐu³⁵ 抱婴儿的小褥子

床围子 tsʰuaŋ⁴²uei⁴²tsɿ⁰ 加盖在床边常坐处防止脏污的布围子

草席 tsʰao³⁵ɕi⁰ 灯芯草席子，一般给老人孩子用，不会太凉

席子 ɕi⁴²tsɿ⁰ 竹篾编织的凉席，旧时最常见

麻将席 ma⁴²tɕiaŋ³⁵ɕi⁴² 竹片和竹块编织的凉席，现在常见

枕头 tʂən³⁵tʰəu⁰

枕套 tʂən³⁵tʰao²¹³

枕头芯芯 tʂən³⁵tʰəu⁰ɕin⁵⁵ɕin⁰

枕巾 tʂən³⁵tɕin⁰

门帘 mən⁴²lian⁰

梳妆台 su⁵⁵tsuaŋ⁵⁵tʰai⁴²

镜子 tɕin²¹tsɿ³⁵（新）／镜框 tɕin²¹kʰuaŋ³⁵（旧）

电灯 tian²¹təŋ⁵⁵

电杠 tian³⁵kaŋ²¹³

灯管子 təŋ⁵⁵kuan³⁵tsɿ⁰

箱子 ɕiaŋ⁵⁵tsɿ⁰

大箱子 ta²¹ɕiaŋ⁵⁵tsɿ⁰ 木材制作的，用来放衣服，账本钱票等。樟木做的最好，旧时用作嫁妆。

棕箱子 tsoŋ⁵⁵ɕiaŋ⁵⁵tsɿ⁰ 表层棕丝包裹的木箱子，可以防老鼠咬，防潮。汉中产量大，多见。

手提箱 ʂəu³⁵tʰi⁴²ɕiaŋ⁵⁵

皮箱 pʰi⁴²ɕiaŋ⁵⁵ 泛指各种新式箱子和密码箱

盒盒 xɤ⁴²xɤ⁰

匣匣 ɕia⁴²ɕia⁰

尿桶 ȵiao²¹tʰoŋ³⁵⁴ 旧式木制桶

尿罐子 ȵiao³⁵kuan²¹tsʅ³⁵ 旧式陶罐或瓦罐便器

尿盆 ȵiao³⁵pʰən⁴²

痰盂 tʰan⁴²y²¹³

夜壶 iE²¹xu³⁵

火盆 xuɤ³⁵pʰən⁰

烘笼 xoŋ⁵⁵loŋ⁰

热水袋 zɤ⁵⁵suei⁰tai²¹³

电壶 tian³⁵xu⁴²

壶壳壳 xu⁴²kʰɤ⁵⁵kʰɤ⁰ 电壶外壳

胆 tan³⁵⁴ 壶胆

（三）炊事用具

风匣 fəŋ⁵⁵ɕia⁰

拉风匣 la⁵⁵fəŋ⁵⁵ɕia⁰

扦扦 tɕʰian⁵⁵tɕʰian⁰ 通炉子的直通条

火剪 xuɤ⁵⁵tɕian⁰ 夹煤的长夹子

火铲铲 xuɤ³⁵tsʰan³⁵tsʰan⁰ 烧火时添加燃料的小铲子

柴火 tsʰai⁴²xuɤ⁰

硬柴 ȵi³⁵tsʰai⁴² 耐烧的木材柴火。区别于稻草、小树枝等不耐烧的柴火

树枝枝 su²¹tsʅ⁵⁵tsʅ⁰

经烧 tɕin⁵⁵ʂao⁵⁵ 耐烧

谷草 ku⁵⁵tsʰao⁰ 稻草

麦草 mei⁵⁵tsʰao⁰ 麦秆

麦草把把 mei⁵⁵tsʰao⁰pa²¹pa³⁵ 麦草捆成小捆，方便烧火用

包谷秆秆 pao⁵⁵ku⁰kan³⁵kan⁰ 玉米秆

锯末子 tɕy²¹mɤ³⁵tsʅ⁰

刨花 pao²¹xua³⁵

洋火 iaŋ⁴²xuɤ⁰

烟子 ian⁵⁵tsʅ⁰ 烟

烟筒 ian⁵⁵tʰoŋ⁰

冒烟 mao²¹ian⁵⁵

倒烟 tao²¹ian⁵⁵

烟洞 ian⁵⁵toŋ²¹³

烟油子 ian⁵⁵iəu²¹tsʅ³⁵

锅 kuɤ⁵⁵

铁锅 tʰiE⁵⁵kuɤ⁵⁵

铝锅 ly³⁵kuɤ⁵⁵

砂锅 sa⁵⁵kuɤ⁵⁵

大锅 ta²¹kuɤ⁵⁵

小锅 ɕiao³⁵kuɤ⁵⁵

锅盖 kuɤ⁵⁵kai⁰

铲铲 tsʰan³⁵tsʰan⁰ 炒菜铲子

水壶 suei³⁵xu⁰

碗 uan³⁵⁴

细料碗 ɕi³⁵liao²¹uan³⁵⁴

土巴碗 tʰu³⁵pa⁰uan³⁵⁴

洋瓷碗 iaŋ⁴²tsʰʅ⁴²uan³⁵⁴

品碗 pʰin³⁵uan⁰ 家用最大碗

面碗 mian²¹uan³⁵⁴ 家用较大碗

汤碗 tʰaŋ⁵⁵uan³⁵⁴ 盛汤的大碗

小碗 ɕiao³⁵uan³⁵⁴ 家用米饭碗

撇沿碗 pʰiE³⁵ian⁰uan³⁵⁴ 碗浅口敞外撇的碗，面皮店常用

碗底底 uan³⁵ti³⁵ti⁰

茶杯 tsʰa⁴²pei⁵⁵/杯子 pei⁵⁵tsʅ⁰

茶缸 tsʰa⁴²kaŋ⁵⁵/缸子 kaŋ⁵⁵tsʅ⁰

盖碗 kai²¹uan³⁵⁴

盖子 kai²¹tsʅ³⁵

盘子 pʰan⁴²tsʅ⁰

平盘 pin⁴²pʰan⁴²/碟子 tiɛ⁴²tsʅ⁰

铁勺 tʰiɛ⁵⁵ʂɤ⁰ 与炒菜铲配套尺寸的勺子，无论什么金属统称铁勺

勺勺 ʂɤ⁴²ʂɤ⁰/瓢瓢 pʰiao⁴²pʰiao⁰ 盛米饭勺子，比铁勺小

勺勺 ʂɤ⁴²ʂɤ⁰/调羹 tʰiao⁴²kən⁰

筷子 kʰuai²¹tsʅ³⁵

筷子笼笼 kʰuai²¹tsʅ⁰loŋ³⁵loŋ⁰（笼的声调是上声）

夹子 tɕia⁵⁵tsʅ⁰

刷子 sua⁵⁵tsʅ⁰

盖碗 kai²¹uan³⁵⁴ 日常使用不多

酒盅盅 tɕiəu³⁵tsoŋ⁵⁵tsoŋ⁰

盘子 pʰan⁴²tsʅ⁰

酒壶 tɕiəu³⁵xu⁴²/壶壶 xu⁴²xu⁰

壶把把 xu⁴²pa²¹pa³⁵

壶嘴嘴 xu⁴²tsuei³⁵tsuei⁰

酒坛子 tɕiəu³⁵tʰan⁴²tsʅ⁰

坛子 tʰan⁴²tsʅ⁰/坛坛 tʰan⁴²tʰan⁰

盐菜坛子 ian⁴²tsʰai⁰tʰan⁴²tsʅ⁰

泡菜坛子 pʰao²¹tsʰai⁰tʰan⁴²tsʅ⁰

罐子 kuan²¹tsʅ³⁵/

罐罐 kuan²¹kuan³⁵

浆水罐罐 tɕiaŋ⁵⁵suei⁰kuan²¹kuan³⁵ 做浆水菜的罐子

腊汁罐罐 la⁵⁵tsʅ⁰kuan²¹kuan³⁵ 储存腊汁肉老汤的罐子

舀舀 iao³⁵iao⁰/马勺 ma³⁵ʂɤ⁰ 旧式葫芦瓢和新式金属塑料等材质的水瓢统称

盆 pʰən⁴²/盆盆 pʰən⁴²pʰən⁰

钵钵 pɤ⁵⁵pɤ⁰ ①比较浅的碗；②比较浅的盆

捞捞 lao⁴²lao⁰ 大，主要捞全锅的面条，余蔬菜等

漏勺 ləu²¹ʂɤ³⁵ 小，主要捞锅里个别的物体

筲箕 sao⁵⁵tɕi⁰

瓶子 pʰin⁴²tsʅ⁰

瓶子盖盖 pʰin⁴²tsʅ⁰kai²¹kai³⁵ 瓶盖

擦擦 tsʰa⁵⁵tsʰa⁰ 擦丝器。擦土豆丝，萝卜丝等

菜刀 tsʰai²¹tao³⁵

磨刀石 mɤ⁴²tao⁵⁵ ʂʅ⁴²

案板 ŋan²¹pan³⁵ 日常切菜使用

大案板 ta³⁵ŋan²¹pan³⁵ 使用较少，

擀面，蒸馒头大型制作使用

擀杖 kan³⁵tʂaŋ⁰

剪刷 tɕian³⁵sua⁰ 竹子做的洗碗刷

丝瓜瓤瓤 sʅ⁵⁵kua⁰ʐaŋ⁴²ʐaŋ⁰ 丝瓜瓤，常用的洗碗工具

水桶 suei³⁵tʰoŋ³⁵⁴

提提 tʰi⁴²tʰi⁰ 提手

研船 ian⁴²tsʰuan⁰ 铁制研药材用具，船形

药杵 yɤ⁵⁵tsʰu⁰

饭桶 fan²¹tʰoŋ³⁵

蒸笼 tʂən⁵⁵loŋ⁰

笼屉 loŋ⁴²tʰi⁰

笼盖子 loŋ⁴²kai²¹tsʅ³⁵

蒸笼布 tʂən⁵⁵loŋ⁰pu²¹³

箅子 pi²¹tsʅ³⁵／箅箅 pi²¹pi³⁵

笆笆 pa⁵⁵pa⁰ 隔水蒸面皮和粉皮等的时候使用的圆形浅口炊具，有开孔，汉中家庭常用

水缸 suei³⁵kaŋ⁵⁵

恶水桶 ŋɤ⁵⁵suei⁰tʰoŋ³⁵⁴ 泔水桶

恶水 ŋɤ⁵⁵suei⁰ 泔水

抹布 ma⁵⁵pu⁰

拖把 tʰuɤ⁵⁵pa⁰

(四) 工匠用具

推子 tʰuei⁵⁵tsɿ⁰

刨子 pao²¹tsɿ³⁵

斧头 fu³⁵tʰəu⁰

锛子 pən⁵⁵tsɿ⁰

大锯 ta³⁵tɕy²¹³

手锯 ʂəu³⁵tɕy²¹³

锯条 tɕy³⁵tʰiao⁴²

凿子 tsao⁴²tsɿ⁰

尺子 tʂʰʅ⁵⁵tsɿ⁰

角尺 tɕyɤ⁵⁵tʂʰʅ⁰

摺尺 tʂɤ⁴²tʂʰʅ⁰

卷尺 tɕyan³⁵tʂʰʅ⁰

墨斗 mei⁵⁵təu³⁵⁴

墨斗线 mei⁵⁵təu⁰ɕian²¹³

扳手 pan⁵⁵ʂəu⁰

钉子 tin⁵⁵tsɿ⁰

起子 tɕʰi³⁵tsɿ⁰

钳子 tɕʰian⁴²tsɿ⁰

老虎钳子 lao⁵⁵xu⁰tɕʰian⁴²tsɿ⁰

钉锤 tin⁵⁵tsʰuei⁰

榔头 laŋ⁴²tʰəu⁰

夹子 tɕia⁵⁵tsɿ⁰

镊子 ȵiE⁵⁵tsɿ⁰

大绳 ta²¹ʂən³⁵⁴

绳绳 ʂən⁴²ʂən⁰

铁丝 tʰiE⁵⁵sɿ⁵⁵

扎丝 tsa⁵⁵sɿ⁵⁵

合叶 xɤ⁴²iE⁵⁵

瓦刀 ua³⁵tao⁰

抹刀 mɤ³⁵tao⁰

泥板 n̠i⁴²pan³⁵⁴ 瓦工用来盛抹墙物的木板

麻筋 ma⁴²tɕin⁵⁵ 抹墙用的碎麻，放在泥灰中增加凝聚力

灰桶 xuei⁵⁵tʰoŋ³⁵⁴

錾子 tsan²¹tsʅ³⁵

剃刀 tʰi²¹tao³⁵

推子 tʰuei⁵⁵tsʅ⁰

理发剪 li³⁵fa⁵⁵tɕian³⁵⁴

梳子 su⁵⁵tsʅ⁰

荡刀布 taŋ²¹tao⁵⁵pu²¹³

理发椅 li³⁵fa⁵⁵i³⁵⁴

缝纫机 fəŋ⁴²ʐən²¹tɕi⁵⁵

剪子 tɕian³⁵tsʅ⁰

熨头 yn²¹tʰəu³⁵

烙铁 luɤ⁵⁵tʰiE⁰

（弹棉花）弓子 koŋ⁵⁵tsʅ⁰

纺车 faŋ³⁵tʂʰɤ⁰

织布机 tsʅ⁵⁵pu²¹tɕi⁵⁵ 旧式的

梭子 suɤ⁵⁵tsʅ⁰ 织布用的

绷子 pəŋ⁵⁵tsʅ⁰

经线 tɕin⁵⁵ɕian²¹³

纬线 uei³⁵ɕian²¹³

（五）其他生活用品

东西 toŋ⁵⁵ɕi⁰

脸盆 lian³⁵pʰən⁰

脸盆架架 lian³⁵pʰən⁰tɕia²¹tɕia³⁵

洗澡盆 ɕi³⁵tsao³⁵pʰən⁴²

洗脸水 ɕi³⁵lian³⁵suei³⁵⁴

香皂 ɕiaŋ⁵⁵tsao²¹³（新）/胰子 i²¹tsʅ³⁵（旧）

肥皂 fei⁴²tsao²¹³（新）/洋碱 iaŋ⁴²tɕian³⁵⁴（旧）

洗衣粉 ɕi³⁵i⁵⁵fən³⁵⁴

毛巾 mao⁴²tɕin⁵⁵/手巾 ʂəu³⁵tɕin⁰

脚盆 tɕyɤ⁵⁵pʰən⁰

擦脚布 tsʰa⁵⁵tɕyɤ⁵⁵pu²¹³

汽灯 tɕʰi²¹tən³⁵⁴

蜡烛 la⁵⁵tsu⁰

煤油灯 mei⁴²iəu⁴²tən⁵⁵

灯罩子 tən⁵⁵tsao²¹tsʅ³⁵/灯罩罩 tən⁵⁵tsao²¹tsao³⁵

灯盏 tən⁵⁵tʂan⁰

灯草 tən⁵⁵tsao⁰/

灯芯 tən⁵⁵ɕin⁵⁵

纸捻子 tsʅ³⁵ȵian³⁵tsʅ⁰

灯油 tən⁵⁵iəu⁴²

灯笼 tən⁵⁵loŋ⁰

提包 tʰi⁴²pao⁵⁵

兜兜 təu⁵⁵təu⁰

口袋 kʰəu³⁵tai⁰

网兜 uaŋ³⁵təu⁰

菜笼笼 tsʰai²¹loŋ³⁵loŋ⁰

钱包 tɕʰian⁴²pao⁵⁵

私章 sʅ⁵⁵tʂaŋ⁵⁵

公章 koŋ⁵⁵tʂaŋ⁵⁵

信 ɕin²¹³

信封 ɕin²¹faŋ⁵⁵

信瓤瓤 ɕin³⁵ʐaŋ⁴²ʐaŋ⁰

信纸 ɕin²¹tsʅ³⁵⁴

戳戳 tsuɤ⁵⁵tsuɤ⁰①章子印；②章子：把~拿来盖一下

邮票 iəu⁴² pʰiao²¹³

望远镜 uaŋ²¹ yan³⁵ tɕin²¹³

浆子 tɕiaŋ²¹ tsɿ³⁵ 面粉熬的糨糊

顶针 tin³⁵ tʂən⁰

线轱辘 ɕian²¹ ku⁵⁵ lu⁰

针眼眼 tʂən⁵⁵ ȵian³⁵ ȵian⁰

针尖尖 tʂən⁵⁵ tɕian⁵⁵ tɕian⁰

针脚 tʂən⁵⁵ tɕyɤ⁵⁵

贯针 kuan⁵⁵ tʂən⁵⁵ 穿针（贯声调特殊，读阴平调值）

铺衬 pʰu⁵⁵ tsʰən⁰ 碎布旧布拼成的布片，布垫等

铺衬卷卷 pʰu⁵⁵ tsʰən⁰ tɕyan³⁵ tɕyan⁰ 形容一堆东西又破又旧的样子

锥子 tsuei⁵⁵ tsɿ⁰/改锥 kai³⁵ tsuei⁰

耳朵挖挖 ər³⁵ tuɤ⁰ ua⁵⁵ ua⁰

搓衣板 tsʰuɤ⁵⁵ i⁵⁵ pan³⁵⁴

棒槌 paŋ²¹ tsʰuei³⁵ 捶洗衣服的小棒

鸡毛掸子 tɕi⁵⁵ mao⁴² tan³⁵ tsɿ⁰

棕刷子 tsoŋ⁵⁵ sua⁵⁵ tsɿ⁰ 棕丝编织的扫床单的刷子

挠挠 ua⁵⁵ ua⁰ 挠痒的老头乐

捶捶 tsʰuei⁴² tsʰuei⁰ 手持的捶背器

扇子 ʂan²¹ tsɿ³⁵

蒲扇 pʰu⁴² ʂan⁰

香包 ɕiaŋ⁵⁵ pao⁵⁵（非轻声）

拐棍 kuai³⁵ kuən⁰

文明棍 uən⁴² min⁴² kuən²¹³

卫生纸 uei²¹ sən⁵⁵ tsɿ³⁵⁴（非轻声）

打气筒 ta³⁵ tɕʰi²¹ tʰoŋ³⁵⁴

九　称谓

（一）一般称谓

人 ʐən⁴²

男的 lan⁴²ti⁰

女的 ȵy³⁵ti⁰

月娃 yɤ⁵⁵ua⁰

小娃 ɕiao³⁵ua⁰

男娃 lan⁴²ua⁰

半大小子 pan³⁵ta⁰ɕiao³⁵tsʅ⁰ 十几岁的男孩

小伙子 ɕiao⁵⁵xuɤ⁰tsʅ⁰（小声调特殊，读阴平调值）

女子 ȵy³⁵tsʅ⁰ 未婚

媳妇 ɕi⁴²fu⁰ 已婚

婆娘 pʰɤ⁴²ȵian⁰ 贬义

老女人 lao³⁵ȵy³⁵ʐən⁰ 贬义

老太婆 lao³⁵tʰai²¹pʰɤ³⁵

老汉 lao³⁵xan⁰

贬义称呼

　尸老汉 soŋ⁴²lao³⁵xan⁰

　尸老太婆 soŋ⁴²lao³⁵tʰai²¹pʰɤ³⁵

　尸男的 soŋ⁴²lan⁴²ti⁰

　尸女的 soŋ⁴²ȵy³⁵ti⁰

　尸婆娘 soŋ⁴²pʰɤ⁴²ȵian⁰

　碎尸 suei³⁵soŋ⁴²

　屁人 pʰi⁵⁵ʐən⁴²/屁 pʰi⁵⁵ 某人

　屁男人 pʰi⁵⁵lan⁴²ʐən⁰

　屁女人 pʰi⁵⁵ȵy³⁵ʐən⁴²

　屁娃 pʰi⁵⁵ua⁴²

　伈 soŋ⁴² 贬义称呼的词汇后缀。具有"软弱无能"和"尸精液"的

混合义：霉~倒霉软弱的人，瞎~坏人，横~蛮横的人

假女子 tɕia³⁵ȵy⁰tsʅ⁰性格腼腆柔和的男孩，戏谑称呼
假小伙 tɕia³⁵ɕiao⁵⁵xuɤ⁰性格粗放开朗的女孩，戏谑称呼
二尾子 ər²¹i³⁵tsʅ⁰男生女态，含贬义
城里的 tʂʰən⁴²li⁰ti⁰/城里娃 tʂʰən⁴²li⁰ua⁰
农村的 loŋ⁴²tsʰuən⁵⁵ti⁰/乡里娃 ɕiaŋ⁵⁵li⁰ua⁰
坎头子 kʰan³⁵tʰəu⁰tsʅ⁰/老坎 lao³⁵kʰan³⁵⁴/乡棒 ɕiaŋ⁵⁵paŋ²¹³贬义
外地人 uai³⁵ti³⁵ʐən⁴²
本地人 pən³⁵ti³⁵ʐən⁴²
外国人 uai²¹kuɤ³⁵ʐən⁴²/老外 lao³⁵uai²¹³/洋人 iaŋ⁴²ʐən⁴²
自己人 tsʅ²¹tɕi³⁵ʐən⁴²/自家人 tsʅ²¹tɕia³⁵ʐən⁴²
家门中的 tɕia⁵⁵mən⁰tsoŋ⁰ti⁰
一伙的 i⁴²xuɤ³⁵ti⁰/一岸的 i⁴²ŋan²¹ti³⁵
老乡 lao³⁵ɕiaŋ⁵⁵
外人 uai²¹ʐən³⁵
客 kʰei⁵⁵
同岁 tʰoŋ⁴²suei²¹³/一年的 i⁴²ȵian⁴²ti⁰
老几子 lao³⁵tɕi⁰tsʅ⁰/伙计 xuɤ³⁵tɕi⁰年龄差不多的同辈朋友伙伴
行家 xaŋ⁴²tɕia⁰/内行 ȵei³⁵xaŋ⁴²
把式 pa³⁵ʂʅ⁰
外行 uai³⁵xaŋ⁴²/红脚杆 xoŋ⁴²tɕyɤ⁰kan⁰
半罐子 pan³⁵kuan²¹tsʅ³⁵/半汤子 pan²¹tʰaŋ³⁵tsʅ⁰
牙客 ia⁴²kʰei⁰
保人 pao³⁵ʐən⁰
中间人 tsoŋ⁵⁵tɕian⁵⁵ʐən⁴²
猪牙子 tsu⁵⁵ia⁰tsʅ⁰
牛牙子 ȵiəu⁴²ia⁰tsʅ⁰
人牙子 ʐən⁴²ia⁰tsʅ⁰
贩高脚骡子的 fan²¹kao⁵⁵tɕyɤ⁰luɤ⁴²tsʅ⁰ti⁰买卖人口的隐晦说法

背娃的 pei⁵⁵ua⁴²ti⁰ 拐卖孩子的。常用于吓唬孩子时候的称呼

光棍 kuaŋ⁵⁵kun²¹³（非轻声）/单个子人 tan⁵⁵kɤ²¹tsʅ⁰ʐən⁴²

老女子 lao³⁵ȵy³⁵tsʅ⁰/老姑娘 lao³⁵ku⁵⁵ȵiaŋ⁰

童养媳 tʰoŋ⁴²iaŋ³⁵ɕi⁴²

二婚 ər²¹xuən⁵⁵

绝户 tɕyɤ⁴²xu²¹³ 没有后代子孙的人。用在讽刺或诅咒

往前头走一步 uaŋ³⁵tɕʰian⁴²tʰəu⁰tsəu³⁵i⁴²pu²¹³ 寡妇再嫁

寡母子 kua³⁵mu²¹tsʅ⁰/寡妇 kua³⁵fu⁰

婊子 piao³⁵tsʅ⁰/鸡 tɕi⁵⁵/野鸡iE³⁵tɕi⁰

烂货 lan³⁵xuɤ²¹³ 作风不好的妇女

姘头的各种说法

相好的 ɕiaŋ⁵⁵xao³⁵ti⁰

嘴子 tsuei³⁵tsʅ⁰

野老汉 iE³⁵lao³⁵xan⁰

野婆娘 iE³⁵pʰɤ⁴²ȵiaŋ⁰

私娃子 sʅ⁵⁵ua⁰tsʅ⁰ 私生子

捨娃子 ʂɤ³⁵ua⁰tsʅ⁰ 被遗弃的孩子

崽娃子 tsai⁵⁵ua⁴²tsʅ⁰ 詈词，相当于北京话小兔崽子，西安话碎佡

犯人 fan²¹ʐən³⁵

暴发户 pao²¹fa⁵⁵xu²¹³/土老财 tʰu³⁵lao³⁵tsʰai⁴²

啬佡 sei⁵⁵soŋ⁴²/啬家子 sei⁵⁵tɕia⁰tsʅ⁰ 贬义，特别吝啬的人

败家子 pai²¹tɕia⁵⁵tsʅ³⁵⁴

耍家 sua³⁵tɕia⁰

叫花子 tɕiao²¹xua³⁵tsʅ⁰/讨口子 tʰao⁵⁵kʰəu⁰tsʅ⁰

跑江湖的 pʰao³⁵tɕiaŋ⁵⁵xu⁰ti⁰/跑滩的 pʰao³⁵tʰan⁵⁵ti⁰

闲皮 xan⁴²pʰi⁴² 贬义，游手好闲的人

混混 xuən²¹xuən³⁵

骗子手 pʰian²¹tsʅ⁰ʂəu³⁵⁴

流氓 liəu⁴²maŋ⁴²

二流子 ər³⁵liəu²¹tsɿ³⁵

咕噜子 ku⁵⁵lu⁰tsɿ⁰ 赌客

土匪 tʰu³⁵fei³⁵⁴

棒老二 paŋ²¹lao³⁵ər²¹³/棒客 paŋ²¹kʰei³⁵

贼娃子 tsei⁴²ua⁰tsɿ⁰/钳工 tɕʰian⁴²koŋ⁰/三只手 san⁵⁵tʂɿ⁵⁵ʂəu³⁵⁴ 后两种是新的说法

月母子 yɤ⁵⁵mu⁰tsɿ⁰ 坐月子的妇女

尖脑壳 tɕian⁵⁵lao⁰kʰɤ⁰ 贬义，善于显尖讨好的人

搞干手 kao³⁵kan⁰ʂəu⁰ 会想办法办成事、想办法挣到钱的人

犟牛 tɕiaŋ³⁵ȵiəu⁴² 性格倔强的人

瓜女子 kua³⁵ȵy⁰tsɿ⁰

瓜娃子 kua³⁵ua⁰tsɿ⁰

皮搋搋 pʰi⁴²tsʰuai²¹tsʰuai³⁵ 比喻我行我素，说再多不为所动的人

肉搋搋 ʐəu⁵⁵tsʰuai²¹tsʰuai³⁵ 比喻行动迟缓什么都很慢的人

阴肚子 in⁵⁵tu⁰tsɿ⁰ 嘴上不说心里爱算计的人

□拧子 kɤ⁴²ȵin⁰tsɿ⁰ 性格怪僻总闹别扭的人

背时的 pei³⁵ʂɿ⁴²ti⁰ 倒霉的人

独活虫 tu⁴²xuɤ⁰tsʰoŋ⁴² 比喻自私没有朋友的人

□棒 tsaŋ³⁵paŋ²¹³ 滑稽逗人笑的人

老实疙瘩 lao³⁵ʂɿ⁰kɤ⁵⁵ta⁰ 老实人

漂儿嘴 pʰiao²¹ər⁰tsuei³⁵⁴ 比喻说得很好但不实干的人

谝嘴子 pʰian³⁵tsuei⁰tsɿ⁰ 比喻说得很好但不实干的人

谝儿匠 pʰian³⁵ər⁰tɕiaŋ⁰ 比喻说得很好但不实干的人

睁眼瞎 tsən⁵⁵ȵian³⁵xa⁵⁵ ①不识字的人；②分不清好人坏人的人

烂草墩 lan²¹tsʰao³⁵tuən⁰ 比喻爱闲聊久坐不走的人

是非精 sɿ²¹fei⁵⁵tɕin⁵⁵ 无事生非挑拨是非的人

搅屎棍 tɕiao³⁵sɿ³⁵kuan²¹³ 比喻把暂时平息的是非又重新挑起来的人

懒干手 lan³⁵kan⁰ʂəu⁰ 懒惰的人

俫管娃 soŋ⁴²kuan³⁵ua⁴² 什么也不操心不管事的人

木脑壳 mu⁵⁵lao⁰kʰɤ⁰①比喻笨的人；②木偶娃娃

直肠子 tʂɿ⁴²tʂʰaŋ⁴²tsɿ⁰/直戳戳 tʂɿ⁴²tsʰuɤ⁰tsʰuɤ⁰

瞎怂 xa⁵⁵soŋ⁴²詈词：坏人

冷怂 lən³⁵soŋ⁴²/冷苕 lən³⁵ʂao⁴²/冷哥子 lən³⁵kɤ⁰tsɿ⁰/二家梁 ər²¹tɕia³⁵liaŋ⁰尽做出格冒险事的人

闷怂 mən²¹soŋ⁴²詈词：笨蛋

乌梢蛇 u⁵⁵sao⁰ʂɤ⁴²常比喻凶悍的妇女

歪人 uai⁵⁵ʐən⁰①厉害不好惹的人；②能干，办事成事的人

没搞场 mɤ⁴²kao³⁵tʂʰaŋ⁰形容没意思，没价值

炸辣子 tsa²¹la³⁵tsɿ⁰/叫叫子 tɕiao²¹tɕiao³⁵tsɿ⁰比喻性格火爆一点就着的人

缠皮 tʂʰan³⁵pʰi⁴²（缠声调特殊，读去声调值）比喻纠缠不清甩不掉的人

见眼穷 tɕian²¹ȵian³⁵tɕʰioŋ⁴²见别人做啥就心热马上跟着做的人

炧耳朵 pʰa⁵⁵ər²¹tuɤ⁰怕媳妇的人

崽拐 tsai⁵⁵kuai³⁵⁴①总爱找别人麻烦，不好惹的人；②总爱干出笑料事情或出乎意料事情的人

灵醒人 lin⁴²ɕin⁰ʐən⁴²①办事灵活反应快的人；②真正懂得人生道理的人

尖像人 tɕian⁵⁵ɕiaŋ³⁵ʐən⁴²有心计，从不吃亏的人

炮筒子 pʰao²¹tʰoŋ³⁵tsɿ⁰爱爆料别人私事的人

烧料子 ʂao⁵⁵liao⁰tsɿ⁰轻狂漂浮的人

(二) 职业称谓

工作 koŋ⁵⁵tsuɤ⁰/活路 xuɤ⁴²lu⁰

请人 tɕʰin³⁵ʐən⁴²雇人

长工 tʂʰaŋ⁴²koŋ⁰

短工 tuan³⁵koŋ⁰

大工 ta²¹koŋ³⁵

小工 ɕiao³⁵koŋ⁰

天天工 tʰian⁵⁵tʰian⁰koŋ⁰/临时工 lin⁴² ʂɿ⁴²koŋ⁵⁵

农民 loŋ⁴²min⁴²

做生意的 tsəu²¹sən⁵⁵i⁰ti⁰

红爷 xoŋ⁴²iɛ⁴²/媒婆子 mei⁴²pʰɤ⁰tsɿ⁰

神婆子 ʂən⁴²pʰɤ⁴²tsɿ⁰

艺人 i²¹ʐən³⁵摆摊卖艺的人

老板 lao³⁵pan³⁵⁴

老板娘 lao³⁵pan³⁵ȵiaŋ⁴²

主家 tsu³⁵tɕia⁰

帮忙的 paŋ⁵⁵maŋ⁴²ti⁰/做活的 tsəu³⁵xuɤ⁴²ti⁰

徒弟 tʰu⁴²ti⁰/学徒 ɕyɤ⁴²tʰu⁴²

摆摊摊的 pai³⁵tʰan⁵⁵tʰan⁰ti⁰

收破烂的 ʂəu⁵⁵pʰɤ³⁵lan²¹ti³⁵

教书先生 tɕiaosu⁵⁵ɕian⁵⁵sən⁰

老师 lao³⁵sɿ⁰

学生 ɕyɤ⁴²sən⁰

同学 tʰoŋ⁴²ɕyɤ⁴²

朋友 pʰəŋ⁴²iəu³⁵⁴/伙计 xuɤ³⁵tɕi⁰

当兵的 taŋ⁵⁵pin⁵⁵ti⁰

警察 tɕin³⁵tsʰa⁰

大夫 tai²¹fu³⁵

司机 sɿ⁵⁵tɕi⁵⁵/开车的 kʰai⁵⁵tʂʰɤ⁵⁵ti⁰

手艺人 ʂəu³⁵i⁰ʐən⁴²

木匠 mu⁵⁵tɕiaŋ⁰

泥水匠 ȵi⁴²suei⁰tɕiaŋ⁰

铜匠 tʰoŋ⁴²tɕiaŋ⁰

铁匠 tʰiɛ⁵⁵tɕiaŋ⁰

篾匠 mi⁴²tɕiaŋ⁰

皮匠 pʰi⁴²tɕiaŋ⁰

漆匠 tɕʰi⁵⁵tɕiaŋ⁰

瓦匠 ua²¹tɕiaŋ³⁵（瓦读去声调值）

石匠 ʂʅ⁴²tɕiaŋ⁰

骟匠 ʂan³⁵tɕiaŋ²¹³

补锅匠 pu³⁵kuɤ⁵⁵tɕiaŋ²¹³

弹花匠 tʰan⁴²xua⁰tɕiaŋ²¹³

裁缝 tsʰai⁴²fəŋ⁰／做衣裳的 tsəu²¹i⁵⁵ʂaŋ⁰ti⁰

理发的 li³⁵fa⁵⁵ti⁰／待诏 tai²¹tʂao³⁵（贬义）／剃头的 tʰi²¹tʰəu⁴²ti⁰

杀猪的 sa⁵⁵tsu⁵⁵ti⁰

抬轿的 tʰai⁴²tɕiao²¹ti³⁵①轿夫；②比喻专门配合别人成事，或为他人作嫁衣的人

背老二 pei⁵⁵lao⁰ər²¹³扛包，挑夫

说席 suɤ⁵⁵ɕi⁴²红白宴席上专业说唱烘托气氛的人

船公 tsʰuan⁴²koŋ⁵⁵

拉纤的 la⁵⁵tɕʰian²¹ti³⁵

打渔的 ta³⁵y⁴²ti⁰

管事的 kuan³⁵sʅ²¹ti³⁵／掌事的 tʂaŋ³⁵sʅ²¹ti³⁵

合伙的 xɤ⁴²xuɤ³⁵ti⁰

厨子 tsʰu⁴²tsʅ⁰

喂猪的 uei²¹tsu⁵⁵ti⁰（旧）／饲养员 sʅ⁵⁵iaŋ³⁵yan⁴²（新）

奶妈 lai³⁵ma⁰

佣人 ioŋ²¹ʐən³⁵统称

丫环 ia⁵⁵xuan⁰干贴身细致活的女佣

蛮女 man⁴²ȵy⁰干出力气的粗活的女佣

老妈子 lao³⁵ma⁵⁵tsʅ⁰上年纪的女佣

接生婆 tɕiɛ⁵⁵sən⁵⁵pʰɤ⁴²

和尚 xɤ⁴²ʂaŋ⁰

尼姑 ȵi⁴²ku⁰

居士 tɕy⁵⁵sʅ⁰

道士 tao²¹sʅ³⁵
女道士 ȵy³⁵tao²¹sʅ³⁵

十　亲属

（一）长辈

大人 ta²¹ẓən³⁵ ①父母的总称；②泛指家里的长辈

长辈 tʂaŋ³⁵pei²¹³

先人 ɕian⁵⁵ẓənlao³⁵tʰai²¹³ 泛指祖上，去世的祖先

排行 pʰai⁴²xaŋ⁴²

班辈 pan⁵⁵pei²¹³

上一辈 ʂaŋ²¹i⁰pei²¹³

老太 lao³⁵tʰai²¹³ 面称。父母的爷爷和奶奶都叫老太

男太 lan⁴²tʰai²¹³ 背称。需要区分称呼的时候用

女太 ȵy³⁵tʰai²¹³ 背称。需要区分称呼的时候用

爷 iɛ⁴²（旧）/爷爷（新）爷爷奶奶面称背称，外公面称

婆 pʰɤ⁴²（旧）/奶奶（新）爷爷奶奶面称背称，外婆面称

外爷 uei²¹iɛ³⁵ 外公背称

外婆 uei²¹pʰɤ³⁵ 外婆背称

爸爸 pa⁴²pa⁰ 父亲面称背称相同

妈 ma⁵⁵ 母亲面称背称相同

爸爸 pa⁴²pa⁰ 丈人面称

老丈人 lao³⁵tʂaŋ²¹ẓən³⁵ 丈人背称

妈 ma⁵⁵ 丈母娘面称

丈母娘 tʂaŋ²¹mu³⁵ȵiaŋ⁴² 丈母娘背称

爸爸 pa⁴²pa⁰ 公公面称

妈 ma⁵⁵ 婆婆面称

老公公 lao³⁵koŋ⁵⁵koŋ⁰ 公公背称

婆婆妈 pʰɤ⁴²pʰɤ⁰ma⁵⁵/婆子妈 pʰɤ⁴²tsʅ⁰ma⁵⁵ 婆婆背称

爸爸 pa⁴²pa⁰ 继父面称

后老子 xəu²¹lao³⁵tsʅ⁰ 继父背称

妈 ma5 继母面称

后妈 xəu²¹ma⁵⁵ 继母背称

以下亲属面称背称相同：

大大 ta⁴²ta⁰ 父亲的哥哥和弟弟的统称，按照年龄大小顺序称呼。

大爸 ta³⁵pa⁴² 父亲哥哥

大妈 ta²¹ma⁵⁵ 大爸的妻子

二大 ər³⁵ta⁴²/二爸 ər³⁵pa⁴²

二妈 ər²¹ma⁵⁵ 二大/二爸的妻子

幺大 iao⁵⁵ta⁰/幺爸 iao⁵⁵pa⁰

幺妈 iao⁵⁵ma⁵⁵/新妈 ɕin⁵⁵ma⁵⁵ 幺大/幺爸的妻子

舅舅 tɕiəu²¹tɕiəu³⁵

舅母 tɕiəu²¹mu³⁵

姑姑 ku⁵⁵ku⁰

姑父 ku⁵⁵fu⁰

姨姨 i⁴²i⁰

姨父 i⁴²fu⁰

叔叔 su⁵⁵su⁰ 姻伯，弟兄的岳父、姐妹的公公统称

[姑阿] 婆 kua⁵⁵pʰɤ⁰ 姑婆

姨婆 i⁴²pʰɤ⁰

干大 kan⁵⁵ta⁰/干爸 kan⁵⁵pa⁰

干妈 kan⁵⁵ma⁵⁵

（二）平辈

平辈 pʰin⁴²pei²¹³/一辈 i⁴²pei²¹³

两口子 liaŋ³⁵kʰəu³⁵tsʅ⁰

男的 lan⁴²ti⁰/老汉 lao³⁵xan⁰

媳妇 ɕi⁴²fu⁰

小的 ɕiao³⁵ti⁰/小老婆 ɕiao³⁵lao³⁵pʰɤ⁰

大伯子 ta²¹pei⁵⁵tsʅ⁰

小叔子 ɕiao³⁵ su⁵⁵ tsɿ⁰

大姑子 ta²¹ ku⁵⁵ tsɿ⁰

小姑子 ɕiao³⁵ ku⁵⁵ tsɿ⁰

舅老倌 tɕiəu²¹ lao³⁵ kuan⁰

大舅子 ta³⁵ tɕiəu²¹ tsɿ³⁵

小舅子 ɕiao³⁵ tɕiəu²¹ tsɿ³⁵

大姨子 ta³⁵ i⁴² tsɿ⁰

姨妹子 i⁴² mei⁰ tsɿ⁰

弟兄 ti²¹ ɕioŋ³⁵ 兄弟的总称，只指男性

两弟兄 liaŋ³⁵ ti²¹ ɕioŋ³⁵ ①亲兄弟；②为了拉近关系而称呼的朋友

弟兄伙 ti²¹ ɕioŋ³⁵ xuɤ⁰ ①有亲戚关系的兄弟；②称兄道弟的朋友

姊妹 tsɿ³⁵ mei⁰ 兄弟姐妹的总称，包括男性

哥哥 kɤ⁵⁵ kɤ⁰ 哥哥

大哥 ta²¹ kɤ⁵⁵

二哥 ər²¹ kɤ⁵⁵

小哥 ɕiao³⁵ kɤ⁵⁵

嫂嫂 sao³⁵ sao⁰ 嫂子

大嫂嫂 ta²¹ sao³⁵ sao⁰

二嫂嫂 ər²¹ sao³⁵ sao⁰

小嫂嫂 ɕiao³⁵ sao³⁵ sao⁰

兄弟 ɕioŋ⁵⁵ ti⁰ 弟弟

兄弟媳妇 ɕioŋ⁵⁵ ti⁰ ɕi⁴² fu⁰ 弟媳

姐姐 tɕiɛ³⁵ tɕiɛ⁰ 姐姐

姐夫哥 tɕiɛ³⁵ fu⁰ kɤ⁰ 姐夫

妹妹 mei²¹ mei³⁵

妹夫子 mei²¹ fu³⁵ tsɿ⁰ 妹夫

老大家 lao³⁵ ta²¹ tɕia³⁵／大家子 ta²¹ tɕia³⁵ tsɿ⁰

称呼家庭：～在北京

老二家 lao³⁵ ər²¹ tɕia³⁵／二家子 ər²¹ tɕia³⁵ tsɿ⁰

称呼家庭：~在上海

老幺家 lao³⁵iao⁵⁵tɕia⁰/幺家 iao⁵⁵tɕia⁰tsʅ⁰

称呼家庭：~在西安

堂弟兄 tʰaŋ⁴²ti²¹ɕioŋ³⁵

堂哥 tʰaŋ⁴²kɤ⁵⁵

堂弟 tʰaŋ⁴²ti²¹³

堂姊妹 tʰaŋ⁴²tsʅ³⁵mei⁰

堂姐 tʰaŋ⁴²tɕiɛ³⁵⁴

堂妹 tʰaŋ⁴²mei²¹³

老表 lao³⁵piao³⁵⁴ 表弟兄

表哥 piao³⁵kɤ⁵⁵

表嫂 piao³⁵sao³⁵⁴

表弟 piao³⁵ti²¹³

表姊妹 piao³⁵tsʅ³⁵mei⁰

表姐 piao³⁵tɕiɛ³⁵⁴

表妹 piao³⁵mei²¹³

（三）晚辈

小辈 ɕiao³⁵pei²¹³

娃 ua⁴²/娃们 ua⁴²mən⁰ 儿女的合称

娃 ua⁴²/儿子 ər⁴²tsʅ⁰

大娃 ta³⁵ua⁴²/大儿 ta³⁵ər⁴²

小娃 ɕiao³⁵ua⁴²/小儿 ɕiao³⁵ər⁴²

引下的 in³⁵xa⁰ti⁰ 领养的

儿媳妇 ər⁴²ɕi⁰fu⁰

女子 ɳy³⁵tsʅ⁰

女婿娃 ɳy³⁵ɕi⁰ua⁰/女婿 ɳy³⁵ɕi⁰

孙娃子 suən⁵⁵ua⁰tsʅ⁰

孙娃子媳妇 suən⁵⁵ua⁰tsʅ⁰/孙媳妇 suən⁵⁵ɕi⁴²fu⁰

孙女子 suən⁵⁵ɳy⁰tsʅ⁰

孙女婿 suən⁵⁵ ȵy³⁵ ɕi⁰

重孙子 tsʰoŋ⁴² suən⁰ tsɿ⁰

重孙女 tsʰoŋ⁴² suən⁰ ȵy⁰

外孙子 uai²¹ suən³⁵ tsɿ⁰

外孙女 uai²¹ suən⁵⁵ ȵy³⁵⁴

外甥 uai²¹ sən³⁵

外甥女 uai²¹ sən⁵⁵ ȵy³⁵⁴

侄娃子 tʂɿ⁴² ua⁰ tsɿ⁰ / 侄儿 tʂɿ⁴² ər⁰

侄女子 tʂɿ⁴² ȵy⁰ tsɿ⁰ / 侄女 tʂɿ⁴² ȵy⁰

（四）其他

爷孙两个 iɛ⁴² suən⁰ liaŋ³⁵ kɤ⁰ 爷爷和孙子或孙女俩

爷儿两个 iɛ⁴² ər⁰ liaŋ³⁵ kɤ⁰ 父子俩

娘们两个 ȵiaŋ⁴² mən⁰ liaŋ³⁵ kɤ⁰ 母女俩

两弟兄 liaŋ³⁵ ti²¹ ɕioŋ³⁵

两姊妹 liaŋ³⁵ tsɿ³⁵ mei⁰

两挑担 liaŋ³⁵ tʰiao⁵⁵ tan⁰

两先后 liaŋ³⁵ ɕiaŋ²¹ xəu³⁵

老挑 lao³⁵ tʰiao⁵⁵ / 挑担 tʰiao⁵⁵ tan⁰

两亲家 liaŋ³⁵ tɕʰin⁵⁵ tɕia⁰ 结婚双方父母互称亲家，孩子的干爸干妈也互称亲家

亲家 tɕʰin⁵⁵ tɕia⁰

亲家母 tɕʰin⁵⁵ tɕia⁰ mu⁰

亲戚 tɕʰin⁵⁵ tɕʰi⁰

走亲戚 tsəu³⁵ tɕʰin⁵⁵ tɕʰi⁰

带下的 tai²¹ xa³⁵ ti⁰ / 拖斗 tʰuɤ⁵⁵ təu⁰ 妇女改嫁带的儿女，后一条是常用的比喻说法

男的家 lan⁴² ti⁰ tɕia⁰ 男子通称

女的家 ȵy³⁵ ti⁰ tɕia⁰ 女子通称

娘家 ȵiaŋ⁴² tɕia⁰

婆家 pʰɤ⁴²tɕia⁰

男方 lan⁴²faŋ⁰ 婚姻关系中的男方

女方 n̠y³⁵faŋ⁰ 婚姻关系中的女方

娘屋里 tʰa⁵⁵ma⁵⁵mən⁰ 丈人家

外婆家 uei²¹pʰɤ³⁵tɕia⁰ 姥姥家

十一　身体

（一）五官

身体 ʂən⁵⁵tʰi³⁵⁴

胚胚 pei⁵⁵pei⁰ 体型，体格：兀个娃~大

汉架 xan²¹tɕia³⁵ 个子：兀个娃~高得很

脑壳 lao³⁵kʰɤ⁰

秃脑壳 tʰu⁵⁵lao⁰kʰɤ⁰ 头发掉完了形成的

光头 kuaŋ⁵⁵tʰəu⁰ 理发形成的

谢顶 ɕiE²¹tiŋ³⁵⁴

脑壳顶顶 lao³⁵kʰɤ⁰tin³⁵tin⁰

后脑啄子 xəu²¹lao³⁵tsua⁴²tsʅ⁰

脖项 pɤ⁴²xaŋ⁰

后颈窝 xəu²¹tɕin³⁵uɤ⁰

头发 tʰəu⁴²fa⁰

风絮 fəŋ⁵⁵ɕy 头皮屑

少白头 ʂao³⁵pei⁴²tʰəu⁴²

落头发 luɤ⁵⁵tʰəu⁴²fa⁰

额颅 ŋei⁵⁵lu⁰

脑门心心 lao³⁵mu⁰ɕin⁵⁵ɕin⁰

鬓角 pin²¹tɕyɤ³⁵

帽盖 mao²¹kai³⁵ 指的是辫子

纂纂 tsuan³⁵tsuan⁰ 发髻

刘海 liəu⁴²xai³⁵⁴

脸 lian³⁵⁴

脸蛋 lian³⁵tan²¹³

胭脂骨 ian⁵⁵tsʅ⁰ku⁰

酒窝窝 tɕiəu³⁵uɤ⁵⁵uɤ⁰

人中 zʅən⁴²tsoŋ⁵⁵

腮包 sai⁵⁵pao⁰

眼睛 ȵian³⁵tɕin⁰

眼窝 ȵian³⁵uɤ⁰

眼睛珠珠 ȵian³⁵tɕin⁰tsu⁵⁵tsu⁰

白眼仁 pei⁴²ȵian³⁵zʅən⁰

黑眼仁 xei⁵⁵ȵian³⁵zʅən⁰

瞳仁 tʰoŋ⁴²zʅən⁴²

眼睛角角 ȵian³⁵tɕin⁰tɕyɤ⁵⁵tɕyɤ⁰

眼圈 ȵian³⁵tɕʰyan⁵⁵

眼泪水 ȵian³⁵lei⁰suei⁰

眼角屎 ȵian³⁵tɕyɤ⁵⁵sʅ³⁵⁴

眼皮 ȵian³⁵pʰi⁴²

单眼皮 tan⁵⁵ȵian³⁵pʰi⁴²

双眼皮 suaŋ⁵⁵ȵian³⁵pʰi⁴²

丹凤眼 tan⁵⁵fəŋ²¹ȵian³⁵⁴单眼皮，眼睛圆的漂亮眼型

大花眼 ta²¹xua⁵⁵ȵian³⁵⁴双眼皮，大眼睛的漂亮眼型

眼眨毛 ȵian³⁵tsa⁰mao⁰睫毛

眉毛 mi⁴²mao⁰

眉梢骨 mi⁴²sao⁰ku⁰

皱眉毛 tsʰu⁵⁵mi⁴²mao⁰

鼻子 pi⁴²tsʅ⁰

鼻疙瘩 pi⁴²kɤ⁰ta⁰鼻头

鼻 pi⁴²鼻涕

清鼻 tɕʰin⁵⁵pi⁴²

稠鼻 tʂʰən⁴² pi⁴²

鼻圿子 pi⁴² tɕia⁰ tsʅ⁰ 鼻屎

搐鼻子 tsʰu⁵⁵ pi⁴² tsʅ⁰ 擤鼻子

擦鼻 tsʰa⁵⁵ pi⁴²

鼻窟窿 pi⁴² ku⁰ loŋ⁰

鼻毛 pi⁴² mao⁴²

鼻子尖尖 pi⁴² tsʅ⁰ tɕian⁵⁵ tɕian⁰

鼻子尖 pi⁴² tsʅ⁰ tɕian⁵⁵ 鼻子灵

鼻梁杆 pi⁴² liaŋ⁰ kan³⁵⁴

鼻子扇扇 pi⁴² tsʅ⁰ ʂan⁵⁵ ʂan⁰

酒糟鼻 tɕiəu³⁵ tsao⁵⁵ pi⁴²

红鼻子 xoŋ⁴² pi⁴² tsʅ⁰

大鼻子 ta³⁵ pi⁴² tsʅ⁰

塌鼻子 tʰa⁵⁵ pi⁴² tsʅ⁰

鹰钩鼻子 iŋ⁵⁵ kəu⁵⁵ pi⁴² tsʅ⁰

蒜疙瘩鼻子 suan²¹ kɤ⁵⁵ ta⁰ pi⁴² tsʅ⁰

嘴 tsuei³⁵⁴

嘴皮子 tsuei³⁵ pʰi⁴² tsʅ⁰

上壳子 ʂaŋ²¹ kʰɤ³⁵ tsʅ⁰

下巴 xa²¹ pʰa³⁵

下巴尖尖 xa²¹ pʰa³⁵

唾沫 tʰuɤ²¹ mɤ³⁵

口水 kʰəu³⁵ suei⁰

颔水 xan⁵⁵ suei⁰

舌头 ʂɤ⁴² tʰəu⁰

舌苔 ʂɤ⁴² tʰai⁵⁵

咬舌子 ȵiao³⁵ ʂɤ⁰ tsʅ⁰

小舌头 ɕiao³⁵ ʂɤ⁴² tʰəu⁰

地图舌 ti³⁵ tʰu⁴² ʂɤ⁴² 舌头炎症

牙 ia⁴²

当门牙 taŋ⁵⁵mən⁰ia⁰ 门牙

大板牙 ta²¹pan³⁵ia⁴² 常用嘲笑牙齿宽

小米牙 ɕiao³⁵mi³⁵ia⁴² 常用形容整齐好看牙齿

碎米子牙 suei²¹mi³⁵tsʅ⁰ia⁴² 常形容不健康的太细小的牙齿

槽牙 tsʰao⁴²ia⁴² 大牙

虎牙 xu³⁵ia⁴² 犬牙。礼貌的说法

狗牙 kəu³⁵ia⁴² 犬牙。戏谑的说法

牙花子 ia⁴²xua⁵⁵tsʅ⁰ 牙龈

牙苔子 ia⁴²tʰai⁴²tsʅ⁰ 牙龈

牙缝缝 ia⁴²fəŋ²¹fəŋ³⁵

牙洞 ia⁴²toŋ²¹³

虫牙 tsʰoŋ⁴²ia⁴²

奶牙 lai³⁵ia⁴²

四环素牙 sʅ³⁵xuan⁴²su³⁵ia⁴² 过去因为服用四环素导致的黑牙

豁豁牙 xuɤ⁵⁵xuɤ⁰ia⁴² 豁牙

换牙 xuan³⁵ia⁴²

安牙 ŋan⁵⁵ia⁴² 种植牙

假牙 tɕia³⁵ia⁴²

牙叉骨 ia⁴²tsʰa⁰ku⁰ 下巴骨

牙楔起 ia⁴²ɕiɛ⁵⁵tɕʰiɛ⁰ 因为各种原因咧着牙齿吸气的样子

耳朵 ər³⁵tuɤ⁰

耳朵眼眼 ər³⁵tuɤ⁰ȵian³⁵ȵian⁵

耳屎 ər³⁵sʅ³⁵⁴

耳朵背 ər³⁵tuɤ⁰pei²¹³

喉咙 xəu⁴²loŋ⁰

喉咙管管 xəu⁴²loŋ⁰kuan³⁵⁴kuan⁵ 喉管

喉咙系系 xəu⁴²loŋ⁰ɕi²¹ɕi³⁵ 咽喉处

胡子 xu⁴²tsʅ⁰

串脸胡子 tsʰuan²¹lian³⁵xu⁴²tsʅ⁰

八字胡 pa⁵⁵tsʅ⁰xu⁴²

山羊胡子 san⁵⁵iaŋ⁴²xu⁴²tsʅ⁰

(二) 手、脚、胸、背

肩膀 tɕian⁵⁵paŋ⁰

膀子 paŋ³⁵tsʅ⁰

胛骨 tɕia⁵⁵ku⁰

锁子骨 suɤ³⁵tsʅ⁰ku⁰

扇子骨 ʂan²¹tsʅ³⁵ku⁰

溜肩膀 liəu²¹tɕian³⁵paŋ⁰/垮肩膀 kʰua³⁵tɕian⁰paŋ⁰

胳膊 kɤ⁵⁵pɤ⁰ ①整条胳膊；②上臂

手杆 ʂəu³⁵kan⁰ 手肘以下的下臂

倒拐子 tao²¹kuai³⁵tsʅ⁰ 肘关节

胳夹窝 kɤ⁵⁵tɕia⁰uɤ⁰ 胳肢窝

手腕子 ʂəu³⁵uan²¹tsʅ³⁵

左手 tsuɤ³⁵ʂəu⁰

右手 iəu²¹ʂəu³⁵⁴

手指头 ʂəu³⁵tsʅ⁵⁵tʰəu⁰/手指拇 ʂəu³⁵tsʅ⁵⁵mu⁰

关节卯卯 kuan⁵⁵tɕiᴇ⁰mao³⁵mao⁰ 关节

指头缝缝 tsʅ⁵⁵tʰəu⁰fəŋ²¹fəŋ³⁵

茧子 tɕian³⁵tsʅ⁰

大指拇 ta²¹tsʅ³⁵mu⁰

二指拇 ər²¹tsʅ³⁵mu⁰

中指拇 tsoŋ⁵⁵tsʅ⁰mu⁰

四指拇 sʅ²¹tsʅ³⁵mu⁰

小指拇 ɕiao³⁵tsʅ⁰mu⁰

指甲 tsʅ⁵⁵tɕia⁰

指甲缝缝 tsʅ⁵⁵tɕia⁰fəŋ²¹fəŋ³⁵

指拇蛋蛋 tsʅ⁵⁵mu⁰tan²¹tan³⁵ 手指肚

倒欠 tao²¹tɕʰian³⁵ 指甲周围脱开的倒刺或倒皮

垢圿 kəu³⁵tɕia⁰

掟子 tin²¹tsʅ³⁵／捶头 tsʰuei⁴²tʰəu⁰

巴掌 pa⁵⁵tʂaŋ⁰

手心 ʂəu³⁵ɕin⁵⁵／手板心 ʂəu³⁵pan³⁵ɕin⁵⁵

手背 ʂəu³⁵pei²¹³

腿 tʰuei³⁵⁴ ①整条腿；②大腿

腿杆 tʰuei³⁵kan⁰ 膝盖以下的小腿

大腿 ta²¹tʰuei³⁵⁴／大胯 ta²¹kʰua³⁵⁴ 大腿

大腿根根 ta²¹tʰuei³⁵kən⁵⁵kən⁰

干腿 kan⁵⁵tʰuei⁰／干腿子 kan⁵⁵tʰuei²¹tsʅ⁰ 小腿

连儿杆 lian⁴²ər⁰kan⁰ 指胫骨旁边的副骨

腿肚子 tʰuei³⁵tu⁰tsʅ⁰ 小腿肚子

圪膝盖 kʰɤ⁵⁵tɕʰi⁰kai⁰

腿弯弯 tʰuei³⁵uan⁵⁵uan⁰

胯骨 kʰua³⁵ku⁰

裆 taŋ⁵⁵／胯裆 kʰua²¹tʰaŋ³⁵ 裆部

沟子 kəu⁵⁵tsʅ⁰ 屁股

屁眼 pʰi²¹ȵian³⁵ 肛门

沟墩子 kəu⁵⁵tuən⁵⁵tsʅ⁰ 屁股蛋

沟子缝缝 kəu⁵⁵tsʅ⁰fəŋ²¹fəŋ³⁵ 屁股沟

尾巴骨 iɛ³⁵pa⁰ku⁰ 尾椎骨

尾巴骨尖尖 iɛ³⁵pa⁰ku⁰tɕian⁵⁵tɕian⁰ 尾椎

鸡巴 tɕi⁵⁵pa⁰／屌 tɕʰiəu⁴²／锤子 tsʰuei⁴²tsʅ⁰ 男阴

鸡鸡 tɕi⁵⁵tɕi⁰ 赤子阴

卵子 luan⁵⁵tsʅ⁰／蛋 tan²¹³ 睾丸

屌毛 tɕʰiəu⁴²mao⁴²

屄 pʰi⁵⁵

屄毛 pʰi⁵⁵mao⁴²

日 z̩⁵⁵ 交合

屎 soŋ⁴² 精液

妈的屄 ma⁵⁵ti⁰pʰi⁵⁵ 常见的骂人话

日他妈 z̩⁵⁵tʰa⁵⁵ma⁵⁵ 常见的骂人话

螺丝拐 luɤ⁴²tsʰɿ⁰kuai⁰ 脚腕

螺丝骨 luɤ⁴²tsʰɿ⁰ku⁰ 踝骨

脚 tɕyɤ⁵⁵

精脚 tɕin⁵⁵tɕyɤ⁵⁵ 光脚

脚背 tɕyɤ⁵⁵pei²¹³

脚底板 tɕyɤ⁵⁵ti³⁵pan⁰ 脚掌

脚底板心心 tɕyɤ⁵⁵ti³⁵pan⁰ɕin⁵⁵ɕin⁰ 脚掌心

脚尖尖 tɕyɤ⁵⁵tɕian⁵⁵tɕian⁰

脚指头 tɕyɤ⁵⁵tsɿ⁵⁵tʰəu⁰

脚指甲 tɕyɤ⁵⁵tsɿ⁵⁵tɕia⁰

脚后跟 tɕyɤ⁵⁵xəu²¹kən³⁵

脚印 tɕyɤ⁵⁵in²¹³

鸡眼 tɕi⁵⁵ȵian⁰

心口子 ɕin⁵⁵kʰəu⁰tsɿ⁰ 心窝

胸膛 ɕioŋ⁵⁵tʰaŋ⁰

怀里 xuai⁴²li⁰

肋巴 lei⁵⁵pa⁰ 肋骨

奶奶 lai⁵⁵lai⁰ 乳房

奶 lai³⁵⁴/奶奶 lai⁵⁵lai⁰ 奶汁

肚子 tu²¹tsɿ³⁵

小肚子 ɕiao³⁵tu²¹tsɿ³⁵

脖脐窝 pu⁴²tɕi⁰uɤ⁰

腰杆 iao⁵⁵kan⁰

脊背 tɕi⁴²pei⁰

脊梁骨 tɕi⁴²liaŋ⁰ku⁰

(三) 其他

旋 ɕyan²¹³ 头发旋
双旋 suaŋ⁵⁵ɕyan²¹³
单旋 tan⁵⁵ɕyan²¹³
指纹 tsʅ⁵⁵uən⁴²
箩 luɤ⁴² 圆形指纹
簸箕 pɤ³⁵tɕi⁰ 簸箕形指纹
寒毛 xan⁴²mao⁴² 汗毛
毛孔 mao⁴²kʰoŋ³⁵⁴/汗毛眼眼 xan⁴²mao⁰ȵian³⁵ȵian⁰
汗水 xan²¹suei³⁵⁴
痣 tsʅ²¹³
靥子 ian³⁵tsʅ⁰ 小黑色素印记
点靥子 tian³⁵ian³⁵tsʅ⁰ 祛痣
胎记 tʰai⁵⁵tɕi²¹³
骨头 ku⁵⁵təu⁰
骨髓 ku⁵⁵suei⁰
筋 tɕin⁵⁵ 人的
板筋 pan³⁵tɕin⁰ 动物的
血 ɕiɛ⁵⁵
血管 ɕiɛ⁵⁵kuan³⁵⁴
脉 mei⁵⁵
五脏 u³⁵tsaŋ²¹³
心脏 ɕin⁵⁵tsaŋ²¹³
肝 kan⁵⁵/肝子 kan⁵⁵tsʅ⁰
肺 fei²¹³/肺头子 fei²¹tʰəu³⁵tsʅ⁰
胆 tan³⁵⁴/苦胆 kʰu³⁵tan⁰
脾 pʰi⁴²/脾脏 pʰi⁴²tsaŋ²¹³
胃 uei²¹³
肾 sən²¹³/腰子 iao⁵⁵tsʅ⁰

肠子 tʂʰaŋ⁴²tsʅ⁰

大肠 ta²¹tʂʰaŋ³⁵

大肠头子 ta²¹tʂʰaŋ³⁵tʰəu⁴²tsʅ⁰ 大肠管端口部分

小肠 ɕiao³⁵tʂʰaŋ⁰

盲肠 maŋ⁴²tʂʰaŋ⁴²

尿脬 ȵiao²¹pʰao³⁵⁴

十二 疾病、医疗

（一）一般用语

害病咾 xai³⁵pin²¹lao³⁵⁴/有咾病咾 iəu³⁵lao⁰pin²¹lao³⁵⁴

凉咾 liaŋ⁴²lao⁰ 受凉了，感冒了

不好 pu²¹xao³⁵⁴ 有病的委婉说法：这几天身上有点~

小毛病 ɕiao³⁵mao⁴²pin⁰

大病 ta³⁵pin²¹³

松活咾 soŋ⁵⁵xuɤ⁰lao⁰/轻省咾 tɕʰin⁵⁵sən⁰lao⁰ 病轻了

病好咾 pin²¹xao³⁵lao⁰

请大夫 tɕʰin³⁵tai²¹fu³⁵

治病 tʂʅ³⁵pin²¹³

看病 kʰan³⁵pin²¹³

拉脉 la⁵⁵mei⁵⁵

中医 tsoŋ⁵⁵i⁰

西医 ɕi⁵⁵i⁰

开方子 kʰai⁵⁵faŋ⁵⁵tsʅ⁰

偏方 pʰian⁵⁵faŋ⁰

单方 tan⁵⁵faŋ⁰

秘方 mi⁵⁵faŋ⁰

没医咾 mɤ⁴²i⁵⁵lao⁰ ①（病）治不好了；②（东西或人）没用处了

应 in²¹³ 治疗或药物见效：这大夫的药吃咾~哩

拣药 tɕian³⁵yɤ⁵⁵ 抓药

买药 mai³⁵ yɤ⁵⁵

吃药 tʂʰʅ⁵⁵ yɤ⁵⁵

打针 ta³⁵ tʂən⁵⁵

打吊针 ta³⁵ tiao²¹ tʂən³⁵

药铺 yɤ⁵⁵ pʰu⁰ 老式中药店

药店 yɤ⁵⁵ tian²¹³ 新式西药店

药引子 yɤ⁵⁵ in³⁵ tsʅ⁰

药罐子 yɤ⁵⁵ kuan²¹ tsʅ³⁵

熬药 ŋao⁴² yɤ⁵⁵

药渣子 yɤ⁵⁵ tsa⁵⁵ tsʅ⁰

膏药 kao⁵⁵ yɤ⁰

面面药 mian²¹ mian³⁵ yɤ⁰ 粉面状的药

颗颗药 kʰɤ³⁵ kʰɤ⁰ yɤ⁰ 颗粒状的药

水水药 suei³⁵ suei⁰ yɤ⁰ 液体类的药

中成药 tsoŋ⁵⁵ tʂʰən⁴² yɤ⁵⁵

西药 ɕi⁵⁵ yɤ⁰

擦药 tsʰa⁵⁵ yɤ⁵⁵ / 抹药 mɤ³⁵ yɤ⁵⁵

上药 ʂaŋ²¹ yɤ⁵⁵

换药 xuan²¹ yɤ⁵⁵

发汗 fa⁵⁵ xan²¹³

祛风 tɕʰy²¹ fəŋ⁵⁵

下火 ɕia²¹ xuɤ³⁵⁴

利湿 li²¹ ʂʅ⁵⁵

拔毒 pa⁴² tu⁴²

消食 ɕiao⁵⁵ ʂʅ⁴²

扎针 tsa⁵⁵ tʂən⁵⁵

拔火罐 pa⁴² xuɤ³⁵ kuan⁰

刮痧 kua⁵⁵ sa⁵⁵

(二) 内科

跑肚子 $p^hao^{35}tu^{21}ts\gamma^{35}$/拉肚子 $la^{55}tu^{21}ts\gamma^{35}$ 泻肚子的委婉说法

屙肚子 $pa^{35}tu^{21}ts\gamma^{35}$/屙稀屎 $pa^{35}ci^{55}s\gamma^0$ 泻肚子的直接说法

发烧 $fa^{55}sao^{55}$/发? 冷 $fa^{55}tcin^{21}lən^{354}$

发抖 $fa^{55}t^həu^{354}$/抖 thəu354

发汗 $fa^{55}xan^{213}$

出冷汗 $ts^hu^{55}lən^{35}xan^{213}$

起鸡皮疙瘩 $tc^hi^{35}tci^{55}p^hi^0k\gamma^{55}ta^0$

凉咾 $lian^{42}lao^0$

咳嗽 $k^h\gamma^{42}səu^0$

打喷嚏 $ta^{35}p^hən^{21}t^hiE^{35}$

喘 ts^huan^{354}

齁 $xəu^{55}$ 气管里面喘: 兀个娃~的厉害的没法

气管炎 $tc^hi^{21}kuan^{35}ian^{55}$

中暑 $tson^{21}su^{354}$/受咾热咾 $səu^{21}lao^0z\gamma^{55}lao^0$

上火 $san^{21}xu\gamma^{354}$/有火咾 $iəu^{35}xu\gamma^{35}lao^0$

积下食咾 $tci^{55}xa^0s\gamma^{42}lao^0$ 积食

饤倒咾 $tin^{42}tao^0lao^0$ 积食

肚子疼 $tu^{21}ts\gamma^{35}tən^{42}$

心口子疼 $cin^{55}k^həu^0ts\gamma^0t^hən^{42}$ 胸口疼

心慌 $cin^{55}xuan^{55}$ 心悸，心律不齐一类的心脏病症

心脏病 $cin^{55}tsan^{35}pin^{213}$

头昏 $t^həu^{42}xuən^{55}$

头疼 $t^həu^{42}t^hən^{42}$

晕车 $yn^{55}ts^h\gamma^{55}$

晕船 $yn^{55}ts^huan^{42}$

恶心 $\eta\gamma^{55}cin^0$/心里发潮 $cin^{55}li^0fa^{55}ts^hao^{42}$

吐 t^hu^{354}

发干哕 $fa^{55}kan^{55}y\gamma^{354}$ 干呕，没有吐出东西

清口水 tɕʰin⁵⁵kʰəu⁰suei⁰ 呕吐物只有清水的样子
疝气 ʂan³⁵tɕʰi²¹³
气包卵 tɕʰi²¹pao³⁵luan⁰ 疝气
大肠头子掉咾 ta²¹tʂʰaŋ³⁵tʰəu⁴²tsʅ⁰tiao²¹lao³⁵ 脱肛
妇女病 fu²¹n̠y³⁵pin²¹³
月子病 yɤ⁵⁵tsʅ⁰pin²¹³
造下病咾 tsao²¹xa³⁵pin²¹lao³⁵ 落下病根
打摆子 ta³⁵pai³⁵tsʅ⁰
出麻疹 tsʰu⁵⁵ma⁴²tʂən³⁵⁴
出水痘 tsʰu⁵⁵suei³⁵təu²¹³
种牛痘 tsoŋ³⁵n̠iəu⁴²təu²¹³
伤寒 ʂaŋ⁵⁵xan⁴²
黄疸 xuaŋ⁴²tan³⁵⁴
肝炎 kan⁵⁵ian⁵⁵
肺炎 fei²¹ian⁵⁵
胆结石 tan³⁵tɕiɛ⁵⁵ʂʅ⁴²
胃病 uei³⁵pin²¹³
阑尾炎 lan⁴²uei³⁵ian⁵⁵
痨病 lao⁴²pin²¹³

(三) 外科

绊咾 pan²¹lao³⁵
碰咾 pʰəŋ²¹lao³⁵
崴咾 uai³⁵lao⁰
趾破咾 tsʰʅ³⁵pʰɤ²¹lao³⁵ 擦破皮
烂咾个口子 lan²¹lao³⁵kɤ⁰kʰəu³⁵tsʅ⁰
出血 tsʰu⁵⁵ɕiɛ⁵⁵／淌血 tʰaŋ³⁵ɕiɛ⁵⁵
瘀血 y⁵⁵ɕiɛ⁵⁵／青咾 tɕʰin⁵⁵lao⁰
肿了 tsoŋ³⁵lao⁰
化脓 xua³⁵loŋ⁴²

结痂 tɕiɛ⁵⁵tɕia⁵⁵

痂痂 tɕia⁵⁵tɕia⁰

疤疤 pa⁵⁵pa⁰／僵疤 tɕiaŋ⁵⁵pa⁰

腮腺炎 sai⁵⁵ɕian²¹ian⁵⁵

长疮 tʂaŋ³⁵tsʰuaŋ⁵⁵／害疮 xai²¹tsʰuaŋ⁵⁵

痔疮 tʂʅ²¹tsʰuaŋ³⁵

口疮 kʰəu³⁵tsʰuaŋ⁵⁵

奶疮 lai³⁵tsʰuaŋ⁵⁵

黄水疮 xuaŋ⁴²suei⁰tsʰuaŋ⁵⁵

干圪老 kan⁵⁵kɤ⁴²lao⁰ 疥疮

癣 ɕyan³⁵⁴

热痱 ʐɤ⁵⁵fei⁰

汗水曲连 xan²¹suei³⁵tɕʰy⁵⁵lian⁰

瘊子 xəu⁴²tsʅ⁰

黑痣 xei⁵⁵tʂʅ²¹³

红痣 xoŋ⁴²tʂʅ²¹³ 传统说法长红痣或者红靥子代表人有福

蝇屎 in⁴²sʅ³⁵⁴ 雀斑

粉刺 fən³⁵tsʰʅ²¹³／骚米米 sao⁵⁵mi³⁵mi⁰

臭胎子 tʂʰəu²¹tʰai³⁵tsʅ⁰

口臭 kʰəu³⁵tʂʰəu²¹³

瘿瓜瓜 in³⁵kua⁰kua⁰

鼻子囔咾 pi⁴²tsʅ⁰ȵaŋ⁵⁵lao⁰ 鼻子不通气了

臭鼻子 tʂʰəu³⁵pi⁴²tsʅ⁰ 鼻子发炎化脓了

喉咙噻咾 xəu⁴²loŋ⁰sai⁵⁵lao⁰

噻喉咙破马勺 sai⁵⁵xəu⁴²loŋ⁰pʰɤ²¹ma³⁵ʂɤ⁰ 形容人的嗓子沙哑难听

风摆柳 fəŋ⁵⁵pai³⁵liəu³⁵⁴ 水蛇腰

噻喉咙 sai⁵⁵xəu⁴²loŋ⁰

近视眼 tɕin²¹sʅ²¹ȵian³⁵

远视眼 yan³⁵sʅ²¹ȵian³⁵

老花眼 lao³⁵xua⁵⁵ȵian³⁵⁴

青光眼 tɕʰin⁵⁵kuaŋ⁵⁵ȵian³⁵⁴

白内障 pei⁴²luei³⁵tʂaŋ²¹³

泡泡眼 pʰao⁵⁵pʰao⁰ȵian³⁵⁴ 金鱼眼

对眼 tuei²¹ȵian³⁵

沙眼 sa⁵⁵ȵian⁰

鸡蒙眼 tɕi⁵⁵məŋ⁰ȵian⁰ 夜盲症

怕光 pʰa²¹kuaŋ⁵⁵

（四）残疾等

羊儿风 iaŋ⁴²ər⁰fəŋ⁰ 癫痫

抽风 tʂʰəu⁵⁵fəŋ⁵⁵ 抽风

中风 tsoŋ²¹fəŋ⁵⁵

疯子 fəŋ⁵⁵tsʅ⁰ 有精神疾病的人

文疯子 uən⁴²fəŋ⁵⁵tsʅ⁰ 没有危险动作行为的疯子

武疯子 u³⁵fəŋ⁵⁵tsʅ⁰ 有危险动作行为的疯子

瘫咾 tʰan⁵⁵lao⁰ 瘫痪了

瘫子 tʰan⁵⁵tsʅ⁰

瘸子 tɕʰyɤ⁴²tsʅ⁰

结子 tɕiᴇ⁵⁵tsʅ⁰ 结巴的人

咬舌子 ȵiao³⁵ʂɤ⁰tsʅ⁰ 吐字不清的人

六指子 liəu⁵⁵tsʅ⁰tsʅ⁰ 六指

左撇子 tsuɤ³⁵pʰiᴇ³⁵tsʅ⁰

瘿胍胍 iŋ³⁵kua⁰kua⁰ 大脖子病

哑巴 ȵia³⁵pa⁰

瘸子 tɕʰyɤ⁴²tsʅ⁰

□子 pai⁵⁵tsʅ⁰ 腿长短不一样，走路不平衡的人

秃子 tʰu⁵⁵tsʅ⁰

聋子 loŋ⁵⁵tsʅ⁰ 聋变调特殊，读阴平调值

驼背 tʰuɤ⁴²pei⁰

鸡胸 tɕi⁵⁵ɕioŋ⁵⁵

瞎子 xa⁵⁵tsʅ⁰

独眼龙 tu⁴²ȵian³⁵loŋ⁴²

豁牙巴 xuɤ⁵⁵ia⁰pa⁰ 豁牙齿

豁豁嘴 xuɤ⁵⁵xuɤ⁰tsuei³⁵⁴ 兔唇

龇牙子 tsʰʅ⁵⁵ia⁰tsʅ⁰

瓜子 kua³⁵tsʅ⁰ 傻瓜，傻子

秃子 tʰu⁵⁵tsʅ⁰/秃脑壳 tʰu⁵⁵lao⁰kʰɤ⁰

麻子 ma⁴²tsʅ⁰ ①出天花后留下的疤痕；②脸上有麻子的人

十三 衣服、穿戴

（一）服装

穿的 tsʰuan⁵⁵ti⁰ 穿戴：老王最讲究～咾 老王非常讲究穿戴

收拾 ʂəu⁵⁵ʂʅ⁰ 打扮：每次出去要～一个扎 每次出门都要打扮好一阵

衣裳 i⁵⁵ʂaŋ⁰

扯身衣裳 tʂʰɤ³⁵i⁵⁵ʂaŋ⁰ 扯布料做衣服

做身衣裳 tsəu²¹i⁵⁵ʂaŋ⁰ 裁缝铺制作衣服

买身衣裳 mai³⁵i⁵⁵ʂaŋ⁰ 服装店购买衣服

兴 ɕin⁵⁵ 时兴

样式 iaŋ³⁵ʂʅ²¹³

口面 kʰəu³⁵mian⁰ 布匹的宽度

洋气 iaŋ⁴²tɕʰi²¹³ 常用赞美衣服的词语

好看 xao³⁵kʰan²¹³ 常用赞美衣服的词语

制服 tʂʅ³⁵fu⁴²

中山装 tsoŋ⁵⁵san⁵⁵tsuaŋ⁵⁵

西装 ɕi⁵⁵tsuaŋ⁵⁵

长袍 tʂʰaŋ⁴²pʰao⁴²

马褂 ma³⁵kua²¹³

旗袍 tɕʰi⁴²pʰao⁴²

棉的 mian⁴²ti⁰/棉衣裳 miani⁵⁵ ʂaŋ⁰

袄袄 ŋao³⁵ŋao⁰

棉裤 mian⁴²kʰu⁰

皮子衣裳 pʰi⁴²tsɿ⁰i⁵⁵ ʂaŋ⁰

皮袄 pʰi⁴²ŋao³⁵⁴

夹的 tɕia⁵⁵ti⁰/夹衣裳 tɕia⁵⁵i⁵⁵ ʂaŋ⁰

夹袄 tɕia⁵⁵ŋao⁰

单衣裳 tan⁵⁵i⁵⁵ ʂaŋ⁰

单裤子 tan⁵⁵kʰu²¹tsɿ³⁵

大衣 ta²¹i³⁵

短大衣 tuan³⁵ta²¹i³⁵

长大衣 tʂʰaŋ⁴²ta²¹i³⁵

棉大衣 mian⁴²ta²¹i³⁵

军大衣 tɕyn⁵⁵ta²¹i³⁵

衬衣 tsʰən²¹i³⁵

外套 uai³⁵tʰao²¹³/外头衣裳 uai²¹tʰəu⁰i⁵⁵ ʂaŋ⁰

内衣 luei²¹i³⁵/里头衣裳 li³⁵tʰəu⁰i⁵⁵ ʂaŋ⁰

罩衣 tsʰao²¹i³⁵ 干活人穿的挡灰尘的宽松外衣

套袖 tʰao³⁵ɕiəu²¹³ 袖套

斗篷 təu³⁵pʰəŋ⁰ 披风

领子 lin³⁵tsɿ⁰

袷袷 tɕia²¹tɕia³⁵

秋衣 tɕʰiəu⁵⁵i⁰

秋裤 tɕʰiəu⁵⁵kʰu²¹³

毛衣 mao⁴²i⁵⁵

毛裤 mao⁴²kʰu²¹³

背心 pei²¹ɕin³⁵/汗架 xan²¹tɕia³⁵

门襟 mən⁴²tɕin⁰

扯襟 tʂʰɤ³⁵tɕin⁰

大襟 ta²¹tɕin³⁵

小襟 ɕiao³⁵tɕin⁰

对襟 tuei²¹tɕin³⁵

前襟 tɕʰian⁴²tɕin⁰

后襟 xəu²¹tɕin³⁵

衣裳襟襟 i⁵⁵ʂaŋ⁰tɕin⁵⁵tɕin⁰

领子 lin³⁵tsʅ⁰

领口 lin³⁵kʰəu³⁵⁴

竖领子 su²¹lin³⁵tsʅ⁰

后领子 xəu²¹lin³⁵tsʅ⁰

袖子 ɕiəu²¹tsʅ³⁵

袖口 ɕiəu²¹kəu³⁵

长袖 tʂʰaŋ⁴²ɕiəu⁰

短袖 tuan³⁵ɕiəu⁰/半截袖 pan²¹tɕiɛ³⁵ɕiəu²¹³

裙子 tɕʰyn⁴²tsʅ⁰

衬裙 tsʰən³⁵tɕʰyn⁴²

衣裳里子 i⁵⁵ʂaŋ⁰li³⁵tsʅ⁰

挂里子 kua²¹li³⁵tsʅ⁰

包边 pao⁵⁵pian⁵⁵

锁边 suɤ³⁵pian⁵⁵

裹肚子 kuɤ³⁵tu²¹tsʅ⁰ 肚兜

裤子 kʰu²¹tsʅ³⁵

裤衩 kʰu²¹tsʰa³⁵ 贴身穿的裤头

裤衩 kʰu²¹tsʰa³⁵/

短裤子 tuan³⁵kʰu⁰tsʅ⁰/半截裤 pan²¹tɕiɛ³⁵kʰu²¹³ 外穿的短裤

连腿裤 lian⁴²tʰuei³⁵kʰu²¹³ 背带裤

没裆裤 mɤ⁵⁵taŋ⁵⁵kʰu²¹³/衩衩裤 tsʰa³⁵tsʰa⁰kʰu²¹³ 开裆裤

裆裆裤 taŋ⁵⁵taŋ⁰kʰu²¹³ 有裆裤，与"没裆裤"相对

浑裆裤 xuən⁴²taŋ⁵⁵kʰu²¹³ 过去当地做裤子用的土布口面窄，按照有裤

缝的裁剪浪费布料，所以臀部用整块布缝制，称为浑裆裤

连裆裤 lian⁴²taŋ⁵⁵kʰu²¹³ 形容某几个人串通合谋做坏事，带贬义：他们几个穿的～

几种常用的裤型词汇

  背带裤 pei⁵⁵tai⁰kʰu²¹³

  灯笼裤 tən⁵⁵loŋ⁰kʰu²¹³

  萝卜裤 luɤ⁴²pu⁰kʰu²¹³

  甩腿裤 suai³⁵tʰuei⁰kʰu²¹³

  吊裆裤 tiao²¹taŋ³⁵kʰu²¹³

裤裆 kʰu²¹taŋ³⁵

横裆 xən⁴²taŋ⁵⁵

立裆 li⁵⁵taŋ⁵⁵

裤腰 kʰu²¹iao³⁵

裤腰带 kʰu²¹iao³⁵tai⁰

裤腿 kʰu²¹tʰuei³⁵

裤筒 kʰu²¹tʰoŋ³⁵

衣裳包包 i⁵⁵ʂaŋ⁰pao⁵⁵pao⁰

裤包 kʰu²¹pao³⁵

沟包 kəu⁵⁵pao⁰

明包包 min⁴²pao⁵⁵pao⁰ 明口袋

暗包包 ŋan²¹pao⁵⁵pao⁰ 暗口袋

岔包 tsʰa²¹pao⁵⁵ 侧插袋

纽襻 ȵiəu³⁵pʰan⁰

纽子 ȵiəu³⁵tsɿ⁰

纽子洞洞，扣子眼眼

风钩 fəŋ⁵⁵kəu⁵⁵

暗扣 ŋan³⁵kʰəu²¹³

拉锁 la⁵⁵suɤ⁰

皮带环环 pʰi⁴²tai³⁵xuan⁴²xuan⁰ 裤腰上穿皮带的布环

皮带头头 pʰi⁴²tai³⁵tʰəu⁴²tʰəu⁰ 皮带头

皮带眼眼 pʰi⁴²tai⁰ȵian³⁵ȵian⁰ 皮带孔

皮带扣扣 pʰi⁴²tai³⁵kʰəu²¹kʰəu³⁵ 皮带针扣

(二) 鞋、帽

鞋 xai⁴²

拖鞋 tʰuɤ⁵⁵xai⁰

棉鞋 mian⁴²xai⁴²/窝子鞋 uɤ⁵⁵tsʅ⁰xai⁰/1 棉窝窝 mian⁴²uɤ⁵⁵uɤ⁰

布鞋 pu³⁵xai³⁵

一脚蹬 i⁴²tɕyɤ⁵⁵təŋ⁵⁵ 不用绑鞋带，一般是男式鞋

襻襻鞋 pʰan²¹pʰan³⁵xai⁴² 带鞋襻纽扣的布鞋，一般是女式鞋

凉鞋 liaŋ⁴²xai⁴²

 凉皮鞋 liaŋ⁴²pʰi⁴²xai⁰

 塑料凉鞋 su³⁵liao³⁵liaŋ⁴²xai⁴²

皮鞋 pʰi⁴²xai⁴²

草鞋 tsʰao³⁵xai⁰ 当地草鞋一般用稻草编织

线草鞋 ɕian²¹tsʰao³⁵xai⁰ 线绳子打的草鞋

布草鞋 pu²¹tsʰao³⁵xai⁰ 废旧布绺打的草鞋

麻儿草鞋 ma⁴²ər⁰tsʰao³⁵xai⁰ 麻绳线打的草鞋

打草鞋 ta³⁵tsʰao³⁵xai⁰ 做草鞋

球鞋 tɕʰiəu⁴²ɕiɛ⁴² 运动鞋类的统称。相对来说是新词，读这个词时鞋多数是文读音

 鞋面子 xai⁴²mian²¹tsʅ³⁵

 鞋底子 xai⁴²ti³⁵tsʅ⁰

 千层底 tɕʰian⁵⁵tsʰən⁰ti³⁵⁴ 对布鞋来说，纳鞋底的布料都是质地相同的白布，五、六层一包，鞋底侧楞看起来是整齐的多层，叫千层底

 索布底 suɤ⁵⁵pu⁰ti³⁵⁴ 与千层底相对，由于纳鞋底的布料颜色质地不同，把鞋底侧楞磨花，看不出原来布层的鞋底

 鞋帮子 xai⁴²paŋ⁵⁵tsʅ⁰

 鞋尖尖 xai⁴²tɕian⁵⁵tɕian⁰

鞋后跟 xai⁴²xəu²¹kən³⁵

鞋圪郎 xai⁴²kʰɤ⁰laŋ⁰

鞋楦头 xai⁴²ɕyan²¹tʰəu³⁵

鞋垫垫 xai⁴²tian²¹tian³⁵

半胶鞋 pan²¹tɕiao⁵⁵xai⁴² 解放鞋和类似于解放鞋的胶鞋

水鞋 suei³⁵xai⁰ 雨鞋

靴子 ɕyɤ⁵⁵tsɿ⁰

长筒靴 tʂʰaŋ⁴²tʰoŋ³⁵ɕyɤ⁵⁵/长筒筒鞋 tʂʰaŋ⁴²tʰoŋ³⁵tʰoŋ⁰xai⁴² 前者是新词

短筒靴 tuan³⁵tʰoŋ³⁵ɕyɤ⁵⁵/短筒筒鞋 tuan³⁵tʰoŋ³⁵tʰoŋ⁰xai⁴² 前者是新词

高跟鞋 kao⁵⁵kən⁵⁵xai⁴²

平跟鞋 pʰin⁴²kən⁵⁵xai⁴²

绣花鞋 ɕiəu²¹xua⁵⁵xai⁴²

鞋样子 xai⁴²iaŋ²¹tsɿ³⁵

鞋带 xai⁴²tai²¹³/鞋带带 xai⁴²tai²¹tai³⁵

气眼 tɕʰi²¹ȵian³⁵

袜子 ua⁵⁵tsɿ⁰

布袜子 pu²¹ua⁵⁵tsɿ⁰

尼龙袜 ȵi⁴²loŋ⁴²ua⁵⁵

丝袜 sɿ⁵⁵ua⁵⁵/丝光袜 sɿ⁵⁵kuaŋ⁵⁵ua⁵⁵

长筒袜 tʂʰaŋ⁴²tʰoŋ³⁵ua⁵⁵

裹脚 kuɤ³⁵tɕyɤ⁰

绑腿 paŋ³⁵tʰuei⁰

帽子 mao²¹tsɿ³⁵

皮帽子 pʰi⁴²mao²¹tsɿ³⁵

礼帽 li³⁵mao²¹³

瓜皮帽子 kua⁵⁵pʰi⁰mao²¹tsɿ³⁵

军帽 tɕyn⁵⁵mao²¹³

草帽 tsʰao³⁵mao⁰ 当地草帽一般是麦秆编织

斗笠 təu³⁵li⁰

太阳帽 tʰai²¹iaŋ³⁵mao²¹³

大檐帽 ta³⁵ian⁴²mao²¹³

帽子檐檐 mao²¹tsɿ³⁵ian⁴²ian⁰/帽子扇扇 mao²¹tsɿ³⁵ʂan⁵⁵ʂan 帽檐

（三）装饰品

首饰 ʂəu³⁵ʂɿ⁰

镯子 tʂuɤ⁴²tsɿ⁰/手圈子 ʂəu³⁵tɕʰyan⁰tsɿ⁰

戒指 tɕiɛ²¹tsɿ³⁵/箍子 ku⁵⁵tsɿ⁰

项链 ɕiaŋ³⁵lian²¹³

项圈 xaŋ²¹tɕʰyan³⁵

长命锁 tʂʰaŋ⁴²min²¹suɤ³⁵⁴

别针 piɛ⁴²tʂən⁰/锁针 suɤ³⁵tʂən⁰

簪子 tsan⁵⁵tsɿ⁰

耳环 ər³⁵xuan⁰/耳坠 ər³⁵tsuei⁰

胭脂 ian⁵⁵tsɿ⁰

粉 fən³⁵⁴

香香 ɕiaŋ⁵⁵ɕiaŋ⁰ 化妆品的统称

擦脸的 tsʰa⁵⁵lian³⁵ti⁰ 面部护肤品统称：今天街上去买个~

擦手的 tsʰa⁵⁵ʂəu³⁵ti⁰ 手部护肤品统称

头油 tʰəu⁴²iəu⁴² 护发用品的统称

皮筋 pʰi⁴²tɕin⁵⁵ 皮圈头绳类统称

卡子 tɕʰia³⁵tsɿ⁰ 各类卡子统称

盘头卡子 pʰan⁴²tʰəu⁴²tɕʰia³⁵tsɿ⁰ 发箍

（四）其他穿戴用品

裙裙 tɕʰyn⁴²tɕʰyn⁰

颔水架 xan⁵⁵suei⁰tɕia⁰

尿片片 ȵiao³⁵pʰian²¹pʰian³⁵/尿片子 ȵiao³⁵pʰian²¹tsɿ³⁵

手巾 ʂəu³⁵tɕin⁰ 手绢

围巾 uei⁴²tɕin⁵⁵

手套 ʂəu³⁵tʰao²¹³

眼镜子 ȵian³⁵tɕin²¹tsɿ³⁵

伞 san³⁵⁴

蓑衣 suɤ⁵⁵i⁰

雨衣 y³⁵i⁰

雨披 y³⁵pʰei⁵⁵

手表 ʂəu³⁵piao³⁵

怀表 xuai⁴²piao³⁵⁴

座钟 tsuɤ²¹tsoŋ⁵⁵

闹钟 lao²¹tsoŋ⁵⁵

十四　饮食

（一）伙食

吃的 tʂʰɿ⁵⁵ti⁰ 食物类统称

吃饭 tʂʰɿ⁵⁵fan²¹³

早饭 tsao³⁵fan⁰ 农村地区早饭是九十点钟

中午饭 tsoŋ⁵⁵u³⁵fan²¹³/晌午（饭） ʂaŋ³⁵u⁰ 前者是新词。农村地区晌午饭是下午两三点钟

下午饭 ɕia²¹u³⁵fan²¹³/夜饭 iɛ²¹fan³⁵⁴ 前者是新词。农村地区夜饭是晚上七八点钟

打腰台 ta³⁵iao⁵⁵tʰai⁰ 中途吃点东西

垫底 tian²¹ti³⁵⁴ 喝酒前空肚子的话先吃一点东西

调顿 tʰiao³⁵tuən²¹³ 改善伙食：礼拜天～，屋里搞的肉菜，又是炖的汤

吃货 tʂʰɿ⁵⁵xuɤ⁰ 零食统称

点心 tian³⁵ɕin⁰ 糕点类统称

席 ɕi⁴² 宴席

大锅饭 ta²¹kuɤ⁵⁵fan²¹³ ①传统烧柴大铁锅做的饭；②办婚宴做农家宴席的一种别称

偏碗饭 pʰian⁵⁵uan⁰fan²¹³ 开小灶

剩饭 ʂən³⁵fan²¹³ 剩下的饭
新饭 ɕin⁵⁵fan²¹³ 现做的饭
焦咾 tɕiao⁵⁵lao⁰ 糊了
嘶气咾 sɿ⁵⁵tɕʰi⁰lao⁰ 馊了

(二) 米食

蒸饭 tʂən⁵⁵fan⁰ 米饭。传统做法是大米煮到五分熟，控出米汤，接着在大锅里焖熟。米饭是本地人的主食
洋芋蒸饭 iaŋ⁴²y⁰tʂən⁵⁵fan⁰
胡豆蒸饭 xu⁴²təu⁰tʂən⁵⁵fan⁰
豌豆蒸饭 uan⁵⁵təu⁰tʂən⁵⁵fan⁰
菜菜蒸饭 tsʰai²¹tsʰai³⁵tʂən⁵⁵fan⁰ 加入各种蔬菜野菜的米饭统称
苕芽蒸饭 ʂao⁴²ia⁴²tʂən⁵⁵fan⁰
米汤 mi³⁵tʰaŋ⁰/稀饭 ɕi⁵⁵fan⁰
锅渣 kuɤ⁵⁵tsa⁰ 锅巴
蒸饭汤 tʂən⁵⁵fan⁰tʰaŋ⁵⁵ 米汤
米糊糊 mi³⁵xu²¹xu³⁵
甜浆 tʰian⁴²tɕiaŋ⁰ 豆浆稀饭
菜豆腐 tsai²¹təu³⁵fu⁰ 黄豆浆用浆水菜点清和大米煮的稀饭，当地著名小吃
菜豆腐节节 tsʰai²¹təu³⁵fu⁰tɕiE⁵⁵tɕiE⁰ 菜豆腐里面下玉米面条合煮制作的一种稀饭
粗胍子 tsʰu⁵⁵kua⁰tsɿ⁰ 汤不点清的菜豆腐
面皮 mian³⁵pʰi⁴² 大米磨浆用蒸笼蒸制的米皮，当地著名小吃
浆巴糊糊 tɕiaŋ⁵⁵pa⁰xu²¹xu³⁵ 鲜玉米磨碎做的稀饭
磨糁子 mɤ³⁵tʂən⁰tsɿ⁰ 老玉米磨碎做的稀饭
散面饭 san³⁵mian⁰fan²¹³ 玉米糊糊与酸菜、大米、洋芋块合煮的稀饭
拨拉子 pu⁵⁵la⁰tsɿ⁰ 大米快蒸熟时撒进玉米面蒸熟拌匀制成
粽子 tsoŋ²¹tsɿ³⁵ 通常包大米糯米红枣，甜味
元宵 yan⁴²ɕiao⁰ 用糯米湿粉团搓成外皮，再包入芝麻红糖白糖馅

甜酒 tʰian⁴²tɕiəu⁰/醪糟 lao⁴²tsao⁰ 醪糟。当地著名小吃，常做鸡蛋醪糟

圆圆 yan⁴²yan⁰ 放在醪糟里的小糯米团，实心的

糍粑 tsʰɿ⁴²pa⁰ 糯米油炸饼，实心，一般有核桃馅，咸味，端午节吃

油糕 iəu⁴²kao⁰ 糯米油炸饼，空心，一般包红糖或白糖馅，甜味，端午节吃

米糕馍 mi³⁵kao⁵⁵mɤ⁴² 大米发糕，甜味

米豆腐 mi³⁵təu⁰fu⁰ 玉米粒经过浸泡加碱磨浆制作的米团子，晾干像是豆腐块状所以得名

（三）面食

灰面 xuei⁵⁵mian⁰ 面粉

面 mian²¹³/面条 mian³⁵tʰiao⁴² 各种干湿面条的统称

挂面 kua²¹mian³⁵

切面 tɕʰiɛ⁵⁵mian⁰ 机制的干面条

湿面 ʂɿ⁵⁵mian⁰ 现做的湿面条

宽面 kʰuan⁵⁵mian⁰

韭叶面 tɕiəu³⁵iɛ⁰mian²¹³

棍棍面 kuən²¹kuən³⁵mian²¹³ 宽面宽度大于韭叶面大于棍棍面，这三个词主要用来称呼面条的粗细

刀削面 tao⁵⁵ɕyɤ⁵⁵mian²¹³

扯面 tʂʰɤ³⁵mian⁰

汤面 tʰaŋ⁵⁵mian⁰

干的 kan⁵⁵ti⁰ 干拌面

汤的 tʰaŋ⁵⁵ti⁰ 汤面

臊子 sao²¹tsɿ³⁵

汉中最常见的几种本地面条

浆水面 tɕiaŋ⁵⁵suei⁰mian²¹³

梆梆面 paŋ⁵⁵paŋ⁰mian²¹³

杂酱面 tsa⁴²tɕiaŋ⁰mian²¹³

牛肉面 ȵiəu⁴²ʐ̩əu⁰mian²¹³ 汉中本地牛肉面主要分红烧和清汤两种。红烧的是红油川味，清汤的是兰州拉面原味

面片 mian²¹pʰian³⁵

浆水面片 tɕiaŋ⁵⁵suei⁰mian²¹pʰian³⁵

拌汤 pan²¹tʰaŋ³⁵

洋芋拌汤 iaŋ⁴²y⁰pan²¹tʰaŋ³⁵

浆水拌汤 tɕiaŋ⁵⁵suei⁰pan²¹tʰaŋ³⁵

馍 mɤ⁴² 馒头和烧饼类的统称

核桃馍 xɤ⁴²tʰao⁰mɤ⁴²

摊馍 tʰan⁵⁵mɤ⁰

油炸馍 iəu⁴²tsa⁴²mɤ⁴² 油炸类饼子的统称

菜盒子 tsʰai³⁵xɤ⁴²tsʅ⁰ 形状像大饺子的油炸馅饼

锅盔 kuɤ⁵⁵kʰuei⁰ 本地锅盔直径是普通炒锅大小、1—2厘米厚的酵面无油白饼，炭火鏊子烤成，一般搭配炖肉汤食用

酵母 tɕiao²¹mu³⁵ 发酵用的面团

剂子 tɕi²¹tsʅ³⁵ 切成小块的面团

锅贴 kuɤ⁵⁵tʰiɛ⁰/锅边油花 kuɤ⁵⁵pian⁰iəu⁴²xua⁰/油花子 iəu⁴²xua⁰tsʅ⁰ 当地著名小吃。前者是新词

包子 pao⁵⁵tsʅ⁰

花卷 xua⁵⁵tɕyan³⁵⁴/油花子 iəu⁴²xua⁰tsʅ⁰ 前者是新词

油条 iəu⁴²tʰiao⁴²

饺子 tɕiao³⁵tsʅ⁰

馅子 ɕyan²¹tsʅ³⁵

馄饨 xuən⁴²tuən⁵⁵

蒸饺 tʂən⁵⁵tɕiao³⁵⁴

锅塌子 kuɤ⁵⁵tʰa⁰tsʅ⁰ 玉米面做的大锅贴饼子

热凉粉 ʐ̩ɤ⁵⁵liaŋ⁴²fən⁰ 当地著名小吃，凉粉做好后，加调料热吃

豌豆凉粉 uan⁵⁵təu⁰liaŋ⁴²fən⁰

槟豆凉粉 pin⁵⁵təu⁰liaŋ⁴²fən⁰

米凉粉 mi³⁵liaŋ⁴²fən⁰ 大米制作，一般凉拌

搅团 tɕiao³⁵tʰuan⁰ 玉米面搅成的，吃法同热凉粉

粉 fən³⁵⁴

干粉 kan⁵⁵fən³⁵⁴ 淀粉的统称

茗粉 ʂao⁴²fən³⁵⁴

洋芋粉 iaŋ⁴²y⁰fən³⁵⁴

豌豆粉 uan⁵⁵təu⁰fən³⁵⁴

藕粉 ŋəu³⁵fən³⁵⁴

粉条 fən³⁵tʰiao⁰

茗粉条 ʂao⁴²fən³⁵tʰiao⁰

洋芋粉条 iaŋ⁴²y⁰fən³⁵tʰiao⁰

蕨根粉 tɕyɤ⁵⁵kən⁵⁵fən³⁵⁴

宽粉 kʰuan⁵⁵fən³⁵⁴

细粉 ɕi²¹fən³⁵⁴

粉皮 fən³⁵pʰi⁴² 在当地是与面皮相当的代表性小吃

粉丝 fən³⁵sɿ⁵⁵ 外来产品

米线 mi³⁵ɕian⁰ 外来产品

月饼 yɤ⁵⁵pin⁰

饼干 pin³⁵kan⁰

蛋糕 tan²¹kao⁵⁵ 新式带奶油的蛋糕

鸡蛋糕 tɕi⁵⁵tan⁰kao⁵⁵ 老式圆形的，不带奶油

绿豆糕 liəu⁵⁵təu⁰kao⁵⁵

（四）肉、蛋

肉丁丁 ʐəu²¹tin⁵⁵tin⁰

肉片片 ʐəu²¹pʰian²¹pʰian³⁵

肉丝丝 ʐəu²¹sɿ⁵⁵sɿ⁰

肉渣渣 ʐəu²¹tsa⁵⁵tsa⁰

肉块块 ʐəu²¹kʰuai³⁵kʰuai⁰

一坨肉 i⁴²tʰuɤ⁴²ʐəu²¹³ 一块肉

肉皮 zəu³⁵pʰi⁴²

響皮 ɕiaŋ³⁵pʰi⁴² 猪皮煮熟晾干油炸而成，是当地正宗杂烩汤的必须材料

皮冻 pʰi⁴²toŋ²¹³

肘子 tʂəu³⁵tsʅ⁰/蹄膀 tʰi⁴²paŋ⁰

猪蹄蹄 tsu⁵⁵tʰi⁴²tʰi⁰

蹄子尖尖 ti⁴²tsʅ⁰tɕian⁵⁵tɕian⁰ 蹄尖

里脊 li³⁵tɕi⁰

蹄筋 tʰi⁴²tɕin⁵⁵

腱子肉 tɕian²¹tsʅ³⁵ʐəu²¹³

肋条肉 lei⁵⁵tʰiao⁰ʐəu²¹³

槽头肉 tsʰao⁴²tʰəu⁰ʐəu²¹³

前腿肉 tɕʰian⁴²tʰuei³⁵ʐəu²¹³

后腿肉 xəu²¹tʰuei³⁵ʐəu²¹³

后臀肉 xəu³⁵tʰuən⁴²ʐəu²¹³

五花肉 u³⁵xua⁰ʐəu²¹³

肚囊皮 tu³⁵laŋ³⁵pʰi⁴² 肚皮

瘦肉 səu³⁵ʐəu²¹³

肥肉 fei⁴²ʐəu²¹³

肥膘 fei⁴²piao⁵⁵

二指厚 ər²¹tsʅ³⁵xəu²¹³

三指厚 san⁵⁵tsʅ⁰xəu²¹³

泡膪 pʰao²¹tsʰuai³⁵

猪脑壳 tsu⁵⁵lao⁰kʰɤ⁰

猪脸 tsu⁵⁵lian³⁵⁴

猪拱嘴 tsu⁵⁵koŋ³⁵tsuei⁰

脑花 lao⁵⁵xua⁵⁵ 脑声调特殊

猪耳朵 tsuər³⁵tuɤ⁰

猪尾巴 tsu⁵⁵iɛ³⁵pa⁰

猪腿 tsu⁵⁵tʰuei³⁵⁴

牛口条 ȵiəu⁴²kʰəu³⁵tʰiao⁰

猪口条 tsu⁵⁵kʰəu³⁵tʰiao⁰

下水 ɕia²¹suei³⁵/小件 ɕiao³⁵tɕian⁰

心 ɕin⁵⁵

肺 fei²¹³/肺头子 fei²¹tʰəu³⁵tsʅ⁰

黄喉 xuaŋ⁴²xəu⁴² 大血管，火锅菜

肠子 tʂʰaŋ⁴²tsʅ⁰

肥肠 fei⁴²tʂʰaŋ⁴²

腔子骨 tɕʰiaŋ⁵⁵tsʅ⁰ku⁰

棒子骨 paŋ²¹tsʅ³⁵ku⁰

骨髓油 ku⁵⁵suei⁰iəu⁴²

排骨 pʰai⁴²ku⁰

脆骨 tsʰuei²¹ku³⁵

大排 ta³⁵pʰai⁴²

小排 ɕiao³⁵pʰai⁴²

肉排 ʐəu³⁵pʰai⁴²

毛肚 mao⁴²tu³⁵⁴ 牛肚

黑毛肚 xei⁵⁵mao⁴²tu³⁵⁴

白毛肚 pei⁴²mao⁴²tu³⁵⁴

千层肚 tɕʰian⁵⁵tsʰən⁴²tu³⁵⁴

肚子 tu³⁵tsʅ⁰

肝子 kan⁵⁵tsʅ⁰

肝子尖尖 kan⁵⁵tsʅ⁰tɕian⁵⁵tɕian⁰

腰子 iao⁵⁵tsʅ⁰

腰花 iao⁵⁵xua⁵⁵ 菜名

鸡杂 tɕi⁵⁵tsa⁴²

胗子 tʂən⁵⁵tsʅ⁰

血 xiɛ⁵⁵

猪血 tsu⁵⁵ɕiɛ⁵⁵

鸡血 tɕi⁵⁵ɕiɛ⁵⁵

鸭血 ia⁵⁵ɕiɛ⁵⁵

鸡皮 tɕi⁵⁵pʰi⁴²

鸡爪爪 tɕi⁵⁵tsao³⁵tsao⁰

鸡翅膀 tɕi⁵⁵tsʰʅ²¹paŋ³⁵

鸡胸脯 tɕi⁵⁵ɕioŋ⁵⁵pʰu⁰

鸡大腿 tɕi⁵⁵ta²¹tʰuei³⁵

鸡圪膝盖 tɕi⁵⁵kɤ⁵⁵tɕi⁰kai⁰

鸡蛋清清 tɕi⁵⁵tan⁰tɕʰin⁵⁵tɕʰin⁰

鸡蛋黄黄 tɕi⁵⁵tan⁰xuaŋ⁴²xuaŋ⁰

鸡蛋壳壳 tɕi⁵⁵tan⁰kʰɤ⁵⁵kʰɤ⁰

炒鸡蛋 tsʰao³⁵tɕi⁵⁵tan⁰

荷包蛋 xɤ⁴²pao⁰tan²¹³ ①油炸荷包蛋；②白水煮荷包蛋

老鸡蛋 lao³⁵tɕi⁰tan⁰

茶叶蛋 tsʰa⁴²iɛ tan²¹³

蒸鸡蛋 tʂəŋ⁵⁵tɕi⁵⁵tan⁰

鸡蛋 tɕi⁵⁵tan⁰

鸭蛋 ia⁵⁵tan⁰

鹅蛋 ŋ ɤ⁴²tan²¹³

鹌鹑蛋 ŋan⁵⁵tsʰuən⁰tan²¹³

皮蛋 pʰi⁴²tan⁰

咸鸡蛋 ɕian⁴²tɕi⁵⁵tan⁰

咸鸭蛋 ɕian⁴²ia⁵⁵tan⁰

香肠 ɕiaŋ⁵⁵tʂʰaŋ⁰

包香肠 pao⁵⁵ɕiaŋ⁵⁵tʂʰaŋ⁰

腊肉 la⁵⁵ʐəu⁰

熏腊肉 ɕyn⁵⁵la⁵⁵ʐəu⁰

盐肉 ian⁴²ʐəu²¹³

腌盐肉 ian⁵⁵ian⁴²ʐəu²¹³

干肉 kan⁵⁵ʐəu²¹³

挂干肉 kua²¹kan⁵⁵ʐəu²¹³

腊汁肉 la⁵⁵tʂʅ⁰ʐəu²¹³/烧腊肉 ʂao⁵⁵la⁰ʐəu²¹³

（五）菜

菜 tsʰai²¹³

素菜 su³⁵tsʰai²¹³

肉菜 ʐəu³⁵tsʰai²¹³/荤菜 xuən⁵⁵tsʰai⁰

最常见的烹饪菜品种类

炒菜 tsʰao³⁵tsʰai⁰爆炒类

熬菜 ŋao⁵⁵tsʰai⁰红烧类

熬肉 ŋao⁵⁵ʐəu⁰

烧土鸡 ʂao⁵⁵tʰu³⁵tɕi⁵⁵

烧腊肉 ʂao⁵⁵la⁵⁵ʐəu⁰

汤菜 tuən²¹tsʰai³⁵/炖菜 tuən²¹tsʰai³⁵

清水炖肉和菜的家常汤菜

凉菜 liaŋ⁴²tsʰai⁰凉拌类

蒸菜 tʂən⁵⁵tsʰai⁰清蒸类

蒸碗 tʂən⁵⁵uan⁰宴席上碗装、蒸熟的菜肴

酢肉 tsuɤ³⁵ʐəu²¹³米粉肉

梅菜扣肉 mei⁴²tsʰai³⁵kʰəu³⁵ʐəu²¹³

夹沙肉 tɕia⁵⁵sa⁵⁵ʐəu²¹³

甜饭 tʰian⁴²fan⁰八宝饭

杂烩 tsa⁴²xuei²¹³几种原料混合烹烩而成的带汤菜肴。其中必要有丸子，響皮，木耳，黄花，豆腐干片等

浆水菜 tɕiaŋ⁵⁵suei⁰tsʰai⁰

盐菜 ian⁴²tsʰai⁰

泡菜 pʰao²¹tsʰai³⁵

干菜 kan⁵⁵tsʰai⁰

小菜 ɕiao³⁵tsʰai⁰

豆腐 təu²¹fu³⁵

嫩豆腐 luən³⁵təu²¹fu³⁵

老豆腐 lao³⁵təu²¹fu³⁵

菜豆腐 tsʰai²¹təu³⁵fu⁰

豆渣 təu²¹tsa³⁵

豆腐皮 təu²¹fu⁰pʰi⁴²

白豆皮 pei⁴²təu³⁵pʰi⁴²

黑豆皮 xei⁵⁵təu³⁵pʰi⁴²

油豆皮 iəu⁴²təu³⁵pʰi⁴²

豆腐干 təu²¹fu³⁵kan⁵⁵

豆腐脑 təu²¹fu³⁵lao³⁵⁴

豆浆 təu²¹tɕiaŋ³⁵⁴

红豆腐 xoŋ⁴²təu⁰fu⁰ 本地豆腐乳

臭豆腐 tʂʰəu³⁵təu²¹fu³⁵ 外来的

腐竹 fu³⁵tsu⁵⁵

魔芋 mɤ⁴²y⁰

粉丝 fən³⁵sɿ⁵⁵

粉条 fən³⁵tʰiao⁴²

粉皮 fən³⁵pʰi⁴²

面筋 mian²¹tɕin⁵⁵

凉粉 liaŋ⁴²fən⁰

藕粉 ŋəu³⁵fən³⁵⁴

豆豉 təu²¹sɿ³⁵ 豆豉，汉中当地家庭常见，常用稻草缠成圆形串子挂在房檐下、厨房墙上储存，是做当地菜豆豉炒腊肉的必备材料

耳子 ər³⁵tsɿ⁰ 木耳

银耳 in⁴²ər³⁵⁴

金针菇 tɕin⁵⁵tʂən⁵⁵ku⁵⁵

海参 xai³⁵sən⁵⁵

海带 xai³⁵tai⁰

干海带 kan⁵⁵xai³⁵tai⁰

活海带 xuɤ⁴²xai³⁵tai⁰ 鲜海带

黄花菜 xuaŋ⁴²xua⁰tsʰai²¹³

海蜇 xai³⁵tʂɤ⁴²

石花菜 ʂʅ⁴²xua⁵⁵tsʰai²¹³

（六）油盐作料

味道 uei²¹tao³⁵

气气 tɕʰi²¹tɕʰi³⁵ 气味

串味 tsʰuan³⁵uei²¹³

有咾气气咾 iəu³⁵lao⁰tɕʰi²¹tɕʰi³⁵lao⁰ 有了味道了。指食物坏了，发出霉味

哈喇气气 xɤ⁵⁵la⁰tɕʰi²¹tɕʰi³⁵ 油脂酸败的气味

本地的家常口味

咸香 ɕian⁴²ɕiaŋ⁵⁵

麻辣 ma⁴²la⁵⁵

酸辣 suan⁵⁵la⁵⁵

颜色 ian⁴²sei⁰

大油 ta³⁵iəu⁴²/猪油 tsu⁵⁵iəu⁰

板油 pan³⁵iəu⁴²

水油 suei³⁵iəu⁴²

油渣 iəu⁴²tsa⁰

过油 kuɤ³⁵iəu⁴²/走油 tsəu³⁵iəu⁴²

清油 tɕʰin⁵⁵iəu⁰/菜油 tsʰai²¹iəu³⁵ 菜籽油，本地主要食用油

花生油 xua⁵⁵sən⁵⁵iəu³⁵

豆油 təu³⁵iəu⁴²

香油 ɕiaŋ⁵⁵iəu⁰ 芝麻油

盐 ian⁴²

大颗子盐 ta²¹kʰɤ³⁵tsʅ⁰ian⁴²

细盐 ɕi³⁵ian⁴²

酱油 tɕiaŋ³⁵iəu⁴²

辣子酱 la⁵⁵tsʅ⁰tɕiaŋ²¹³

豆瓣酱 təu³⁵pan³⁵tɕiaŋ²¹³

芝麻酱 tsʅ⁵⁵maotɕiaŋ²¹³

黄酱 xuaŋ⁴²tɕiaŋ²¹³ 面酱

醋 tsʰu²¹³

白化 pei⁴²xua⁰ 白醋

辣子 la⁵⁵tsʅ⁰ 调味主要用油辣子

干辣子 kan⁵⁵la⁵⁵tsʅ⁰ 油辣子里干的部分

红油 xoŋ⁴²iəu⁴² 油辣子里的红油

炸辣子 tsa²¹la⁵⁵tsʅ⁰ 制作油辣子

熟油 su⁴²iəu⁴² 熟菜油

料酒 liao²¹tɕiəu³⁵

香料 ɕiaŋ²¹liao³⁵ 指葱姜蒜辣子香菜等有香味的配菜统称

调和 tʰiao⁴²xuɤ⁰ 调料

调和面 tʰiao⁴²xuɤ⁰mian²¹³ 调料面

水水 suei³⁵suei⁰ 酱油醋等蘸水

勾芡 kəu⁵⁵tɕʰian²¹³

大香 ta²¹ɕiaŋ³⁵ 八角

草果 tsʰao⁵⁵kuɤ⁰

桂皮 kuei³⁵pʰi⁴²

香叶 ɕiaŋ⁵⁵iE⁵⁵

花椒 xua⁵⁵tɕiao⁰

红花椒 xoŋ⁴²xua⁵⁵tɕiao⁰

青花椒 tɕʰin⁵⁵xua⁵⁵tɕiao⁰

花椒面 xua⁵⁵tɕiao⁰mian²¹³

胡椒 xu⁴²tɕiao⁰

白胡椒 pei⁴²xu⁴²tɕiao⁰

黑胡椒 xei⁵⁵xu⁴²tɕiao⁰

碱 tɕian³⁵⁴

（七）烟、酒、糖、茶

烟 ian⁵⁵

卷烟 tɕyan³⁵ian⁵⁵ /

纸烟 tsɿ³⁵ian⁵⁵

香烟 ɕiaŋ⁵⁵ian⁵⁵

叶子烟 iɛ⁵⁵tsɿ⁰ian⁵⁵ 地产烟，与香烟相对

烟叶子 ian⁵⁵iɛ⁵⁵tsɿ⁰

烟丝 ian⁵⁵sɿ⁵⁵

水烟 suei³⁵ian⁵⁵

水烟壶 suei³⁵ian⁵⁵xu⁴² 金属制的

旱烟 xan²¹ian⁵⁵

烟锅子 ian⁵⁵kuɤ⁰tsɿ⁰ 旱烟枪

烟盒盒 ian⁵⁵xɤ⁴²xɤ⁰ 装香烟的盒子，无论何种材质

烟油子 ian⁵⁵iəu²¹tsɿ³⁵ 烟锈，油声调特殊

烟灰 ian⁵⁵xuei⁵⁵

火镰 xuɤ³⁵lian⁰

火石 xuɤ³⁵ʂɿ⁰

纸媒子 tsɿ³⁵mei⁴²tsɿ⁰

白酒 pei⁴²tɕiəu⁰ / 辣酒 la⁵⁵tɕiəu⁰

包谷酒 pao⁵⁵ku⁰tɕiəu³⁵⁴ 本地产，日常饮用和泡药酒

高粱酒 kao⁵⁵liaŋ⁰tɕiəu³⁵⁴ 本地产，日常饮用和泡药酒

甜酒 tʰian⁴²tɕiəu⁰ 醪糟，本地家常食品

黄酒 xuaŋ⁴²tɕiəu⁰ 本地产，日常饮用酒

糖 tʰaŋ⁴²

白糖 pei⁴²tʰaŋ⁴²

黑糖 xei⁵⁵tʰaŋ⁰ /

红糖 xoŋ⁴²tʰaŋ⁴²

冰糖 pin⁵⁵tʰaŋ⁰
丁丁糖 tin⁵⁵tin⁵⁵tʰaŋ⁴² 麦芽糖
水果糖 suei³⁵kuɤ³⁵tʰaŋ⁴²
花生糖 xua⁵⁵sən⁵⁵tʰaŋ⁴²
奶糖 lai³⁵tʰaŋ⁴² 新式奶油味糖果统称
把把糖 pa²¹pa³⁵tʰaŋ⁴² 棒棒糖
茶 tsʰa⁴²
茶叶 tsʰa⁴²iE⁵⁵
绿茶 ly⁵⁵tsʰa⁴²
红茶 xoŋ⁴²tsʰa⁴²
花茶 xua⁵⁵tsʰa⁴²
采茶 tsʰai³⁵tsʰa⁴²
制茶 tʂʅ²¹tsʰa⁴²
杀青 sa⁵⁵tɕʰin⁵⁵
炒青 tsʰao³⁵tɕʰin⁵⁵
烘青 xoŋ⁵⁵tɕʰin⁵⁵
晒青 sai²¹tɕʰin⁵⁵
白开水 pei⁴²kʰai⁵⁵suei⁰
泡茶 pʰao³⁵tsʰa⁴²/泡开水 pʰao²¹kʰai⁵⁵suei⁰
倒水 tao²¹suei³⁵⁴

十五　红白大事

（一）婚姻、生育

亲事 tɕʰin⁵⁵sʅ⁰
说媒 suɤ⁵⁵mei⁴²
说媳妇 suɤ⁵⁵ɕi⁴²fu⁰ 男方
说婆家 suɤ⁵⁵pʰɤ⁴²tɕia⁰ 女方
说对象 suɤ⁵⁵tuei³⁵ɕiaŋ²¹³ 双方
介绍人 tɕiE³⁵ʂao³⁵ʐən⁴²/

媒婆子 mei⁴²pʰɤ⁰tsʅ⁰/红爷 xoŋ⁴²iE⁰

看门户 kʰan³⁵mən⁴²xu⁰ 女方派人到男方家去看家庭情况

看八字 kʰan²¹pa⁵⁵tsʅ⁰ 合八字

见面 tɕian³⁵mian²¹³

长相 tʂaŋ³⁵ɕiaŋ⁰/人材 ʐən⁴²tsʰai⁰

年龄 ȵian⁴²lin⁴²

订婚 tin²¹xuən⁵⁵

下订 ɕia³⁵tin²¹³ 送订礼，谈订婚具体程序

订礼 tin²¹li³⁵⁴ 订婚礼物礼金

送节 soŋ²¹tɕiE⁵⁵/拜节 pai²¹tɕiE⁵⁵ ①逢年节日子男方到女方家送过节礼；②小辈或下属逢年节给长辈上级送过节礼

看日子 kʰan²¹ər⁵⁵tsʅ⁰ 双方同意结婚后商定具体日期

好日子 xao³⁵ər⁵⁵tsʅ⁰ 结婚日期

喜酒 ɕi³⁵tɕiəu³⁵⁴

彩礼 tsʰai³⁵li³⁵⁴

过礼 kuɤ²¹li³⁵⁴ 送彩礼到女方

陪送 pʰei⁴²soŋ⁰ 陪嫁

接亲 tɕiE⁵⁵tɕʰin⁵⁵ 男方角度，接亲队伍人数是单数，接上新娘是双数。接亲队伍要带上方肉两块，酒两份，烟两份，糖或茶两份共四样礼

送亲 soŋ²¹tɕʰin⁵⁵ 女方角度，送亲队伍是单数，加上新郎是双数。送亲队伍手里拿着陪嫁的各种床上用品，脸盆暖壶等，而且必须准备米面碗碗

米面碗碗 mi³⁵mian²¹uan³⁵uan⁰ 用一对新碗装大米一碗面粉一碗封好，贴上双喜字，由送亲队伍和别的陪嫁物品一起送到男方，象征吃穿不愁富足吉祥

启发 tɕʰi³⁵fa⁰ 嫁女儿

离娘钱 li⁴²ȵiaŋ⁴²tɕian⁰ 新娘拜别父母时新郎给父母的红包

结婚 tɕiE⁵⁵xuən⁵⁵/接媳妇 tɕiE⁵⁵ɕi⁴²fu⁰

花轿 xua⁵⁵tɕʰiao²¹³

上轿 ʂaŋ³⁵tɕiao²¹³

进门 tɕin³⁵mən⁴²

打洗脸水 ta³⁵ɕi³⁵lian⁰suei⁰ 新娘进门有男方亲戚孩子打洗脸水给新娘，收新娘红包

挂门帘 kua³⁵mən⁴²lian⁰ 新娘进门有男方亲戚孩子给新房门挂上新门帘，收新娘红包

拜堂 pai³⁵tʰaŋ⁴²

改口钱 kai³⁵kʰəu³⁵tɕʰian⁰ 婚礼仪式上改口叫爸妈的时候给新娘的红包

新郎 ɕin⁵⁵laŋ⁴²

新娘 ɕin⁵⁵ȵiaŋ⁴²

新房 ɕin⁵⁵faŋ⁰ 传统上指的是男方家属于新婚夫妻的卧室。现在整套房子也叫新房

酒席 tɕiəu³⁵ɕi⁰

交杯酒 tɕiao⁵⁵pei⁵⁵tɕiəu³⁵⁴

闹房 lao³⁵faŋ⁴² 闹洞房

回门 xuei⁴²mən⁴² 第三天回新娘家

上门 ʂaŋ³⁵mən⁴² 倒插门

上门女婿 ʂaŋ³⁵mən⁴²ȵy³⁵ɕi⁰ 倒插门女婿

嫁二嫁 tɕia³⁵ər³⁵tɕia²¹³ 寡妇再嫁

有咾 iəu³⁵lao⁰/怀上咾 xuai⁴²ʂaŋ⁰lao⁰ 怀孕

怀娃婆 xuai⁴²ua⁴²pʰɤ⁴²/双身子 suaŋ⁵⁵ʂən⁵⁵tsɿ⁰ 孕妇

掉咾 tiao²¹lao³⁵/流咾 liəu⁴²lao⁰/小月咾 ɕiao³⁵yɤ⁰lao⁰ 流产

生娃 sən⁵⁵ua⁴²

接生 tɕiɛ⁵⁵sən⁵⁵

胎盘 tʰai⁵⁵pʰan⁴²/衣胞 i⁵⁵pao⁰

红鸡蛋 xoŋ⁴²tɕi⁵⁵tan⁰ 孩子出生报喜煮鸡蛋染红色

报喜 pao²¹ɕi³⁵⁴ 通知亲戚朋友孩子出生的喜事

月母子 yɤ⁵⁵mu⁰tsɿ⁰ 坐月子的女人

坐月子 tsuɤ²¹ yɤ⁵⁵ tsʅ⁰

洗三 ɕi³⁵ san⁵⁵ 满三天的沐浴仪式，根据婴儿身体情况，至少要用艾叶煮水，象征性洗到头顶、眉心、眼睛、手和脚，预防疾病，祈求吉祥

剃胎毛 tʰi²¹ tʰai⁵⁵ mao⁴² 讲究满月剃胎毛，认为可以使头发长得好

认干大 ʐən²¹ kan⁵⁵ ta⁰ 给新出生的孩子找命好福气大的人当干爸

起小名 tɕʰi³⁵ ɕiao³⁵ min⁴²

起大名 tɕʰi³⁵ ta²¹ min³⁵

满月 man³⁵ yɤ⁰ 生女孩在孩子二十多天办满月酒，生男孩在满月左右办满月酒

抓周 tsua⁵⁵ tʂəu⁵⁵ 满周岁时抓周

头一个 tʰəu⁴² i⁰ kɤ²¹³ / 头胎 tʰəu⁴² tʰai⁵⁵

双生子 suaŋ⁵⁵ sən⁰ tsʅ⁰ / 双胞胎 suaŋ⁵⁵ pao⁰ tʰai⁵⁵

打咾 ta³⁵ lao⁰ / 打胎 ta³⁵ tʰai⁵⁵

引 in³⁵⁴ 领养

腰干 iao⁵⁵ kan⁰ 指妇女绝经

墓生子 mu²¹ sən³⁵ tsʅ⁰ 遗腹子

出奶 tsʰu⁵⁵ lai³⁵⁴

下奶 ɕia²¹ lai³⁵ 催奶

喂奶 uei²¹ lai³⁵⁴

吃奶 tʂʰʅ⁵⁵ lai³⁵⁴

奶嘴嘴 lai³⁵ tsuei³⁵ tsuei⁰ 奶瓶上的奶头

摘奶 tsei⁴² lai³⁵⁴ 断奶

尿床 ȵiao³⁵ tsʰuaŋ⁴²

尿花曲连 ȵiao²¹ xua⁵⁵ tɕʰy⁵⁵ lian⁰ 尿床留下的圈圈

（二）寿辰、丧葬

生日 sən⁵⁵ ər⁰

做生日 tsəu²¹ sən⁵⁵ ər⁰

真生日 tʂən⁵⁵ sən⁵⁵ ər⁰ 真实的生日

假生日 tɕia³⁵ sən⁵⁵ ər⁰ 不是真实的生日日期，通常为了避讳黄历上忌

过生日的日期而重选的日期

整生日 tʂən³⁵ sən⁵⁵ ər⁰ 逢五逢十的生日

拜寿 pai³⁵ ʂəu²¹³/拜生日 pai²¹ sən⁵⁵ ər⁰

寿星 ʂəu²¹ ɕin³⁵

长寿面 tʂʰaŋ⁴² ʂəu³⁵ mian²¹³

九做十不做 tɕiəu³⁵ tsəu³⁵ ʂʅ⁴² pu²¹ tsəu²¹³ 汉中民俗，逢到整数生日时，要提前到逢九的那一年大办，因为九谐音久象征吉祥长久，而十谐音死需要避讳

男怕生前，女怕生后 lan⁴² pʰa²¹ sən⁵⁵ tɕʰian⁴²，ȵy³⁵ pʰa²¹ sən⁵⁵ xəu²¹³ 男的在生日前几天要特别小心，女的在生日后几天要特别小心身体健康和安全，比如不要出远门，做不合日常规律的事等等

白事 pei⁴² sʅ²¹³

喜丧 ɕi³⁵ saŋ⁵⁵ 高寿老人的丧事

奔丧 pən⁵⁵ saŋ⁵⁵

跑丧 pʰao³⁵ saŋ⁵⁵ 奔丧的骂人说法，诅咒别人：跑兀们快~哩！

死咾 sʅ³⁵ lao⁰ 死

死的委婉说法：

没咾 mɤ⁵⁵ lao⁰

走咾 tsəu³⁵ lao⁰

没在咾 mɤ⁴² tsai²¹ lao³⁵

过世咾 kuɤ³⁵ ʂʅ²¹ lao³⁵

死的不敬说法：

尿杆咾 tɕʰiəu⁵⁵ kan⁰ lao⁰

钻咾土咾 tsuan⁵⁵ lao⁰ tʰu³⁵ lao⁰

没脉咾 mɤ⁴² mei⁵⁵ lao⁰/落气咾 luɤ⁵⁵ tɕʰi²¹ lao³⁵/断气咾 tuan³⁵ tɕʰi²¹ lao³⁵ 断气

灵床 lin⁴² tsʰuaŋ⁰/停尸板板 tʰin⁴² ʂʅ⁵⁵ pan³⁵ pan⁰

尸首 ʂʅ⁵⁵ ʂəu⁰

棺材 kuan⁵⁵ tsʰai⁰

寿木 ʂəu²¹mu⁰

枋子 faŋ⁵⁵tsɿ⁰

金井 tɕin⁵⁵tɕin³⁵⁴ 墓穴

打金井 ta³⁵tɕin⁵⁵tɕin³⁵⁴ 挖墓穴

贺金井 xɤ²¹tɕin⁵⁵tɕin³⁵⁴ 汉中民俗，请工人挖好墓穴后，主家蒸面皮熬肉做菜请帮工吃饭庆贺完工的仪式

老衣 lao³⁵i⁰ 寿衣，在高寿老人生前置办。生日当天可以让老人试穿一下，寓意添寿

老鞋 lao³⁵xai⁰ 寿鞋

装棺 tsuaŋ⁵⁵kuan⁵⁵ 入殓

合棺 xɤ⁴²kuan⁵⁵ 闭棺

灵堂 lin⁴²tʰaŋ⁰

灵牌 lin⁴²pʰai⁰

招魂幡 tʂao⁵⁵xuən⁴²fan⁵⁵

守灵 ʂəu³⁵lin⁴²

报丧 pao²¹saŋ⁵⁵

吊丧 tiao²¹saŋ⁵⁵

磕头 kʰɤ⁵⁵tʰəu⁴²

还头 xuan⁴²tʰəu⁴²

做七 tsəu²¹tɕʰi⁵⁵

头七 tʰəu⁴²tɕʰi⁵⁵

三七 san⁵⁵tɕʰi⁵⁵

满七 man³⁵tɕʰi⁵⁵/断七 tuan²¹tɕʰi⁵⁵ 服丧的第七个七天，可以摘下孝帽，进行一般的串门了

百天 pei⁵⁵tʰian⁰ 人去世满一百天举行的祭祀仪式

周年 tʂəu⁵⁵ȵian⁰ 人去世满一年举行祭祀的仪式

三年 san⁵⁵ȵian⁴² 人去世满三年举行祭祀，同时服丧期满

守孝 ʂəu³⁵ɕiao²¹³

戴孝 tai³⁵ɕiao²¹³

孝子 ɕiao²¹tsʅ³⁵⁴

孝孙 ɕiao²¹suən⁵⁵

孝子贤孙 ɕiao²¹tsʅ³⁵ɕian⁴²suən⁵⁵

孝衣 ɕiao²¹i³⁵

孝帽子 ɕiao³⁵mao²¹tsʅ³⁵

孝布 ɕiao³⁵pu²¹³

祭幛 tɕi³⁵tʂaŋ²¹³ 吊唁死者的幛子

发丧 fa⁵⁵saŋ⁵⁵/上山 ʂaŋ²¹san⁵⁵

送丧 soŋ²¹saŋ⁵⁵/送上山 soŋ³⁵ʂaŋ²¹san⁵⁵

龙杠 loŋ⁴²kaŋ²¹³ 抬棺材的大木棒

哭丧棒 kʰu⁵⁵saŋ⁵⁵paŋ²¹³

哭丧 kʰu⁵⁵saŋ⁵⁵/嚎丧 xao⁴²saŋ⁵⁵

纸扎 tsʅ³⁵tsa⁰ 给死人烧化的各种纸品的总称

纸人纸马 tsʅ³⁵ʐən⁴²tsʅ³⁵ma³⁵ 纸扎中的纸人马

花圈 xua⁵⁵tɕʰyan⁵⁵

灵房子 lin⁴²faŋ⁴²tsʅ⁰ 纸扎中房屋

烧纸 ʂao⁵⁵tsʅ⁰

奠酒 tian²¹tɕiəu³⁵⁴

顶火盆 tin³⁵xuɤ³⁵pʰən⁰ 顶孝子盆。汉中丧葬习俗。孝子盆指的是放在死者灵前烧纸钱的火盆，出殡前家族的长辈如果觉得孝子做得不好，要求孝子头顶孝子盆在灵前悔过的过程

绊火盆 pan²¹xuɤ³⁵pʰən⁰ 出殡队伍出发前，由死者长男在灵前祷告完毕，把孝子盆举起摔到地上，出殡队伍正式出发的仪式

烧金井 ʂao⁵⁵tɕin⁵⁵tɕin³⁵⁴ 汉中民俗，把棺材放进墓穴前先烧纸钱，使墓穴烧热，使死者安息

下金井 ɕia²¹tɕin⁵⁵tɕin³⁵⁴ 把棺材下入到墓穴里

烧衣裳 ʂao⁵⁵i⁵⁵ʂaŋ⁰

祖坟 tsu³⁵fən⁰

坟院 fən⁴²yan⁰

墓子 mu²¹tsɿ³⁵/坟包包 fən⁴²pao⁵⁵pao⁰

碑子 pi⁵⁵tsɿ⁰

上坟 ʂaŋ³⁵fən⁴²

垒坟 lei³⁵fən⁴²

攒坟 tsʰuan⁴²fən⁴²

寻短见 ɕin⁴²tuan³⁵tɕian⁰

上吊 ʂaŋ³⁵tiao²¹³

跳河 tʰiao³⁵xɤ⁴²

喝药 xɤ⁵⁵yɤ⁵⁵

尸首 ʂɿ⁵⁵ʂəu⁰

骨头架架 ku⁵⁵təu⁰tɕia²¹tɕia³⁵

骨灰罐罐 ku⁵⁵xuei⁵⁵kuan²¹kuan³⁵

（三）迷信

老天爷 lao³⁵tʰian⁵⁵iE⁰/天老爷 tʰian⁵⁵lao⁰iE⁰

神 ʂən⁴²

菩萨 pʰu⁴²sa⁰

观音菩萨 kuan⁵⁵in⁰pʰu⁴²sa⁰

灶王爷 tsao³⁵uaŋ³⁵iE⁰

财神爷 tsʰai⁴²ʂən⁰iE⁰

财神庙 tsʰai⁴²ʂən⁰miao²¹³

龙王爷 loŋ⁴²uaŋ⁰iE⁰

龙王庙 loŋ⁴²uaŋ⁰miao²¹³

土地爷 tʰu³⁵ti⁰iE⁰

土地庙 tʰu³⁵ti⁰miao²¹³

城隍爷 tʂʰən⁴²xuaŋ⁰iE⁰

城隍庙 tʂʰən⁴²xuaŋ⁰miao²¹³

阎王爷 ian⁴²uaŋ⁰iE⁰

阎王殿 ian⁴²uaŋ⁰miao²¹³

判官 pʰan²¹kuan³⁵

小鬼 ɕiao³⁵kuei³⁵⁴

黑白无常 xei⁵⁵pei⁴²u⁴²tʂʰaŋ⁰

瘟神 uən⁵⁵ʂən⁰

阳世 iaŋ⁴²ʂʅ²¹³

阴世 in⁵⁵ʂʅ²¹³

阳寿 iaŋ⁴²ʂəu²¹³

下辈子 ɕia³⁵pei²¹tsʅ³⁵

托生 tʰuɤ⁵⁵sən⁵⁵

祠堂 tsʰʅ⁴²tʰaŋ⁰

神位 ʂən⁴²uei²¹³

香案 ɕiaŋ⁵⁵ŋan²¹³

供桌 koŋ²¹tsuɤ³⁵

上供 ʂaŋ³⁵koŋ²¹³

供起 koŋ²¹tɕʰiE³⁵

蜡台台 la⁵⁵tʰai⁴²tʰai⁰

蜡 la⁵⁵

香 ɕiaŋ⁵⁵

黄表 xuaŋ⁴²piao³⁵⁴ 上香时给鬼神烧化的黄纸

香炉 ɕiaŋ⁵⁵lu⁴²

木鱼 mu⁵⁵y⁰

磬 tɕʰin²¹³

敬香 tɕin²¹ɕiaŋ⁵⁵ /烧香 ʂao⁵⁵ɕiaŋ⁵⁵

抽签 tʂʰəu⁵⁵tɕʰian⁵⁵

算卦 suan³⁵kua²¹³

卦 kua³⁵⁴

阴卦 in⁵⁵kua⁰

阳卦 iaŋ⁴²kua²¹³

圣卦 ʂən³⁵kua²¹³

庙会 miao³⁵xuei²¹³

菩萨生日 pu⁴²sa⁰sən⁵⁵ər⁰

做道场 tsəu³⁵tao²¹tʂʰaŋ³⁵

念经 ȵian²¹tɕin⁵⁵

化缘 xua³⁵yan⁴²

布施 pu²¹ʂʅ³⁵

放生 faŋ²¹sən⁵⁵

舍饭 ʂɤ³⁵fan²¹³

测字 tsʰei⁵⁵tsʅ²¹³/拆字 tsʰei⁵⁵tsʅ²¹³

看风水 kʰan²¹fəŋ⁵⁵suei⁰

阴阳先生 in⁵⁵iaŋ⁴²ɕian⁵⁵sən⁰

算命 suan³⁵min²¹³

算命先生 suan³⁵min²¹ɕian⁵⁵sən⁰

看相 kʰan³⁵ɕiaŋ²¹³

看相的 kʰan³⁵ɕiaŋ²¹ti³⁵

端公 tuan⁵⁵koŋ⁰ 神汉

神婆子 ʂən⁴²pʰɤ⁴²tsʅ⁰

跳端公 tʰiao²¹tuan⁵⁵koŋ⁰/跳大神 tʰiao³⁵ta²¹ʂən³⁵ 跳神

发神 fa⁴²ʂən⁴² 跳神

许愿 ɕy³⁵yan²¹³ 向神佛许愿

还愿 xuan⁴²yan²¹³ 向神佛还愿

赌咒发愿 tu³⁵tʂəu³⁵fa⁵⁵yan²¹³ 发誓

符 fu⁴²

造孽 tsao²¹ȵiE⁵⁵ ①做坏事：人不敢~噢，有报应哩！②可怜：这个娃不到一岁他妈就死咾，~得很

行善 ɕin⁴²ʂan²¹³

积德 tɕi⁵⁵tei⁵⁵

报应 pao²¹in³⁵

现世报 ɕian³⁵ʂʅ³⁵pao²¹³

带灾 tai²¹tsai⁵⁵ 带来灾祸：这个怂娃直接真是给他们屋里家里~哩

扑气 pʰu⁵⁵tɕʰi⁰汉中民间迷信，认为遇到倒霉的人或倒霉的事会给自己带来灾祸，比如一大早起床就遇到别人扫地拖地，比如不小心从晾晒的女人裤裆下钻过：离远点，把人～得没法

霉 mei⁴²认为是命里注定走背运：这两天简直～得没法

鬼把脑壳摸咾 kuei³⁵pa²¹lao³⁵kʰɤ⁰mɤ⁵⁵lao⁰汉中民间迷信，认为自己莫名其妙的一时间糊涂做错事，是因为碰见小鬼摸了自己脑袋

咒 tʂəu²¹³诅咒

叫魂 tɕiao³⁵xuən⁴²

烧鸡蛋 ʂao⁵⁵tɕi⁵⁵tan⁰旧时汉中民俗，一边在鸡蛋外壳画上娃娃脸，写上孩子名字烧熟，一边叫魂给孩子治病的方法

夜哭告示iɛ²¹kʰu⁵⁵kao²¹ʂʅ³⁵旧时汉中民间为治疗孩子夜哭，写"天皇皇地皇皇我家有个夜哭郎"的帖子贴到街市求治疗的办法

变狗 pian²¹kəu³⁵⁴汉中民间迷信，小孩子生病的话，长辈反复念诵孩子变狗才能让疾病妖邪远离

左眼跳财右眼跳挨 tsuɤ³⁵ȵian⁰tʰiao³⁵tsʰai⁴²，iəu²¹ȵian³⁵tʰiao³⁵ŋai⁴²汉中民间迷信，认为左眼跳有财运，右眼跳有祸患

耳朵烧 ər³⁵tuɤ⁰ʂao⁵⁵汉中民间迷信，认为耳朵无原因的发烧是有人在咒骂自己

十六　日常生活

（一）衣

穿衣裳 tsʰuan⁵⁵i⁵⁵ʂaŋ⁰

脱衣裳 tʰuɤ⁵⁵i⁵⁵ʂaŋ⁰

脱鞋 tʰuɤ⁵⁵xai⁴²

量衣裳 liaŋ⁴²i⁵⁵ʂaŋ⁰/量尺寸 liaŋ⁴²tʂʰʅ⁵⁵tsʰuən⁰

做衣裳 tsəu²¹i⁵⁵ʂaŋ⁰

沿条 ian⁴²tʰiao⁰缝在衣服里子边上的窄条

包边 pao⁵⁵pian⁵⁵/滚边 kuən³⁵pian⁵⁵

钉纽子 tin²¹ȵiəu³⁵tsʅ⁰/组纽子 tsan²¹ȵiəu³⁵tsʅ⁰前者是新词

缝 fəŋ⁴²

缭 liao⁴²

绗 xaŋ⁴²绗：~铺盖

組 tsan²¹³組：~纽子

料子 liao²¹tsʅ³⁵

衬布 tsʰən³⁵pu²¹³

铺衬卷卷 pʰu⁵⁵tsʰən⁰tɕyan³⁵tɕyan⁰①边角打卷、不整齐的碎布片；②形容像凌乱打卷的碎布一样的书本纸张等

打补疤 ta³⁵pu³⁵pa⁰打补丁

缝铺盖 fəŋ⁴²pʰu⁵⁵kai⁰做被子

装棉絮 tsuaŋ³⁵mian⁴²ɕy⁰填充棉花

做针线 tsəu²¹tʂən⁵⁵ɕian⁰泛指做一切针线活

绣花 ɕiəu²¹xua⁵⁵

绷子 pəŋ⁵⁵tsʅ⁰/绷绷 pəŋ⁵⁵pəŋ⁰绣花绷子

描花样子 miao⁴²xua⁵⁵iaŋ²¹tsʅ³⁵

纳鞋底子 la⁵⁵xai⁴²ti³⁵

上鞋帮子 ʂaŋ³⁵xai⁴²paŋ⁵⁵tsʅ⁰

明上 min⁴²ʂaŋ²¹³看得到鞋帮上到鞋底的线

暗上 ŋan³⁵ʂaŋ²¹³鞋帮上到鞋底的线用隐藏的针法，看不到线

鞔鞋帮子 man⁴²xai⁴²paŋ⁵⁵tsʅ⁰把布蒙在鞋帮上的做法

合脚 xɤ⁴²tɕyɤ⁵⁵

夹脚 tɕia⁵⁵tɕyɤ⁵⁵

洗衣裳 ɕi³⁵i⁵⁵ʂaŋ⁰

洗一水 ɕi³⁵i⁰suei³⁵⁴洗一次

投 tʰəu⁴²/摆 pai³⁵⁴用清水漂洗

晒衣裳 sai²¹i⁵⁵ʂaŋ⁰

浆衣服 tɕiaŋ²¹i⁵⁵ʂaŋ⁰

熨衣服 yn²¹i⁵⁵ʂaŋ⁰

(二) 食

生火 sən⁵⁵xuɤ³⁵⁴

烧火 ʂao⁵⁵xuɤ³⁵⁴ 旧式柴火灶

做饭 tsəu³⁵fan²¹³

淘米 tʰao⁴²mi³⁵⁴

发面 fa⁵⁵mian²¹³

和面 xuɤ³⁵mian²¹³

搋面 tsʰai⁵⁵mian²¹³

挼面 ʐua⁴²mian²¹³

擀面 kan³⁵mian²¹³

拉面 la⁵⁵mian²¹³

蒸馍 tʂən⁵⁵mɤ⁴²

上气 ʂaŋ³⁵tɕʰi²¹³

择菜 tsei⁴²tsʰai²¹³

炒菜 tsʰao³⁵tsʰai²¹³

打汤 ta³⁵tʰaŋ⁵⁵

炒 tsʰao³⁵⁴

烧 ʂao⁵⁵

熬 ŋao⁵⁵ 参看词条"熬菜"

煮 tsu³⁵⁴

炖 tuən²¹³

搭 ta⁵⁵ 焯：菜花先~一下再炒

□lyɤ⁵⁵ 多用在焯菠菜豆芽时（因为搭配汉中面皮而常用），别的菜主要用"搭"：赶快把豆芽~一下

汆 tsʰuan⁵⁵ 在油锅里短时间的炸

投 tʰəu⁴² 制作浆水菜时，需要常吃常新，不时加入新的面汤：~浆水

窝 uɤ⁵⁵ 制作浆水菜盐菜泡菜时，盖好容器等候发酵的过程：今天才做下的没法吃，得~几天

腌 ian^{55}

炕 $k^{h}aŋ^{213}$煎、烙

熥 $t^{h}uɤ^{55}$熘：～馍

烩 $xuei^{213}$

燣 lan^{42}炒：～臊子

炸 tsa^{42}

泼 $p^{h}ɤ^{55}$油泼

榨 tsa^{213}主要用在油泼辣子：辣子没得咾，赶紧～辣子

饭好咾 $fan^{21}xao^{35}lao^{0}$

生的 $sən^{55}ti^{0}$

熟的 $su^{42}ti^{0}$

舀饭 $iao^{35}fan^{213}$

舀汤 $iao^{35}t^{h}aŋ^{55}$

吃饭 $tʂ^{h}ʅ^{55}fan^{213}$

扨菜 $tao^{55}ts^{h}ai^{213}$

吃饭咾 $tʂ^{h}ʅ^{55}fan^{21}lao^{35}$开饭

吃早饭 $tʂ^{h}ʅ^{55}tsao^{35}fan^{213}$

吃晌午 $tʂ^{h}ʅ^{55}$ $ʂaŋ^{35}u^{0}$

吃夜饭 $tʂ^{h}ʅ^{55}iᴇ^{21}fan^{35}$

吃吃货 $tʂ^{h}ʅ^{55}tʂ^{h}ʅ^{55}xuɤ^{0}$吃零食

拿筷子 $la^{42}k^{h}uai^{21}tsɿ^{35}$用筷子

硬 $ȵin^{213}$

粑 $p^{h}a^{55}$软

烂 lan^{213}比粑程度更深

泡 $p^{h}ao^{55}$酥软易嚼的：兀个馍是～的，好咬

瓷 $ts^{h}ɿ^{42}$僵硬不好嚼的：兀个馍搁得太～咾，咬不动咾

落锅咾 $luɤ^{55}kuɤ^{0}lao^{0}$肉类等煮的过分烂，一碰就掉锅里的样子：再不敢煮了，再煮就～

咬不动 $ȵiao^{35}pu^{21}toŋ^{213}$

第四章　汉中方言分类词表 / 179

噎到了 iɛ⁵⁵tao⁰lao⁰ 食物噎住

哽 kən³⁵⁴ 气被憋住的样子

打嗝 ta³⁵kəu²¹³

卖嗝 mai³⁵kəu²¹³ 不停地打嗝

胀到咾 tʂaŋ²¹tao³⁵lao⁰ 胀

钉到咾 tin²¹tao²¹lao⁰ 积食不消化

停下食咾 tʰin⁴²xa⁰ʂʅ⁴²lao⁰ 积食了

嘴里淡□□的 tsuei³⁵li⁰tan²¹pʰia³⁵pʰa⁰ti⁰ 因为生病食欲和味觉减退的样子

喝茶 xɤ⁵⁵tsʰa⁴²

喝酒 xɤ⁵⁵tɕiəu³⁵⁴

吃烟 tʂʰʅ⁵⁵ian⁵⁵

饿咾 ŋɤ²¹lao³⁵

吃席 tʂʰʅ⁵⁵ɕi⁴²/坐席 tsuɤ³⁵ɕi⁴² ①吃宴席；②行人情贺喜等的代称

吃偏碗 tʂʰʅ⁵⁵pʰian⁵⁵uan⁰

吃独食 tʂʰʅ⁵⁵tu⁴²ʂʅ⁴²

吃长饭 tʂʰʅ⁵⁵tʂaŋ³⁵fan⁰ 认为孩子要长身体应该多吃饭

吃养饭 tʂʰʅ⁵⁵iaŋ³⁵fan⁰ 认为老人养身体不用多吃饭。通常用于老人把好吃的让给孩子，自己少吃的时候

吃大户 tʂʰʅ⁵⁵ta³⁵xu²¹³

撑嘴 ȵian³⁵tsuei³⁵⁴ 赶嘴

嫌嘴 ɕian⁴²tsuei³⁵⁴ 挑嘴

望嘴 uaŋ²¹tsuei³⁵⁴ 眼巴巴看着别人吃东西

忌嘴 tɕi²¹tsuei³⁵⁴ 忌口

五香嘴 u³⁵ɕiaŋ⁵⁵tsuei³⁵⁴ 形容挑嘴，只爱吃好吃的人

口轻 kʰəu³⁵tɕʰin⁵⁵ 口味淡

口重 kʰəu³⁵tsoŋ²¹³ 口味重

吃手 tʂʅ⁵⁵ʂəu⁰ 饭量：上咾年龄咾，~不行咾

瞎吃冷胀 xa⁵⁵tʂʰʅ⁵⁵lən³⁵tʂaŋ²¹³

吃瞎咾 tʂʰʅ⁵⁵xa⁵⁵lao⁰ 吃坏肚子了

饿咾 ŋɤ²¹lao³⁵ 饿了

欠吃 tɕʰian²¹tʂʰʅ⁵⁵ 贪吃：这个娃一天~的很

（三）住

起来 tɕʰiɛ³⁵lai⁰

洗手 ɕi³⁵ʂəu³⁵⁴

洗脸 ɕi³⁵lian³⁵⁴

漱口 su²¹kʰəu³⁵⁴

刷牙 sua⁵⁵ia⁴²

梳头 su⁵⁵tʰəu⁴²

梳帽盖 su⁵⁵mao²¹kai³⁵

挽纂纂 uan³⁵tsuan³⁵tsuan⁰ 梳髻

铰指甲 tɕiao³⁵tsʅ⁵⁵tɕia⁰

挖耳朵 ua⁵⁵ər³⁵tuɤ⁰

洗澡 ɕi³⁵tsao³⁵⁴

擦澡 tsʰa⁵⁵tsao³⁵⁴

上厕所 ʂaŋ²¹tsʰei⁵⁵suɤ³⁵⁴／解手 tɕiɛ³⁵ʂəu³⁵⁴

尿尿 ȵiao³⁵ȵiao²¹³／解小手 tɕiɛ³⁵ɕiao³⁵ʂəu³⁵⁴

遗尿 i⁴²ȵiao²¹³ 不自主地排尿

屙屎 pa³⁵sʅ³⁵⁴／解大手 tɕiɛ³⁵ta²¹ʂəu³⁵⁴

屙井绳 pa³⁵tɕin³⁵ʂən⁴² 解手时间太长的戏谑说法

放屁 faŋ³⁵pʰi²¹³

歇凉 ɕiɛ⁵⁵liaŋ⁴²

晒太阳 sai²¹tʰai²¹iaŋ³⁵

烤火 kʰao³⁵xuɤ³⁵⁴／歇火 ɕiɛ⁵⁵xuɤ³⁵⁴

笼火 loŋ³⁵xuɤ³⁵⁴ 把柴火或炭火笼成一堆或笼在火盆里取暖

点灯 tian³⁵tən⁵⁵／开灯 kʰai⁵⁵tən⁵⁵

熄灯 ɕi⁵⁵tən⁵⁵／关灯 kuan⁵⁵tən⁵⁵

歇气 ɕiɛ⁵⁵tɕʰi²¹³ 休息一会儿

丢盹 tiəu⁵⁵tuən³⁵⁴ 打盹儿

啄瞌睡 tsua⁴²kʰɤ⁵⁵suei⁰/窜瞌睡 tsʰuan⁵⁵kʰɤ⁵⁵suei⁰ 打盹。人坐着睡着，头一次次下垂的样子

打呵欠 ta³⁵xuɤ⁵⁵ɕian⁰

瞌睡咾 kʰɤ⁵⁵suei⁰lao⁰

铺床 pʰu⁵⁵tsʰuaŋ⁴²/坝床 pa³⁵tsʰuaŋ⁴²

睡下 suei²¹xa³⁵ 躺下

睡着咾 suei²¹tʂʰɤ⁴²lao⁰

扯鼾 tʂʰɤ³⁵xan⁵⁵

扯噗鼾 tʂʰɤ³⁵pʰu⁴²xan⁰ 声音很大的鼾

诧铺 tsʰa³⁵pʰu²¹³ 换环境和床后睡不着觉的情况

睡不着 suei²¹pu⁰tʂʰɤ⁰

睡中午觉 suei²¹tsoŋ⁵⁵u³⁵tɕiao²¹³

仰起睡 ȵian³⁵tɕʰiE⁰suei²¹³

侧楞子睡 tsei⁵⁵lən⁰tsʐ⁰suei²¹³/侧楞价睡 tsei⁵⁵lən⁰tɕia⁰suei²¹³

扑爬起睡 pʰu⁵⁵pʰa⁰tɕiE⁰suei²¹³/爬起睡 pʰa⁴²tɕʰiE⁰suei²¹³

失枕 ʂʐ⁵⁵tʂən⁰ 落枕

转筋 tsuan²¹tɕin⁵⁵ 抽筋

做睡梦 tsəu³⁵suei²¹məŋ³⁵

说梦话 suɤ⁵⁵məŋ³⁵xua²¹³

睡迷怔咾 suei³⁵mi⁴²tsən⁰lao⁰ 梦魇住的样子

腻怔 ȵi²¹tsən³⁵ 睡迷糊还没清醒的样子

熬夜 ŋao⁴²iE²¹³

搞通夜 kao³⁵tʰoŋ⁵⁵iE⁰ 熬夜

（四）行

走路 tsəu³⁵lu²¹³

做活路 tsu³⁵xuɤ⁴²lu⁰

下地 ɕia³⁵ti²¹³

上班 ʂaŋ²¹pan⁵⁵

下班 ɕia²¹ pan⁵⁵

出去咾 tsʰu⁵⁵ tɕʰi⁰ lao⁰

回来咾 xuei⁴² lai⁰ lao⁰

上街 ʂaŋ²¹ kai⁵⁵/逛街 kuaŋ²¹ kai⁵⁵

转 tsuan²¹³/转耍 tsuan²¹ sua³⁵⁴ 散步

跑耍 pʰao³⁵ sua³⁵⁴ 四处逛荡

逛 kuaŋ²¹³

路过 lu³⁵ kuɤ²¹³

过路 kuɤ³⁵ lu²¹³

顺路 suən³⁵ lu²¹³

让路 ʐaŋ³⁵ lu²¹³

远路上 yan³⁵ lu⁰ ʂaŋ⁰ 远道的

行李 ɕin⁴² li⁰

歇脚 ɕiE⁵⁵ tɕyɤ⁵⁵

落脚 luɤ⁵⁵ tɕyɤ⁵⁵

十七　讼事

打官司 ta³⁵ kuan⁵⁵ sɿ⁰

告状 kao³⁵ tsuaŋ²¹³

法院 fa⁵⁵ yan²¹³/衙门 ia⁴² mən⁰

原告 yan⁴² kao²¹³

被告 pei³⁵ kao²¹³

状子 tsuaŋ²¹ tsɿ³⁵

案子 ŋan²¹ tsɿ³⁵

报案 pao³⁵ ŋan²¹³

人命 ʐən⁴² min²¹³

坐堂 tsuɤ³⁵ tʰaŋ⁴²

退堂 tʰuei³⁵ tʰaŋ⁴²

断案 tuan³⁵ ŋan²¹³

过堂 kuɤ³⁵tʰaŋ⁴²

证人 tʂən²¹ʐən³⁵

人证 ʐən⁴²tʂən²¹³

物证 uɤ⁵⁵tʂən²¹³

对质 tuei³⁵tʂʅ²¹³

刑事 ɕin⁴²sʅ²¹³

民事 min⁴²sʅ²¹³

家务事 tɕia⁵⁵u⁰sʅ²¹³

律师 ly⁵⁵sʅ⁰

代书 tai²¹su⁵⁵ 代人写状子的人

服 fu⁴²

不服 pu⁴²fu⁴²

上诉 ʂaŋ³⁵su²¹³

判 pʰan²¹³ 审判，判决

判刑 pʰan³⁵ɕin⁴²

犯法 fan²¹fa⁵⁵

犯罪 fan³⁵tsuei²¹³

招 tʂao⁵⁵ 招供

口供 kʰəu³⁵koŋ²¹³

供（~出同谋）koŋ²¹³

串供 tsʰuan³⁵koŋ²¹³

同谋 tʰoŋ⁴²məu⁴²／通的 tʰoŋ⁵⁵ti⁰

窝藏 uɤ⁵⁵tsʰaŋ⁴²

包庇 pao⁵⁵pʰi²¹³

犯法 fan²¹fa⁵⁵

犯罪 fan³⁵tsuei²¹³

诬告 u⁵⁵kao²¹³

诬陷 u⁵⁵ɕian²¹³

冤枉 yan⁵⁵uaŋ⁰

灭口 miɛ⁵⁵kʰəu³⁵⁴

搨茬 tʰa⁵⁵tsʰa⁴² 诬陷别人

连坐 lian⁴²tsuɤ³⁵⁴

咬 ȵiao³⁵⁴

保 pao³⁵⁴

取保 tɕʰy³⁵pao³⁵⁴

保人 pao³⁵ʐən⁰

逮 tai³⁵⁴

逮捕 tai³⁵pu³⁵⁴

押 ia⁵⁵

警车 tɕin³⁵tʂʰɤ⁰

清官 tɕʰin⁵⁵kuan⁵⁵

赃官 tsaŋ⁵⁵kuan⁵⁵

受贿 ʂəu³⁵xuei²¹³

行贿 ɕin⁴²xuei²¹³

罚款 fa⁴²kʰuan³⁵⁴

斩首 tʂan³⁵ʂəu³⁵⁴

枪毙 tɕʰiaŋ⁵⁵pi²¹³

标 piao⁵⁵ 斩条，旧时插在死囚背后验明正身的木条

草标 tsao³⁵piao⁰ 旧时人口买卖市场上，作为待售的标志的草束，插在头部或者背上

拷打 kʰao³⁵ta³⁵⁴

打沟板子 ta³⁵kəu⁵⁵pan⁰tsʅ⁰ 旧时刑法，用板子打屁股

上枷 ʂaŋ²¹tɕia⁵⁵

手铐 ʂəu³⁵kʰao²¹³

脚镣 tɕyɤ⁵⁵liao²¹³

背绑 pei²¹paŋ³⁵⁴（胳膊往后）绑起来

看住咾 kʰan⁵⁵tsu⁰lao⁰/押到兀咾 ia⁵⁵tao⁰uɤ²¹lao³⁵ 囚禁

坐监狱 tsuɤ²¹tɕian⁵⁵y⁵⁵ 坐牢

探监 $t^han^{21}tɕian^{55}$

劳改 $lao^{42}kai^{354}$

越狱 $yɤ^{55}y^{55}$

立字据 $li^{55}tsɿ^{21}tɕy^{35}$

写条子 $ɕiɛ^{35}t^hiao^{42}tsɿ^{0}$ 民间买卖借贷等写字据为证

换条子 $xuan^{35}t^hiao^{42}tsɿ^{0}$ 民间借贷买卖等活动中需要变更约定时，新字据换旧字据

抽条子 $tʂ^həu^{55}t^hiao^{42}tsɿ^{0}$ 民间借贷买卖等活动完成后，把当时写下的字据从对方手里拿回来

合同 $xɤ^{42}t^hoŋ^{0}$

画押 $xua^{21}ia^{55}$

按指拇印印 $ŋan^{21}tsɿ^{55}mu^{0}in^{21}in^{35}$ 按手印

地界 $ti^{35}tɕiɛ^{213}$

村界 $ts^huən^{55}tɕiɛ^{213}$

界桩 $tɕiɛ^{21}tsuaŋ^{35}$

房契 $faŋ^{42}tɕ^hi^{213}$

地契 $ti^{35}tɕ^hi^{213}$

税 $suei^{213}$

租子 $tsu^{55}tsɿ^{0}$

税票 $suei^{35}p^hiao^{213}$

交税 $tɕiao^{55}suei^{213}$

执照 $tʂɿ^{42}tʂao^{213}$

牌照 $p^hai^{42}tʂao^{213}$

告示 $kao^{21}sɿ^{354}$／布告 $pu^{35}kao^{213}$

路条 $lu^{35}t^hiao^{42}$ 大约80年代以前使用

通知 $t^hoŋ^{55}tʂɿ^{55}$

命令 $min^{35}lin^{213}$

大印 $ta^{35}in^{213}$ 官印，公章

红章子 $xoŋ^{42}tʂaŋ^{55}tsɿ^{0}$ 印章红戳

权 tɕʰyan⁴²

私访 sʅ⁵⁵faŋ³⁵⁴

交代 tɕiao⁵⁵tai⁰把经手的事务移交给接替的人

上任 ʂaŋ³⁵ʐən²¹³/上台 ʂaŋ³⁵tʰai⁴²

卸任 ɕiɛ³⁵ʐən²¹³/下台 ɕia³⁵tʰai⁴²

免 mian³⁵⁴ 罢免

文书 uən⁴²su⁰

传票 tsʰuan⁴²pʰiao²¹³

十八 交际

交往 tɕiao⁵⁵uaŋ³⁵⁴

来往 uaŋ³⁵lai⁴² 交际往来：我不爱跟谁～，烦得很

上门 ʂaŋ³⁵mən⁴² 到门上家里来：～都是客

客 kʰei⁵⁵ 客人

请客 tɕʰin³⁵kʰei⁵⁵

当客 taŋ⁵⁵kʰei⁵⁵ 做客

迎客 in⁴²kʰei⁵⁵

接待 tɕiɛ⁵⁵tai⁰/管待 kuan³⁵tai⁰/待承 tai²¹tʂʰən³⁵⁴ 接待（客人）

慢待 man³⁵tai²¹³

主家 tsu³⁵tɕia⁰ 主人

稀客 ɕi⁵⁵kʰei⁰ 不常来的贵客

男客 lan⁴²kʰei⁵⁵

女客 ȵy³⁵kʰei⁵⁵

面生 mian²¹sən⁵⁵

面熟 mian³⁵su⁴²

面善 mian³⁵ʂan²¹³ 面目和蔼

送礼 soŋ²¹li³⁵⁴

回礼 xuei⁴²li³⁵⁴

礼 li³⁵⁴/礼程 li³⁵tʂʰən⁰ 礼品，礼物

礼单 li³⁵tan⁰载明礼物的帖单

礼簿 li³⁵pu²¹³

写礼 ɕiɛ³⁵li³⁵⁴指在红白事礼簿上写上礼金数和姓名

人情 ʐən⁴²tɕʰin⁰

行人情 ɕin⁴²ʐən⁴²tɕʰin⁰参加红白喜事赴宴坐席等：老王～去咾

交情 tɕiao⁵⁵tɕʰin⁰

心意领咾 ɕin⁵⁵i²¹lin³⁵lao⁰

陪人 pʰei⁴²ʐən⁴²陪客人：今天～陪咾一天

送人 soŋ³⁵ʐən⁴²给客人送行：火车站～去咾

慢走 man²¹tsəu³⁵⁴/慢去 man³⁵tɕʰi²¹³/二回（又）来耍 ər³⁵xuei⁴²iəu³⁵lai⁴²sua³⁵⁴送客人时主人的告别话

你回去 n̠i³⁵xuei⁴²tɕʰi⁰/覅送咾 pao²¹soŋ²¹lao³⁵/到我们来耍 tao²¹ŋɤ³⁵mən⁰lai⁴²sua³⁵⁴送客人时客人的告别话

谢谢 ɕiɛ³⁵ɕiɛ²¹³/把你麻烦咾 pa²¹n̠i³⁵ma⁴²fan⁴²lao⁰

覅客气 pao⁴²kʰei⁵⁵tɕʰi⁰主人的客气话

不客气 pu²¹kʰei⁵⁵tɕʰi⁰客人的客气话

待客 tai²¹kʰei⁵⁵招待客人

摆桌桌 pai³⁵tsuɤ⁵⁵tsuɤ⁰/备席 pei³⁵ɕi⁴²设席

一桌席 i⁴²tsuɤ⁵⁵ɕi⁴²

打平伙 ta³⁵pʰin⁴²xuɤ⁰均摊

桌子底下数腿腿 tsuɤ⁵⁵tsɿ⁰ti³⁵xa⁰su³⁵tʰuei³⁵tʰuei⁰平摊酒席费用，AA制的戏谑说法

请帖 tɕʰin³⁵tʰiɛ⁰

下帖子 ɕia²¹tʰiɛ⁵⁵tsɿ⁰

送帖子 soŋ²¹tʰiɛ⁵⁵tsɿ⁰

入席 ʐu⁵⁵ɕi⁴²

坐席 tsuɤ³⁵ɕi⁴²

上首 ʂaŋ²¹ʂəu³⁵⁴

上把位 ʂaŋ²¹pa³⁵uei²¹³八仙桌的上座，坐位分尊卑时最尊的坐位，一

般是面朝门口的座位

　　下首 ɕia²¹ʂəu³⁵⁴

　　主客 tsu³⁵kʰei⁰

　　陪客 pʰei⁴²kʰei⁰

　　席面 ɕi⁴²mian⁰

　　流水席 liəu⁴²suei³⁵ɕi⁴²

　　上菜 ʂaŋ³⁵tsʰai²¹³汉中习俗，应从席桌下首左边按凉菜、酒、热菜、汤、饭、下饭菜、水果等顺序上菜。上菜时盘子不能高过客人肩头，上整只的鸡鸭鱼时，头要对着"上把位"，每上一道菜都要报出菜名，并撤走空菜盘，整理好桌面

　　倒酒 tao²¹tɕiəu³⁵⁴

　　劝酒 tɕʰyan²¹tɕiəu³⁵⁴

　　扯酒筋 tʂɤ³⁵tɕiəu³⁵tɕin⁵⁵/扯筋 tʂɤ³⁵tɕin⁵⁵ 寻找劝酒理由反复劝酒，主客相互辞让的喝酒过程

　　敬酒 tɕin²¹tɕiəu³⁵⁴/看酒 kʰan²¹tɕiəu³⁵⁴ 敬酒：给你看杯酒么

　　走圈 tsəu³⁵tɕʰyan⁵⁵/打圈 ta³⁵tɕʰyan⁵⁵ 酒席上一个人给同桌所有人顺次敬酒，走完全桌为一圈

　　碰杯 pʰəŋ²¹pei⁵⁵ 平辈碰杯喝酒

　　干杯 kan⁵⁵pei⁵⁵

　　老虎拳 lao⁵⁵xu⁰tɕʰyan⁴²/老虎杠子 lao⁵⁵xu⁰kaŋ²¹tsɻ³⁵

　　划拳 xua⁴²tɕʰyan⁴²

　　螃蟹拳 pʰaŋ⁴²xai⁰tɕʰyan⁴²

　　作假 tsəu²¹tɕia³⁵⁴ 因为客套的假装：嫑~，多吃点，回去可没得饭呦

　　不卯 pu²¹mao³⁵⁴ 不和

　　对头 tuei²¹tʰəu³⁵

　　打搅 ta³⁵tɕiao³⁵⁴ 搅和：兄弟要得好，嫑跟钱~；兀个人难说话得很，嫑跟他~

　　打抱不平 ta³⁵pao²¹pu³⁵pʰin⁴²

　　冤枉 yan⁵⁵uaŋ⁰

见不得 tɕian²¹pu³⁵ti⁰ 觉得可怜或凄惨而不敢看到：兀个娃造孽的很哪，我是~

巴希不得 pa⁵⁵ɕi⁰pu⁰ti⁰ 巴不得

接嘴 tɕiɛ⁵⁵tsuei³⁵⁴ 接话

话把把 xua³⁵pa²¹pa³⁵ 话柄

作难 tsuɤ⁴²lan⁴² 为难

难黏筋 lan⁴²ʐan⁴²tɕin⁵⁵ 难缠

难说话 lan⁴²suɤ⁵⁵xua²¹³

好说话 xao³⁵suɤ⁵⁵xua²¹³

景 tɕin³⁵⁴ 奇观，比喻不合规矩的事：没得管教，成咾~咾；今天直接见~哩

撇脱 pʰiɛ⁵⁵tʰuɤ⁰ 形容说话办事简明爽利，不为难人

搜事 səu⁵⁵sɿ²¹³ 故意找事

找括索 tsao³⁵kʰuɤ⁵⁵suɤ⁰ 故意找茬，找麻烦

翻是非 fan⁵⁵sɿ²¹fei³⁵ 挑拨是非

喊喊欷欷 tɕʰi⁵⁵tɕʰi⁰tsʰu⁵⁵tsʰu⁵⁵ 窃窃私语的样子

做作 tsəu²¹tsuɤ³⁵/装作 tsuaŋ55tsuɤ0 做作，装腔作势的样子

抖倒起 tʂəu³⁵tao⁰tɕiɛ⁰ 形容端着架子的样子

沟子咬咾 kəu⁵⁵tsɿ⁰ȵiao³⁵lao⁰ 常用俗语，比喻没事找事，找上了麻烦

鬼把脑壳摸咾 kuei³⁵pa²¹lao³⁵kʰɤ⁰mɤ⁵⁵lao⁰ 常用俗语，比喻莫名其妙地做出一些后来才醒悟、自己都觉得很不可思议的事

装呆米 tsuaŋ⁵⁵tai⁵⁵mi⁰/装 tsuaŋ⁵⁵ 形容揣着明白装糊涂

出洋相 tsʰu⁵⁵iaŋ⁴²ɕiaŋ⁰

招嘴 tʂao⁵⁵tsuei³⁵⁴ 和某人交往、说话：上次吵咾架，几个月没跟他~

开腔 kʰai⁵⁵tɕʰiaŋ⁵⁵ 说话

开声气 kʰai⁵⁵ʂən⁵⁵tɕʰi⁰ 开腔说话：我懒得理识他，不想给他~

开黄腔 kʰai⁵⁵xuaŋ⁴²tɕʰiaŋ⁵⁵/撂黄腔 liao³⁵xuaŋ⁴²tɕʰiaŋ⁵⁵ 说外行话

显 ɕian³⁵⁴ 显摆：爱~得很

臭骚轻 tʂʰəu²¹sao⁵⁵tɕʰin⁵⁵

轻得搁不下 tɕʰin⁵⁵ti⁰kɤ²¹pu⁰xa²¹lao³⁵ 形容轻浮张狂的样子

丢人 tiəu⁵⁵ʐən⁴²

羞人 ɕiəu⁵⁵ʐən⁴²

人缘好 ʐən⁴²yan⁴²xao³⁵⁴

会围人 xuei³⁵uei⁴²ʐən⁴² 善于与人建立深厚情感，培养人际关系

出风头 tsʰu⁵⁵fəŋ⁵⁵tʰəu⁰

要强 iao³⁵tɕʰiaŋ⁴²

争气 tsən⁵⁵tɕʰi²¹³

吃屎都要吃个屎尖尖 tʂʰʅ⁵⁵sʅ³⁵təu⁵⁵iao²¹tʂʰʅ⁵⁵kɤ⁰sʅ³⁵tɕian⁵⁵tɕian⁰ 常用俗语，形容过于要强的人

手伸得长 ʂəu³⁵tʂʰən⁵⁵ti⁰tʂʰaŋ⁴² 形容管得宽

巴结 pa⁵⁵tɕiɛ⁰

舔沟子 tʰian³⁵kəu⁵⁵tsʅ⁰

串门 tsʰuan³⁵mən⁴²

带搭不理 tai²¹ta³⁵pu²¹li³⁵⁴ 爱理不理的样子

看笑声 kʰan³⁵ɕiao²¹ʂən³⁵⁴ 看别人笑话

拉的下脸 la⁵⁵ti⁰xa²¹lian³⁵⁴ 形容能豁出面子

拉不下脸 la⁵⁵pu⁰xa²¹lian³⁵⁴ 形容腼腆要面子

面软 mian²¹ʐuan³⁵⁴／面情软 mian³⁵tɕʰin⁴²ʐuan³⁵⁴ 形容脸皮薄好说话，不会拒绝他人

钻腾 tsuan⁵⁵tʰən⁰ 钻营

托人 tʰuɤ⁵⁵ʐən⁴²

拉关系 la⁵⁵kuan⁵⁵ɕi⁰

找关系 tsao³⁵kuan⁵⁵ɕi⁰

求人 tɕʰiəu⁴²ʐən⁴²

人不求人一般高 ʐən⁴²pu⁰tɕʰiəu⁴²ʐən⁴²i⁴²pan⁵⁵kao⁵⁵

提上猪头找不到庙门 tʰi⁴²ʂaŋ⁰tsu⁵⁵tʰəu⁰tsao³⁵pu⁰tao³⁵miao³⁵mən⁴²

口敞宏大 kʰəu³⁵tʂʰaŋ³⁵xoŋ⁴²ta²¹³ 口气大

气壮 tɕʰi²¹tsuaŋ³⁵⁴ 气盛的样子

气长 tɕʰi³⁵tʂʰaŋ⁴² 有底气的样子

有底货 iəu³⁵ti³⁵xuɤ⁰ 形容家世财力人际等有基础、有背景

咥实货 tiɛ⁴² ʂʅ⁴²xuɤ²¹³ 形容捞到干货，获得实际利益等

捞干的 lao⁵⁵kan⁵⁵ti⁰ 挑重要的

看得起 kʰan²¹ti⁰tɕʰiɛ³⁵

看不起 kʰan²¹pu⁰tɕʰiɛ³⁵

合伙 xɤ⁴²xuɤ³⁵⁴

答应 ta⁵⁵in⁰

不答应 pu⁴²ta⁵⁵in⁰

愿意 yan³⁵i²¹³

不愿意 pu⁴²yan³⁵i²¹³

搿出去 ȵian³⁵tsʰu⁰tɕʰi⁰

十九　商业、交通

（一）　经商行业

字号 tsʅ³⁵xao²¹³

招牌 tʂao⁵⁵pʰai⁰／牌子 pʰai⁴²tsʅ⁰

广告 kuaŋ³⁵kao²¹³

开铺铺 kʰai⁵⁵pʰu²¹pʰu³⁵／开店店 kʰai⁵⁵tian²¹tian³⁵

门面 mən⁴²mian⁰

门面房 mən⁴²mian⁰faŋ⁴²

摆摊摊 pai³⁵tʰan⁵⁵tʰan⁰

出摊 tsʰu⁵⁵tʰan⁵⁵

收摊 ʂəu⁵⁵tʰan⁵⁵

铺板 pʰu²¹pan³⁵

做生意 tsəu²¹sən⁵⁵i⁰

旅社 ly³⁵ʂɤ²¹³／宾馆 pin⁵⁵kuan³⁵⁴

馆子 kuan³⁵tsʅ⁰／食堂 ʂʅ⁴²tʰaŋ⁴² 这里的食堂指小饭馆

下馆子 ɕia²¹kuan³⁵tsʅ⁰

伙计 xuɤ³⁵tɕi⁰

布店 pu³⁵tian²¹³

百货商店 pei⁵⁵xuɤ⁰ʂaŋ⁵⁵tian²¹³／大商店 ta²¹ʂaŋ⁵⁵tian²¹³

杂货铺 tsa⁴²xuɤ⁰pʰu²¹³

油坊 iəu⁴²faŋ⁵⁵

粮店 liaŋ⁴²tian²¹³／粮站 liaŋ⁴²tsan²¹³

磨坊 mɤ²¹faŋ³⁵

点心铺 tian³⁵ɕin⁰pʰu²¹³

肉铺 ʐəu³⁵pʰu²¹³

当铺 taŋ³⁵pʰu²¹³

瓷器店 tsʰʅ⁴²tɕʰi⁰tian²¹³

文具店 uən⁴²tɕy³⁵tian²¹³

书店 su⁵⁵tian²¹³

茶馆 tsʰa⁴²kuan³⁵⁴

茶叶店 tsʰa⁴²iɛ⁵⁵tian²¹³

理发店 li³⁵fa⁵⁵tian²¹³

剃头挑子 tʰi³⁵tʰəu⁴²tʰiao⁵⁵tsʅ⁰

理发 li³⁵fa⁵⁵／剃头 tʰi³⁵tʰəu⁴²／推头 tʰuei⁵⁵tʰəu⁴²

刮脸 kua⁵⁵lian³⁵⁴

刮胡子 kua⁵⁵xu⁴²tsʅ⁰

杀猪 sa⁵⁵tsu⁵⁵

煤场 mei⁴²tʂʰaŋ³⁵⁴

块煤 kʰuai³⁵mei⁴²

蜂窝煤 fəŋ⁵⁵uɤ⁵⁵mei⁴²

（二）经营、交易

开张 kʰai⁵⁵tʂaŋ⁵⁵

关门 kuan⁵⁵mən⁴²

盘点 pʰan⁴²tian³⁵⁴

柜台 kuei³⁵tʰai⁴²

要价 iao³⁵tɕia²¹³

还价 xuan⁴²tɕia²¹³

砍价 kʰan³⁵tɕia²¹³

便宜 pʰian⁴²i⁰

贵 kuei²¹³

合适 xɤ⁴²ʂɿ²¹³/划着 xua⁴²tʂʰɤ⁰

包咾 pao⁵⁵lao⁰ 包揽，保底

冤枉钱 yan⁵⁵uaŋ⁰tɕʰian⁴²

生意好 sən⁵⁵i⁰xao³⁵⁴

生意撇 sən⁵⁵i⁰pʰiɛ²¹³

工钱 koŋ⁵⁵tɕʰian⁰

本钱 pən³⁵tɕʰian⁰

保本 pao³⁵pən³⁵⁴

挣钱 tsən³⁵tɕʰian⁴²

折本 ʂɤ⁴²pən³⁵⁴ 亏本

倒□ tao²¹pia⁵⁵ 倒贴

路费 lu³⁵fei²¹³/盘缠 pʰan⁴²tʂʰan⁰

揽销 tɕiao³⁵ɕiao⁰ 日常吃嚼零碎的花费

利息 li²¹ɕi³⁵/利钱 li²¹tɕʰian³⁵

押金 ia⁵⁵tɕin⁵⁵/定钱 tin²¹tɕʰian³⁵

运气好 yn²¹tɕʰi⁰xao³⁵⁴

争 tsən⁵⁵ 欠：~他三元钱

差 tsʰa⁵⁵/争 tsən⁵⁵ 差：~五角十元，即九元五角

（三）账目、度量衡

账房 tʂaŋ²¹faŋ³⁵

花销 xua⁵⁵ɕiao⁰

账 tʂaŋ²¹³

账本 tʂaŋ²¹pən³⁵⁴

上账 ʂaŋ³⁵tʂaŋ²¹³

记账 tɕi³⁵tʂaŋ²¹³

拉账 la⁵⁵tʂaŋ²¹³ 欠账

要账 iao³⁵tʂaŋ²¹³

还账 xuan⁴²tʂaŋ²¹³

赖账 lai³⁵tʂaŋ²¹³

糊涂账 xu⁴²tu⁰tʂaŋ²¹³

清账 tɕʰin⁵⁵tʂaŋ²¹³

烂账 lan³⁵tʂaŋ²¹³ 要不回来的账

旧账 tɕiəu³⁵tʂaŋ²¹³

新账 ɕin⁵⁵tʂaŋ²¹³

流水账 liəu⁴²suei³⁵tʂaŋ²¹³

发票 fa⁵⁵pʰiao²¹³

收条 ʂəu⁵⁵tʰiao⁴²

借条 tɕiɛ²¹tʰiao³⁵

白条子 pei⁴²tʰiao⁴²tsʅ⁰

字据 tsʅ³⁵tɕy²¹³

攒钱 tsan³⁵tɕʰian⁴²

存款 tsʰuən⁴²kʰuan³⁵⁴

私己 sʅ⁵⁵tɕi⁰ 私房钱

现钱 ɕian³⁵tɕʰian⁴²

闲钱 ɕian⁴²tɕʰian⁴² 暂时无所投资的钱

整钱 tʂən³⁵tɕʰian⁴²

花开 xua⁵⁵kʰai⁰ 整换零

零钱 lin⁴²tɕʰian⁴²

纸币 tsʅ³⁵pi²¹³

硬币 ȵin³⁵pi²¹³

铜钱 tʰoŋ⁴²tɕʰian⁴²

银元 in⁴²yan⁴²／袁大头 yan⁴²ta³⁵tʰəu⁴²

一分钱 i⁴²fən⁵⁵tɕʰian⁴²

一毛钱 i⁴² mao⁴² tɕʰian⁴²

一块钱 i⁴² kʰuai³⁵ tɕʰian⁴²

十块钱 ʂʅ⁴² kʰuai⁰ tɕʰian⁴²

一百块钱 i⁴² pei⁵⁵ kʰuai⁰ tɕʰian⁴²

一张票子 i⁴² tʂaŋ⁵⁵ pʰiao²¹ tsʅ³⁵

一个铜钱 i⁴² kɤ³⁵ tʰoŋ⁴² tɕʰian⁴²

麻钱 ma⁴² tɕʰian⁴² 小铜钱

块块钱 kʰuai³⁵ kʰuai⁰ tɕʰian⁴²

毛毛钱 mao⁴² mao⁰ tɕʰian⁴²

分分钱 fən⁵⁵ fən⁰ tɕʰian⁴²

算盘 suan²¹ pʰan³⁵

天平 tʰian⁵⁵ pʰin⁴²

戥子 tən³⁵ tsʅ⁰

秤 tʂʰən²¹³

磅秤 paŋ³⁵ tʂən²¹³

过磅 kuɤ³⁵ paŋ²¹³

盘盘秤 pʰan⁴² pʰan⁰ tʂʰən²¹³ 台秤

杆秤 kan³⁵ tʂʰən²¹³

秤盘 tʂʰən³⁵ pʰan⁴²

秤星星 tʂʰən²¹ ɕin⁵⁵ ɕin⁰

秤杆杆 tʂʰən²¹ kan³⁵ kan⁰

秤钩钩 tʂʰən²¹ kəu⁵⁵ kəu⁰

秤砣 tʂən³⁵ tʰuɤ⁴² 秤锤

秤系系 tʂən³⁵ ɕi²¹ ɕi³⁵ 秤毫

秤高 tʂʰən²¹ kao⁵⁵/望 uaŋ²¹³

秤低 tʂən²¹ ti⁵⁵

榨秤 tsa³⁵ tʂən²¹³ 物体因某些原因而称重分量大：才捞上来的鱼~得很

折秤 ʂɤ⁴² tʂʰən²¹³ 复秤时重量因损耗而减少：这阵现在去称，这个鱼

肯定～咾

  刮板 kua⁵⁵pan⁰ 平斗斛的木片

  志 tsʅ²¹³ 称：老板来给我～一下

  抛 pʰao⁴² 称东西时减去容器的分量：～半斤的皮

  提提 tʰi⁴²ti⁰ 汉中出售酱油醋、酒等液体货物的长把容器，根据制作体积的大小方便与斤两对应：一～刚好半斤

  （四）交通

  铁路 tʰiE⁵⁵lu²¹³

  铁道 tʰiE³⁵tao²¹³/铁轨 tʰiE³⁵kuei³⁵⁴

  火车 xuɤ³⁵tʂʰɤ⁰

  火车站 xuɤ³⁵tʂʰɤ⁰tsan²¹³

  火车头 xuɤ³⁵tʂʰɤ⁵⁵tʰəu⁴²

  车厢 tʂʰɤ⁵⁵ɕiaŋ⁵⁵

  公路 koŋ⁵⁵lu²¹³

  汽车 tɕʰi²¹tʂʰɤ³⁵

  班车 pan⁵⁵tʂʰɤ⁰ 指汽车客车

  卡车 kʰa³⁵tʂʰɤ⁰ 指汽车货车

  公交车 koŋtɕiao⁵⁵tʂʰɤ⁵⁵ 公共汽车

  大轿子车 ta³⁵tɕiao²¹tsʅ⁰tʂʰɤ⁵⁵/大巴车 ta²¹pa⁵⁵tʂʰɤ⁵⁵

  中巴车 tsoŋ⁵⁵pa⁵⁵tʂʰɤ⁵⁵ 新词，通常称呼县际客运班车

  小汽车 ɕiao³⁵tɕʰi²¹tʂʰɤ⁵⁵/小轿车 ɕiao³⁵tɕiao²¹tʂʰɤ⁵⁵

  摩托车 mɤ⁵⁵tʰuɤ⁵⁵tʂʰɤ⁵⁵

  三轮车 san⁵⁵luən⁴²tʂʰɤ⁵⁵/三轮 san⁵⁵luən⁴² 后者是常用的简称

  弹弹车 tan²¹tan³⁵tʂʰɤ⁵⁵ 载客的小型三轮车或四轮车

  蹦蹦车 pəŋ⁵⁵pəŋ⁰tʂʰɤ⁵⁵/三轮蹦蹦 san⁵⁵luən⁴²pəŋ⁵⁵pəŋ⁰ 载货的小型三轮车或四轮车

  自行车 tsʅ³⁵ɕin⁴²tʂʰɤ⁵⁵/车子 tʂʰɤ⁵⁵tsʅ⁰

  拉拉车 la⁵⁵la⁰tʂʰɤ⁵⁵/架子车 tɕia²¹tsʅ³⁵tʂʰɤ⁵⁵ 运货车，人拉的时候多叫拉拉车，和架子车是同一种车。是汉中当地常见的主要人力畜力运载

车，由木车体和车轮组成。以下是这种车的各部分名称：

车把手 tʂʰɤ⁵⁵pa³⁵ʂəu⁰/扶手 fu⁴²ʂəu⁰

车帮帮 tʂʰɤ⁵⁵paŋ⁵⁵paŋ⁰ 指车的两侧

车架子 tʂʰɤ⁵⁵tɕia²¹tsʅ³⁵ 指整体车架主体

车板子 tʂʰɤ⁵⁵pan³⁵tsʅ⁰ 指车架上的平板部分

车轱辘 tʂʰɤ⁵⁵ku⁵⁵lu⁰/轮子 luən⁴²tsʅ⁰/滚滚 kuən³⁵kuən⁰ 车轮

车杠 tʂʰɤ⁵⁵kaŋ²¹³ 车腹下面插车轴的中空铁管

车轴 tʂʰɤ⁵⁵tʂəu⁴² 连在车轮上的一截轴棍，插在车杠里后车轮就上好了

花筒 xua⁵⁵tʰoŋ⁰ 套在轴承外面安装车条连接车圈的圆筒

车圈 tʂʰɤ⁵⁵tɕʰyan⁵⁵ 车外圈

车条 tʂʰɤ⁵⁵tʰiao⁴² 车辐条

内带 luei³⁵ti²¹³ 车内带

外带 uai³⁵tai²¹³ 车外带

拖棒 tʰuɤ⁵⁵paŋ²¹³ 安装在拉拉车车尾两角的两根木棒，当车把手抬起时，起到车尾触地增加摩擦的刹车作用

鸡公车 tɕi⁵⁵koŋ⁵⁵tʂʰɤ⁵⁵ 独轮的小手推车，最早车体和轮子都是木制的，农家常用

船 tsʰuan⁴²

渔船 y⁴²tsʰuan⁴²

渡船 tu³⁵tsʰuan⁴²

货船 xuɤ³⁵tsʰuan⁴²

老鸹船 lao³⁵ua⁰tsʰuan⁴² 横竖长度不过 1—2 米长的小捕鱼船，只能供一人站立在上面，有单舱的，有双舱的

桨 tɕiaŋ³⁵⁴/划子 xua⁴²tsʅ⁰ 桨

檬杆 xao⁵⁵kan⁰ 撑船的长竹竿

筏子 fa⁴²tsʅ⁰ 竹筏

皮筏子 pʰi⁴²fa⁴²tsʅ⁰ 小型气垫船

淘金船 tʰao⁴²tɕin⁵⁵tsʰuan⁴² 汉江河床前些年常见的挖沙和淘沙金的大

机械船

帆 fan⁵⁵ 当地船只很少用

篷篷 pʰəŋ⁴²pʰəŋ⁰ 船篷子。当地船只很少有带篷的，新型船只才用

跳板 tʰiao²¹pan³⁵ 上下船用的木板

轮船 luən⁴²tsʰuan⁴² 新词

摆渡 pai³⁵tu²¹³

渡口 tu²¹kʰəu³⁵⁴

桥 tɕʰiao⁴²

桥墩子 tɕʰiao⁴²tuən⁵⁵tsʅ⁰

桥洞 tɕʰiao⁴²tʰoŋ²¹³

大桥 ta³⁵tɕʰiao⁴² 汉中市各个沿汉江的区县过去一般都有一座跨汉江的桥，是当地交通的重要基础设施。当地一般提到"大桥"，是特指那一座最早修建的跨汉江的大桥。现在一般还有老桥，新桥等相关词语

二十　文化教育

（一）学校

学校 ɕyɤ⁴²ɕiao²¹³

上开学咾 ʂaŋ²¹kʰai³⁵ɕyɤ⁴²lao⁰ 开始上学校

上学 ʂan³⁵ɕyɤ⁴² 去学校上课

放学 faŋ³⁵ɕyɤ⁴² 上完课回家

逃课 tʰao⁴²kʰɤ²¹³

转学 tsuan³⁵ɕyɤ⁴²

休学 ɕiəu⁵⁵ɕyɤ⁴²

退学 tʰuei³⁵ɕyɤ⁴²

幼儿园 iəu²¹ər³⁵yuan²¹³

托儿所 tʰuɤ⁵⁵ər⁰suɤ³⁵⁴

义学 i³⁵ɕyɤ⁴²

私塾 sʅ⁵⁵su⁴²

学费 ɕyɤ⁴²fei²¹³

放假 faŋ³⁵tɕia²¹³

暑假 su³⁵tɕia²¹³

寒假 xan⁴²tɕia²¹³

请假 tɕʰin³⁵tɕia²¹³

批假 pʰi⁵⁵tɕia²¹³

（二）教室、文具

教室 tɕiao³⁵ʂʅ⁰

课 kʰɤ²¹³

上课 ʂaŋ³⁵kʰɤ²¹³

下课 ɕia³⁵kʰɤ²¹³

老师 lao³⁵sʅ⁵⁵

教书 tɕiao⁵⁵su⁵⁵

教书先生 tɕiao⁵⁵su⁵⁵ɕian⁵⁵sən⁰

教书匠 tɕiao⁵⁵su⁵⁵tɕiaŋ²¹³

学生 ɕyɤ⁴²sən⁰/学娃子 ɕyɤ⁴²ua⁰tsʅ⁰：屋里家里两个～，一年价花销大得很

讲桌 tɕiaŋ³⁵tsuɤ⁵⁵

黑板 xei⁵⁵pan³⁵⁴

粉笔 fən³⁵pi⁰

板擦 pan³⁵tsʰa⁵⁵ 黑板擦

点名册 tian³⁵min⁴²tsʰei⁵⁵

板子 pan³⁵tsʅ⁰ 戒尺

课桌 kʰɤ²¹tsuɤ⁵⁵

桌兜 tsuɤ⁵⁵təu⁵⁵ 桌底柜

条凳 tʰiao⁴²tən²¹³ 双人长凳

单人单桌 tan⁵⁵ʐən⁴²tan⁵⁵tsuɤ⁵⁵

笔记本 pi⁵⁵tɕi²¹pən³⁵⁴/册册 tsʰei⁵⁵tsʰei⁰

书 su⁵⁵ 课本的统称

本本 pən³⁵pən⁰ 作业本的统称

卷子 tɕyan²¹tsʅ³⁵试卷的统称

铅笔 tɕʰian⁵⁵pi⁰

自动铅 tsʅ³⁵toŋ²¹tɕʰian⁵⁵

橡皮 ɕiaŋ³⁵pʰi⁴²/擦擦 tsʰa⁵⁵tsʰa⁰

刀刀 tao⁵⁵tao⁰文具小刀

旋笔刀 ɕyan²¹pi³⁵tao⁵⁵指旋着削的铅笔刀

圆规 yan⁴²kuei⁵⁵

尺板 tʂʰʅ⁵⁵pan⁰尺子

三角板 san⁵⁵tɕyɤ⁵⁵pan³⁵⁴

镇纸 tʂən²¹tsʅ³⁵⁴

作文本 tsuɤ⁵⁵uən⁴²pən³⁵⁴

大字本 ta³⁵tsʅ²¹pən³⁵⁴

影格 in³⁵kei⁰影格本

印住写 in²¹tsu³⁵ɕiɛ³⁵⁴下页有模字，影着写

照住写 tʂao²¹tsu³⁵ɕiɛ³⁵⁴下页没有模字，照着仿写

红模子 xoŋ⁴²mu⁴²tsʅ⁰红色字模

钢笔 kaŋ⁵⁵pi⁰

毛笔 mao⁴²pi⁵⁵

蘸水笔 tsan²¹suei³⁵pi⁵⁵

油笔 iəu⁴²pi⁵⁵

蜡笔 la⁵⁵pi⁰

水彩笔 suei³⁵tsʰai³⁵pi⁵⁵

笔帽帽 pi⁵⁵mao²¹mao³⁵保护毛笔头的

笔筒筒 pi⁵⁵tʰoŋ³⁵tʰoŋ⁰

笔尖尖 pi⁵⁵tɕian⁵⁵tɕian⁰

笔杆杆 pi⁵⁵kan³⁵kan⁰

笔架子 pi⁵⁵tɕia²¹tsʅ³⁵/笔架架 pi⁵⁵tɕia²¹tɕia³⁵架毛笔或挂毛笔的架子

砚台 ian³⁵tʰai⁴²

磨墨 mɤ⁴²mei⁵⁵

墨盒盒 mei⁵⁵xɤ⁴²xɤ⁰

墨汁 mei⁵⁵tʂʅ⁵⁵毛笔用的

蓝水 lan⁴²suei³⁵⁴钢笔用的

书包 su⁵⁵pao⁵⁵

纸 tsʅ³⁵⁴

洇 in²¹³因为纸不好而渗到下一页

铺衬卷卷 pʰu⁵⁵tsʰən⁰tɕyan³⁵tɕyan⁰形容卷边发皱不平整的纸张书本类事物

纸菲菲 tsʅ³⁵fei⁵⁵fei⁰纸屑

(三) 读书识字

读书人 tu⁴²su⁵⁵ʐən⁴²/文化人 uən⁴²xua³⁵ʐən⁴²念下书的 ȵian²¹xa³⁵su⁵⁵ti⁰/上下学的 ʂaŋ²¹xa³⁵ɕyɤ⁴²ti⁰

识字的 ʂʅ⁴²tsʅ²¹ti³⁵

不识字的 pu²¹ʂʅ⁴²tsʅ²¹ti³⁵/文盲 uən⁴²maŋ⁴²

睁眼瞎 tsən⁵⁵ȵian³⁵xa⁵⁵称呼文盲的嘲笑或自嘲说法

念书 ȵian²¹su⁵⁵读书

看书 kʰan²¹su⁵⁵温书, 学习

背书 pei²¹su⁵⁵

考试 kʰao³⁵sʅ²¹³

报考 pao²¹kʰao³⁵⁴

考场 kʰao³⁵tʂʰaŋ³⁵⁴

进考场 tɕin²¹kʰao³⁵tʂʰaŋ³⁵⁴

卷子 tɕyan²¹tsʅ³⁵

题 tʰi⁴²

满分 man³⁵fən⁰/一百分 i²¹pei⁵⁵fən⁰

零分 lin⁴²fən⁰/零蛋 lin⁴²tan²¹³

刚及格 kaŋ⁵⁵tɕi⁵⁵kei⁵⁵

不及格 pu²¹tɕi⁵⁵kei⁵⁵

白卷 pei⁴² tɕyan²¹³

丫丫 ia⁵⁵ ia⁰ 对号

叉叉 tsʰa⁵⁵ tsʰa⁰ 错号

判卷子 pʰan³⁵ tɕyan²¹ tsʅ³⁵/号卷子 xao³⁵ tɕyan²¹ tsʅ³⁵ 改卷

录取 lu⁵⁵ tɕʰy³⁵⁴/录上咾 lu⁵⁵ ʂaŋ⁰ lao⁰

头一名 tʰəu⁴² i⁰ min⁴²/第一名 ti²¹ i⁵⁵ min⁴²

末名 mɤ⁵⁵ min⁴²/最后一名 tsuei³⁵ xəu²¹ i²¹ min⁴²/倒数第一 tao²¹ su³⁵ ti²¹ i⁵⁵

留级 liəu²¹ tɕi⁵⁵

留级猴 liəu²¹ tɕi⁵⁵ xəu⁴² 称呼留级生的讽刺嘲笑说法

复习 fu⁵⁵ ɕi⁴² 特指应届高考没有被录取，再上一次高三：他想再～一年

毕业 pi⁵⁵ ȵiE⁵⁵

肄业 i⁴² ȵiE⁵⁵

文凭 uən⁴² pʰin⁰

（四）写字

大楷 ta²¹ kʰai³⁵⁴

小楷 ɕiao³⁵ kʰai³⁵⁴

连笔字 lian⁴² pi⁵⁵ tsʅ²¹³ 行草书写法的字

鬼画桃符 kuei³⁵ xua³⁵ tʰao⁴² fu⁴² 批评字写得太潦草看不清晰

字帖 tsʅ²¹ tʰiE⁵⁵

墨咾 mei⁴² lao⁰ 涂掉（写错的字）

写白字 ɕiE³⁵ pei⁴² tsʅ²¹³

多字 tuɤ⁵⁵ tsʅ²¹³

掉字 tiao³⁵ tsʅ²¹³

草稿 tsʰao³⁵ kao³⁵⁴

打草稿 ta³⁵ tsʰao³⁵ kao⁰

誊 tʰən⁴² 誊写

一点 i²¹ tian³⁵⁴

一横 i²¹ xən²¹³

一竖 i²¹ su²¹³

一撇 i²¹ pʰiɛ³⁵⁴

一捺 i²¹ la⁵⁵

一勾 i²¹ kəu⁵⁵

一提 i²¹ tʰi⁴²

一画 i²¹ xua²¹³

一笔 i²¹ pi⁵⁵

偏旁 pʰian⁵⁵ pʰaŋ⁴²

单人旁 tan⁵⁵ z̩ən⁰ pʰaŋ⁴²

双人旁 suaŋ⁵⁵ z̩ən⁰ pʰaŋ⁴²

弓长张 koŋ⁵⁵ tʂʰaŋ⁴² tʂaŋ⁵⁵

立早章 li⁵⁵ tsao³⁵ tʂaŋ⁵⁵

禾口程 xɤ⁴² kʰəu³⁵ tʂʰən⁴²

耳东陈 ər³⁵ toŋ⁵⁵ tʂʰən⁴²

国字框 kuɤ⁵⁵ tsɿ⁰ kʰuaŋ⁵⁵

宝盖头 pao³⁵ kai³⁵ tʰəu⁴²

秃宝盖 tʰu⁵⁵ pao³⁵ kai²¹³

竖心旁（忄） su²¹ ɕin⁵⁵ pʰaŋ⁴²

反犬旁（犭） fan³⁵ tɕʰyan³⁵ pʰaŋ⁴²

右耳包（阝） iəu²¹ ər³⁵ pao⁰

左耳包（阝） tsuɤ³⁵ ər³⁵ pao⁰

反文旁（攵） fan³⁵ uən⁴² pʰaŋ⁴²

斜玉旁（玉） ɕiɛ⁴² y⁵⁵ pʰaŋ⁴²

提土旁（土） tʰi⁴² tʰu³⁵ pʰaŋ⁴²

竹字头（竹） tsu⁵⁵ tsɿ⁰ tʰəu⁴²

火字旁（火） xuɤ³⁵ tsɿ⁰ pʰaŋ⁴²

利刀旁 li²¹ tao⁵⁵ pʰaŋ⁴²

厂字头 tʂʰaŋ³⁵ tsɿ⁰ tʰəu⁴²

广字头 kuaŋ³⁵tsʅ⁰tʰəu⁴²

肉月旁 ʐəu²¹yɤ⁵⁵pʰaŋ⁴²

金字旁 tɕin⁵⁵tsʅ⁰pʰaŋ⁴²

食字旁 ʂʅ⁴²tsʅ⁰pʰaŋ⁴²

言字旁 ian⁴²tsʅ⁰pʰaŋ⁴²

足字旁 tsu⁵⁵tsʅ⁰pʰaŋ⁴²

四点底 sʅ²¹tian³⁵ti³⁵⁴

三点水（氵）san⁵⁵tian³⁵suei³⁵⁴

两点水（冫）liaŋ³⁵tian³⁵suei³⁵⁴

病字旁（疒）pin²¹tsʅ³⁵pʰaŋ⁴²

走字底（辶）tsəu³⁵tsʅ⁰ti³⁵⁴

绞丝旁（纟）tɕiao³⁵sʅ⁵⁵pʰaŋ⁴²

提手旁（扌）tʰi⁴²ʂəu³⁵pʰaŋ⁴²

草字头（艹）tsʰao³⁵tsʅ⁰tʰəu⁴²

二十一　文体活动

（一）游戏、玩具

放风筝 faŋ²¹fəŋ⁵⁵tsən⁰

藏猫□儿 tɕʰiaŋ⁴²mao⁵⁵xuɤr⁰

踢毽子 tʰi⁵⁵tɕian²¹tsʅ³⁵

抓子子 tsua⁵⁵tsʅ³⁵tsʅ⁰

打弹子 ta³⁵tan²¹tsʅ³⁵ 打弹珠

打水飘 ta³⁵suei³⁵pʰiao⁵⁵ 在水面上掷石头片

跳房子 tʰiao³⁵faŋ⁴²tsʅ⁰

翻交交 fan⁵⁵tɕiao⁵⁵tɕiao⁰

打秋 ta³⁵tɕʰiəu⁵⁵ 打秋千

斗鸡 təu²¹tɕi⁵⁵

骑驴 tɕʰi⁴²ly⁴² 跳山羊

打贱皮子 ta³⁵tɕian²¹pʰi³⁵tsʅ⁰ 打陀螺

打包子 ta³⁵pao⁵⁵tsʅ⁰ 用烟盒纸等折成方块状，两个人比拼，谁把对方的纸方块打翻过来就赢了的游戏

滚铁环 kuən³⁵tʰiE⁵⁵xuan⁴²

弹弓 tan²¹koŋ³⁵

拨浪鼓 pu²¹laŋ⁰ku³⁵⁴

打谜 ta³⁵mi⁴² 出谜语

猜谜 tsʰai⁵⁵mi⁴² 猜谜语

不倒翁 pu²¹tao³⁵uoŋ⁵⁵

牌 pʰai⁴² 是最常见的麻将，扑克等的统称

打牌 ta³⁵pʰai⁴² 主要指打麻将，也兼指打扑克

修长城 ɕiəu⁵⁵tʂaŋ⁴²tʂʰən⁴²/搬砖 pan⁵⁵tsuan⁵⁵ 打麻将的戏谑说法

麻将 ma⁴²tɕiaŋ²¹³

坐庄 tsuɤ²¹tsuaŋ⁵⁵

庄家 tsuaŋ⁵⁵tɕia⁰

听叫和 tʰin⁵⁵tɕiao³⁵xu⁴² 听牌时需要告知其他三家的和牌规则

悄悄和 tɕʰiao⁵⁵tɕʰiao⁰xu⁴²/搹倒和 tsʰəu⁵⁵tao³⁵xu⁴² 与听叫和相对。听牌时不需要告知其他三家

放炮和 faŋ³⁵pʰao³⁵xu⁴² 别家放炮允许和牌的麻将玩法

自摸和 tsʅ²¹mɤ⁵⁵xu⁴² 与放炮和相对。别家放炮不允许和，只有自摸才能和牌的玩法

打锅 ta³⁵kuɤ⁵⁵ 麻将玩法，一锅后筹码输完的人出局

掺牌 tsʰan⁵⁵pʰai⁴²

洗牌 ɕi³⁵pʰai⁴²

抬牌 tʰai⁴²pʰai⁴²

抓牌 tsua⁵⁵pʰai⁴²

跳牌 tʰiao³⁵pʰai⁴² 麻将规则，打麻将时庄家通过跳牌多摸一张牌

揭牌 tɕiE⁵⁵pʰai⁴²

出牌 tsʰu⁵⁵pʰai⁴²

上首 ʂaŋ²¹ʂəu³⁵⁴

下首 ɕia²¹ ʂəu³⁵⁴

对家 tuei²¹ tɕia³⁵ 打麻将坐在对面的玩家

饼 pin³⁵⁴ 麻将牌的花色，筒

条 tʰiao⁴² 麻将牌的花色，条

幺鸡 iao⁵⁵ tɕi⁵⁵ 麻将牌的一条

万 uan²¹³ 麻将牌的花色，万

风 fəŋ⁵⁵ 统称，包括东南西北风、中、发、白板等花色

抠底 kʰəu⁵⁵ ti³⁵⁴ 打扑克时庄家拿最后四张或六张牌的规则

单调将 tan⁵⁵ tiao²¹³ 麻将和牌规则的一种

扑克 pʰu⁵⁵ kʰɤ⁰

挖坑 ua⁵⁵ kʰən⁵⁵ 三人或四人扑克游戏，一人挖坑，其余人联手对抗，红桃四先出牌，先出完牌者胜。

诈金花 tsa²¹ tɕin⁵⁵ xua⁵⁵ 三张牌的扑克游戏玩法

大王 ta²¹ uaŋ³⁵

小王 ɕiao³⁵ uaŋ⁰

尖 tɕian⁵⁵ 扑克牌的 A

（老）楷 lao³⁵ kʰai³⁵⁴ 扑克牌 K

圈 tɕʰyan⁵⁵/皮蛋 pʰi⁴² tan⁰ 扑克牌的 Q

丁 tin⁵⁵ 扑克牌的 J

红桃 xoŋ⁴² tʰao⁴²

黑桃 xei⁵⁵ tʰao⁰

方板 faŋ⁵⁵ pan³⁵⁴ 扑克牌的方块

梅花 mei⁴² xua⁵⁵

红四 xoŋ⁴² sʅ²¹³ 红桃四，在挖坑游戏里具有先发牌权

牌九 pʰai⁴² tɕiəu³⁵⁴ 一种骨牌，汉中见的大多是黑色。从前在当地茶馆里多见，现在老年人之间还存在

叶子牌 iɛ⁵⁵ tsʅ⁰ pʰai⁰ 一种纸牌，从前的汉中茶馆里多见，现在在当地老年人间还存在

撒色子 sa³⁵ sei⁵⁵ tsʅ⁰

押宝 ia⁵⁵pao³⁵⁴

耍钱 sua³⁵tɕʰian⁴² 赌钱

嫖风 pʰiao⁴²fəŋ⁵⁵ 嫖妓

手红 ʂəu³⁵xoŋ⁴² 手气好

手背 ʂəu³⁵pei²¹³ 手气差

划拳 xua⁴²tɕʰyan⁴²

炮 pʰao²¹³ 鞭炮

放炮 faŋ³⁵pʰao²¹³ ①放鞭炮；②打麻将放冲

二踢脚 ər²¹tʰi³⁵tɕyɤ⁰

花 xua⁵⁵ 烟花

放花 faŋ²¹xua⁵⁵ 放烟花

（二）体育

棋 tɕʰi⁴²

下棋 ɕia³⁵tɕi⁴²

象棋 ɕiaŋ³⁵tɕʰi⁴²

悔棋 xuei³⁵tɕʰi⁴²

臭棋 tʂʰəu³⁵tɕʰi⁴²

士 sɿ²¹³

象 ɕiaŋ²¹³

相 ɕiaŋ²¹³

车 tɕy⁵⁵

马 ma³⁵⁴

炮 pʰao²¹³

兵 pin⁵⁵／兵娃子 pin⁵⁵ua⁰tsɿ⁰

卒子 tsu⁴²tsɿ⁰

拱卒子 koŋ³⁵tsu⁰tsɿ⁰

上士 ʂaŋ³⁵sɿ²¹³ 士走上去

下士 ɕia³⁵sɿ²¹³

撑士 tsʰəŋ⁵⁵sɿ²¹³

飞象 fei⁵⁵ɕiaŋ²¹³

上马 ʂaŋ²¹ma³⁵⁴

出车 tsʰu⁵⁵tɕy⁵⁵

马后炮 ma³⁵xəu³⁵pʰao²¹³

将军 tɕiaŋ²¹tɕyn⁵⁵

围棋 uei⁴²tɕʰi⁴²

黑子 xei⁵⁵tsʅ³⁵⁴

白子 pei⁴²tsʅ³⁵⁴

和咾 xɤ⁴²lao⁰

先手 ɕian⁵⁵ʂəu³⁵⁴

后手 xəu²¹ʂəu³⁵⁴

拔河 pa⁴²xɤ⁴²

游泳 iəu⁴²ioŋ³⁵⁴/凫水 fu⁴²suei³⁵⁴/拼澡 pan³⁵tsao³⁵⁴ 河里游泳

仰泳 iaŋ³⁵ioŋ³⁵⁴

狗刨 kəu³⁵pʰao⁴²

蛙泳 ua⁵⁵ioŋ³⁵⁴

扎猛子 tsa⁵⁵məŋ³⁵tsʅ⁰/钻密子 tsuan⁵⁵mi²¹tsʅ³⁵ 潜水

闭气 pi³⁵tɕʰi²¹³ 憋气

打球 ta³⁵tɕʰiəu⁴²

乒乓球 pʰin⁵⁵pʰaŋ⁵⁵tɕʰiəu⁴²

篮球 lan⁴²tɕʰiəu⁴²

排球 pʰai⁴²tɕʰiəu⁴²

足球 tsu⁵⁵tɕʰiəu⁰

羽毛球 y³⁵mao⁰tɕʰiəu⁰

跳远 tʰiao²¹yan³⁵⁴

跳高 tʰiao²¹kao⁵⁵

操场 tsʰao⁵⁵tʂʰaŋ³⁵⁴

裁判 tsʰai⁴²pʰan²¹³

哨子 sao²¹tsʅ³⁵

(三) 武术、舞蹈

武术 u³⁵ su²¹³

功夫 koŋ⁵⁵ fu⁰ 兀个人会~哩

艺 i²¹³ 武艺的简略说法：要惹伢，伢有~哩

打拳 ta³⁵ tɕʰyan⁴² 武术表演

翻跟斗 fan⁵⁵ kən⁵⁵ təu⁰

翻空心跟斗 fan⁵⁵ kʰoŋ⁵⁵ ɕin⁰ kən⁵⁵ təu⁰

翻帽儿跟斗 fan⁵⁵ mao⁴² ər⁰ kən⁵⁵ təu⁰

打跃子 ta³⁵ iao²¹ tsɿ³⁵

车轮翻 tʂʰʅ⁵⁵ luən⁴² fan⁵⁵

栽孤桩 tsai⁵⁵ ku⁵⁵ tsuaŋ⁰

社火 ʂʅ²¹ xuɤ³⁵

耍狮子 sua³⁵ sɿ⁵⁵ tsɿ⁰

高跷 kao⁵⁵ tɕʰiao⁰ / 柳木腿 liəu³⁵ mu⁰ tʰuei³⁵⁴

对刀 tuei²¹ tao⁵⁵

耍刀 sua³⁵ tao⁵⁵

对枪 tuei²¹ tɕʰiaŋ⁵⁵

耍枪 sua³⁵ tɕʰiaŋ⁵⁵

耍流星锤 sua³⁵ liəu⁴² ɕin⁵⁵ tsuei⁴²

扭秧歌 ȵiəu³⁵ iaŋ⁵⁵ kɤ⁰

打腰鼓 ta³⁵ iao⁵⁵ ku⁰

跳舞 tʰiao²¹ u³⁵⁴

(四) 戏剧

戏 ɕi²¹³

唱戏 tʂʰaŋ³⁵ ɕi²¹³

演戏 ian³⁵ ɕi²¹³

装扮 tsuaŋ⁵⁵ pan⁰ 角色服饰上妆

大戏 ta³⁵ ɕi²¹³ 大型角色复杂的戏

本本戏 pən³⁵ pən⁰ ɕi²¹³ 一本戏

折子戏 tʂɤ⁵⁵tsʅ⁰ɕi²¹³ 一折戏

木偶戏 mu⁵⁵ŋəu³⁵ɕi²¹³

木脑壳 mu⁵⁵lao⁰kʰɤ⁰ 木偶娃娃

娃娃 tʂəu³⁵ua⁴²ua⁰ 杖头木偶

皮影戏 pʰi⁴²in³⁵ɕi²¹³/灯影 tən⁵⁵in⁰

京剧 tɕin⁵⁵tɕy²¹³

话剧 xua³⁵tɕy²¹³

汉调桄桄 xan³⁵tiao³⁵kuaŋ⁴²kuaŋ⁰ 汉调桄桄又称汉中梆子戏，是陕西九大剧种之一，也是陕南最大的剧种，属梆子腔戏。其唱、白吐字归韵，均以汉水流域语音为基础，用梆子乐器击节发出响亮节拍。既有秦腔高亢激越特点，又融入川剧、汉调二簧柔和婉转之长

汉调二黄 xan³⁵tiao³⁵ər³⁵xuaŋ⁴² 陕南地方戏剧，由汉水流域的山歌、民歌、小调发展而成，音调为汉中一带发音，与湖北汉调戏相似。汉中市汉台区、西乡县、镇巴县等地60年代以前多表演汉调二簧

端公戏 tuan⁵⁵koŋ⁵⁵ɕi²¹³ 又称坛戏，是一种巫师组班装旦抹丑、巫步神歌、踊踏欢唱的地方小戏。因其行头简单，一包袱可携，所以又叫打包袱。它以汉中为中心，从汉水分界，汉水南路较多地接受巴山语音与二黄戏的影响，汉水北路较多地接受秦岭山区语音和桄桄的影响，具有浓郁的汉中地方特色。被列入省级非物质文化遗产

戏园子 ɕi³⁵yan⁴²tsʅ⁰

戏台子 ɕi³⁵tʰai⁴²tsʅ⁰

角色 tɕyɤ⁵⁵sei⁰ 演员

花脸 xua⁵⁵lian⁰

丑角 tʂʰəu³⁵tɕyɤ⁰

老生 lao³⁵sən⁰/胡子 xu⁴²tsʅ⁰

小生 ɕiao³⁵sən⁰

武生 u³⁵sən⁰

刀马旦 tao⁵⁵ma³⁵tan²¹³

老旦 lao³⁵tan²¹³

青衣 tɕʰin⁵⁵i⁵⁵

花旦 xua⁵⁵tan²¹³

小旦 ɕiao³⁵tan²¹³

跑龙套的 pʰao³⁵loŋ⁴²tʰao²¹ti³⁵

锣鼓家私 luɤ⁴²ku³⁵tɕia⁵⁵sʅ⁰ 锣鼓乐器的总称

锣 luɤ⁴²

鼓 ku³⁵⁴

镲 tsʰa⁵⁵

大镲 ta²¹tsʰa⁵⁵ 钹

小镲 ɕiao³⁵tsʰa⁵⁵ 铙

弦子 ɕian⁴²tsʅ⁰ 二胡

唢呐 suɤ³⁵la⁰

喇叭 la³⁵pa⁰

弦 ɕian⁴² 琴弦类

簧 xuaŋ⁴² 簧片类

管 kuan³⁵⁴ 管类

耍把戏 sua³⁵pa³⁵ɕi⁰ 变魔术

说书 suɤ⁵⁵su⁵⁵

二十二　动作

（一）一般动作

站 tsan²¹³

立 li⁵⁵

靠 kʰao²¹³

打能能 ta³⁵lən⁵⁵lən⁰

蹲 tuən⁵⁵

蹴 tɕiəu²¹³ 蹲

绊 pan²¹³

绊咾 pan²¹lao³⁵

绊跤 pan²¹tɕiao⁵⁵

仰绊 iaŋ³⁵pan⁰

扑爬 pʰu⁵⁵pʰa⁰

坐股墩 tsuɤ²¹ku³⁵tuən⁰ 屁股墩

栽 tsai⁵⁵ 跌倒

栽下去 tsai⁵⁵xa⁰tɕʰi⁰

栽唠一跤 tsai⁵⁵lao⁰i²¹tɕiao⁵⁵

爬¹ pʰa⁴² 手和脚一齐着地走路，虫类行走：一盘珠子落到地下唠，只得满地下～倒找

爬² pa⁵⁵ 攀登：～到杆子高头去

射 ʂʅ⁴² 爬起来：从床上～起来

起 tɕʰiE³⁵⁴

起来 tɕʰiE³⁵lai⁰ ①起床：吃早饭呀！他～唠吧？②向高处站立：你～给他让个座位；③起开，走开：你～，嫑挡路

睡下 suei²¹xa³⁵ 躺下

摇头 iao⁴²tʰəu⁴²/摇脑壳 iao⁴²lao³⁵kʰɤ⁰/摆脑壳 pai³⁵lao³⁵kʰɤ⁰

点头 tian³⁵tʰəu⁴²/点脑壳 tian³⁵lao³⁵kʰɤ⁰/

抬头 tʰai⁴²tʰəu⁴²/脑壳抬起 lao³⁵kʰɤ⁰tʰai⁴²tɕʰiE⁰

脑壳掰扬起 lao³⁵kʰɤ⁰pei⁵⁵iaŋ⁰tɕʰiE⁰ 头抬得高高的样子

低头 ti⁵⁵tʰəu⁴²/脑壳口下 lao³⁵kʰɤ⁰tsan⁵⁵xa⁰/脑壳啄起 lao³⁵kʰɤ⁰tsua⁴²tɕʰiE⁰脑壳埋起 lao³⁵kʰɤ⁰mai⁴²tɕʰiE⁰

回头 xuei⁴²tʰəu⁴²/往后头望 uaŋ³⁵xəu²¹tʰəu³⁵uaŋ²¹³

脸转过去 lian³⁵tsuan³⁵kuɤ³⁵tɕʰi⁰/脸迈过去 lian³⁵mai²¹kuɤ³⁵tɕʰi⁰

睁眼 tsən⁵⁵ȵian³⁵⁴/眼睛睁开 ȵian³⁵tɕin⁰tsən⁵⁵kʰai⁰

瞪眼 tən²¹ȵian³⁵⁴/眼睛瞪起 ȵian³⁵tɕin⁰tən²¹tɕʰiE³⁵/眼睛鼓起 ȵian³⁵tɕin⁰ku³⁵tɕʰiE⁰

闭眼 pi²¹ȵian³⁵⁴/眼睛闭下 ȵian³⁵tɕin⁰pi²¹xa³⁵

眯眼睛 mi⁵⁵ȵian³⁵tɕin⁰/眼睛眯起 ȵian³⁵tɕin⁰mi⁵⁵tɕʰiE⁰

挤眼睛 tɕi³⁵ȵian³⁵tɕin⁰/眹眼睛 ʂan³⁵ȵian³⁵tɕin⁰/使眼色 sʅ³⁵ȵian³⁵sei⁰

眨眼 tsa³⁵ȵian³⁵⁴/眨眼睛 tsa³⁵ȵian³⁵tɕin⁰

碰到 pʰəŋ²¹tɕian³⁵ 遇到：昨天在街上～我们老师咾

遇 y²¹³ 意料之外地碰上：今天集上有娃娃鱼吧？没得，兀要～哩

看 kʰan²¹³

望 uaŋ²¹³ ①看，往远处看：我只～咾一眼；②拜访、看望：明天去把老张～一下。

盯 tin⁵⁵ ①定睛仔细地看：他把伢定定地—动不动地～倒起；②监视：你在这好好～倒，霎叫跑咾

瞅 tsʰəu³⁵⁴ 责怪地瞪：我气得没法，攒劲把他～咾一眼

瞅式 tsʰəu³⁵ʂʅ⁰/相端 ɕian²¹tuan³⁵ 仔细观察寻找，看中，相中：这套茶具他～咾好久，今天总算买咾

口式 ɕy²¹ʂʅ³⁵ 觊觎：兀些财产他～咾好久咾

见景 tɕian²¹tɕin³⁵⁴ 见西洋景。常用作贬义，比喻竟然还有这样让人匪夷所思无法接受的人或事：直接是～哩，还有这号价人

瞟 pʰiao³⁵⁴ 漫不经心地斜着眼睛看：我大概～咾一眼。

覒 mao⁵⁵ 短暂的看，通常没看清楚：我～咾一眼，没看清场

睖 lən⁴² 瞪、怒视，眼对眼地瞪：我把他～得脑壳都抬不起

眼睛乱转 ȵian³⁵tɕin⁰luan³⁵tsuan²¹³

哭 kʰu⁵⁵

流眼泪 liəu⁴²ȵian³⁵luei⁰/淌眼泪 tʰaŋ³⁵ȵian³⁵luei⁰

吃 tʂʰʅ⁵⁵

喝 xɤ⁵⁵

咬 ȵiao³⁵⁴

嚼 tɕiao⁴²

咽 ian²¹³

吞 tʰən⁵⁵白/tʰuən⁵⁵文

哐 tiɛ⁴² 猛吃

抿 min³⁵⁴

咂 tsa⁵⁵

含 xan⁴²

舔 tʰian³⁵⁴

吸 ɕi⁵⁵

醉 tsuei²¹³

吐 tʰu³⁵⁴ 吐：~出来；呕~

出酒 tsʰu⁵⁵tɕiəu³⁵⁴

品麻 pʰin³⁵ma⁰ 细细品尝：今天把你这新茶好好~一下

张嘴 tʂaŋ⁵⁵tsuei³⁵⁴

闭嘴 pi²¹tsuei³⁵⁴

噘嘴 tɕyɤ⁵⁵tsuei³⁵⁴

咧嘴 liɛ³⁵tsuei³⁵⁴

撇嘴 pʰiɛ³⁵tsuei³⁵⁴

嘴甜 tsuei³⁵tʰian⁴²

嘴笨 tsuei³⁵pən²¹³

嘴硬 tsuei³⁵ȵin²¹³

嘴紧 tsuei³⁵tɕin³⁵⁴

嘴大 tsuei³⁵ta²¹³

龇牙咧嘴 tsʰɿ⁵⁵ia⁴²liɛ³⁵tsuei³⁵⁴

牙揳起 ia⁴²ɕiɛ⁵⁵tɕʰiɛ⁰

举手 tɕy³⁵ʂəu³⁵⁴

摆手 pai³⁵ʂəu³⁵⁴/摇手 iao⁴²ʂəu³⁵⁴

松手 soŋ⁵⁵ʂəu³⁵⁴/丢手 tiəu⁵⁵ʂəu³⁵⁴

伸手 ʂən⁵⁵ʂəu³⁵⁴/tʂʰən⁵⁵ʂəu³⁵⁴

搭手 ta⁵⁵ʂəu³⁵⁴ 帮手

动手 toŋ²¹ʂəu³⁵⁴

拍手 pʰei⁵⁵ʂəu³⁵⁴

停手 tʰin⁴²ʂəu³⁵⁴

手背起 ʂəu³⁵pei²¹tɕʰiɛ³⁵ 两手背在身后

手抄起 ʂəu³⁵tsʰao⁵⁵tɕʰiɛ⁰ 两手交叉在胸前

手笼起 ʂəu³⁵loŋ³⁵tɕʰiɛ⁰双手交叉伸到袖筒里

手叉起 ʂəu³⁵tsʰa³⁵tɕʰiɛ⁰两手插在裤包里

拨拉 pu⁵⁵la⁰

捂住 u³⁵tsu⁰／盖住 kai²¹tsu³⁵

捋抹 ly³⁵ma⁰／摸 mɤ⁵⁵摩挲，用手~猫背

抓 tsua⁵⁵／捉 tsuɤ⁵⁵／逮 tai⁵⁵拿：把这个把把~住

抬 tʰai⁴²

抱 pao²¹³

张 tʂaŋ⁵⁵

拢 loŋ³⁵⁴

奓 tsa²¹³①往上翘：头发~起；②抬起，举起：胳膊~起

捘 tʂəu³⁵⁴举，用手托着向上：~旗杆子

搊 tsʰəu⁵⁵用手向前推

縠 kən²¹³用手去够：差咾一点点，~不到

搧 ʂan⁵⁵

提 tʰi⁴²

提提搭搭 tʰi⁴²tʰi⁰ta⁵⁵ta⁰形容提着大包小包的物品

刨 pʰao⁴²推开：把这些乱七八糟的东西~到地下去

打 ta³⁵⁴

捶 tʂʰuei⁴²

挕 tiɛ⁴²打：不听话的娃，~一顿就对咾

□tsaŋ⁴²搥，打：把我~脊背几下！

捶背 tsʰuei⁴²pei²¹³

掂屎 tian⁵⁵sʅ³⁵⁴

掂尿 tian⁵⁵ȵiao²¹³

搀 tsʰan⁵⁵搀扶

弹指头 tʰan⁴²tsʅ⁵⁵tʰəu⁰

攥咾个拳头 tsuan²¹lao³⁵kɤ⁰tɕʰyan⁴²tʰəu⁰

跺脚 tuɤ²¹tɕyɤ⁵⁵

踮脚 tian⁵⁵ tɕyɤ⁵⁵

跷二郎腿 tɕʰiao⁵⁵ ər³⁵ laŋ⁴² tʰuei³⁵⁴

腿蜷起 tʰuei³⁵ tɕʰyan⁵⁵ tɕʰiE⁰

抖腿 tʰəu³⁵ tʰuei³⁵⁴

踢腿 tʰi⁵⁵ tʰuei³⁵⁴

蹬腿 tən⁵⁵ tʰuei³⁵⁴

两腿一伸 liaŋ³⁵ tʰuei³⁵ i²¹ tʂʰən⁵⁵ 死的比喻的说法

胳膊伸开 kɤ⁵⁵ pɤ⁰ tʂʰən⁵⁵ kʰai⁰

胳膊蜷起 kɤ⁵⁵ pɤ⁰ tɕʰyan⁵⁵ tɕʰiE⁰

奓 tsa²¹³ 抬起的样子

脚奓起 tɕyɤ⁵⁵ tsa²¹ tɕʰiE³⁵ 脚抬起来：拖地呀，~来

胳膊奓起 kɤ⁵⁵ pɤ⁰ tsa²¹ tɕʰiE³⁵

手奓起 ʂəu³⁵ tsa²¹ tɕʰiE³⁵ ①两手抬起的样子；②比喻手抬起来不干活：伢跟倒个客呀似的人家像个客人一样，~啥都不干

□ tɕʰia⁴² 跨：兀个沟不宽，你攒个劲~过去

□尿骚 tɕʰia⁴² ȵiao²¹ sao³⁵ 抬起一条腿从别人的头上越过，通常是侮辱人的用法

跪 kʰuei²¹³ 白/kuei²¹³ 文

跪下 kʰuei²¹ xa³⁵ 白/kuei²¹ xa³⁵ 文

下跪 ɕia³⁵ kʰuei²¹³ 白/ɕia³⁵ kuei²¹³ 文

走 tsəu³⁵⁴

逛 kuaŋ²¹³

串门 tsʰuan³⁵ mən⁴²

远 yan²¹³ 绕：这条路堵了，得从兀条路~过去

踩 tsʰai³⁵⁴

踏 tʰa⁴² 踩：没看清，~咾一脚的泥

跑 pʰao³⁵⁴

追 tsuei⁵⁵

撵 ȵian³⁵⁴

跳 t^hiao^{213}

溜 $liəu^{213}$

滑 xua^{42}

撅 $tɕyɤ^{213}$

沟子撅起 $kəu^{55}tsʅ^0tɕyɤ^{21}tɕ^hiE^{35}$ 屁股撅起的动作。通常也可以比喻主动地尽心尽力地干活

脊背耸起 $tɕi^{42}pei^0soŋ^{35}tɕ^hiE^0$ 背部和肩膀因为紧张而绷起来的样子

脊背扛起 $tɕi^{42}pei^0k^han^{42}tɕ^hiE^0$ 背部有点驼的样子（不是驼背）

弯腰 $uan^{55}iao^{55}$／腰杆蜷起 $iao^{55}kan^0$ $tɕ^hyan^{55}tɕ^hiE^0$ 腰弯起来的样子

伸腰 $tʂ^hən^{55}iao^{55}$／腰杆伸展 $iao^{55}kan^0tʂ^hən^{55}tʂan^{354}$

撑腰 $tsʰən^{55}iao^{55}$ 支持

䏢 t^hiE^{213} 肚子~起

挺胸 $t^hin^{35}ɕioŋ^{55}$／胸膛挺起 $ɕioŋ^{55}t^haŋ^0t^hin^{35}tɕ^hiE^0$

闻 $uən^{42}$

擤 $ɕin^{354}$ 擤（鼻涕）

吸 $ɕi^{55}$ 吸溜（鼻涕）

瓮 $uoŋ^{213}$ 鼻塞：鼻子~咾

打喷嚏 $ta^{35}p^hən^{21}t^hiE^{35}$

听 t^hin^{55}

耳朵孝起 $ər^{35}tuɤ^0tsa^{21}tɕ^hiE^{35}$ 听的比喻的说法

嫌 $ɕian^{42}$ 嫌弃：你~没得肉吗

扔 $ər^{354}$ 扔掉

倒□ $tao^{21}pia^{55}$ 倒贴：娘老子给娃都是~哩父母给孩子都是倒贴呢！

担待 $tan^{55}tai^0$

看起 $k^han^{21}tɕ^hiE^{35}$

看不起 $k^han^{21}pu^0tɕ^hiE^{354}$

窚住 $ʂən^{42}tsu^0$ 坚持得住

窚不住 $ʂən^{42}pu^0tsu^{213}$ 坚持不住

着得住 tʂao⁴²ti⁰tsu²¹³ 受得了

着不住 tʂao⁴²pu⁰tsu²¹³ 受不了

合伙 xɤ⁴²xuɤ³⁵⁴

佮 kɤ⁵⁵ 合得来：这两个人～不住

佮伴儿 kɤ⁵⁵pɤr²¹³ 搭伴儿

相处 ɕiaŋ⁵⁵tsʰu³⁵⁴

讲究 tɕiaŋ³⁵tɕiəu⁰

将就 tɕiaŋ⁵⁵tɕiəu⁰

应付 in²¹fu³⁵

经管 tɕin⁵⁵kuan⁰ 照顾，抚养：他妈害咾病咾生病了，谁在跟前～哩？

日弄 zʅ⁵⁵loŋ⁰ 哄骗、教唆：～瓜娃子跳尿坑哩

铺摆 pʰu⁵⁵pai⁰ ①欺负，使唤：接亲的叫娘家人～扎咾；②到处乱扔乱放：屋里～得没处下脚咾

搞 kao³⁵⁴ 汉中方言中使用频率很高的动词，相当于做、干：你～啥哩你在干什么呢？

搁 kɤ²¹³ 放：～到桌子上

放 faŋ²¹³

搀 tsʰan⁵⁵ 扶着

掺 tsʰan⁵⁵ 往锅里～水

挑 tʰiao⁵⁵ 挑选：把米里的石头～出来；两个苹果，你先～一个

抛 pʰao⁴² 称东西时减去容器的分量：～半斤的皮

择 tsei⁴² ～菜

挖 ua³⁵⁴ 用工具或手从物体的表面向里用力，取出其中的一部分：～面

擓 xuɤ⁵⁵ 划开：～咾一个大口子

劙 li²¹³ 分割：买一坨肉，把皮～咾

撵 ȵian³⁵⁴ ①追赶：精沟子～贼；②赶上、超过：明年你的个子就～上他咾

剁 tuɤ²¹³

轧 tsa³⁵⁴ 剁：把这几个蒜~碎

乧 tu⁵⁵ 点，戳：给这个女子眉毛中间~个红点点

戳 tsʰuɤ⁵⁵ ①用硬物尖端触击；②搅掇，搅和

戳腾 tsʰuɤ⁵⁵tʰən⁰ 搅掇，搅和

按 ŋan²¹³

捡 tɕian³⁵⁴

捡起来 tɕian³⁵tɕʰiE⁰lai⁰ 捡起东西

拣 tɕian³⁵⁴ ①择：买肉~瘦的买；②收拾、收藏起来：这两天外人多，把你值钱东西都~咾去

擦 tsʰa⁵⁵

捣 tao³⁵⁴

揉 ʐəu42

搓 tsʰuɤ55

挼 ʐua42

揳 ɕiE⁵⁵ 敲，打：~给他一顿就对咾 打他一顿就好了

整 tʂən³⁵⁴ 整治：~人

培治 pʰei³⁵tʂʅ⁰ 管治，收拾：你乖乖的，小心你老子~你

扁 pian³⁵⁴ 整治，揍

担 tan⁵⁵ ~担子

掂 tia⁵⁵ 提起东西

腾 tʰən42 挪空：把柜子~出来

对 tuei²¹³ 检查，校对：把数字~一下

荡 taŋ²¹³ 粗略的磨：把刀搁到碗底子上~一下

筶 tɕʰiE²¹³ 倾斜：把盘子~一下好舀汤汤

装 tsuaŋ²¹³ 絮（棉被、棉衣）：~袄袄

組 tsan²¹³ 用针缝：~纽子

铰 tɕiao³⁵⁴ 剪：~头发

烧 ʂao²¹³ 使褪色：颜色~咾

蚀 ʂʅ42 ①腐蚀②刺激眼睛或皮肤：消毒水把眼睛~得

湮 toŋ³⁵⁴ 倒腾，翻惹：这个娃爱～水，搞的地下都是水；一下没看住，就～下事咾

劳 lao⁴² 劳累：最近事多，把人～的

务 u²¹³ 做：～庄稼

乏 fa⁴² 身体困乏、精神劳顿：我～得很，不想动弹

疲 pʰi⁴² 精神压力造成的心理拒绝：娘老子说的太多咾，把娃说～咾 父母唠叨得太多，把孩子说烦了

支 tsɿ⁵⁵ 忍受，支撑：疼得～不住咾

试火 sɿ²¹ xuɤ³⁵⁴ 尝试

就已 tɕiəu²¹ i³⁵⁴ 不可救药了，完蛋了：这个娃～咾，啥都听不进去咾

毕咾 pi⁵⁵ lao⁰ ①结束，完成：活做～吧，吃饭！②完蛋了，搞砸了：这下～，白搞咾

煞搁 sa⁵⁵ kɤ⁰ 收拾、结束，不要再继续：赶紧～咾赶紧收拾别再继续了，现在早就不流行这一套咾！

该当 kai⁵⁵ taŋ⁰ 合该如此：～！早都给他说了，他不听么

稀欠 ɕi⁵⁵ tɕʰian⁰ 稀罕：啥宝贝我都不～

搊活 tsʰəu⁵⁵ xuɤ⁰ 支持、帮扶、抬举、吹捧：好领导得靠大家都来～

抠掐 kʰəu⁵⁵ tɕia⁰ 节省，算计：娃上学的事情要～

穿罩 tsʰuan⁵⁵ tsao⁰ 穿（得太多）：把娃～的太厚咾，反倒感冒咾！

使唤 sɿ³⁵ xuan⁰ 驱使人做事：把人～得团团转

害栽 xai²¹ tsai³⁵/害扫 xai²¹ sao³⁵ 给人带灾：活到世上～人

搂踢 ləu⁵⁵ tʰi⁰（将某人从名单、组织中）除掉，去掉：到最后一关咾，叫伢给～咾

把作 pa³⁵ tsuɤ⁰ 做事困难、不好做的样子：把人～的，出咾一身汗

招呼 tʂao⁵⁵ xu⁰ ①打招呼：这个娃见咾人咋不～啦这个孩子怎么见人不打招呼呢？②照应：你先～倒起，我出去一下；③小心：～脚底下，有台阶哩

妨及 faŋ⁵⁵ tɕi⁰ 妨碍，妨害：没事，这也不～啥，顶多白搞咾没关系，这不妨碍什么事，顶多白干了

除过 tsʰu⁴²kuɤ²¹³ 除了：~夏天有点潮，这地方还是可以 除了夏天有点潮湿，这地方还是不错的

管辖 kuan³⁵ɕia⁰ 管理，制约：从他父母亲出门打工，这娃是没一点~咾

收拾 ʂəu⁵⁵ʂʅ⁰

打搋 ta³⁵tʂɤ⁰

收拾常用于整理打扫、修理、惩治义；打搋常用于整理和消除义：今天得把剩饭~咾！

揽占 lan⁴²tʂan⁰ 揽住，占住：这个娃~咾好些吃的，最后又吃不完

翻腾 fan⁵⁵tʰən⁰ 翻找

没咾 mɤ⁵⁵lao⁰ ①丢失；②因为忘记而把东西遗落在某处；③ 去世，"死"的婉称

找到咾 tsao³⁵tao⁰lao⁰ 找见了

藏 tɕʰiaŋ⁴²／收捡 ʂəu⁵⁵tɕian⁰ 把东西藏起来

藏 tɕʰiaŋ⁴² 人藏起来

码 ma³⁵⁴

码起来 ma³⁵tɕʰiE⁰lai⁰

瞅空空 tsʰəu³⁵kʰoŋ²¹kʰoŋ³⁵ 抽空，找空

翻瞌睡 fan⁵⁵kʰɤ⁵⁵suei⁰ 小孩子睡前哭闹

（二）心理活动

知道 tʂʅ⁵⁵tao⁰

不知道 pu²¹tʂʅ⁵⁵tao²¹³

清场咾 tɕʰin⁵⁵tʂʰaŋ⁰lao⁰／懂咾 toŋ³⁵lao⁰ 懂了，明白了

不清场 pu²¹tɕʰin⁵⁵tʂʰaŋ⁰ ①不知道，不了解；②不懂规矩，糊涂

不牵扯 pu²¹tɕʰian⁵⁵tʂʰɤ³⁵⁴／不存在 pu²¹tsʰuən⁴²tsai²¹³ 没关系、不影响、没事

认得倒 zən²¹ti⁰tao³⁵⁴ 认识

认不倒 zən²¹pu⁰tao³⁵⁴ 不认识

认人 zən³⁵zən⁴² 辨认人的容貌、声音等，用于婴儿：这个娃~哩，

光叫他妈抱

  认不下人 zən²¹ puº xa³⁵ zən⁴² 脸盲，这次认识了人下次又忘了的情况，用于大人

  识字 ʂʅ⁴² tsʅ²¹³

  想 ɕiaŋ³⁵⁴

  想一下 ɕiaŋ³⁵ iº xa²¹³ 想想

  谋 məu⁴² 谋划获取：说是他在~兀个位位哩听说他在谋划那个位子呢

  思谋 sʅ⁵⁵ məuº 深思熟虑：你们~好咾吧你们考虑好了吗

  估摸 ku⁵⁵ mɤº/谙 ŋan⁴² 估计

  想点点 ɕiaŋ³⁵ tian³⁵ tianº/想办法 ɕiaŋ³⁵ pan²¹ fa³⁵⁴ 想主意

  打主意 ta³⁵ tsu³⁵ iº 思考对策：眼看倒这事情危险咾，你早点~

  拿主意 la⁴² tsu³⁵ iº 做出决断

  贸 mao²¹³ 心里没底，试着做的样子

  贸按 mao³⁵ ŋan⁴²/想 ɕiaŋ³⁵⁴ 猜想：我也不知道，~哩

  贸问 mao³⁵ uən²¹³ 试着问

  贸写 mao²¹ ɕiE³⁵⁴ 试着写

  相信 ɕiaŋ⁵⁵ ɕin²¹³

  怀疑 xuai⁴² ȵi⁴²

  多意 tuɤ⁵⁵ i²¹³ 介意，多心：你要~，他就是这个脾气

  操心 tsʰao⁵⁵ ɕin⁵⁵/小心 ɕiao³⁵ ɕinº/注意 tsu³⁵ i²¹³ 留神

  焦人 tɕiao⁵⁵ zənº 着急上火，焦虑：这才~，半天都没搞毕

  慑 ɕy⁵⁵/慑火 ɕy⁵⁵ xuɤº/害怕 xai³⁵ pʰa²¹³

  吓倒咾 xa²¹ tao³⁵ laoº 吓着了

  急 tɕi⁴²

  日急忙慌 zʅ⁵⁵ tɕiº maŋ⁴² xuaŋ⁵⁵

  放心 faŋ²¹ ɕin⁵⁵/把心搁到肚子里 pa²¹ ɕin⁵⁵ kɤ²¹ taoº tu²¹ tsʅ³⁵ liº

  巴希不得 pa⁵⁵ ɕiº pu²¹ tiº 巴不得

  记得 tɕi²¹ ti³⁵ 记得

  忘咾 uaŋ²¹ lao³⁵ 忘记

记倒 tɕi²¹tao³⁵⁴记着（不要忘记）：你可~，千万覅忘咾

记倒咾 tɕi²¹tao³⁵lao⁰想起来了：我~，他在3楼住倒的

记不倒咾 tɕi²¹pu⁰tao³⁵lao⁰想不起来了

羡慕 ɕian²¹mu³⁵

眼气 ȵian³⁵tɕʰi²¹³眼红

口忌 kəu³⁵tɕi²¹³嫉妒

讨厌 tʰao³⁵ian²¹³

见不得 tɕian²¹pu³⁵ti⁰讨厌：怪的很，我老就~他奇怪的很，我总是莫名其妙讨厌他

牵心 tɕʰian⁵⁵ɕin⁰①挂心，惦记：你覅~娃，伢在幼儿园吃的好哩②期待、期望：他~吃饺子，早早回来咾

恨 xən²¹³

偏向 pʰian⁵⁵ɕiaŋ²¹³偏心

怨 yan²¹³埋怨

抱怨 pao²¹yan³⁵

尽心 tɕin²¹ɕin⁵⁵无论对事情有没有帮助，都尽心尽力

高兴 kao⁵⁵ɕin²¹³

怄气 ŋəu³⁵tɕʰi²¹³生气，憋气

发气 fa⁵⁵tɕʰi²¹³/发脾气 fa⁵⁵pʰi⁴²tɕʰi⁰发火

出气 tsʰu⁵⁵tɕʰi²¹³发泄心里的火气

不依 pu²¹i⁵⁵不依不饶的样子：今天这事我~他，非得说个一二三不可

学说 ɕyɤ⁴²suɤ⁰绘声绘色添油加醋地复述和传播事情

倡摆 tʂʰaŋ⁵⁵pai⁰有意宣扬别人不好的事情

挤傍 tɕi³⁵paŋ⁰排挤

卖排 mai²¹pʰai³⁵出卖

翻脸 fan⁵⁵lian³⁵⁴忽然间的态度变化、关系破裂

脸黑下 lian³⁵xei⁵⁵xa⁰脸色阴沉生气的样子

脸吊起 lian³⁵tiao²¹tɕʰiE³⁵脸板起来故意生气的样子

舒服 su⁵⁵fu⁰

难过 lan⁴²kuɤ²¹³

难受 lan⁴²ʂəu²¹³

爱 ŋai²¹³①爱惜（物品）、疼爱（人）②喜欢

谢 ɕiE²¹³感谢

怪 kuai²¹³责怪

惯 kuan²¹³/惯失 kuan²¹ʂʅ³⁵娇惯

丢人 tiəu⁵⁵ʐ̩ən⁴²丢脸

相欺 ɕiaŋ⁵⁵tɕʰi⁵⁵欺负

羞 ɕiəu⁵⁵害羞

装 tsuaŋ⁵⁵假装：~病

装怪 tsuaŋ⁵⁵kuai²¹³故意找别扭：你好好价，覅~你好好的，别找别扭

装呆米 tsuaŋ⁵⁵tai⁵⁵mi⁰心里明白，故意装糊涂：他~哩，覅理识他

自不觉其 tsʅ²¹pu⁰tɕyɤ⁵⁵tɕʰi⁵⁵不自觉，或故意不自觉

（三）语言动作

说 suɤ⁵⁵

谝 pʰian³⁵⁴聊

煽 ʂan⁵⁵夸张、怂恿

哄 xoŋ³⁵⁴①逗；②骗

叫 tɕiao²¹³1①喊叫；②邀：明天到西安去把他~上

喊叫 xan³⁵tɕiao⁰①喊；②发声、申诉：这事情我们都得~哩，要不咾没人管

叫唤 tɕiao²¹xuan³⁵⁴①叫；②哭喊

轻叫唤 tɕʰin⁵⁵tɕiao²¹xuan³⁵不停地哭叫：疼得~

挣 tsən²¹³使劲哭或叫喊

吵 tsʰao³⁵⁴

嚎 xao⁴²①大声叫或哭喊；②起哄（因为有喜事等原因起哄让人请客一起祝贺）：他们娃考上大学咾，这回得把他~一下

诓 kʰuaŋ⁵⁵哄：兀个坏俫是~他哩，你

当是为他好哩

编 pian⁵⁵

编筐筐 pian⁵⁵kʰuaŋ⁵⁵kʰuaŋ⁰ 编谎言，设圈套

给…说 kei²¹…suɤ⁵⁵ 告诉：回去给你爸爸说一下

晾耳朵 liaŋ21ər35tuɤ0 故意在某人能听到的地方透露消息，非正面地表明态度：下午兀个话，兀是给他～哩

吹风风 tsʰuei⁵⁵fəŋ⁵⁵fəŋ⁰ 透露个别小道消息

说合 suɤ⁵⁵xɤ⁰ 从中斡旋使各方达成协议：我来当中间人，给你们～一下

说清场 suɤ⁵⁵tɕʰin⁵⁵tʂʰaŋ⁰ 解释清楚、分剖明白：今天把话～，这个事情跟我没关系

说场 suɤ⁵⁵tʂʰaŋ⁰ 说头：这个事情清场清楚得很，再没～

说白唠 suɤ⁵⁵pei⁴²lao⁰ 说穿，简单明白地说：～还是钱的不是说到底还是没钱的罪过

说耍 suɤ⁵⁵sua³⁵⁴ 开玩笑地说

说笑 suɤ⁵⁵ɕiao²¹³ 开玩笑地说

明说 min⁴²suɤ⁵⁵ 公开明确地说

提说 tʰi⁴²suɤ⁰ 提起话头：再嫑～兀个事，说一回吵一回

提明叫响 tʰi⁴²min⁴²tɕiao²¹ɕiaŋ³⁵⁴ 把话说明确，表示强调：我们今天～再说一道再说一次，将来嫑说不知道

搭茬 ta⁵⁵tsʰa⁴² 接过别人的话说话

插嘴 tsʰa⁵⁵tsuei³⁵⁴ 插话

接下句 tɕiɛ⁵⁵ɕia²¹tɕy³⁵⁴/接下壳子 tɕiɛ⁵⁵ɕia²¹kʰɤ³⁵tsʅ⁰ 插在正在对话的双方之间，接着说话，是不好的习惯：小娃家嫑学倒～小孩子别学接下句的习惯

打岔 ta³⁵tsʰa²¹³

打破嘴 ta³⁵pʰɤ²¹tsuei³⁵⁴ 反对，提出相反意见：他现在一门心思要辞职，你给他打个～

打听 ta³⁵tʰin⁰

开腔 kʰai⁵⁵ tɕʰiaŋ⁵⁵ 说话

不开腔 pu²¹ kʰai⁵⁵ tɕʰiaŋ⁵⁵ 不说话

话 xua²¹³

大话 ta³⁵ xua²¹³ 吹牛的话

二话 ər³⁵ xua²¹³ 相反的话，多余的话：～不说光干活

言子 ian⁴² tsʅ⁰ 老话，格言谚语

胡话 xu⁴² xua²¹³

好话 xao³⁵ xua²¹³

丑话 tʂʰəu³⁵ xua²¹³

重话 tsoŋ³⁵ xua²¹³ 过分的、让人难堪的话

风凉话 fəŋ⁵⁵ liaŋ⁰ xua²¹³

下话 ɕia³⁵ xua²¹³ ①说求人帮忙的话；②说告饶的话

回话 xuei⁴² xua²¹³ 答复别人的话：不论啥，你得给个～无论怎样，你要给个答复

传话 tsʰuan⁴² xua²¹³ 把某人的话转告给其他人。可以指原样的转达，也可以指添油加醋的转达：他咋得知道的？有人～哩

递话 ti³⁵ xua²¹³ 在旁边给说话人话语提醒、提示：到时候老王在跟前给你～，你顺住说就对咾你顺势说就行了

讲 tɕiaŋ³⁵⁴

撇个普通话 pʰiE⁵⁵ kɤ⁰ pʰu³⁵ tʰoŋ⁰ xua²¹³ ／

撇个八频道 pʰiE⁵⁵ kɤ⁰ pa⁵⁵ pʰin⁴² tao²¹³

嘲笑本地人用普通话说话

编派 pian⁵⁵ pʰai⁰ 编造（谣言）

倡摆 tʂʰaŋ⁵⁵ pai⁰ 到处讲别人的坏话

砸挂 tsa⁴² kua⁰ 说损人的话：他经常～伢老王

显哗 ɕian³⁵ xua⁰ 炫耀：兀个女人一天爱到处～

吹牛 tsʰuei⁵⁵ ȵiəu⁴²

吹牛屄 tsʰuei⁵⁵ ȵiəu⁴² pʰi⁵⁵

穿⁼板子 tsʰuan⁵⁵ pan³⁵ tsʅ⁰／哄人 xoŋ³⁵ ʐən⁴² 说假话，骗人

黏 ʐan⁴²①说话没重点没顺序；②纠缠；③ 脑子笨

胡黏 xu⁴²ʐan⁴²胡扯

不理识 pu²¹ər³⁵ʂʅ⁰/不招识 pu²¹tʂao⁵⁵ʂʅ⁰故意不理睬

不言喘 pu²¹ȵian⁴²tsʰuan⁰不说话

翻是非 fan⁵⁵sʅ²¹fei³⁵造谣生事、说是道非

搜事 səu⁵⁵sʅ²¹³找茬，找事

抬杠 tʰai⁴²kaŋ²¹³

犟嘴 tɕiaŋ²¹tsuei³⁵⁴/摆嘴 pa³⁵⁴i³⁵tsuei

还嘴 xuan⁴²tsuei³⁵⁴顶嘴

帮腔 paŋ⁵⁵tɕʰiaŋ⁵⁵帮人说话：伢说话有人给～哩

争将 tsən⁵⁵tɕiaŋ⁰①争论；②竞争

丁崩 tin⁵⁵pən⁰相互斗嘴：两口子～咾一场，谁都没说过谁

丁对 tin⁵⁵tuei⁰对证、证实，有质询的含义

扯谎 tʂʰɤ³⁵xuaŋ³⁵⁴/日白 ʐʅ⁵⁵pei⁴²

横扯 ɕyɤ⁴²tʂʰɤ³⁵⁴扯歪理

罟 ku³⁵⁴①强迫某人做某事：把人硬～住给他帮忙；一讹二～；②被困住：英雄叫钱～住咾

训 ɕyn²¹³训斥

让 ʐaŋ⁴²踩踏，用或捧或损的话语挖苦：你戛～人咾噻

噘 tɕyɤ⁴²①骂；②训斥

日噘 ʐʅ⁵⁵tɕyɤ⁰严厉地训斥

挨日噘 ŋai⁴²ʐʅ⁵⁵tɕyɤ⁴²挨骂

扯筋 tʂʰɤ³⁵tɕin⁵⁵骂架

打锤 ta³⁵tsʰuei⁴²打架

打锤戈业 ta³⁵tsʰuei⁴²kɤ³⁵ȵiɛ⁵⁵吵架打架

打啰啰 ta³⁵luɤ⁵⁵luɤ⁰/打和声 ta³⁵xɤ²¹ʂəŋ³⁵随声附和

叨叨叨 tao⁵⁵tao⁵⁵tao⁵⁵唠叨：一天在耳朵跟前～

叨里叨唠 tao⁵⁵li⁰tao⁵⁵lao⁵⁵唠叨：～地说咾半天

屁屁叨叨 pʰi⁵⁵pʰi⁰tao⁵⁵tao⁵⁵唠唠叨叨，罟词

嘀嘀叨叨 ti^{55}ti^{0}tao^{55}tao^0 自言自语或小声地唠叨

念叨 ȵian^{21}tao^{35} 因为想念担心等不断地说

屄能 p^{h}i^{55}lən^{42} 逞能，詈词

带把子 tai^{35}pa^{21}tsʅ^{35} 话语中夹带骂人话

支咐 tsʅ^{55}fu^0 吩咐

扎咐 tsa^{55}fu^0 再三叮咛

舔沟子 t^{h}ian^{35}kəu^{55}tsʅ^0 巴结

人来疯 ʐən^{42}lai^{0}fəŋ^0

□摸 pia^{55}mɤ^0 巴结，奉承

搞摸 kao^{35}mɤ^0 劝慰，抚慰：娃哭得鼻疤呀似的眼泪鼻涕横流的样子，~咾一个扎才算咾安慰了半天才过去了

燥火 ts^{h}ao^{21}xuɤ^{35} 说话火气旺盛的样子

谅识 liaŋ^{21}ʂʅ^{354} 推想、谅必：~他哩，他肯定把这事搞不好

不吭不咔 pu^{21}k^{h}ən^{55}pu^{21}k^{h}a^{55} 低调不声张：~搞大事

胡吹瞎谝 xu^{42}ts^{h}uei^{55}xa^{55}p^{h}ian^{354}

灌洋米汤 kuan^{21}iaŋ^{42}mi^{35}t^{h}aŋ^0 比喻说奉承话使人迷糊

上眼药 ʂaŋ^{21}ȵian^{35}yɤ^0 比喻添油加醋地在上级面前说别人坏话

戳脊梁骨 ts^{h}uɤ^{55}tɕi^{55}liaŋ^{0}ku^0 在背后议论别人

二十三　位置

高头 kao^{55}t^{h}əu^0

底下 ti^{35}xa^0

地下 ti^{21}xa^{35} ①地下：招呼嫑落到~咾小心别掉到地下了；②地上：~脏得很

天上 t^{h}ian^{55}ʂaŋ^0

山上 san^{55}ʂaŋ^0

路上 lu^{21}ʂaŋ^{35}

街上 kai^{55}ʂaŋ^0

墙上 tɕ^{h}iaŋ^{42}ʂaŋ^0

门上 mən⁴²ṣaŋ⁰ 门口

桌子上 tsuɤ⁵⁵tsɿ⁰ṣaŋ⁰

椅子上 i³⁵tsɿ⁰ṣaŋ⁰

边边上 pian⁵⁵pian⁰ṣaŋ⁰ 边沿上

手里 ṣəu³⁵li⁰

心里 ɕin⁵⁵li⁰/心里头 ɕin⁵⁵li⁰tʰəu⁰

野外 iE³⁵uai²¹³

门外头 mən⁴²uai²¹tʰəu³⁵

墙外头 tɕʰiaŋ⁴²uai²¹tʰəu³⁵

窗户外头 tsʰuaŋ⁵⁵xu⁰uai²¹tʰəu³⁵

车上 tʂʰɤ⁵⁵ṣaŋ⁰

车外头 tʂʰɤ⁵⁵uai²¹tʰəu³⁵

车前头 tʂʰɤ⁵⁵tɕʰian⁴²tʰəu⁰

车后头 tʂʰɤ⁵⁵xəu²¹tʰəu³⁵

前头 tɕʰian⁴²tʰəu⁰

后头 xəu²¹tʰəu³⁵

里头 li³⁵tʰəu⁰

外头 uai²¹tʰəu³⁵

侧面 tsei⁵⁵mian 旁边，侧面

挡头 taŋ²¹tʰəu³⁵

挡头上 taŋ²¹tʰəu³⁵ṣaŋ⁰/头头上 tʰəu⁴²tʰəu⁰ṣaŋ⁰ 最顶端

山前 san⁵⁵tɕʰian⁴²

山后头 san⁵⁵xəu²¹tʰəu³⁵

房背后 faŋ⁴²pei²¹xəu³⁵

背后 pei²¹xəu³⁵

以前 i³⁵tɕʰian⁴²

以后 i³⁵xəu²¹³

以上 i³⁵ṣaŋ²¹³

以下 i³⁵ɕia²¹³

以内 i³⁵luei²¹³

以外 i³⁵uai²¹³

最后 tsuei³⁵xəu²¹³ 指过去某事之后

以后 i³⁵xəu²¹³ 将来

从这以后 tsʰoŋ⁴²tʂɤ²¹i³⁵xəu²¹³

从兀以后 tsʰoŋ⁴²uɤ²¹i³⁵xəu²¹³

东 toŋ⁵⁵

西 ɕi⁵⁵

南 lan⁴²

北 pei⁵⁵

东南 toŋ⁵⁵lan⁴²

东北 toŋ⁵⁵pei⁵⁵

西南 ɕi⁵⁵lan⁴²

西北 ɕi⁵⁵pei⁵⁵

东面（个）toŋ⁵⁵mian⁰kɤ⁰ 东边

西面（个）ɕi⁵⁵mian⁰kɤ⁰ 西边

南面（个）lan⁴²mian⁰kɤ⁰ 南边

北面（个）pei⁵⁵mian⁰kɤ⁰ 北边

最南面 tsuei³⁵lan⁴²mian⁰ 最南端

最北面 tsuei²¹pei⁵⁵mian⁰ 最北端

皮起 pʰi⁴²tɕʰiE³⁵⁴ 最上面一层

路边边 lu²¹pian⁵⁵pian⁰ 路边

路两面 lu²¹liaŋ³⁵mian²¹³ 路两边

路中间 lu²¹tsoŋ⁵⁵tɕian⁵⁵

中间 tsoŋ⁵⁵tɕian⁵⁵／当中 taŋ⁵⁵tsoŋ⁵⁵

床底下 tsʰuaŋ⁴²ti³⁵xa⁰

楼底下 ləu⁴²ti³⁵xa⁰

脚底下 tɕyɤ⁵⁵ti³⁵xa⁰

碗底底 uan³⁵ti³⁵ti⁰ 碗底部

锅底底 kuɤ⁵⁵ti³⁵ti⁰ 锅底部

缸底底 kaŋ⁵⁵ti³⁵ti⁰ 缸底部

跟前 kən⁵⁵tɕʰian⁰/肋巴 lei⁵⁵pa⁵⁵ 跟前

啥地方 sa³⁵ti²¹faŋ³⁵

左面 tsuɤ³⁵mian⁰

右面 iəu²¹mian³⁵

对面 tuei³⁵mian²¹³/对面子 tuei³⁵mian²¹tsʅ³⁵⁴

往里走 uaŋ²¹li³⁵tsəu³⁵⁴

往外走 uaŋ³⁵uai²¹tsəu³⁵⁴

往东走 uaŋ²¹toŋ⁵⁵tsəu³⁵⁴

往西走 uaŋ²¹ɕi⁵⁵tsəu³⁵⁴

往回走 uaŋ³⁵xuei⁴²tsəu³⁵⁴/倒回去 tao²¹xuei³⁵tɕʰi⁰ 往回走

往前走 uaŋ³⁵tɕʰian⁴²tsəu³⁵⁴

二四上 ər³⁵sʅ²¹ʂaŋ³⁵ 不着边的地方：打枪脱靶咾，打到～去咾

二不跨五 ər³⁵pu²¹kʰua²¹u³⁵⁴ 形容处于中间地带，前后没着落的样子

半次拉垮 pan²¹tsʰʅ³⁵la⁰kʰua⁰ 形容事情干到一半没干完的样子

卡卡行行 tɕʰia⁵⁵tɕʰia⁰xaŋ²¹xaŋ³⁵/卡卡缝缝 tɕʰia⁵⁵tɕʰia⁰fəŋ²¹fəŋ³⁵ 各个角落窄缝：～的找，最后也没找到

一转转 i²¹tsuan²¹tsuan³⁵ 一圈：坐咾～人

二十四　代词等

我 ŋɤ³⁵⁴

你 ȵi³⁵⁴

他 tʰa⁵⁵

我们 ŋɤ³⁵mən⁰

咱们 tsa⁴²mən⁰

你们 ȵi³⁵mən⁰

他们 tʰa³⁵mən⁰

我的 ŋɤ³⁵ti⁰

人伢 z̩˳ən n̠ʑia⁰

伢 n̠ʑia⁴²

残个人 tsʰan⁴² kɤ⁰ z̩˳ən⁰

二一个人 ər²¹ i⁰ k³⁵ z̩˳ən⁴²

自家 tsɿ²¹ tɕia³⁵

各家 kɤ⁵⁵ tɕia⁰

各人 kɤ⁵⁵ z̩˳ən⁰

大家 ta²¹ tɕia³⁵

谁 sei⁴²

谁个 sei⁴² kɤ⁰

谁们 sei⁴² mən⁰

这个 tʂɤ²¹ kɤ³⁵

那个 la²¹ kɤ³⁵ / 兀个 uɤ²¹ kɤ³⁵

哪个 la³⁵ kɤ⁰

这些 tʂɤ²¹ ɕiɛ³⁵

兀些 uɤ²¹ ɕiɛ³⁵

哪些 la³⁵ ɕiɛ⁰

这里 tʂɤ²¹ li³⁵⁴ / 这 tʂɤ²¹³

兀里 uɤ²¹ li³⁵⁴ / 兀 uɤ²¹³

哪里 la³⁵ li⁰ / 哪 la³⁵⁴

这台 tʂɤ²¹ tʰai³⁵

兀台 uɤ²¹ tʰai³⁵

这个当 tʂʅ²¹ kɤ³⁵ taŋ⁰

兀个当 uɤ²¹ kɤ³⁵ taŋ⁰

这□个 tʂʅ²¹ maŋ³⁵ kɤ⁰ 这边：～我管这边我负责

兀□个 uɤ²¹ maŋ³⁵ kɤ⁰ 那边：～你管那边你负责

这岸 tʂɤ²¹ ŋan³⁵⁴ 这里，这边

兀岸 uɤ²¹ ŋan³⁵⁴ 那里，那边

这一截 tʂei²¹ i³⁵ tɕiɛ⁴²

这一坨 tʂei²¹i³⁵tʰuɤ⁴²

兀一截 uei²¹i³⁵tɕiE⁴²

兀一坨 uei²¹i³⁵tʰuɤ⁴²

这阵 tʂɤ³⁵tʂən⁰ 现在，这时候

兀阵 uɤ³⁵tʂən⁰/兀（个）时候 uɤ³⁵kɤ⁰ʂʅ⁴²xəu⁰ 刚才，那时候

这一向 tʂei²¹i⁰ɕiaŋ²¹³

兀（一）向 uei²¹i⁰ɕiaŋ²¹³

前（一）向 tɕʰian⁴²i⁰ɕiaŋ²¹³

这们（高）tʂʅ²¹mən³⁵

这们价（做）tʂʅ²¹mən³⁵tɕia⁰/这个价 tʂʅ²¹kɤ³⁵tɕia⁰

兀们（高）uɤ²¹mən³⁵

兀们价（做）uɤ²¹mən³⁵tɕia⁰/兀个价 uɤ²¹kɤ³⁵tɕia⁰

咋（做）tsa³⁵⁴

咋办 tsa³⁵pan²¹³/咋搞 tsa³⁵kao³⁵⁴

　咋个 tsa³⁵kɤ⁰/咋样 tsa³⁵iaŋ²¹³ 怎么样

啥 sa²¹³ 什么

为啥 uei³⁵sa²¹³ 为什么

搞啥 kao³⁵sa²¹³ 干什么

样啥 iaŋ³⁵sa²¹³ 样样：～都不行

多少 tuɤ⁵⁵ʂao⁰

多钱 tuɤ⁵⁵tɕʰian⁴² 多少钱

多（久、高、大、厚、重）tuɤ⁵⁵

我们两个 ŋɤ³⁵mən⁰liaŋ³⁵kɤ⁰

咱们两个 tsa⁴²mən⁰liaŋ³⁵kɤ⁰

你们两个 ȵi³⁵mən⁰liaŋ³⁵kɤ⁰

他们两个 tʰa³⁵mən⁰liaŋ³⁵kɤ⁰

两口子 liaŋ³⁵kʰəu³⁵tsʅ⁰

老两口 lao³⁵liaŋ³⁵kʰəu³⁵⁴

娘儿两个 ȵiaŋ⁴²ər⁰liaŋ³⁵kɤ⁰

爷儿两个 iɛ⁴² ər⁰ liaŋ³⁵ kɤ⁰
爷孙两个 iɛ⁴² suən⁵⁵ liaŋ³⁵ kɤ⁰
两先后 liaŋ³⁵ ɕiaŋ²¹ xəu³⁵⁴
两姑嫂 liaŋ³⁵ ku⁵⁵ sao³⁵⁴
婆媳俩个 pʰɤ⁴² ɕi⁰ liaŋ³⁵ kɤ⁰/娘儿俩个 ȵiaŋ⁴² ər⁰ liaŋ³⁵ kɤ⁰
两兄弟 liaŋ³⁵ ɕioŋ⁵⁵ ti⁰
弟兄两个 ti²¹ ɕioŋ⁰ liaŋ³⁵ kɤ⁰
两姊妹 liaŋ³⁵ tsʅ³⁵ mei⁰
姊妹俩个 tsʅ³⁵ mei⁰ liaŋ³⁵ kɤ⁰
姊们们 tsʅ³⁵ mən⁰ mən⁰/姊妹伙 tsʅ³⁵ mei⁰ xuɤ⁰
两兄妹 liaŋ³⁵ ɕioŋ⁵⁵ mei²¹³
两姐弟 liaŋ³⁵ tɕiɛ³⁵ ti²¹
姐弟两个 tɕiɛ³⁵ ti⁰ liaŋ³⁵ kɤ⁰
两舅甥 liaŋ³⁵ tɕiəu²¹ sən³⁵
两姑侄 liaŋ³⁵ ku⁵⁵ tʂʅ⁴²
两叔侄 liaŋ³⁵ su⁵⁵ tʂʅ⁴²
两师徒 liaŋ³⁵ sʅ⁵⁵ tʰu⁴²
亲戚家 tɕʰin⁵⁵ tɕʰi⁰ tɕia⁰ 亲戚：~得多走动，关系才得好
老人家 lao³⁵ zən⁴² tɕia⁰ 长辈，父母：当~，嫑管得太细咾 做长辈、做父母的，不用（管儿女）管得太细了
老太爷 lao³⁵ tʰai²¹ iɛ³⁵ 比喻坐享清福的家中男性长辈：你就在屋里当~就对咾 你就在家里当个老太爷就好啦（什么事都不用管）
男人家 lan⁴² zən⁰ tɕia⁰/男的家 lan⁴² ti⁰ tɕia⁰ 男人：~要好说话些
女人家 ȵy³⁵ zən⁰ tɕia⁰/女的家 ȵy³⁵ ti⁰ tɕia⁰ 女人：~嫑太小气咾
女子家 ȵy³⁵ tsʅ⁰ tɕia⁰ 女孩子：~吃兀们多搞啥 女孩子吃那么多干什么
大人家 ta²¹ zən³⁵ tɕia⁰ 大人：~得说话算话
小娃家 ɕiao³⁵ ua⁰ tɕia⁰ 小孩：~得听大人的话

二十五　形容词

好 xao³⁵⁴

差不多 tsʰa⁵⁵puºtuɤ⁵⁵/还可以 xai⁴²kʰɤ³⁵iº/还行 xai⁴²ɕin⁴²

将就 tɕiaŋ⁵⁵tɕiəuº①凑合：这个还~②趁…合适：~你的（脏）手，把这个碗也洗咾正好趁你的手脏着，把这个碗也洗了吧

坏 xuai²¹³坏的统称

撇 pʰiE²¹³坏。多形容东西等质量差，人品比较差

瞎 xa⁵⁵多形容人品很差，很坏

不行 pu²¹ɕin⁴²

瞎眼 xa⁵⁵ȵianº坏，糟糕：这下~咾

不咋样 pu²¹tsa³⁵iaŋ²¹³/不啥行 pu²¹saºɕin⁴²不怎么样

不抵火 pu²¹ti³⁵xuɤ³⁵⁴不顶事，不经用

淡 tan²¹³不重要的

淡事 tan³⁵sʅ²¹³/淡尿事 tan²¹tɕʰiəu³⁵sʅ²¹³

美 mei³⁵⁴

惜 ɕi⁵⁵/惜气 ɕi⁵⁵tɕʰiº/漂亮 pʰiao²¹liaŋ³⁵形容女性

标致 piao⁵⁵tʂʅ²¹³可以形容男性

排场 pʰai⁴²tʂʰaŋº体面，漂亮，可以形容女性，也可以形容男性

秀溜 ɕiəu²¹liəu³⁵形容女性身材细长柔美的样子

魁实 kʰuei⁴²ʂʅº形容男性高大魁梧的样子

丑 tʂʰəu³⁵⁴多用于形容事物，可用于形容长相

难看 lan⁴²kʰan²¹³多用于形容长相，可用于形容事物

冲 tsʰoŋ²¹³（气味、语气等）过于浓烈、猛烈的样子

要紧 iao²¹tɕin³⁵⁴重要

热闹 ʐɤ⁵⁵laoº

结实 tɕiE⁵⁵ʂʅº坚固

瓷 tsʰʅ⁴²/瓷实 tsʰʅ⁴²ʂʅº形容东西结实，紧密

敦实 tuən⁵⁵ʂʅº形容身体壮实

皮实 pʰi⁴²ʂʅº身体结实，不易生病

皮和 pʰi⁴²xuɤº性格乐观坚强，不容易生气

硬 ȵin²¹³

硬铮铮 ȵin²¹tsən²¹tsən³⁵

硬气 ȵin³⁵tɕʰi²¹³ 有底气的样子

软 ʐuan³⁵⁴/炧 pʰa⁵⁵

  炧兮兮 pʰa⁵⁵ɕi⁵⁵ɕi⁰/炧稀流咾 pʰa⁵⁵ɕi⁵⁵liəu⁴²lao⁰

  炧和 pʰa⁵⁵xuɤ⁰ 软和

酥 su⁵⁵

脆 tsʰuei²¹³

麻 ma⁴²/木 mu²¹³ 麻木无知觉的样子

屦 soŋ⁴² 很差的，不好的

屦气 soŋ⁴²tɕʰi²¹³ 软弱、小气的样子

心欠欠 ɕin⁵⁵tɕʰian⁰tɕʰian⁰ 形容非常期待、急不可耐的样子：他～地想去看女子 他很想去看女儿

巴心巴肝 pa⁵⁵ɕin⁵⁵pa⁵⁵kan⁵⁵ 全心全意竭尽全力的样子

巴希不得 pa⁵⁵ɕi⁰pu²¹tei⁰ 巴不得

干净 kan⁵⁵tɕin⁰

板也 ⁼pan³⁵iɛ⁰ 整齐，规整，漂亮

脏 tsaŋ⁵⁵/脏稀 tsaŋ⁵⁵ɕi⁰

□带 lai⁵⁵tai⁰/□稀 lai⁵⁵ɕi⁰ 肮脏邋遢的样子

□ləu⁴²□səu⁰ 衣着破败邋遢的样子

咸 xan⁴²

淡 tan²¹pʰia³⁵pʰia⁰ti⁰ 味道淡

淡□□的 tan²¹pʰia³⁵pʰia⁰ti⁰

香 ɕiaŋ⁵⁵

臭 tʂʰəu²¹³

胖臭 pʰaŋ⁵⁵tʂʰəu²¹³

酸 suan⁵⁵

瓜酸 kua³⁵suan⁵⁵

甜 tʰian⁴²

甜哕哕 tʰian⁴²yɤ⁰yɤ⁰

苦 kʰu³⁵⁴

苦哇哇 kʰu³⁵ua⁰ua⁰

辣 la⁵⁵

辣乎乎 la⁵⁵xu⁰xu⁰

涩 sei⁵⁵

涩欻欻 sei⁵⁵tsʰua⁵⁵tsʰua⁰

腥 ɕin⁵⁵

腥气 ɕin⁵⁵tɕʰi⁰

腥气摆带 ɕin⁵⁵tɕʰi⁰pai⁵⁵tai⁰

𦡀气摆带 sʅ⁵⁵tɕʰi⁰pai⁵⁵tai⁰

窜 tsʰuan²¹³

窜火 tsʰuan²¹xuɤ³⁵ 形容味道非常鲜香

稀粥太~了 ɕi⁵⁵

清汤寡水 tɕʰin⁵⁵tʰaŋ⁰kua⁰suei⁰

稠粥太~了 tʂʰəu⁴²

干稠瓦块 kan⁵⁵tʂʰəu⁰ua⁰kʰuai⁰

稀不密 ɕi⁵⁵

密 mi⁵⁵

密实 mi⁵⁵ʂʅ⁰

密匝匝 mi⁵⁵tsa⁰tsa⁰

肥 fei⁴² 肥。指动物：鸡很~

胖 pʰaŋ²¹³ 胖。指人

胖嘟嘟 pʰaŋ²¹tu²¹tu³⁵

瘦 səu²¹³ 瘦。指人、动物均可

泡 pʰao⁵⁵ 虚而松软的样子：这馍~的很

泡不膪膪 pʰao⁵⁵pu⁰tsʰuai⁰tsʰuai⁰

干卡卡 kan⁵⁵tɕʰia⁰tɕʰia⁰ 干巴巴

舒服 su⁵⁵fu⁰/安逸 ŋan⁵⁵i⁰/展妥 tʂan³⁵tʰuɤ⁰ 身体、心情舒适、舒展的样子

痛快 tʰoŋ²¹kʰuai³⁵

自在 tsʅ²¹tsai³⁵

松活 soŋ⁵⁵xuɤ⁰

称心 tʂʰən²¹ɕin⁵⁵／随心 suei⁴²ɕin⁵⁵

难受 lan⁴²ʂəu²¹³

焦人 tɕiao⁵⁵ʐən⁰

悖烦 pʰɤ⁵⁵fan⁰

难场 lan⁴²tʂʰaŋ⁰

腼腆 mian⁵⁵tʰian⁰

羞脸大 ɕiəu⁵⁵lian⁰ta²¹³腼腆

脸厚 lian³⁵xəu²¹³外向的样子

乖 kuai⁵⁵

安宁 ŋan⁵⁵ȵin⁰

匪 fei³⁵⁴皮，不听话，多用于形容小孩子：这娃是个～精

翻 fan³⁵⁴捣蛋、惹事，多用于形容小孩子：这个娃～地很

得行 tei⁵⁵ɕin⁴²真行：这个娃～地很

不行 pu²¹ɕin⁴²差，次：兀个娃～，靠不住

缺德 tɕʰyɤ⁵⁵tei⁵⁵

灵醒 lin⁴²ɕin⁰机灵

清场 tɕʰin⁵⁵tʂʰaŋ⁰头脑清楚的样子

活套 xuɤ⁴²tʰao⁰／活泛 xuɤ⁴²fan⁰灵活

巧 tɕʰiao³⁵⁴灵巧

溜刷 liəu²¹sua³⁵⁴敏捷的样子

利撒 li²¹sa⁰利落、干练

勤谨 tɕʰin⁴²tɕin⁰勤快

能干 lən⁴²kan⁰

巴家 pa⁵⁵tɕia⁵⁵形容会顾家：兀个男人伢～的很

黏 ʐan⁴²糊涂：～糨子

黏哇哇 ʐan⁴²ua⁰ua⁰

黑打糊涂 xei⁵⁵ta⁰xu⁴²tu⁰ 稀里糊涂，莫名其妙的样子

瓷眉瞪眼 tsʰɿ⁵⁵mi⁰təŋ²¹ȵian³⁵⁴ 目光呆滞笨拙的样子

失睁白眼 ʂɿ⁵⁵tsən⁰pei⁴²ȵian⁰ 目光空洞不聚光的样子

实打实 ʂɿ⁴²ta³⁵ʂɿ⁴² 实实在在

妖 iao⁵⁵ 妖艳的样子

贱 tɕian²¹³

炸 tsa²¹³ 张扬的样子

矬 tsʰuɤ⁴² 个子矮，土气

苕 ʂao⁴² 土气

洋气 iaŋ⁴²tɕʰi²¹³

尖 tɕian⁵⁵ 聪明。褒义用法

瓜 kua³⁵⁴/闷 mən²¹³ 笨

茶 ȵiɛ⁴²

茶不痴痴 ȵiɛ⁴²pu⁰tsʰɿ⁰tsʰɿ⁰

瓜不兮兮 kua³⁵pu⁰ɕi⁵⁵ɕi⁰

瓜不哕哕 kua³⁵pu⁰yɤ⁰yɤ⁰

老实 lao³⁵ʂɿ⁰/实诚 ʂɿ⁴²tʂʰən 诚实

老打老实 lao³⁵ta⁰lao³⁵ʂɿ⁰

厚道 xəu²¹tao³⁵

亲热 tɕʰin⁵⁵ʐɤ⁰ 亲密、有亲和力，容易合群的

喜拉 ɕi³⁵la⁰ 形容性格言语乐观喜庆的样子

笑咪兮兮 ɕiao²¹mi³⁵ɕi⁰ɕi⁰ 形容总是面带微笑和善的样子

怪 kuai²¹³ 奇怪的、不合规范的、不合群的样子

怪兮兮的 kuai²¹ɕi³⁵ɕi⁰ti⁰

怪眉日眼 kuai²¹mi³⁵ʐɿ⁰ȵian⁰/怪儿咕咚 kuai²¹ər³⁵ku⁰toŋ⁰

神 ʂən⁴² 神经质、莫名其妙的

神叨叨 ʂən⁴²tao⁰tao⁰ 神经质的样子

三棱包翘 san⁵⁵ləŋ⁰pao⁵⁵tɕʰiao⁰ 形容事物形状不规整、人说话办事不按规矩、令人看不顺眼的样子

犟 tɕiaŋ²¹³

死牛瞎犟 sʅ³⁵ȵiəu⁴²xa⁵⁵tɕiaŋ²¹³

窝囊 uɤ⁵⁵laŋ⁰

炞炞 pʰa⁵⁵pʰa⁰ 形容脓包、窝囊的人

坏俫 xuai³⁵soŋ⁴²/瞎俫 xa⁵⁵soŋ⁴²

啬俫 sei⁵⁵soŋ⁴² 吝啬鬼

啬 sei⁵⁵ 小气/抠掐 kʰəu⁵⁵tɕʰia⁰

小家么气 ɕiao³⁵tɕia⁰mɤ⁰tɕʰi²¹³ 小家子气

细密 ɕi²¹mi⁰ 形容精打细算的样子

大方 ta²¹faŋ³⁵

撇脱 pʰiE⁵⁵tʰuɤ⁰ 形容人大方利索、好说话

手大 ʂəu³⁵ta²¹³ 形容满不在乎很容易把钱花出去的样子

手紧 ʂəu³⁵tɕin³⁵⁴ ①手里没钱，经济不宽裕；②谨慎小心不轻易花钱

松活 soŋ⁵⁵xuɤ⁰/宽展 kʰuan⁵⁵tʂan⁰ 经济富余

心重 ɕin⁵⁵tsoŋ²¹³/心口子重 ɕin⁵⁵kʰəu⁰tsʅ⁰tsoŋ²¹³

心厚 ɕin⁵⁵xəu²¹³ 贪心

汪损 uaŋ⁵⁵suən⁰ 吃相难看、贪婪的样子

饿屣 ŋɤ³⁵soŋ⁴² 饥不择食、贪婪的样子

浑 xuən⁴² 整：鸡蛋吃~的；~身是汗

凸 tʰu⁵⁵

凹 ua⁵⁵

热 zɤ⁵⁵

热杠杠 zɤ⁵⁵kaŋ⁰kaŋ⁰ 燥热的样子

烫 tʰaŋ²¹³

凉 liaŋ⁴²

冷 lən³⁵⁴ 凉：饭~咾

冷哇哇 lən³⁵ua⁵⁵ua⁰

冰冷 pin⁵⁵lən³⁵⁴ 完全凉了的样子

温 uən⁵⁵

温突突 uən⁵⁵tʰu⁰tʰu⁰

尿热 ȵiao²¹ẓɤ³⁵半热不热的样子

凉快 liaŋ⁴²kʰuai⁰

凉悠悠 liaŋ⁴²iəu⁵⁵iəu⁵⁵

暖和 luan³⁵xuɤ⁰

吵 tsʰao³⁵⁴噪音大

背静 pei²¹tɕin³⁵僻静

悄咪咪 tɕʰiao⁵⁵mi⁰mi⁰悄悄、低调的样子

武趸趸 u³⁵ɕyɤ⁰ɕyɤ⁰大模大样地、挑衅地：伢～地进来咾

大声也气 ta²¹ʂən³⁵iᴇ⁰tɕʰi⁰说话故意调门很高的样子

活的 xuɤ⁴²ti⁰活动的、不稳固的

死的 sɿ³⁵ti⁰固定的，稳定的

稳当 uən³⁵taŋ⁰

稀里呼噜 ɕi⁵⁵li⁰xu⁵⁵lu⁰/忽摇忽摇 xu⁵⁵iao⁰xu⁵⁵iao⁰形容活动、不稳固、随时会掉下来的样子

虚来晃去 ɕy⁵⁵lai⁰xuaŋ³⁵tɕʰi⁰行事虚假、不可靠的样子

正宗 tʂən²¹tsoŋ⁵⁵地道：～汉中风味

正经 tʂən²¹tɕin³⁵

正儿八经 tʂən²¹ər⁰pa⁵⁵tɕin⁵⁵

假巴二五 tɕia³⁵pa⁰ər²¹u³⁵⁴假模假式端架子的样子

假巴意思 tɕia³⁵pa⁰i²¹sɿ³⁵假惺惺的样子

整齐 tʂən³⁵tɕʰi⁰/规整 kuei⁵⁵tʂən⁰

齐摆摆 tɕʰi⁴²pai³⁵pai⁰整齐划一的样子

乱 luan²¹³

乱麻咕咚 luan²¹ma³⁵ku⁰toŋ⁰

乱咕糟糟 luan²¹ku³⁵tsao⁰tsao⁰

豁豁牙牙 xuɤ⁵⁵xuɤ⁰ia⁵⁵ia⁰边缘参差不齐的样子

筋筋索索 tɕin⁵⁵tɕin⁰suɤ⁵⁵suɤ⁰/筋筋串串 tɕin⁵⁵tɕin⁰tsʰuan²¹tsʰuan³⁵筋络成串、牵扯不清的样子

渣渣哇哇 tsa⁵⁵tsa⁰ua⁵⁵ua⁰ 小零小碎成堆的样子

隐隐乎乎 in³⁵in⁰xu⁰xu⁰ 隐隐约约

吊吊搭搭 tiao²¹tiao³⁵ta⁰ta⁰ 断断续续

迟 tsʰʅ⁴² 晚：来～了

多 tuɤ⁵⁵

少 ʂao³⁵⁴

大 ta²¹³

大啷子 ta²¹laŋ³⁵tsʅ 粗线条的：兀是个～人

大不歪歪 ta²¹pu³⁵uai⁰uai⁰ 大不咧咧

大而化之 ta²¹ər⁰xua²¹tsʅ⁵⁵ 粗心大意，马马虎虎

小 ɕiao³⁵⁴

小意 ɕiao³⁵i²¹³ 小心警惕的样子

下细 ɕia³⁵ɕi²¹³ 仔细

重 tsoŋ²¹³

梆重 paŋ⁵⁵tsoŋ²¹³

重腾腾 tsoŋ²¹tʰən³⁵tʰən⁰

轻 tɕʰin⁵⁵ ①物品重量轻；②人性格轻狂

飘轻 pʰiao⁵⁵tɕʰin⁵⁵

轻飘飘 tɕʰin⁵⁵pʰiao⁰pʰiao⁰

张 tʂaŋ⁵⁵

狂 kʰuaŋ⁴²

搁不下 kɤ²¹pu⁰xa²¹³ 狂妄自大的样子：张得～他咾

疯张倒势 fəŋ⁵⁵tʂaŋ⁰tao²¹ʂʅ⁰ 举止狂放不稳重的样子

鼻流颔水 pi⁴²liəu⁴²xan⁵⁵suei⁰ 比喻老态龙钟脏兮兮的样子

长 tʂʰaŋ⁴²

短 tuan³⁵⁴

宽 kʰuan⁵⁵

窄 tsei⁵⁵

厚 xəu²¹³

厚实 xəu²¹ ʂʅ³⁵

厚墩墩 xəu²¹ tuən³⁵ tuən⁰

薄 pɤ⁴²

栳薄 ɕiao⁵⁵ pɤ⁰

薄兮兮 pɤ⁴² ɕi⁰ ɕi⁰

糟 tsao⁵⁵ 朽的

深 ʂən⁵⁵

浅 tɕʰian³⁵⁴

高 kao⁵⁵

高趸趸 kao⁵⁵ ɕyɤ⁰ ɕyɤ⁰

低 ti⁵⁵

矮 ŋai³⁵⁴

正 tʂən²¹³

端 tuan⁵⁵

直 tʂʅ⁴²

直戳戳 tʂʅ⁴² tsʰuɤ⁵⁵ tsʰuɤ⁵⁵

直杠杠 tʂʅ⁴² kaŋ⁵⁵ kaŋ⁰

歪 uai⁵⁵

偏 pʰian⁵⁵/偏偏 pʰian⁵⁵ pian⁰

歪七趔八 uai⁵⁵ tɕʰi⁵⁵ liE³⁵ pa⁵⁵

趔撒撒 liE²¹ pʰiE³⁵ pʰiE⁰ 保持距离，不合辙道的样子

颠顽 tian⁵⁵ uan⁰ 故意作对、顶撞规则、不听规劝的样子

烧乎乎 ʂao⁵⁵ xu⁰ xu⁰

火辣辣 xu³⁵ la⁰ la⁰

茅焦火辣 mao⁴² tɕiao⁰ xuɤ³⁵ la⁰

斜 ɕiE⁴²

忙 maŋ⁴² 忙碌

忙张咾 maŋ⁴² tʂaŋ⁵⁵ lao⁰ 忙飞了

闲 xan⁴²/清闲 tɕʰin⁵⁵ ɕian⁰

懒 lan³⁵⁴

乏 fa⁴²

困 kʰuən²¹³

累 luei²¹³

疲 pʰi⁴²

挣死巴活 tsən²¹sʅ³⁵pa⁰xuɤ⁴² 劳累挣扎的样子

耍耍哒哒 sua³⁵sua⁰ta⁰ta⁰ 轻轻松松的样子

饱 pao³⁵⁴

胀 tʂaŋ²¹³

胀不哕哕 tʂaŋ²¹pu⁰yɤ⁰yɤ⁰

饿 ŋɤ²¹³

痨肠剐肚 lao⁴²tʂʰaŋ⁰kua³⁵tu²¹³

粗 tsʰu⁵⁵/壮 tsuaŋ³⁵⁴

细 ɕi²¹³

细绺绺 ɕi²¹liəu²¹liəu³⁵

穷 tɕʰioŋ⁴²

穷气 tɕʰioŋ⁴²tɕʰi²¹³ 形容贫穷且没骨气

心里穷 ɕin⁵⁵li⁰tɕʰioŋ⁴² 形容思想狭窄而没眼光

富 fu²¹³

富态 fu²¹tʰai³⁵ 对较胖体型的褒义形容

贵气 kuei³⁵tɕʰi²¹³ 形容气质轩昂的样子

排场 pʰai⁴²tʂʰaŋ⁰ 形容男子外形气质佳：王家兀个娃长的~的很

花 xua⁵⁵

五花六道 u³⁵xua⁰liəu⁰tao⁰ 颜色驳杂花里胡哨的样子

素 su²¹³ 颜色单一

鲜净 ɕyan⁵⁵tɕin⁰ 鲜亮干净的样子

簇簇麻蹴 tsʰu⁵⁵tsʰu⁰ma⁰tɕiəu⁰ 皱皱巴巴的样子

展妥 tʂan³⁵tʰuɤ⁰ 舒展平坦的样子

疙瘩零锤 kɤ⁵⁵ta⁰liŋ⁰tsʰuei⁰ 大大小小零碎成堆的样子

四棱上线 sʅ21lən42 ʂaŋ35ɕian213 形容事物线条平整棱角分明的样子

快 kʰuai213

快当 kʰuai21taŋ35

慢 man213/肉 ʐəu213

肉不唧唧 ʐəu21puºtɕiºtɕiº

干 kan55

干绷绷 kan55pəŋºpəŋº

湿 ʂʅ55

湿□□ ʂʅ55piaºpiaº

亮晃晃 liaŋ21xuaŋ35xuaŋº

亮铮铮 liaŋ21tsəŋ35tsəŋº

明光光 min42kuaŋºkuaŋº

光秃秃 kuaŋ55tʰuºtʰuº

平展展 pʰin42tʂanºtʂanº

油沁沁 iəu42tɕʰinºtɕʰinº

潮带带 tʂʰao42taiºtaiº

精巴巴 tɕin55paºpaº

坑坑洼洼 kʰən55kʰənºua55uaº

宽绰 kʰuan55tʂʰaoº 宽敞

窄狭 tsei55tɕʰiaº/屈狭 tɕʰy55tɕʰiaº 狭窄貌

豁亮 xuɤ55liaŋº

严实 ȵian42ʂʅº

空荡荡 kʰoŋ55taŋºtaŋº 空的

实腾腾 ʂʅ42tʰənºtʰənº 实的

烟杠杠 ian55kaŋºkaŋº 烟雾缭绕的样子

烟尘雾罩 ian55tʂʰənºu35tsao213 烟雾缭绕的样子

水哇哇 suei35uaºuaº 地上到处是水的样子

新 ɕin55

新崭崭 ɕin55tsan55tsanº

旧 tɕiəu²¹³

旧□□tɕiəu²¹pʰia³⁵pʰia⁰

烂 lan²¹³

烂葬 lan³⁵tsaŋ²¹³

烂糟糟 lan²¹tsao³⁵tsao⁰

蔫杠杠 ian⁵⁵kaŋ⁰kaŋ⁰ 垂头丧气的样子

迸炸炸 piɛ²¹tsa³⁵tsa⁰ 情绪兴奋火气旺盛的样子

老 lao³⁵⁴

老弥咳嚓 lao³⁵mi⁰kʰɤ⁰tsʰa⁰

嫩 luən²¹³

嫩杵杵 luən²¹tsʰu⁵⁵tsʰu⁰

腻咕松松 n̠i²¹ku³⁵soŋ⁰soŋ⁰ 滑腻的样子

扁 pia³⁵⁴

圆 yan⁴²

尖 tɕian⁵⁵

方 faŋ⁵⁵

红 xoŋ⁴²

朱红 tsu⁵⁵xoŋ⁴²

大红 ta²¹xoŋ³⁵

正红 tʂən³⁵xoŋ⁴² 近似大红的颜色

粉红 fən³⁵xoŋ⁰

深红 ʂən⁵⁵xoŋ⁴²

浅红 tɕʰian³⁵xoŋ⁴²

枣红 tsao³⁵xoŋ⁰

铁锈红 tʰiɛ⁵⁵ɕiəu³⁵xoŋ⁴²

胭脂红 ian⁵⁵tsɿ⁰xoŋ⁴²

品红 pʰin³⁵xoŋ⁴² 比大红较浅的颜色

屁红 pʰi²¹xoŋ³⁵ 败色的红色

红杠杠 xoŋ⁴²kaŋ⁰kaŋ⁰

蓝 lan⁴²
浅蓝 tɕʰian³⁵lan⁴²
深蓝 ʂən⁵⁵lan
天蓝 tʰian⁵⁵lan⁴²
蓝莹莹 lan⁴²in⁴²in⁰
绿 liəu⁵⁵
葱绿 tsʰoŋ⁵⁵liəu⁵⁵
草绿 tsʰao³⁵liəu⁵⁵
水绿 suei³⁵liəu⁵⁵
浅绿 tɕʰian³⁵liəu⁵⁵
绿莹莹 liəu⁵⁵in⁰in⁰
绿哇哇 liəu⁵⁵ua⁰ua⁰
白 pei⁴²
苍白 tsʰaŋ⁵⁵pei⁴²
月白 yɤ⁵⁵pei⁴²
漂白 piao³⁵pei⁴²
卡白 kʰa³⁵pei⁴²
□白 pʰia⁵⁵pei⁴²
白□□ pei⁴²pʰia⁰pʰia⁰
灰 xuei⁵⁵
深灰 ʂən⁵⁵xuei⁵⁵
浅灰 tɕʰian³⁵xuei⁵⁵
银灰 in⁴²xuei⁵⁵
烟灰 ian⁵⁵xuei⁵⁵
灰嘛老鼠 xuei⁵⁵ma⁰lao⁰su⁰
黄 xuaŋ⁴²
杏黄 ɕin³⁵xuaŋ⁴²
深黄 ʂən⁵⁵xuaŋ⁴²
浅黄 tɕʰian³⁵xuaŋ⁴²

黄□□ xuaŋ⁴² pʰia⁰ pʰia⁰
黄哇哇 xuaŋ⁴² ua⁰ ua⁰
青 tɕʰin⁵⁵
藏青 tsaŋ²¹ tɕʰin⁵⁵
虾青 ɕia⁵⁵ tɕʰin⁵⁵
鸭蛋青 ia⁵⁵ tan⁰ tɕʰin⁵⁵
捐青 tɕy⁵⁵ tɕʰin⁵⁵/青捐捐 tɕʰin⁵⁵ tɕy⁰ tɕy⁰ 颜色很青的样子
紫 tsʅ³⁵⁴
葡萄紫 pʰu⁴² tʰao⁰ tsʅ³⁵⁴
乌的 u⁵⁵ ti⁰ 深紫色
雪青 ɕyɤ⁵⁵ tɕʰin⁰ 浅紫色
藕色 ŋəu³⁵ sei⁵⁵
肉色 ʐəu²¹ sei⁵⁵
金色 tɕin⁵⁵ sei⁵⁵
黑 xei⁵⁵
焦黑 tɕiao⁵⁵ xei⁵⁵
黢黑 tɕʰy⁵⁵ xei⁵⁵
乌黑 u⁵⁵ xei⁵⁵
黑嘛咕咚 xei⁵⁵ ma⁰ ku⁵⁵ toŋ⁰

二十六　副词、介词等

很 xən³⁵⁴
没法 mɤ⁴² fa⁵⁵
扎 tsa⁵⁵
圆 yan⁴²
陈 tʂʰən⁴²
非 fei⁵⁵
瓜 kua⁵⁵
越见 yɤ²¹ tɕian²¹³

太 tʰai²¹³

冷 lən³⁵⁴

直接 tʂʅ⁴²tɕiE⁵⁵

硬 ȵin²¹³

硬硬 ȵin³⁵ȵin²¹³

都 təu⁵⁵

光 kuaŋ²¹³

就 təu²¹³

只 tsʅ²¹³

单另 tan⁵⁵lin²¹³

一路 i²¹lu²¹³

一下 i²¹xa²¹³

统共 tʰoŋ³⁵koŋ²¹³/拢共 loŋ³⁵koŋ²¹³/总起 tsoŋ³⁵tɕʰi³⁵⁴

不管 pu²¹kuan³⁵⁴/不论 pu²¹luən²¹³

瞎 xa⁵⁵

贸 mao²¹³

侭 tɕin³⁵⁴/侭管 tɕin³⁵kuan³⁵⁴一直

一遍手 i²¹pian²¹ʂəu³⁵⁴/一划手 i²¹tsʰan²¹ʂəu³⁵⁴

端直 tuan⁵⁵tʂʅ⁴²

直接 tʂʅ⁴²tɕiE⁵⁵

定定的 tin³⁵tin⁰ti⁰

定定价 tin³⁵tin⁰tɕia⁰

忽 xu⁵⁵

猛乍 məŋ³⁵tsa⁰/猛 məŋ³⁵⁴猛地

黑打糊涂 xei⁵⁵ta⁰xu⁴²tu⁰

没名倒堂 mɤ⁵⁵min⁰tao⁰tʰaŋ⁰

安心 ŋan⁵⁵ɕin⁰

情愿 tɕin⁴²yan²¹³

难得 lan⁴²tei⁵⁵

倒转 tao²¹tsuan³⁵⁴

才才 tsʰai⁴²tsʰai⁰

才刚 tsʰai⁴²tɕiaŋ⁵⁵

才说 tsʰai⁴²suɤ⁵⁵

看倒看倒 kʰan²¹tao⁰kʰan²¹tao⁰看着看着

立马 li⁵⁵ma³⁵⁴

当时 taŋ⁵⁵ʂʅ⁰

一拗 i²¹ȵiəu²¹³动辄：~就哭

紧忙 tɕin³⁵maŋ⁴²

跟倒 kən⁵⁵tao⁰跟着、随后就……

一例 i²¹li²¹³一直，总是

蛮 man⁴²总是：这一向~头疼

三不搭四 san⁵⁵pu⁰ta⁵⁵sʅ²¹³

旋 ɕyan²¹³……旋 ɕyan²¹³……一边……一边……

肯 kʰən³⁵⁴

褒 pao⁴²

不啥 pu²¹sa⁰

得 tei⁵⁵

不得 pu²¹tei⁵⁵

不敢 pu²¹kan³⁵⁴

招呼 tʂao⁵⁵xu⁰

好撒 xao³⁵pʰiɛ²¹³/贵贱 kuei³⁵tɕian²¹³/红黑 xoŋ⁴²xei⁵⁵反正

才 tsʰai⁴²

亏咾 kʰuei⁵⁵lao⁰

么咾 mɤ⁵⁵lao⁰/不咾 pu⁵⁵lao⁰不然……

该 kai⁵⁵

偏不偏 pʰian³⁵pu⁰pʰian⁵⁵

恐怕 kʰoŋ³⁵pʰa²¹³

早 tsao³⁵⁴……才 tsʰai⁰

再 tsai²¹³……才 tsʰai⁰

刚 kaŋ⁵⁵/tɕiaŋ⁵⁵ ~来

才 tsʰai⁴²

刚好 tɕiaŋ⁵⁵xao³⁵⁴ ~十块钱

刚 kaŋ⁵⁵/tɕiaŋ⁵⁵ ~合适

刚刚 tɕiaŋ⁵⁵tɕiaŋ⁰/刚好 kaŋ⁵⁵xao³⁵⁴刚巧：~我在兀里

光 kuaŋ⁵⁵净：~吃米，不吃面

有点 iəu³⁵tian⁰天~冷

恐怕 kʰoŋ³⁵pʰa²¹³也许：明天~要下雨

争点 tsən⁵⁵tian³⁵⁴差点儿

不……不 pu²¹……pu²¹非……不：~到九点~不得开门

马上 ma³⁵ʂaŋ⁰

趁早 tʂʰən²¹tsao³⁵⁴

笡 tɕʰiɛ²¹³趁着：~还没黑，赶紧走

迟早 tsʰɿ⁴²tsao³⁵⁴早晚、随时：~来都得行

看倒 kʰan²¹tao³⁵眼看：~关咾门咾

幸亏 ɕin²¹kʰuei⁵⁵/亏得 kʰuei⁵⁵tei⁰幸亏

当面 taŋ⁵⁵mian²¹³有话~说

背地 pei²¹ti³⁵覅~说

一路 i²¹lu²¹³一起，一块儿：我们两个~去

自己 tsɿ²¹tɕi³⁵/各人 kɤ⁵⁵zən⁰自己

顺便 suən³⁵pian²¹³

故意 ku³⁵i²¹³

最后 tsuei³⁵xəu²¹³到了儿：他~走了没有，你要问清楚

根本 kən⁵⁵pən³⁵⁴压根儿：他~不知道

真 tʂən⁵⁵实在：这地方~好

快 kʰuai²¹³接近：他~五十了

总共 tsoŋ³⁵koŋ²¹³/拢共 loŋ³⁵koŋ²¹³一共：~才十个人

覅 pao⁴²不要：慢慢儿走，~跑

白 pei⁴²①不要钱：~吃②空：~跑一趟

就 təu²¹³偏：你不叫我去，我~去

胡 xu⁴²胡乱：~说

先 ɕian⁵⁵你~走，我后头来

原先 yan⁴²ɕian⁵⁵/头开始 tʰəu⁴²kʰai⁵⁵sʅ³⁵⁴先前：他~不知道，后来听别人说的

跟倒 kən⁵⁵tao⁰跟着：一上毕课，他~就往外头走

另外 lin³⁵uai²¹³

单另 tan⁵⁵lin²¹³单独

经常 tɕin⁵⁵tʂʰaŋ⁰

一拗……就 i²¹ȵiəu²¹³……təu²¹³动不动……就：~就叫我去给他帮忙

三不搭四 san⁵⁵pu⁰ta⁰sʅ²¹³有时候，隔一阵：~叫我去吃个饭

反正 fan³⁵tʂən⁰/贵贱 kuei³⁵tɕian²¹³/红黑 xoŋ⁴²xei⁵⁵/瞎好 xa⁵⁵xao³⁵⁴无论如何，反正

蛮 man⁴²总是：这一向~头疼

佡 tɕin³⁵⁴一直。用在动词前，表示动作的持续：他在兀~讲，讲咾几个钟头咾

叫 tɕiao²¹³被：~狗咬了一口

把 pa³⁵⁴

对 tuei²¹³你~他好

对倒 tuei²¹tao³⁵对着：他~镜子发呆

到 tao²¹³

在 tsai²¹³

从 tsʰoŋ⁴²

按 ŋan²¹³按照：~这样做就好

依 i⁵⁵按照：~你说咋搞按你说该咋办

拿 la⁴²使：你~毛笔写

顺倒 suən²¹tao³⁵沿着：~河边走

往 uaŋ³⁵⁴朝：你~后头看

帮 paŋ⁵⁵ 替：你~我写封信
给 kei³⁵⁴
给我 kei²¹ ŋ ɤ³⁵⁴ 虚用，加重语气：你~等倒
跟 kən⁵⁵ 和：这个~兀个一样
连 lian⁴² 和：这个~兀个都拿去
问 uən²¹³ 向：~他借一本书
把……叫 pa²¹……tɕiao²¹³ 管……叫：汉中把土豆叫洋芋
把……当 pa²¹……taŋ⁵⁵ 拿……当：汉中把面皮当饭吃
赶 kan³⁵⁴/撵 ȵian³⁵⁴ 你得~黑咚_{天黑}以前回来

二十七　量词

把 pa³⁵⁴ 一~椅子
本 pən³⁵⁴ 一~书
笔 pi⁵⁵ 一~款
匹 pʰi⁴² 一~马
头 tʰəu⁴² 一~牛
封 fəŋ⁵⁵ 一~信
服 fu⁴² 一~药
条 tʰiao⁴² 一~河，一~手巾，一~鱼
件 tɕian²¹³ 一~事
朵 tuɤ³⁵⁴ 一~花
顿 tuən²¹³ 一~饭
辆 liaŋ²¹³ 一~车
枝 tsʅ⁵⁵ 一~花
只 tʂʅ⁵⁵ 一~手
张 tʂaŋ⁵⁵ 一~桌子
桌 tsuɤ⁵⁵ 一~酒席
场 tʂʰaŋ³⁵⁴ 一~雨
出 tsʰu⁵⁵ 一~戏

床 tsʰuaŋ⁴² 一~铺盖
身 ʂən⁵⁵ 一~衣裳
根 kən⁵⁵ 一~头发
棵 kɤ⁵⁵ 一~树
颗 kɤ⁵⁵ 一~米
块 kuan²¹³ 一~砖
口 kʰəu³⁵⁴ 一~人，一~猪
家 tɕia⁵⁵ 一~铺子
架 tɕia²¹³ 一~飞机
间 tɕian⁵⁵ 一~房
院 yan²¹³ 一~房
套 tʰao²¹³ 一~房
篇 pʰian⁵⁵ 一~文章
片 pʰian²¹³ 一~好心，一~肉
面 mian²¹³ 一~旗
层 tsəŋ⁴² 一~纸
股 ku³⁵⁴ 一~香气气
座 tsuɤ²¹³ 一~桥
盘 pʰan⁴² 一~棋
门 mən⁴² 一~亲事
刀 tao⁵⁵ 一~纸
沓 tʰa⁴² 一~纸
缸 kaŋ⁵⁵ 一~水
碗 uan³⁵⁴ 一~饭
杯 pei⁵⁵ 一~茶
把 pa³⁵⁴ 一~米，一~葱
窝 uɤ⁵⁵ 一~白菜
包 pao⁵⁵ 一~花生
卷 tɕyan³⁵⁴ 一~纸

捆 kʰuən³⁵⁴ 一~甘蔗

担 tan²¹³ 一~水

排 pʰai⁴² 一~桌子/摆摆 pai³⁵pai⁰ 一~桌子

道 tao²¹³ 遍：说咾三~

进 tɕin²¹³ 这院子有三~

挂 kua²¹³ 一~鞭炮

句 tɕy²¹³ 一~话

个 kɤ²¹³ 一~人

双 suaŋ⁵⁵ 一~鞋

对 tuei²¹³ 一~花瓶

副 fu²¹³ 一~眼镜

套 tʰao²¹³ 一~书

种 tsoŋ³⁵⁴ 一~虫子

帮 paŋ⁵⁵ 一~人

批 pʰi⁵⁵ 一~货

抓 tsua⁵⁵ 一~葡萄

拃 tsa³⁵⁴ 一~长大拇指与中指张开的长度

指 tsʅ⁵⁵ 一~长

成 tʂʰən⁴² 一~

脸 lian³⁵⁴ 一~水

身 ʂən⁵⁵ 一~土

肚子 tu²¹tsʅ³⁵ 一~气

顿 tuən²¹³ 吃一~

趟 tʰaŋ²¹³ 走一~

下 xia²¹³ 打一~

眼 ȵian³⁵⁴ 看一~

口 kʰəu³⁵⁴ 吃一~

牙 ia⁴² 一~西瓜

阵 tʂən²¹³ 下一~雨

场 tʂʰaŋ³⁵⁴ 闹一~

面 mian²¹³ 见一~

尊 tsuən⁵⁵ 一~佛像

扇 ʂan²¹³ 一~门

幅 fu²¹³ 一~画

面 mian²¹³ 一~墙

本 pən³⁵⁴ 一~书

班 pan⁵⁵ 一~车

水 suei³⁵⁴ 洗一~衣裳

坨 tʰuɤ⁴² 一~肉，一~泥

堆 tuei⁵⁵ 一~雪

卷 tɕyan³⁵⁴ 一~线

绺 liəu³⁵⁴ 一~头发

手 ʂəu³⁵⁴ 一~好字）

笔 pi⁵⁵ 一~（好字）

届 tɕiɛ²¹³ 开一~会议

任 ʐən²¹³ 做一~官

圈 tɕʰyan⁵⁵ 打一~麻将

台 tʰai⁴² 唱一~戏

滴 ti⁵⁵ 一~雨

盒 xɤ⁴² 一~火柴

箱 ɕiaŋ⁵⁵ 一~衣裳

架子 tɕia²¹tsɿ³⁵ 一~小说

抽匣 tʂʰəu⁵⁵ɕia⁰ 一~文件

筐 kʰuaŋ⁵⁵ 一~菠菜

篮 lan⁴² 一~梨

包 pao⁵⁵ 一~书

口袋 kʰəu³⁵tai⁰ 一~干粮

池 tʂʰʅ⁴² 一~水

缸 kaŋ⁵⁵ 一~金鱼

瓶 pʰin⁴² 一~醋

罐 kuan²¹³ 一~盐

坛 tʰan⁴² 一~酒

桶 tʰoŋ³⁵⁴ 一~汽油

壶 xu⁴² 一~开水

盆 pʰən⁴² 一~水

锅 kuɤ⁵⁵ 一~饭

笼 loŋ⁴² 一~包子

盘 pʰan⁴² 一~水果

碗 uan³⁵⁴ 一~饭

杯 pei⁵⁵ 一~茶

盅 tsoŋ⁵⁵ 一~酒

勺 ʂɤ⁴² 一~汤

个把个 kɤ²¹pa³⁵kɤ²¹³

百把个 pei⁵⁵pa⁰kɤ²¹³

万把块钱 uan²¹pa³⁵kʰuai⁰tɕʰian⁰

二十八　附加成分等

（一）后加成分

-得很 ti⁰xən⁰ 好~

-死咾 sɿ⁰lao⁰ 吵~

-死人咾 sɿ⁰zən⁴²lao⁰ 烦~

-没法 mɤ⁴²fa⁵⁵ 闹得~

-圆咾 yan⁴²lao⁰ 热~

-不得了 pu²¹tei⁵⁵liao³⁵⁴ 急得~

-杠杠 kaŋ⁰kaŋ⁰ 热~

-铮铮 tsən⁰tsən⁰ 硬~

-啰啰 yɤ⁰yɤ⁰ 甜~

- 兮兮 ɕi⁰ɕi⁰瞌睡 ~

- 不兮 pu²¹ɕi⁰瞌睡 ~

- 不兮兮 pu²¹ɕi⁰ɕi⁰瓜 ~

- 不唧唧 pu²¹tɕi⁰tɕi⁰肉 ~

- 家伙 tɕia⁰xuɤ⁰撇 ~

- 子 tsʅ⁰桌 ~

- 场 tʂʰaŋ⁰

　吃场 tʂʰʅ⁵⁵tʂʰaŋ⁰吃头儿：这个菜没 ~

　喝场 xɤ⁵⁵tʂʰaŋ⁰喝头儿：那个酒没 ~

　看场 kʰan²¹tʂaŋ³⁵看头儿：这出戏没 ~

- 嘛咕咚 ma⁰ku⁵⁵toŋ⁰黏 ~

- □□pia⁵⁵pia⁰湿 ~

- □□pʰia⁵⁵pʰia⁰白 ~

- □□tsʰua⁵⁵tsʰua⁰涩 ~

- 哇哇 ua⁰ua⁰黄 ~

- 麻老鼠 ma⁰lao⁰su⁰灰 ~

- 巴嚓 pa⁰tsʰa⁰眼泪 ~

- 家 tɕia⁰女娃 ~

- 价 tɕia⁰这样 ~

- 俗 soŋ⁴²坏 ~

- 面 mian⁰东 ~

- 个 kɤ⁰东面 ~

- 倒 tao⁰我吃 ~，你望 ~

- 起 tɕʰiE弯 ~

- 倒起 tao⁰tɕʰiE站 ~

（二）前加成分

死 - sʅ³⁵⁴ ~ 累人

梆 - paŋ⁵⁵ ~ 重

飘 - pʰiao⁵⁵ ~ 轻

胖 – pʰaŋ⁵⁵ ~ 臭

焦 – tɕiao⁵⁵ ~ 湿

轻 – tɕʰin⁵⁵ ~ 叫唤

精 – tɕin⁵⁵ ~ 光

黢 – tɕʰy⁵⁵ ~ 黑

稀 – ɕi⁵⁵ ~ 撇

刮 – kua⁵⁵ ~ 好

二十九　数字等

一 i⁵⁵

二 ər²¹³

三 san⁵⁵

四 sɿ²¹³

五 u³⁵⁴

六 liəu⁵⁵

七 tɕʰi⁵⁵

八 pa⁵⁵

九 tɕiəu³⁵⁴

十 ʂɿ⁴²

– 号 xao²¹³ 五 ~

初 – tsʰu⁵⁵ ~ 五

老大 lao³⁵ ta²¹³

老幺 lao³⁵ iao⁵⁵

第 – ti²¹³ ~ 五

大哥 ta²¹ kɤ⁵⁵

二哥 ər²¹ kɤ⁵⁵

一百 i²¹ pei⁵⁵

一千 i²¹ tɕʰian⁵⁵

一百一 i²¹ pei⁵⁵ i⁵⁵

一百一十一 i²¹pei⁵⁵i⁵⁵ʂʅ⁰i⁵⁵

一百二 i²¹pei⁵⁵ər²¹³

二百五（傻子）ər²¹pei⁵⁵u³⁵⁴

一千一 i²¹tɕʰian⁵⁵i⁵⁵

一万二 i²¹uan³⁵ər²¹³

零 lin⁴²

亿 i²¹³

倍 pei²¹³

二斤 ər²¹tɕin⁵⁵

两斤 liaŋ³⁵tɕin⁰

二两 ər²¹liaŋ³⁵⁴

两项 liaŋ³⁵ɕiaŋ²¹³

二亩 ər²¹mu³⁵⁴

两亩 liaŋ³⁵mu³⁵⁴

几个 tɕi³⁵kɤ⁰

好几个 xao³⁵tɕi⁰kɤ²¹³

好些 xao³⁵ɕiɛ⁰

一点点 i²¹tian⁵⁵tian⁰

大一点 ta²¹i⁰tian⁰

十来个（比十个多）ʂʅ⁴²lai⁰kɤ²¹³

一百多个 i²¹pei⁵⁵tuɤ⁰kɤ⁰

百把个 pei⁵⁵pa⁰kɤ²¹³

上千个 ʂaŋ²¹tɕʰian⁵⁵kɤ⁰

半 pan²¹³

半个 pan²¹kɤ³⁵

一半 i²¹pan²¹³

两半 liaŋ³⁵pan²¹³

多半 tuɤ⁵⁵pan⁰

一大半 i²¹ta³⁵pan²¹³

一个半 i²¹kɤ³⁵pan²¹³

…上下… ʂaŋ³⁵ɕia²¹³

…左右… tsuɤ³⁵iəu²¹³

一来二去 i⁵⁵lai⁴²ər³⁵tɕʰi²¹³

一清二白 i⁵⁵tɕʰin⁵⁵ər³⁵pei⁴²

一刀两断 i²¹tao⁵⁵liaŋ³⁵tuan²¹³

一举两得 i²¹tɕy³⁵liaŋ³⁵tei⁵⁵

一五一十 i²¹u³⁵i²¹ʂʅ⁴²

一心一意 i²¹ɕin⁵⁵i²¹i²¹³

再一再二 tsai²¹i⁵⁵tsai³⁵ər²¹³

再三再四 tsai²¹san⁵⁵tsai³⁵sʅ²¹³

一了百了 i²¹liao³⁵pei⁵⁵liao³⁵⁴

数一数二 su³⁵i⁵⁵su³⁵ər²¹³

吆二喝三 iao⁵⁵ər³⁵xɤ²¹san⁵⁵

三天两后晌 san⁵⁵tʰian⁰liŋ³⁵xəu²¹ʂaŋ³⁵

三差两错 san⁵⁵tsʰa⁵⁵liaŋ³⁵tsʰuɤ²¹³

三长两短 san⁵⁵tʂʰaŋ⁴²liaŋ³⁵tuan³⁵⁴

三心二意 san⁵⁵ɕin⁵⁵ər³⁵i²¹³

三番四次 san⁵⁵fan⁵⁵sʅ³⁵tsʰʅ²¹³

三不搭四 san⁵⁵pu⁰ta⁰sʅ²¹³

三锤两梆子 san⁵⁵tsʰuei⁴²liaŋ³⁵paŋ⁵⁵tsʅ⁰

三舞两绕 san⁵⁵u³⁵liaŋ³⁵ʐao³⁵⁴

颠三倒四 tian⁵⁵san⁵⁵tao³⁵sʅ²¹³

不三不四 pu²¹san⁵⁵pu²¹sʅ²¹³

四平八稳 sʅ²¹pʰin⁴²pa⁵⁵uən³⁵⁴

四五零散 sʅ²¹u³⁵lin⁰san⁰

五花六道 u³⁵xua⁵⁵liəu⁰tao⁰

吃咾五谷想六秧 tʂʰʅ⁵⁵lao⁰u³⁵ku⁰ɕiaŋ³⁵liəu⁵⁵iaŋ⁰

半斤八两 pan²¹ tɕin⁵⁵ pa⁵⁵ liaŋ³⁵⁴

七上八下 tɕʰi⁵⁵ ʂaŋ²¹ pa⁵⁵ ɕia²¹³

乱七八糟 luan²¹ tɕʰi⁰ pa⁵⁵ tsao⁵⁵

七老八十 tɕʰi⁵⁵ lao³⁵ pa⁵⁵ ʂʅ⁰

七嘴八舌 tɕʰi⁵⁵ tsuei³⁵ pa⁵⁵ ʂɤ⁴²

七谷八杂 tɕʰi⁵⁵ ku³⁵ pa⁵⁵ tsa⁴²

乌七八糟 u⁵⁵ tɕʰi⁰ pa⁵⁵ tsao⁵⁵

稀脏八脏 ɕi⁵⁵ tsaŋ⁵⁵ pa⁵⁵ tsaŋ⁵⁵

八冒十远 pa⁵⁵ mao⁰ ʂʅ⁴² yan³⁵⁴

千真万确 tɕʰian⁵⁵ tʂən⁵⁵ uan³⁵ tɕʰyɤ²¹³

千言万语 tɕʰian55 ian⁴² uan²¹ y³⁵⁴

千辛万苦 tɕʰian⁵⁵ ɕin⁵⁵ uan²¹ kʰu³⁵⁴

甲 tɕia⁵⁵

乙 i³⁵⁴

丙 pin³⁵⁴

丁 tin⁵⁵

戊 u²¹³

己 tɕi³⁵⁴

庚 kən⁵⁵

辛 ɕin⁵⁵

壬 ʐən⁴²

癸 kuei³⁵⁴

子 tsʅ³⁵⁴

丑 tʂəu³⁵⁴

寅 in⁴²

卯 mao³⁵⁴

辰 tʂʰən⁴²

巳 sʅ²¹³

午 u³⁵⁴

未 uei²¹³

申 ʂən⁵⁵

酉 iəu²¹³

戌 çy⁵⁵

亥 xai²¹³

第 五 章

重叠与后缀

本章从名词、动词、形容词三个主要类别描写汉中方言的重叠形式和常见的后缀情况，再对重叠与后缀的语法功能展开讨论。

第一节　重叠

一　重叠式名词

汉中方言的重叠式名词有 AA 式、ABB 式、AAB 式和 AABB 式等四种形式，指称具体事物，各有不同的功能，不存在单音节动词的重叠式 VV 式。汉中方言的儿化音不发达，只发现很少几个儿化词，这几个词还很可能是受到周边方言影响产生的。名词在表达事物的小称义、词义变化或转移时，主要依靠重叠式构词方式。

AA 式：

(1) 桌桌　凳凳　盘盘　碗碗　花花　草草　洞洞　坑坑

(2) 把把　面面　嘴嘴　叉叉　丫丫　层层　水水　渣渣

(3) A：转转　舀舀　铲铲　簸簸　盖盖　耍耍　摇摇　搋搋　戳戳　滚滚

　　 B：黄黄　白白　尖尖　拐拐　方方　亮亮

第 (1) 组词是由名词性语素构成的，语素都是自由语素，在汉中方言中，"桌子""凳子""盘子""碗""花""草""洞""坑"等词在指称事物概念时可以替换，如"桌桌＝桌子""碗碗＝碗"，但重叠式词语被替换后，表达小称、可爱义等附加色彩的功能也随之消失。

第（2）组词也是由名词性语素构成，但重叠后产生了词义的扩大、缩小或转移，在指称事物概念时往往不能替换。例如，普通话词语"把"独立成词时，词义是："①物体上便于手拿的部分：刀~儿；②被人作为说笑资料的言行：话~儿。"汉中方言没有名词的"把"单说或者单用的情况。"把把"在汉中方言词汇系统中，承担了相当于普通话"把"这个词语的两个义项内容："①刀把把；②话把把，同时还多出一个义项③末端、末尾：~尾末尾，剩~剩余的饭菜残渣。"新增义项③是在基本义基础上产生的引申义或比喻义，词义扩大了。同样，"面≠面面粉末面儿""嘴≠嘴嘴器物的口""水≠水水凉菜的蘸汁""层≠层层事物的褶皱"，"渣≠渣渣生活垃圾"等。"面面、嘴嘴、水水"词义缩小了，"层层、渣渣"词义转移了。

第（3）组词的构词语素是动词性或形容词性语素。重叠后词性变成为名词，词义由动作、性状改变为具有这种动作或特性的名词性事物。

第（3）组 A 类：动词性语素重叠而成的名词。这类词数量不多，但因为这类词是由某类动作及与这类动作相关的事物为来源的，所以也是一个开放式的类，构成新词的能力比较强，一些新的方言词就按照这种构词法生成。

例如，"转 tsuan²¹³"的意义是旋转，重叠后"转转 tsuan²¹ tsuan³⁵"是泛指特别能旋转的东西，用在日常口语会话环境下，"在街上去给你买个转转"，"转转"指风车；"轮子里头兀个转转落咾掉了"，指轮子中心的那个轴承。

转—转转风车　舀—舀舀水瓢　铲—铲铲铲子　簸—簸簸小簸箕　盖—盖盖盖子　耍—耍耍不重要的事物　摇—摇摇玩具摇铃　搣—搣搣搣米面的小量器　戳—戳戳章子　滚—滚滚轮子　推—推推剃头刀　担—担担挑子

从词义上看，这类动词语素的重叠构成过程中，词性完全转变，没有在动词原义的基础上表示短时、尝试或量小貌，明显区别于普通话"听听""看看""跳跳"等动词的重叠。同时这也为表短时、尝试或量小的功能表达留下了其他形式的空间，发展出承担这类功能的几个稳定的后缀。

第（3）组 B 类：形容词性语素重叠而成的名词。

（鸡蛋）黄黄蛋黄　（葱）白白植物茎秆白的地方　（钢笔）尖尖物体尖端　（路）拐拐拐弯处　（肉）方方方块状物

这类词数量不多，形容词语素承载了描写事物形状的功能，构成的新词是具备这种性状的事物，词形直观体现出事物的性状和事物名称，是个形象的综合体。从附加色彩上考察，具有表达小称的功能，褒贬色彩上是中性的。从语法功能上来考察，是可以单说或单用，独立成词的。例如：

（1）我不爱吃黄黄蛋黄。

（2）招呼尖尖把你戳咾小心笔尖把你戳了。

如果不在话语交流的语境中，而单独分析这类词的话，可以发现它们的词义是一类物品的泛指而不是特指，是具备某种性状的一类事物。"黄黄"可以是"鸡蛋黄""鸭蛋黄"，等等。"尖尖"可以是"钢笔尖尖""铅笔尖尖""钉子尖尖"，等等。"方方"可以是"肉方方肉块"，可以是"豆腐方方豆腐块"，等等。

ABB 式：

酒盅盅　草根根　书皮皮　绸衫衫　狗窝窝　脚板板　柜门门
床帮帮　树苗苗　布绺绺　鞋襻襻　风车车　人影影　泥点点
刀刃刃　木板板

这里的 ABB 式都可以缩合为 AB 式。前一个单音节语素修饰限制后面的重叠语素，中间不能再插入其他成分，结构关系紧密。重叠前与重叠后在指称事物概念义时是相同的，"酒盅盅＝酒盅""草根根＝草根""书皮皮＝书皮"等。但是重叠后明显增加了表达附加的小称、喜爱等色彩义，所以 ABB 所表达的词义完全不同于 AB 式，而且更常用。

AAB 式：

壳壳馍　面面药　瓶瓶醋　拉拉车　把把烟　毛毛钱　温温水
撒撒嘴　绞绞糖　碗碗肉　衩衩裤　眯眯眼　簌簌腰　娃娃书

窝窝鞋　叮叮糖

AAB 和 ABB 式的重叠名词在汉中方言中数量很多，能产性也很强。例词里的 AAB 式，除了"温温水温水""撇撇嘴嘴角朝下的嘴型"外，大多不能缩合为 AB 式，不是 AB 式的重叠。AA 修饰 B，形成一个偏正结构，B 是中心语素。A 语素把自身所具有的性状、动态等义素经过重叠后修饰和限定 B 语素，起到修饰语的作用。AAB 式里的 AA 有的能单说或单用，如"娃娃书小人书"里的"娃娃"，"窝窝鞋厚棉鞋"里的"窝窝"，有的不能。但是 AAB 式的词义是一个整体，不能拆分，AAB ≠ A + B。例如"瓶瓶醋"指的是瓶装的醋，"绞绞糖"是用两根小木棍一边绞一边吃的软流麦芽糖，"衩衩裤"是中间分衩的开裆裤。

AABB 式：

在 AA 式、ABB 式、AAB 式以外，还有一种 AABB 式名词。在表义特点上，AABB 式与前面三种不同，这个形式表达的是泛指义、统称义，前三种是小称义。例如：

肠肠肚肚　根根梢梢　筋筋串串　丁丁块块　汤汤水水　卡卡缝缝　坑坑包包

AABB 式是并列结构，这类词在汉中方言词汇中数量不算太多，但是使用的场景语境等非常典型，具有很强的描写、比喻和借代等修辞作用，是汉中年龄较大（五六十年代及以前出生）的本地人用得更多的一种类型，具有一种识别性意义，区别于外地迁入的新移民，或当地的年轻人所使用的新派方言，在词汇产生的历史层次上，应该是属于较早的层次。

从词义上来看，AABB 词义大于 AA + BB。例如，"肠肠肚肚"不是指肠子和肚子，而是"下水动物内脏"的总称；"根根梢梢"不是指树根和树梢，而是比喻事情的来龙去脉、细枝末节，例如："你好好把这事情根根梢梢给我说一道你好好把这事情的来龙去脉细枝末节给我讲一遍"。"卡卡缝缝 tɕʰia⁵⁵ tɕʰia0fəŋ²¹ fəŋ³⁵"是泛指所有的细窄促狭的小空间，例如："他把卡卡缝缝都翻咾一道，也没找到兀个银元他把所有的缝隙都翻了一遍，也没找到那个银元"。

AA式、ABB式、AAB式、AABB式是名词中最常见的几种重叠构词方式，它们弥补了汉中方言中缺少儿化词的空白，承担了明显的表小称的功能，长于修饰限定、描写事物的性状动态，发挥了这些词汇在语用中的比喻、借代等修辞功能。另外，汉中方言的重叠词基本都是轻声词，这样在语音方面也具备了轻重相间、韵律修辞的作用。

二　重叠式动词

汉中方言的重叠式动词主要是ABB式。例如：

谝末末 谝闲传　　打闪闪 颤动的样子　　编框框 说谎话　　摆摊摊 摆摊

说耍耍 开玩笑　　掏窑窑 挖墙脚吃回扣　　晒暖暖 晒太阳　　打转转 转圈

翻交交 翻交游戏　　溜边边 顺边溜

ABB式动词数量不多。这类动词不是AB式＋B语素的重叠，而具有独立性的整体词义，不可拆分，BB语素这时表现出对A语素的黏着性，即BB只有附着在A语素后面才能表达一个完整的词义。如"谝末末"，A必须是"谝"，不能是"说、聊、侃"等任何语素；BB必须是"末末"，不能是"话，闲话"等任何语素。同时，虽然像"摆摊摊""说耍耍"等个别词可以有"摆摊""说耍"这样的AB式基式，概念义基本相当，但这样的AB式也并不单说、单用；"掏窑窑≠掏窑""打闪闪≠打闪""晒暖暖≠晒暖"，后者都不成词。这些例子更能够说明这类词不是AB式的重叠，是真正的动词重叠构词形式。

三　重叠式形容词

汉中方言重叠式形容词有AA（的）式、ABB式、AABB式、A不BB、A咕BB、A格BB式等。

AA（的）式：

红红（的）　白白（的）　长长（的）　高高（的）　大大（的）

亮亮（的）　炮炮（的）　好好（的）

根据单音节词根的不同，具有类推的能产性，构词上是开放式的，数量比较多，描写事物性状时常用。从词义层面来考察，这组词的词根是中性的，但是重叠后感情色彩发生了改变，通常都是表达积极意义。如：

（3）伢老李兀脸上红红的，身体还可以形容人脸色好，身体不错。

（4）你好好的噢，过几天又来看你你把身体照顾得好好地，过几天再来看你。

（5）伢买的房大大的，宽绰的很人家买的房子大得很，很宽敞！

这一组形容词 AA 后面要带助词"的"，功能与状态形容词相同，不能被程度副词或否定副词修饰。通常在句中作谓语，不带表示程度的状语或者补语。

ABB 式：

A 香浮浮 臭兮兮 酸唧唧 苦哇哇 甜哕哕 辣乎乎 柔筋筋 淡□pʰia³⁵□pʰiaº

B 白□pʰiaº□pʰiaº 黄□pʰiaº□pʰiaº 黑黢黢 黑哇哇 红扑扑 红哇哇 红杠杠 粉扑扑 绿莹莹 绿哇哇 绿湛湛 蓝幽幽 蓝哇哇 青局局 灰杵杵 麻杵杵

C 硬铮铮 炆兮兮 紧绷绷 松垮垮 热杠杠 冷哇哇 冷秋秋 烧烘烘 冰澈澈

D 稀□piaº□piaº 湿□piaº□piaº 水哑哑 干哇哇 光溜溜 亮堂堂 明湛湛 展哕哕伸展的样子 齐杵杵 端铮铮 厚笃笃 薄□pʰiaº□pʰiaº 实腾腾重腾腾 轻飘飘 悄杵杵 闹哄哄 害哇哇 烂哇哇

E 肥拗拗 瘦掐掐 精巴巴 瓜兮兮 怪兮兮 霉□pʰiaº□pʰiaº 黏哇哇

形容词的 ABB 式形象色彩鲜明，每一个词根和词缀的固定搭配都有特定的含义。众多的词缀属于全黏着语素，同一个词根搭配不同的词缀，形象色彩、褒贬色彩和修饰对象都会改变，是富有标志性的方言形式。

A 组例词与味觉和嗅觉相关，B 组例词是颜色词，C 组是形容人体触觉词汇，D 组描写视觉映像，E 组通常用来形容客观人体形象或主观性格形象等。

从句法功能上看，ABB 式词语不能再被程度副词或否定副词修饰，通常在句中作谓语，作补语。作谓语和补语时，需要带"的"，同时不能带表示程度的状语或者补语，也不作状语。

从词缀表达的感情色彩来看，贬义后缀多于褒义后缀，"哇哇""□pʰiaº□pʰiaº""□piaº□piaº""兮兮""杵杵 tsʰuºtsʰuº"等几个贬义叠音后缀出现频率较高，虽然这些词缀本身的概念义比较模糊，有的本字也不好考证。在形成新词的时候，它们也越来越多地被选为与词根固定搭配的后缀，适应面越来越广，出现在更多的新词中。

A 不 BB、A 咕 BB、A 格 BB 式：

A 不 BB 式的一部分是在 ABB 式的基础上加进了中缀"不"形成的，与 ABB 式共同存在，有一定的数量，能产性比较强。

稀不浆浆　泡不膪膪　憨不癡癡　臭不兮兮　酸不唧唧　甜不啰啰
阴不杵杵

另一部分 A 不 BB 式没有对应的 ABB 式。如 ABB 式的 B 组、D 组例词，中间不能加"不"，如"红杠杠""绿莹莹""明湛湛""悄杵杵"等。A 组、C 组例词，只有臭、酸、甜、炪等少数词根的 ABB 式中间有时加"不"，组成 A 不 BB 式，如"臭不兮兮""酸不唧唧""甜不啰啰""炪不兮兮"。

A 咕 BB 式数量不多，有"腻咕松松油腻的样子""稠咕咚咚很稠的样子""肥咕拗拗肥胖的样子"。

A 格 BB 式数量很少。目前调查到的只有"糙格喇喇粗糙的样子"。

总体来说这一类词的几种形式与 ABB 式关系密切，感情色彩上来看都是贬义词或带有贬义色彩，形象性、修辞效果、句法功能上都与 ABB 相当。

AABB 式：

光光堂堂　利利索索　隐隐乎乎　松松活活　抠抠掐掐　悄悄密密
战战磕磕　将将就就　喊喊叫叫　神神叨叨　哼哼哈哈　吭吭咔咔
整整索索　黏黏哇哇　吊吊哒哒　利利拉拉　跳跳弹弹　尿尿妈妈
窜窜倒倒　唧唧咕咕　坑坑包包　豁豁牙牙　渣渣哇哇　紧紧匝匝

这一类词语都由词根 A 重叠 + 词根 B 重叠构成。一部分有 AB 式，

AABB 意义基本等同于 AB 式，如"光堂""利索""整索整齐、凑整的样子"；另一部分没有 AB 式，如"隐隐乎乎隐隐约约的样子"没有 AB 式"影乎"，"神神叨叨神经质的样子"没有 AB 式"神叨"，"吭吭咳咳形容不停地咳嗽的样子"没有 AB 式"吭咳"等；或者 AB 式词义发生改变，如"松松活活主要形容事物宽松有余地≠松活主要形容疾病减轻了，身体松快""渣渣哇哇零零碎碎的小件物品≠渣洼形容事情棘手的样子"。

AABB 类词语数量很多，在当地占有非常重要的地位，很难用别的词语来替换。

例如"丁丁块块 tin^{55}tin^{0}kuai^{35}kuai^0"，"丁丁"，小颗粒；"块块"，小团块，形容物体表面坑洼不平布满颗粒的样子。如：

(6) 这个板板高头丁丁块块的，没医咋，甩咾去。这块板子上坑洼不平的，没用了，扔了吧。

第二节　后缀

一　名词性后缀

子 tsγ^0

以下例词是按照本文所列分类词表，从每一类事物中摘选的，包含单音节语素＋子缀、双音节语素＋子缀和重叠语素＋子等几种类型。限于篇幅，没有一一列举全部。

冷子　洞子　塘子　沙子　烟子　耙子　芋子芋头　瓠子瓠瓜　葱子葱林子树林　笋子　桃子　李子　杏子　枣子　柿子　苇子芦苇　菌子蘑菇　蚕子蚕　蜂子蜜蜂　柱子　橡子　桌子　椅子　柜子　案子　褥子　帐子

冰溜子　田埂子　阴面子　阳面子　瓦片子　宽叶子宽叶（韭菜）　海柿子　姜米子姜末　油辣子　辣面子　牛儿子小牛　羊儿子小羊　狗娃子狗或小狗　狼娃子狼或小狼　黑娃子黑熊　刺猪子刺猬　树围子果子狸　鸦雀子喜鹊　蛆伢子蛆　灶鸡子蟋蟀　门扇子　门杠子　鸡罩子鸡笼　马扎子　草簾子草席　坎头子冒失莽撞的人　吃家子擅长品鉴吃食的人

面面子面儿　碗碗子碗装菜　洞洞子小洞　丁丁子小丁　筐筐子筐子　板

板子 板子　　渣渣
　　子 渣子　　颗 颗子 小颗粒

　　从分布上看，子缀词在汉中方言里分布非常广泛。从结构上看，单音节语素＋子缀的构词，相当数量的单音节语素如果不加子缀，是不能单说单用，单独成词的，例如"塘—塘子""芋—芋子""苇—苇子""菌—菌子"，只有加上子尾才能够成词。

　　同样，双音节语素＋子缀的词也能够反映这一构词特点。例如"阴面—阴面子""瓦片—瓦片子""门杠—门杠子"等。

　　通过对名词重叠式和子尾式的比较可以看出，数量上，重叠式和子尾式在汉中方言中都比较多。构词的能力上，两种方式都比较强。很多词既以重叠形式使用，也以子尾形式使用。例如"把筐筐拿上去买菜""地下搁咾个筐筐子"。

　　从概念义上说，词义是基本相当的。"葱＝葱子""蘑菇＝菌子""洞＝洞洞""丁＝丁丁"。从附加的小称义看，重叠式指小意义、表喜爱意义比子尾式明显：瓦片片＜瓦片＝瓦片子。

　　重叠后再带子尾这类词，相当于两种构词方式的叠加。例如"面面—面面子"这一组词，都是指粉状物。但"面面"可以带定语，"面面子"不能。例如可以说"包谷面面 玉米面"，不能说"包谷面面子"。又如可以说"芹菜丁丁"，不能说"芹菜丁丁子"，等。

　　重叠式和子尾式这两种名词在汉中方言的构词法系统中，处于互相交织、渗透的发展阶段，各有功用，带有一定的互补性。在词汇数量多少、使用频次多少、适用范围广狭、使用者年龄层次等方面都未表现出明显区别。

　　家（价）tɕia⁰

　　按照学界已有论述，"家"和"价"用法相同，是一个词。"家"和"价"在汉中读音也是相同的。按照地方词语用字的习惯，本文按照"家（价）"的词义实、虚分辨，把具有名词家庭、家族、学术流派或个人等词义和相关联的引申义的"家"写作"家"，把"……的时候"、"……的样子"等词义虚化的"家"写作"价"。因此下列第一、二、三种用法写作"家"，第四、五、六、七种用法写作"价"。由于"家（价）"用法联系紧密，无论是否名词的后缀，都放在这里讨论。

第一种用法最常见，主要附着在指人的名词或名词性语素组合后面，指称具有这种名词特性的一类人。如：

（7）小娃家知道啥，你们大人得拿主意<small>小孩子知道什么，你们做长辈的要拿主意。</small>

（8）男人家甭往这是非多处凑堆堆<small>男人不要往容易生是非的地方凑。</small>

（9）你老太婆家就好好价在屋里享福，甭找事<small>你一个老太婆，就好好在家里享清福，不要惹是非。</small>

（10）学生家不好好看书，管啥闲事<small>当学生的不好好看书，管什么闲事。</small>

（11）咃，小女子家说个话这们难听<small>哎呀，一个小女孩，说话这么难听。</small>

这种用法的"家"强调类别统一的特点，带有社会评价和主观评价性，带有"应当"具有如何如何特点的含义。

第二种是附加在亲属称谓后，或表示长幼排序的数字后，指某家亲属。如：

娘家　婆家　舅舅家　姨姨家　外婆家　大家<small>老大家</small>　二家<small>老二家</small>　幺家<small>老小家</small>

（12）左面是他们大家媳妇，右面是他们二家媳妇<small>左边是他家的老大媳妇，右边是他家的老二媳妇。</small>

第三种是附加在姓氏或人名后面，指某家人。

张家　王家　强娃家　小黑家

第四种是用在时间名词后，表示某一段、某一类时间，和对时间的强调。

（13）他白天价<small>白天</small>不得在屋里，黑咯价<small>晚上</small>才回来哩。

（14）他一天价<small>整天</small>在外头搞啥哩？　搞不清<small>不知道</small>。

（15）一年价<small>整年</small>不回来一回，回来一回没得几天又走咯。

（16）热天价<small>夏天</small>盖三斤的铺盖，冬天价<small>冬天</small>盖八斤的铺盖。

（17）礼拜天价<small>星期天</small>就要说工作咯，娃引上出去要一下。

第五种是用在"这、兀"等代词后，表示"这样、那样、怎么样"。

（18）说咾半天你不愿意。那这个价那这样，按你说的搞，总得行吧？

（19）你看，学他兀样价写学他那样写，一下下就写好咾一会儿就写好了。

（20）我把身份证忘咾，咋个价呀怎么办呀？

第六种是用在重叠式形容词后面，描述一种保持性的状态，相当于"的"或"地"，描写"……的样子"。如：

（21）他坐倒板凳上他坐在板凳上，定定价把他爸爸望倒起目不转睛地把他爸爸盯着。

（22）这个娃乖家伙，谁讲经讲故事，他就端端价坐倒听他就端端地坐着听。

（23）这电壶暖壶烂咾，掉玻璃渣渣。你缓缓价拿上你小心慢慢地拿着，装到袋袋里扔出去。

（24）你慢慢价走，二回又来耍噢。

第七种是用在数量短语或重叠式数量短语后，强调前面的数字，描述一种保持性的状态。如：

（25）饭得一口口价吃，日子得一天天价过。

（26）现在这啥都贵咾。五毛价的豆芽，一块价的豆腐再找不到咾。

二　动词性后缀

场 tṣʰaŋ⁰

"场"是汉中方言常见、常用的后缀。可以附加在很多同类的词根上。它的概念义比较虚，大约相当于普通话的后缀"头"，属于一个半黏着词缀。

用法如：

（27）今天这菜没吃场。今天这菜不行，不值得吃。

（28）这个电影没看场。这个电影不行，不值得看。

（29）这事情没说场。这个事情不值得讨论。

（30）兀个人没搞场。那个人不太靠谱。

"场"主要是跟在动作动词的否定式后，表达"不好、不值得……"

等负面语义色彩。与"没 V 场"相对的，表达肯定语义和褒义色彩的反义词是从词面上看来不完全对称的"可以"，用来进行对事物、情况和人的赞扬和肯定，如：

（31） 今天这菜可以_{今天这菜不错。}

（32） 这个电影可以_{这个电影不错。}

（33） 这个事情搞得可以_{这件事办得不错。}

（34） 兀个人真可以_{那个人真是不错。}

"V+场"没有用于肯定的普遍性用法，只有一个特例是"有搞场"。从词面上看来与"没搞场"是对称的，表达所关涉事物的"好，值得……"等含义，但并不是完全的正面语义色彩，它在使用时往往含有描述某事物"很复杂，内涵很深"等感情，使用频率高。

（35） 这事情有搞场哩！_{这个事情有干头。}

（36） 兀个人有搞场的很。_{那个人脑子很够用，做事很精明。}

三　形容词性后缀

家伙 tɕia⁰xuɤ⁰

是状态形容词后缀。表示被附着的形容词所表示的状态程度上的加深，没有实际的词汇意义，在程度上的加深是轻微的。

"家伙"能产性很高，附着在表示主观感觉的形容词后面，对事物起到描写作用。如：

大家伙_{有点大}　小家伙_{有点小}　粗家伙_{有点粗}　细家伙_{有点细}

炪家伙_{有点软}　硬家伙_{有点硬}　长家伙_{有点长}　短家伙_{有点短}

恶心家伙_{挺恶心的}　焦人家伙_{挺着急的}　安逸家伙_{挺舒服的}　皮实家伙_{挺结实的}

与 ABB 式形容词相比，"A 家伙"在词义上对 A 的加深程度较弱。在语法功能上只能充当谓语和补语，不能作定语和状语，不能带状语和补语，作补语时前面都带结构助词"得"。如：

（37） A：这蒸饭炪家伙_{这米饭有点软}。（作谓语）

　　　B：这蒸饭炪兮兮_{这米饭太软了}。

（38）A：*炊家伙的蒸饭没法吃。（不能作定语）

（39）这衣裳做得短家伙这衣服做得有点短。（作补语）

"A+人"式

汉中方言里"A+人"式数量多，使用频率高。从语义特点上看，这类词的语义都是指向人的，具有强烈的个人感情色彩。绝大多数"A+人"式是表达不舒服的感受。从词形结构上来看，汉中"A+人"式主要分为两组，A组表达身体感觉，B组表达心理感觉。"单音节语素+人"数量多，"双音节语素+人"数量少，"人"都读轻声。

A 累人　冻人　冰人　噎人　呛人　咬人痒痒人　烘人　熏人　勒人　蜇人　扎人　烫人　捂人　晒人　渗人　弹人　臊人　窝蜷人

B 焦人　急人　烦人　爱人　懆人　气人　怄人　羞人　歇人　巨烦人

表达愉悦舒适、喜爱的心情感受，只有一个特例"爱人"。形容人、形容物都可以，如例（26）形容人，例（27）（28）形容物。

（40）哎呀，这个娃爱人的呀这个孩子好可爱呀！

（41）这衣裳高头的花爱人的呀这衣服上的花真让人喜欢。

（42）今天做的这凉粉爱人的很哪今天做的这凉粉真让人喜欢！

"A+人"式开放性和能产性强，擅长表达人的身体感觉与心理感觉，常常与身体感觉的词和心理感觉的词搭配。从"A"的来源来看有两种，一种是表达身体感觉的动词兼形容词，如上例A组"累、冻、噎、呛"等；一种是表达心理感觉的动词兼形容词，如上例B组"焦、急、爱、懆、气"等。因为"A"的来源词是开放性的，所以这种"A+人"式也是开放性的。

从"A+人"式的结构功能上来看，词例有很强的凝固性，中间不能加入其他成分。在表达人的身体、心理感觉的目的相同情况下，"急人""累人""气人""晒人"等，常用的等义替代说法是换成把字句："把人急的""把人累的""把人气的""把人晒的"，等等。

从句法功能上来看，"A+人"可以独立充当句法成分。从整个句法系统搭配上来看，"A+人"常常与语气词"的"共现，或者加上副词"才"，两种说法都有，其中带语气词"的"的表达出现频率高于带副词"才"的，两种句意基本相等。如下各例：

（43）今天累人的呀＝今天才累人呀_{今天好累呀}

（44）这事情怄人的没法＝这事情才怄人呀_{这事情真让人怄气}

（45）这屋里捂人的呀＝这屋里才捂人呀_{这屋子让人感觉太憋闷}

（46）外头渗人的很＝外头才渗人呀_{外面空气太冷}

"A＋人"式可以受程度副词的修饰，通常用"太"；后面可以出现程度补语，通常用"很""没法"。两种说法都常见。如下各例：

（47）今天搞得太累人咾＝今天搞得累人得很_{今天把人整得太累了}

（48）这太阳太晒人咾＝这太阳晒人得很_{这太阳太晒了}

（49）这事情太羞人咾＝这事情羞人得没法_{这事情让人太丢脸了}

（50）这看倒太懆人咾＝这看倒懆人得没法（看到很惨的情况时），这看着_{太让人害怕了}

"A＋人"式可以作谓语中心语，如上例（35）（36）；可以作宾语中心语，如下例（37）（38）。常常作补语中心语，如下例（38）（39）。

（51）我觉得焦人的，不想去咾_{我觉得太烦了，不想去了。}

（52）他嫌晒人得很，不想出去_{他嫌太晒，不想出去。}

（53）这肉把人吃的太臕人咾_{这肉吃起来太腻了。}

（54）这馍吃倒才噎人呀_{这馍吃着太噎了。}

根据以上分析，"A＋人"式是一种特殊的形容词。这类形容词数量多，使用频率高，可以单独做句法成分，常常前加副词"太""才"，后加语气词"的"等组成"A＋人"结构，进入句中专门表达人的身体感觉与心理感觉。

以"累人"为例：今天累人的呀＝今天才累人呀＝今天太累人咾＝今天累人得很＝今天累人得没法。"累人"是特殊形容词，"累人的""才累人""太累人""累人得很""累人得没法"都是以"累人"为中心词的短语。

第 六 章

代　　词

本章分为人称代词、指示代词、疑问代词三个部分，对汉中方言的代词进行描写分析。

第一节　人称代词

人称代词见表6–1。

表6–1　　　　　　　　人称代词表

第一人称	单数	我 ŋɤ³⁵⁴
	复数	我们 ŋɤ³⁵ mən⁰
	领属	我 ŋɤ³⁵⁴ 我们 ŋɤ³⁵ mən⁰
第二人称	单数	你 ȵi³⁵⁴
	复数	你们 ȵi³⁵ mən⁰
	领属	你 ȵi³⁵⁴ 你们 ȵi³⁵ mən⁰
第三人称	单数	他（她）tʰa³⁵⁴
	复数	他们 tʰa³⁵ mən⁰
	领属	他 tʰa³⁵⁴ 他们 tʰa³⁵ mən⁰
其他	自称	我们 ŋɤ³⁵ mən⁰
	他称	伢 ȵia⁴² 人伢 zən⁴² ȵia⁰
		残个人 tsʰan⁴² kɤ⁰ zən
		二一个人 ər²¹ i⁰ kɤ³⁵ zən⁴²

续表

其他	领属	自家 tsʅ²¹ tɕia³⁵ 各家 kɤ⁵⁵ tɕia⁰ 各人 kɤ⁵⁵ zˌən⁰

一 人称代词"我、你、他"等的用法

第一人称有"我、我们",第二人称有"你,你们",第三人称有"他、他们",与普通话人称代词系统相近。另外还有自称代词"各人"、他称代词"伢、人伢、残个人"和表达领属关系的其他代词"各人、各家、自家"。人称代词的第一人称、第二人称、第三人称和指人的疑问代词都有复数形式,后缀都是"们 mən⁰"。

表领属的、表自称的人称代词也有后缀"mən⁰",词形与表示复数的一样,尤其是"我们",可以表示第一人称的复数形式,可以表示领属,同时还可以做自称。

第一人称、第二人称和第三人称"我、你、他"的领属格做定语时不带结构助词"的",非领属格作定语时需要加助词"的"。如:

(1) 我爷爷跟他爷爷先走咾我爷爷和他爷爷已经先走了,你爷爷啦你爷爷呢?

(2) 我活路做毕咾,他的也做毕咾我的活干完了,他的也干完了。你的啦你的呢?

第一人称复数形式"我们"、领属代词"我们"、自称代词"我们"语义和语用功能各自不同,它们是不同的词。

第一人称代词的复数形式"我们",不分包括式和排除式。如下各例。

(3) 我们我们先走,你们后头来。

(4) 我们我们吃的是洋县米,你们啦?

(5) 明天插大秧,我们咱们都得去。

(6) 这阵没事,我们咱们把菜择咾噢。

(7) 老张害咾病咾,医院里住倒的。我们咱们下午去看看噢?

(8) 我们_{咱们}领导脑壳里有水哩，你看他们厂伢早都搬到西安去咾。

(9) 我们_{咱们}弟兄伙么_{咱们是兄弟}，有啥你光说话_{有事尽管说}。

领属代词"我们"作定语时，语义既指"我的"，也可以指"我们的"，同时不带结构助词"的"。这个用法同样适用于领属代词"你们"和"他们"，如例（10）（11）。

(10) A：你们_{你的}娃上几年级咾？B：我们_{我的}娃才上一年级。

A：他们_{他的}娃啦？B：他们_{他的}娃都六年级咾。

(11) A：你们屋里_{你的家里}安空调咾吧？B：我们_{我的}家没有。他们_{他的家}安咾！

其他自称代词"我们""我"，在相同语境下可以与"我"互换。如：

(12) 我们又没得钱，又没得人，你说咋个价？_{我又没钱，又没关系，你说该怎么办？}

(13) 覅在这相欺我们，我们就这个样！_{别在这欺负我，我就这个样子。}

二 "伢"和"人伢"的来源和用法

他称代词常用的有"伢 ȵia⁴²"和"人伢 zən⁴² ȵia⁰"。张永哲（2016）对关中方言代词"人家"的合音现象进行了详细深入的调查和描写，对"人家""人伢""伢"的合音表现、词汇形式、连调模式、声调来源、声调分布等作了解释。

"伢"和"人伢"在汉中用于他称较晚。与表示领属的"自家 tsɿ²¹ tɕia³⁵""各家 kɤ⁵⁵ tɕia⁰"联系起来看，除去受到普通话影响后常用"自己 tsɿ²¹ tɕi³⁵⁴"的情况外，"自家 tsɿ²¹ tɕia³⁵""各家 kɤ⁵⁵ tɕia0"在汉中方言中仍然处于活跃的状态。可以推断"人家"在汉中方言中早期是存在的，与"自家""各家"平衡对称。之后语音系统中"人家"受到合音规律的推动，或受到强势方言的影响，在发展变化中产生了合音"伢 ȵia⁴²"，声母来自日母字的"人 zən⁴²"（日母的早期读音，或直接从关中话借入读音），韵母来自"家 tɕia⁵⁵"，声调来自"人"，是阳平字。"伢"单音节的用法固定后，与表示人称的其他双音节代词产生不平衡现象，在类推机制作用下又产生双音节新词"人伢 z̩ən⁴²n̩ia⁰"，与"自家""各家"再次相对应，领属代词这个小系统就满足了对称性而保存下来。

汉中用于他称的"残个人 tsʰan⁴²kɤ⁰z̩ən⁰别的人，旁人"时间较早。在调查中发现年龄较大的本地人词汇系统中有"残个人别的人，旁人"。年龄较轻的本地人对"残个人别的人，旁人"这一说法，表示以前曾用过，现在不常用。

"伢"作主语、宾语，第三人称代词时，除去感情色彩外，可以对译成北京话"人家"或"他、她"。可以表示单数（例14），也可以表示复数（例15）。表复数时常常与副词"都"共现（例15）。在感情色彩上，能够表达语义上的强调（例16）、不满（例17）、对比、羡慕和推崇（例18）等。用"他、她"来替换无法表达这些感情色彩。

（14）伢昨天黑咾就走咾人家昨天晚上就走了，叫我给你说一下。

（15）伢都在兀抢补助哩人家都在那里抢补助呢，你赶快去么。

（16）伢早就搬到西安去咾人家早就搬到西安去了。

（17）谁敢说伢哩谁敢议论人家呢，不想混咾。

（18）蹇在兀弹嫌伢，叫你也难搞别在那里嫌弃人家做得差，叫你做也很难做好。

以下各例"伢"作定语，修饰名词和名词性短语，整个短语在句中充当主语、宾语。可以对译成"人家"，北京话"人家"也有类似的用法，带有羡慕、亲切的感情色彩。

（19）伢葛优演得就是好人家葛优演得就是好。

（20）伢他是在北京上的大学人家是在北京上的大学。

（21）伢你爷爷是老大学生唔你爷爷是老一代大学生吧？

（22）这回给伢老张搞咾个好事这次给人家老张做了个好事。

（23）你看看伢老李是咋搞倒的你看看人家老李是怎么做的？多学一下。

以下各例"伢"作同位语，位于人称代词、指人名词、名词性短语、疑问代词"谁"之后，构成同位短语，充当主语、定语。这时音节变轻、变弱、变短，词义虚化，从功能上说，主要对前面的同位成分起强调作用。但"伢"仍然不可省略，省略后无法表达对比、羡慕、推崇等感情色彩。

（24）他伢是在西安上的大学_{他是在西安上的大学}。

（25）我伢咋把回去的路忘咾_{我怎么把回去的路忘了}。

（26）你爷爷伢是老红军哩吧_{你爷爷是老红军呢吧}？

（27）你们厂里伢八月十五发月饼哩吧_{你们厂中秋节发月饼呢是吧}？

（28）这谁伢把垃圾都给扫干净咾_{不知道是哪位把垃圾都给扫干净了}。

汉中话的"伢"与人称代词组合时，可以位于代词后，也可以位于代词前。如下各例，无论"伢"位置在前还是在后，表达功能上是突出"他""你"。在单纯表指称外，有与对话人拉近关系、表达亲近的意味。例如：

（29）伢他工资咋兀们高＝他伢工资咋兀们高？

（30）伢你这脾气直接好的没法＝你伢这脾气直接好的没法。

（31）伢你都不说啥，我们还有啥说的＝你伢都不说啥，我们还有啥说的。

特例是"伢"并不能出现在第一人称"我"前，如例（32）。这种情况与"伢"的位置和表达功能无关，是无需对第一人称"我"表达推崇、羡慕、关系亲近等感情色彩的原因。例（33）"伢"作同位语表达的是对自己的自嘲、不满。例如：

（32）＊伢我咋把回去的路忘咾。

（33）我伢咋把回去的路忘咾。

周利芳（2004）在讨论丰镇话的［niaʔ⁵⁴］作定语和作同位语的位置与附加色彩、表达功能之间的关系时认为，"作定语是通过修饰被强调成分来实现的，作同位语是通过复指被强调成分来实现的。"① "在丰镇话中，［niaʔ⁵⁴］同人称代词组合时，只能充当同位语来强调后者，而不能在前面修饰它。这可能是由于丰镇话［niaʔ⁵⁴］的虚化程度还没有达到完全脱离人称意义的制约的程度，还不允许人称代词［niaʔ⁵⁴］直

---

① 周利芳：《内蒙古丰镇话的人称代词［niaʔ54/nie53］》，《语文研究》2004年第3期。

接修饰其他人称代词,要强调该成分,凸显它在话语中的地位,就只能放到它后面去。"① 汉中话"伢"也有类似特点,讨论如下:

1."伢"作定语时,词义和语法功能更实在,语音表现上读 $ȵia^{42}$。作同位语时,语音上,常常在音节 $ȵia^{42}$ 基础上变轻、变弱、变短,词义上明显虚化,两者同步、互为表现。

2."伢"与人称代词组合时,可以位于代词后,也可以位于代词前,说明汉中话"伢"能够脱离人称意义的制约,虚化程度较深。

3."伢"和"人伢"的产生和发展不在同一层次。合音词"伢"是主要用法,词义和功能稳定,使用频率高。"人伢"是受到北京话"人家"的影响而产生的一种地方普通话读音。

三 "残个人""二一个人"的用法

"残个人""二一个人",语义指"别人""另一个人"。使用"残个人"的语境也可以用"二一个人"。从结构上看,这两个结构都是词组。近年来,在相同语境下,这两个词组逐渐被"别人"取代。

(34)这个事情要叫残个人知道这事情别让别人知道。

(35)今天是你来咯,残个人来咯要是别人来了,我保证不得给他办。

(36)换二一个人来搞换别人来干,恐怕就不得行咯。

(37)残个人的话你听哩别人的话你听呢,你老子的话你不听。

四 "自家""各家""各人"的用法

"自家"主要指自己,可以指不确定的他人。"各家"用法和"自家"一样,"自家"比"各家"语义更近似于"自己"(例38、39)。"各人"还可以指"每个人"(例41、42)。

(38)自家地里的菜,吃倒放心些。

(39)各家娃各家看好。

(40)各人的前程各人操心。

---

① 周利芳:《内蒙古丰镇话的人称代词[nia?54/nie53]》,《语文研究》2004年第3期。

(41) 各人命不一样，没法说。

(42) 各人都有各人的事，少去麻烦伢别人。

"自家"在汉中也可以指具有血缘关系的本家门，但本家往往被泛化，意指关系亲密。如例：

(43) 自家弟兄，客气啥。

第二节　指示代词

汉中方言的指示代词见表 6-2。

指示代词的后缀主要附着在词根"这"和词根"兀"上，其中表示具体位置的有"台、岸、截、坨"等，意义较虚的有"子、个、们、们价"。如表处所的"这岸子这边、兀岸子那边"，"这口个 tʂʅ²¹ maŋ³⁵ kɤ⁰ 这边、兀口个 uɤ²¹ maŋ³⁵ kɤ⁰ 那边"，

表性状的"这们这么、兀们那么""这们价这样、兀们价那样"。

表 6-2　　　　　　　指示代词表

	近指	远指
人物	这 tʂɤ²¹³ 这个 tʂɤ²¹ kɤ³⁵	兀 uɤ²¹³ 兀个 uɤ²¹ kɤ³⁵
处所	A. 这 tʂɤ²¹³ 这台 tʂ²¹ tʰai³⁵ 这个当 tʂʅ²¹ kɤ³⁵ taŋ0 B. 这口个 tʂʅ²¹ maŋ³⁵ kɤ⁰ 这岸 tʂɤ²¹ ŋan³⁵ 这一截 tsei²¹ i³⁵ tɕiE⁴² 这一坨 tsei²¹ i³⁵ tʰuɤ⁴²	A. 兀 uɤ²¹³ 兀台 uɤ²¹ tʰai³⁵ 兀个当 uɤ²¹ kɤ³⁵ taŋ0 B. 兀口个 uɤ²¹ maŋ³⁵ kɤ⁰ 兀岸 uɤ²¹ ŋan³⁵ 兀一截 uei²¹ i³⁵ tɕiE⁴² 兀一坨 uei²¹ i³⁵ tʰuɤ⁴²

续表

	近指	远指
时间	这阵/这一阵 tʂɤ³⁵ tʂən⁰/tʂei²¹ i³⁵ tʂən⁰ 这（个）时候 tʂɤ²¹ kɤ³⁵ ʂɿ⁴² xəu⁰ 这一向 tʂei²¹ i⁰ ɕiaŋ²¹³	兀阵/兀一阵 uɤ³⁵ tʂən⁰/uei²¹ i³⁵ tʂən⁰ 兀（个）时候 uɤ²¹ kɤ³⁵ ʂɿ⁴² xəu⁰ 兀（一）向 uei²¹ i⁰ ɕiaŋ²¹³ 前（一）向 tɕʰian⁴² i⁰ ɕiaŋ²¹³
性状	这们 tʂɿ²¹ mən³⁵ 这们价 tʂɿ²¹ mən³⁵ tɕia⁰ 这个价 tʂɿ²¹ kɤ³⁵ tɕia⁰	兀们 uɤ²¹ mən³⁵ 兀们价 uɤ²¹ mən³⁵ tɕia⁰ 兀个价 uɤ²¹ kɤ³⁵ tɕia⁰

一　读音

汉中方言指示代词近指是"这 tʂɤ²¹³"，远指是"兀 uɤ²¹³"。"这"组词和"兀"组词基本是一一对应的。指示代词使用频率非常高，读音容易与连用的词产生合音变化，有时难以考察合音的来源，就表现为语音（主要是韵母）上的变化。最常见的是"这 tʂɤ²¹³"变为"这 tʂɿ²¹³"和"这 tʂei²¹³"，"兀 uɤ²¹³"变为"兀 uei²¹³"，同时也伴随音长变短、音强变弱等非区别特征的改变。

语音变化的原因，应当首先是"这 tʂɤ²¹³"和"一"连读时在合音规律下产生了新的音"tʂɿ²¹³"，当这个音成为单音节后，又遇到后面带有"一"音的组合，继续变化为"tʂei²¹³"。而后，"兀 uɤ²¹³"虽然没有产生变化，但因为处在"这"组词与"兀"组词的系统对应位置上，语音产生了类推型的变化，表现为与"这 tʂei²¹³"相对位置上的"兀 uɤ²¹³"语音变化为"兀 uei²¹³"，而其他非对称位置上的"兀"读音不变。具体例句见下文"用法"部分。

我们考虑到虽然语音上的确发生了变化，但语义、语法、语用功能仍然是建立在"这、兀"两个词根基础上的，所以在记录它们时，不使用其他同音词。具体语音变化伴随不同用法出现，见下文。

二 用法

指人或物的代词"这、兀"并不直接代替人或物，而是作定语"这人、兀人""这事、兀事"；或组合为"这个、兀个"作定语，例如"把这个娃送走"，不用"把这送走"。这时"这"常见两种读音是"tʂɤ²¹³""tʂʅ²¹³"。当读"tʂɤ²¹³"时，语义不含"一"，后面不出现"个"等，独立作定语；当读"tʂʅ²¹³"时，语义含有"一"，后面总是出现"个"等。如：

（44）这 tʂɤ²¹³ 事情好办。

（45）这 tʂʅ²¹³ 个人我认得倒。

（46）这 tʂʅ²¹³ 个事情我没法。

指代处所的 A 组"这、兀"可以直接代替较大的地方、地点，和小的具体位置。"这台、兀台""这个当、兀个当"的语义是"这里""那里"，都可以指较大范围的地方、地点，也可以指小的具体位置。

（47）这是东街，兀是西街。

（48）在这种一棵树，在兀种一窝花。

（49）这台的人都爱吃辣的。

（50）把你的包包搁到兀台。

（51）这个当原先是青年渠。

（52）我不爱在兀个当吃饭。

指代处所的 B 组"这□个 tʂʅ21maŋ35kɤ⁰、兀□个 uɤ21maŋ35kɤ⁰"、"这岸（子）、兀岸（子）"，语义为"这一边、那一边"；"这一截、兀一截""这一坨、兀一坨"，语义为"这一带、这一片""那一带、那一片"。都是指局部范围的地带，可以说处于较大范围的地方地点、较小的具体位置之间。

（53）往东在这□个那边坐车，往西在兀□个那边坐车。

（54）这岸这边是卖菜的，兀岸那边是卖肉的。

（55）这一截这一带原先是家属楼，兀一截那一带原先是工厂。

（56）这一坨这一片姓张的多，兀一坨那一片姓李的多。

指代时间的"这阵、兀阵"指"这会儿、那会儿""当前、那时";"这(个)时候"指"与此同时、当前,这个时间","兀(个)时候"指"那时,当年"。所以在语义上这两组词表示"当前、那时"概念时,语义是交叉的;表示"这会儿、那会儿""与此同时"等概念时,语义是分别独立的。"这(一)向、兀(一)向、前(一)向"语义为"这一段时间、那一段时间、前一段时间"。

(57) 你兀阵_{那会儿}咋不来,这阵_{这会儿}他出去咾。

(58) 学生娃们正吃饭哩,这个时候_{正在这时}给地震咾。

(59) 这(个)时候_{这个时间},很晚咾,他不得来咾。

(60) 兀(个)时候_{那个年代},覅说别的咾,吃都吃不饱。

(61) 兀(个)时候_{那会儿}他在上中学哩。

(62) A:好久没见咾,这(一)向_{这段时间}好吧?

B:唉,不行,前(一)向_{前段时间}害咾场病。

A:怪不倒_{怪不得}。兀(一)向_{那段时间}也没见你们屋里人出来。

指代性状的"这们、兀们"常常作状语,修饰表示性状的形容词或心理活动动词,例如"这们高、兀们贵、这们漂亮、兀们恶心、这们想、兀们讨厌"等等,在表示指代以外,还有语义上的夸张、强调等色彩义。"这们、兀们""这个、兀个"表达"这样、那样"意义的时候,后面要带"价"。

(63) 这们价_{这样},你明天来我把你引上_{领上}去办。

(64) 你这身体还经得住兀们价_{那样}整!

(65) 这个价_{这样},我跟你一路去。

(66) 你学他,兀个价_{那样}才得行。

第三节 疑问代词

疑问代词见表6-3。

表 6－3　　　　　　　　　疑问代词表

类别	单数	复数	领属
人	谁 sei^{42}，谁个 sei^{42}kɤ^0	谁 sei^{42}，谁们 sei^{42}mən^0	谁 sei42，谁个 sei^{42}kɤ^0
事物	啥 sa^{213}，啥子 sa^{21}tsʅ^{35}，啥子个 sa^{21}tsʅ^{35}kɤ^0，啥名堂 sa^{21}mən^{42}tʰaŋ^0		
指别	哪 la354，哪个 la^{35}kɤ^0，哪些 la^{35}ɕiE^0，哪些子 la^{35}ɕiE^{0}tsʅ^0		
时间	啥时候 sa^{21}ʂʅ^{42}xəu^0		
处所	哪 la354，哪台 la^{35}tʰai^0，哪一截 la^{35}i^{0}tɕiE^{55}，啥地方 sa^{35}ti^{21}faŋ^{35}，啥地点 sa^{35}ti^{21}tian354		
性状	咋 tsa354，咋样 tsa^{35}iaŋ^{213}，咋个 tsa^{21}kɤ^{55}，咋们价 tsa^{35}mən^{0}tɕia^0，啥 sa^{213}		
原因	咋 tsa354，咋的 tsa^{35}ti^0，为啥 uei^{35}sa^{213}，哪们价 la^{35}mən^{0}tɕia^0		
数量	多 tuɤ^{55}，多少 tuɤ^{55}ʂao^0		

一　表示人、事物的疑问代词

指人的疑问代词"谁、谁个"主要用在对单数，或单复数不明的疑问，相同语境下两个词可以互换。单数"谁、谁个"相比，年龄大的本地人更多使用"谁个"。复数"谁，谁们"相比，"谁"逐渐在取代"谁们"。

（67）谁个在外头哩_{谁在外面呢}？（问人，单数，或单复数不明）

（68）A：他们到西安开会去咾。B：都是些谁们_{都有谁}？（问人，复数）

（69）这筐筐是谁个的_{这筐子是谁的}？

指事物的疑问代词主要词根是"啥"。"啥、啥子、啥子个、啥名堂"可以单独成句。单独成句时语义都是"什么"，表示对内容本身的询问。常作宾语构成"这是 X"结构。"啥、啥子、啥名堂"可以作定语，组成"啥事、啥子事情，啥名堂事情"等短语。"啥子个"不能作定语。

（70）A：问一下噢，兀个收电费的这阵在哪哩？B：啥子？你再说一道。

（71）A：馍长咾霉点点咾。B：啥子个？咋整倒的。

（72）A：棚里兀点菜叫虫给咬交咾_{咬遍了}。B：啥名堂？那咋搞呀。

指别的疑问代词主要词根是"哪"。单数用"哪，哪个"，复数用"哪些、哪些子"。

二 表示时间、处所的疑问代词

指时间的疑问代词常用的是"啥时候"。在句中作状语、定语，也常与介词"从"搭配表示时间段。

（73）兀是啥时候的事？（定语，过去的时间）

（74）我们啥时候在西安去？（状语，将来的时间）

（75）他从啥时候就知道的？（介词短语，时间段）

指处所的疑问代词"哪，哪台，哪一截，啥地方，啥地点"，"啥地方、啥地点"是同义的，用法也相同，后者更倾向于追问具体位置。但也可以互换，不影响理解。试比较一组对话，括号里的词老派更常用，可以互相替换：

（76）A：你在哪（哪台、哪一截）哩？

　　　B：我在西新街哩。

　　　A：西新街啥地方（哪台、哪一截）？

　　　B：老王梆梆面。

　　　A：啥地点（啥地方、哪台、哪一截）？再说一下！

　　　B：老王梆梆面。这截（台）有个大超市，超市北面一点点。

三 表性状、原因、数量的疑问代词

表性状、表方式的疑问代词主要有"咋""啥"。

询问性质时，主要修饰名词：

（77）得想个啥办法才得行。

（78）你看挑个啥样式的，都得行。

询问方式时，主要修饰动词：

（79）这个事情咋搞呀？

（80）你们是咋放假哩？

询问状况时作谓语、补语，主要用"咋样、咋个"。

(81) 最近身体咋样（咋个）？（谓语）

(82) 兀个事情搞得咋样（咋个）咾？（补语）

"咋样、咋个"可以单独成句，这时有两种语义：第一种表面语义相当于"怎么样"，隐含语义是"怎么样，让我说（猜）对了吧"，如例（83）；第二种是确实有疑而问，询问对方意见，如例（84）。

(83) A：他真的住院咾。B：看，咋样？我说的对倒的吧。

(84) 明天吃饭搁到放在下午 2 点，咋个？

在两个动作之间表示条件关系或呼应关系时，常常作状语，用"咋"或"咋个价"修饰前后两个动作。

(85) 他咋说的你就咋搞他怎么说的你就怎么做。

(86) 伢咋个价搞我就咋个价搞别人怎么做我就怎么做。

表示原因的有"咋、咋的、为啥、哪们、哪们价"，可以单独或加上语气词成句，"咋、哪们、哪们价"也可以做状语。

(87) 咋咾？咋的咾怎么了？

(88) 为啥呀为什么呢？

(89) 咋搞倒的怎么搞的？

(90) 你们说好了吧你们谈好了吗？哪们价说倒的怎么说的呢？

(91) 清晨赶早出去的，哪们这阵咾还没到哩一大早就出去的，怎么现在还没到呢？

表示数量的代词有"多、多少、几"，常作定语、状语，与量词构成量词短语。如常用的"多钱""多大""多重""来多少人""做多少饭"等。

四 表示任指、虚指的疑问代词

疑问代名词可不表疑问，有任指和虚指两种用法。

一是任指，表示任何人或任何事物，表示在所说的范围内没有例外。这时用"谁、啥、哪、啥时候"等，用法与上文相同。

二是虚指，指代不能肯定的人或事物，包括不知道、说不出或不想说的内容。这时用"哪、咋"等。"哪"独立表示疑问的时候，一般后面要带语气词"哩",否则表意不完整。用法与上文"哪、咋"相同。

"谁、谁个、哪、咋"可以**重叠**使用,列举指代不需要具体说明的对象。例如:

(92)他天天爱讲经_说家里短消息,谁个谁个出去打工咾,谁个谁个搬到城里去咾啥子_{什么的}。

(93)汉中菜集地方他都知道,在哪哪买菜,在哪哪买肉,清场_{清楚}的很。

(94)他说是咋咋冷_{怎样怎样冷},实际上也不啥冷_{不怎么冷}。

(95)听伢说是咋咋好吃哩,实际上也不啥好吃_{不太好吃}。

第七章

副　　词

　　汉中方言的副词很丰富。副词可以描写形容词和动词的发生的外部环境，从表程度、表范围、表情状、表时间和频度、表肯定和否定、表各种语气的作用出发，使动作、性状发生的环境更加具体化，主要作状语和补语，起到修饰和限定形容词和动词的目的。

　　本小节主要从功能出发，把每一小类副词分为 A、B 两组，A 组词与普通话相同，B 组是汉中话中有而普通话没有，或意义与用法与普通话不同的词。主要对 B 组词加以解释和举例。

第一节　程度副词

一　表示程度高的副词

　　A　太　实在　最　挺　真　可　好
　　B　很　没法　扎　圆　陈　才　非　刮　越见　冷　直接　硬硬硬　硬是

　　普通话中常用的程度副词"非常、特别、格外、分外、十分"，汉中话基本不用。A 组词用法与普通话基本相同，不再分析。

很 xən³⁵⁴

　　汉中话"很"的意义与用法有和普通话相同之处，也有不同之处。
　　普通话"很"主要的用法是两种，一个是作状语构成"很 + A/V"格式，一个是用在"得"后作补语，构成"A/V + 得 + 很"格式。汉中话的"很"这两种用法都存在。汉中话和普通话一样的"很+A/V"格式例句如：

(1) 这个娃很优秀这个孩子很优秀。

(2) 他还是很讲道理的他还是很讲道理的。

汉中话和普通话一样的"A/V+得+很"格式例句如：

(3) 他说个话笑人得很他说话很幽默。

(4) 外头冷得很外面很冷。

(5) 这几天心焦得很最近心里很焦虑。

(6) 他心里头明白得很他心里很明白。

比较来看，这两种格式中，汉中话单纯表达程度加深时"A/V+得+很"使用频率更高，在使用"很+A/V"在表达程度加深以外，还具有表达说话人主观判断和感情色彩的倾向。

不同之处有两个。

第一，"很"常常与另一个程度副词"有点/有些"合用，组成"很+有点/有些+V"格式，更能够增加说话人主观化的夸张语气和感情色彩。试比较以下各例，见表7-1：

表7-1　　　　　　"很"的三种组合结构比较表

很+A/V	A/V+得+很	很+有点/有些+V
(7) 她很伤心。	她伤心得很。	她很有点伤心。
(8) 他很聪明。	他聪明得很。	他很有些脑壳。
(9) 这事情很费功夫。	这事情费工夫得很。	这事情很费啥些功夫。
(10) 那个女人很有名。	兀个女人有名得很。	兀个女人很有些名气。

通过比较，汉中话"很+A/V"和"A/V+得+很"两种格式表达的语义基本相同，"A/V+得+很"格式使用频率更高。为了增加主观夸张和感情色彩目的时，常用"很+有点/有些+V"格式。

第二，"很"常常单独作补语，或者与"太"连用作补语，修饰形容词或动词，表示性状程度太过分或动作行为太过分。如：

（11）饿很咾就不想吃饭咾＝饿得太很咾就不想吃饭咾饿得太过了就不想吃饭了。

（12）这几个月直接是把人整很咾＝这几个月真是把人整得太很咾这几个月真是把人折磨得太过了。

（13）嫑说得太很咾，说很咾他也不听别说的太过了，说得太过了他也不会听的。

以上例子"很"跟在动词后，有两种格式：可以不用助词"得"，不与"太"连用，如"饿很咾"；也可以用助词"得"，与"太"连用，如"饿得太很咾"。

（14）这价钱恐怕贵得太很咾。

　　＊这价钱恐怕贵很咾。

（15）这一坨肉肥得太很咾。

　　＊这一坨肉肥很咾。

（16）这辣子辣得太很咾。

　　＊这辣子辣很咾。

以上例子"很"跟在形容词后，必须带助词"得"，与"太"连用，否则不能说。

没法 mɤ⁴² fa⁵⁵

意思是"……得很"，表示程度深，用在形容词或心理动词之后，带助词"得"作补语，表达比"很"更深的程度。如：

（17）这女子漂亮得没法这个女孩漂亮得很。

（18）外头热得没法外面热得很。

（19）他们娃一天爱跑得没法他家孩子整天爱在外面瞎逛得很。

（20）把他一天焦得没法他整天焦虑得很。

"没法"前面还可以加副词"简直""直接"，程度深的效果更加突出，如：

（21）外头热得直接没法外面非常热。

（22）把他一天焦得简直没法他整天非常焦虑。

死 sɿ³⁵⁴

由动词"死"虚化而来，是主观情绪的夸张表达。使用频率很高，直接用在含有消极含义的形容词和动词之后作补语，不带助词"得"，不能作状语。如：

（23）这个娃一天肉死咾这个孩子整天慢得不行。

（24）把人等得心慌死咾把人等得心烦得不行。

（25）兀个人直接是烦死咾那个人真是烦得不行。

扎 tsa⁵⁵

表示程度深，直接用在动词之后作补语，不带助词"得"，不能作状语。一般表达程度很深，达到极致。如：

（26）小的时候把苕吃扎咾小时候红薯实在吃得太多了。

（27）高头兀家子装修，把人吵扎咾上面那家装修，实在把人吵坏了。

（28）今天外头太阳晒扎咾今天外面的太阳晒得很。

圆 yan42

表示程度深，跟在形容词或动词后做补语，不能作状语，具有夸张的修辞色彩。句末语气词用"咾"。如：

（29）今天直接热圆咾，得穿短袖子的咾今天简直太热了，该穿短袖了。

（30）把兀个女的直接喊叫圆咾，实际上屁事没得那个女人简直咋呼得不行，其实没什么屁事。

"圆"只能修饰一小部分含有明显动态和形象色彩的、具有强烈比喻色彩的形容词或动词，有选择性或固定搭配性。如：

（31）热圆咾非常热

　　　＊冷圆咾

（32）他上上下下地跑圆咾，最后事情也没搞成他上上下下地跑关系，最后事情也没搞成

　　　＊他前前后后地走圆咾

陈 tʂʰən42

"陈"只跟在很少的含有贬义因素的几个言语类动作动词后做补语，如"喊叫夸张地大声说话""闹闹事"等，不修饰其他动词和形容词。整句

含有夸张修辞色彩，句末语气词用"咾"。如：

（33）一点点个事情，他在兀喊叫陈咾<small>很小的事情，他在那里不停叫嚷数说</small>。

（34）这个女人在兀叫唤陈咾<small>这个女人在那里哭闹不停</small>。

（35）这阵上班哩，你闹陈咾，太难看咾<small>现在正上班呢，你不停地闹，太丢人了</small>。

没挡挡 mɤ⁴²taŋ³⁵taŋ⁰

"没挡挡"只跟在很少的含有消极因素的几个形容词后做补语，如"瞎坏""霉倒霉""飘轻浮"等，带助词"得"，不修饰其他动词和形容词。整句含有夸张修辞色彩。如：

（36）这下瞎得没挡挡咾<small>这下坏了</small>。

（37）今年直接霉得没挡挡咾<small>今年简直倒霉得不行了</small>。

（38）单位上当咾个小头头，把他飘得没挡挡咾<small>在单位上当了个小领导，他轻飘得不行了</small>。

刮 kua⁵⁵

用作状语，专门与形容词"好"搭配，不修饰别的词。表达"正好""恰好"的意思。如：

（39）他不来刮好，我们吃咾就对咾<small>他不来才正好，我们吃就行了（不等他）</small>。

（40）他妈不知道刮好，要不咾又闹呀<small>他妈不知道才正好，不然又要闹了</small>。

（41）不涨工资刮好，我才说辞职呀<small>不给涨工资正好，我正打算辞职呢</small>。

冷 lən³⁵⁴

用作状语，修饰形容词，表达"过于"的含义。如：

（42）这包谷长得冷大，不好卖<small>这玉米长得太大，不好卖</small>。

（43）他跑得个冷快，一下没见咾<small>他跑得太快了，一下子就不见了</small>。

（44）下午吃得冷胀，把胃胀瞎咾<small>下午吃得太胀了，把胃胀坏了</small>。

越见 yɤ²¹tɕian²¹³

用作状语，意思是"越来越""更"，修饰表示否定和负面的形容词，表达不好的、消极的语义。如：

（45）他兀病这两天越见不好咾<small>他那病这两天越来越不太好了</small>。

（46）这几年她兀脾气越见瞎咾这几年她那脾气越来越坏了。

（47）他们娃越见不服管教咾他家孩子越来越不服管教了。

直接 tʂʅ⁴²tɕiE⁵⁵

用作状语，意思是"简直"，修饰形容词，表示程度非常深，被修饰的形容词后同时还可以带表程度的补语。如：

（48）兀个颜色直接红扎咾那个颜色简直太红了。

（49）兀个女子直接漂亮得没法那个女孩简直漂亮得不行。

（50）这一向直接忙得很这一段简直太忙了。

（51）养个儿直接没用，啥都指靠不住养个男孩简直没用，啥都靠不住。

硬 ȵin²¹³、硬硬 ȵin³⁵ȵin²¹³、硬是 ȵin³⁵sʅ²¹³

用作状语修饰动词。"硬"直接作状语修饰动词，"硬硬"常加助词"地"后作状语。"硬是"单独使用的时候，表示的是否定和责备的态度。如：

（52）他最后没叫谁个帮忙，硬戚住咾他最后没让别人帮忙，硬撑住了。

（53）硬把人闹得不得下台硬是把人闹得下不了台。

（54）硬硬地等咾几个钟头都没等到硬是等了好几个钟头都没等到。

（55）硬是，硬叫我去接他真是的，非要让我去接他。

（56）硬是，还有这个价当妈的哩真是的，还有这样当妈的。

二 表示程度低的副词

A 不太

B 不多 不啥

不多 pu²¹tuɤ⁵⁵

作状语修饰形容词或动词中心语，意思是"不太"，表达性质状态、动作行为的程度较轻。如：

（57）这颜色还可以，不多黄不太黄。

（58）这阵雨不多大不太大，能出去。

（59）汉中冬天不多冷不太冷。

（60）我看伢不多爱去走路不太喜欢去散步。

（61）我放咾假不多出去，一般就在屋里我放了假不太出远门，一般就待在家里。

不啥 pu²¹sa⁰

作状语修饰形容词或动词中心语，意思是"不怎么、不太"，表达语气上比较委婉、对性质状态、动作行为的程度较轻的贬义和否定。如：

（62）这回买的苹果不啥好吃这次买的苹果不怎么好吃。

（63）这个人不啥行这个人不怎么样。

（64）兀个地方开车去不啥方便那个地方开车去不怎么方便。

（65）这两天他蔫杠杠地不啥说话这两天他蔫蔫地不怎么说话。

第二节 范围副词

A 都 光 只 就 另外

B 单另 一下 一路 统共 拢共 总起 不管 不论

单另 tan⁵⁵lin²¹³

表示在既定范围外单独的、另外的，直接修饰动词作状语。如：

（66）这是单另单独，另外给你留的菜。

（67）他在东头单另单独，另外划了一片地种豇豆。

（68）覅单另单独搞咾，我们一路一起搞。

一下 i²¹xa²¹³

表示所修饰的动作关涉对象范围上的全包括。可以直接修饰动词，也可以与"都"共同修饰动词。如：

（69）我把兀几个蒸馍一下吃咾我把那几个馍全部吃完了。

（70）把这些书一下都整走把这些书全都整理走。

（71）攒咾几年的钱，娃上学一下打撅咾攒了好几年的钱，孩子上学全部用完了。

表范围的"一下"和表时量短的"一下"不同，后者也可以作状语修饰动词，如：

（72）下咾场雨，一下凉得没法咾一下子冷得不行了。

一路 i²¹lu²¹³

直接修饰动词作状语，意思是"一起"。有时可以省略动词带上语气词单独成句。如：

（73）他要单另走，那我们两个一路走他要单独走，那我们俩一起走。

（74）上天我们一路领的钱那天我们一起领的钱。

（75）退休的时候我们一路办得手续退休的时候我们一起办的手续。

（76）把我等一下，一路噻等等我，一起吧。

统共 tʰoŋ³⁵koŋ²¹³、拢共 loŋ³⁵koŋ²¹³、总起 tsoŋ³⁵tɕʰi³⁵⁴

表示所修饰的事物和动作所关涉对象范围上的全包括，意思是"总共"。一般直接作状语修饰动词。语义既可以是指向所关涉的事物的范围，也可以指向所关涉的动作的范围，表示全包括的含义。如：

（77）加到一堆统共看是多少加到一起总共看有多少。（指向事物）

（78）不管工资奖金，拢共算一下不管工资还是奖金，总起来算一下。（指向事物）

（79）你总起说一下后头该咋搞你总得说一下后面该怎么办。（指向动作）

不管 pu²¹kuan³⁵⁴、不论 pu²¹luən²¹³

通常组成"不管+疑问代词"或"不管+短语"，表示条件范围上的全包括。"不管+短语"格式往往组成条件复句，与"都"呼应。如：

（80）不管啥，给我吃一口就对咾不管什么，给我吃一点就行了。

（81）不论咋个，先把娃上学的事搞好不管怎么样，先把孩子上学的事情搞好。

（82）不管他咋个价说，都不得行不管他怎么说，都不行。

第三节 情状副词

一 表动作态度、目的的副词

A 胡 胡乱 乱 顺便

B 瞎 贸 佺 佺管 一遍手 一划手 端直 直接 黑打糊涂

情愿　难得　倒转　专门　安心

瞎 xa⁵⁵

单独作状语直接修饰动词，意思是没有根据，没有理由地做某事。如：

（83）可耍瞎胡乱吃噢，一下肚子又不对咾。

（84）不敢瞎胡乱说噢，招呼伢知道咾。

（85）我瞎整的，你多给讲一下。

（86）我是啥都不懂，瞎写的。

贸 mao²¹³

单独作状语直接修饰动词。是没有十足把握，试着做某事的意思。如：

（87）我贸问一下，你是张老师吧？

（88）这阵没得尺子，你贸按估计一下看有多长。

（89）这字我不会，贸写下的。

侭 tɕin³⁵⁴、侭管 tɕin³⁵ kuan³⁵⁴

侭、侭管，意思是"不断地、一直做某事"。作状语修饰动词，含有说话人对一直做这件事的不满、埋怨的感情色彩。如：

（90）你侭在兀说你还一直在那里说话，赶紧走，马上迟咾。

（91）你在兀侭耍你在那里一直玩，伢他们都走咾好一阵咾他们都走了好一会了。

（92）这一向侭管下雨这段时间一直下雨，地里头菜都没法收咾地里菜都没法收了。

（93）蒸饭侭管不得熟米饭一直熟不了，我吃个馍算咾我吃个馒头算了。

"侭"可以构成"侭V侭V"格式，形象色彩和感情色彩效果上都有所加深。如：

（94）你侭看侭看，看咾个啥出来咾你一直看一直看，看了个什么名堂出来。

（95）事情太多咾，侭整侭整都整不完事情太多了，一直做一直做都做不完。

一遍手 i²¹ pian²¹ ʂəu³⁵⁴、一划手 i²¹ tsʰan²¹ ʂəu³⁵⁴

意思是顺便、捎带着做某事。作状语修饰动词，表达两种动作行为在同一时间范围内的共同进行。"一遍手、一划手"两个词用法完全一样，后者老派还在使用，新派很少使用了。如：

（96）我这几年在西安打工，一划手把房也买到兀台咾。

（97）你在食堂去呀哙，一遍手帮我买个馍噻。

（98）你下楼呀，把渣渣垃圾一遍手捎上噻。

端直 tuan⁵⁵tʂʅ⁴²、直接 tʂʅ⁴²tɕiE⁵⁵

意思是直接、直戳戳地，老派用"端直"，新派用"直接"。如：

（99）我端直给他个不客气我直接给他来个下不了台。

（100）回老板端直把工资先发到手里咾这回老板直接把工资先发到手了。

（101）我下班端直去买咾再回来我下班后直接去买了再回来。

黑打糊涂 xei⁵⁵taºxu⁴²tuº、没名倒堂 mɤ⁵⁵minºtaoºtʰaŋº

词义是糊里糊涂、莫名其妙。作状语的时候需要加上结构助词"地"修饰动词。如：

（102）我黑打糊涂地叫老师歪咾一顿我糊里糊涂地被老师训了一顿。

（103）他没名倒堂地进来就撒火他莫名其妙地进来就找茬发火。

安心 ŋan⁵⁵ɕinº

词义是存心计划做某事，主要修饰动词直接作状语，不用加结构助词。由于"安心"要做的事情是计划要做而实际上不一定做过了，所以"安心"总出现在假设句的前一分句中。如：

（104）你安心要咾，你说个价如果诚心要，你出个价。多用在买卖讨价还价。

（105）安心搞得话得先把人瞅好诚心要（把事）搞好的话得先瞅个合适的人（来负责）。

（106）他再安心来噻，这阵早都来咾他如果诚心来，现在应该早就到了。意思是他肯定没打算来。

情愿 tɕin⁴²yan²¹³

意思是"宁愿做某事"，作状语修饰动词性中心语，常用在让步句中，表达说话人"宁愿A也不B"的决心和意愿。如：

（107）早知道人这们多人这么多，那我情愿下午咾再来。

（108）再是要是这们贵的话，那我情愿不买了。

（109）情愿多掏点钱，嫑别叫人受罪。

（110）情愿饿倒起饿着，也不想吃人伢人家的饭。

难得 lan⁴² tei⁵⁵

"难得"有两个义项，一是来自基本义"珍贵、不易得"，作状语修饰动词，表达动作行为的珍贵稀有等，如：

（111）你难得来一趟，今黑咾住下你难得来一趟，今天晚上住下。

（112）他一天难得说几句话他整天难得说几句话。

二是来自基本义"难，困难"，作状语修饰动词，表达说话人因为动作行为的困难而不想做的意愿。如：

（113）太高了，我难得去，你帮我撂下来嚏太高了，我不想去。你帮我扔下来吧。

（114）天气大的很，难得出去，就在屋里吃点算咾天气太热了，不想出去，就在家里吃点饭算了。

（115）我难得跟他说话，你跟他去说两句我不想跟他说话，你跟他去说两句。

倒转 tao²¹ tsuan³⁵⁴

意思是"反倒"，直接作状语修饰动词，不带助词，常用在转折复句的后一分句，表达说话人惋惜、否定等情绪。如：

（116）该嫑下这么多的米，你看倒转剩下咾早知道该别下这么多米，你看反倒剩下了。

（117）他妈把他惯得太过咾，倒转不听话得很他妈把他惯得太厉害了，反倒很不听话。

（118）你对她好得没法，她倒转来伤你你对她好的不行，她反倒来伤害你。

二 表动作的具体状态的副词

A 一直 猛地

B 定定地 定定价 忽 □xai⁵⁵起来 猛乍 猛

定定地 tin³⁵ tin⁰ ti⁰、定定价 tin³⁵ tin⁰ tɕia⁰

意思是一直、保持原样不动地做某事，也引申为安心地做某事。

"定定"的基础上加结构助词"地"或"价"作状语,用在动词性词语前。如:

(119) 你定定价看倒,覅叫他跑咾你好好看着,别让他跑了。

(120) 他定定地在兀看电影,看咾几个钟头咾他一直在那里看电影,看了好几个钟头了。

(121) 他定定地把伢望倒他动也不动地把人家盯着。

(122) 你定定地等倒,这回保证给你买回来你安心等着,这回一定给你买回来。

忽 xu^{55}

意思是"迅速、忽然地"做某事。"忽"总是要带上结构助词"地"作状语,常常带表示时量短的"一下"作补语,用在动词性词语前。如:

(123) 忽地一下跑过去咾忽地一下跑过去了。

(124) 他转咾几圈,忽地想到咾他转了几圈,忽然间想起来了。

(125) 忽地一下绊咾一跤忽然间摔了一跤。

□起来 xai^{55}tɕ^{h}iɛ^{0}lai^0

意思是用尽全力、竭力做某事。整体作状语,可带结构助词"地",也可不带,用在动词性词语前。如:

(126) 老王吃咾饭有劲咾,在地里去□起来地做咾一阵活老王吃了饭有劲了,到地里去猛做了一阵活。

(127) □起来喝两碗羊肉汤,身上一下就热和咾猛喝两碗羊肉汤,身上一下就暖和了。

(128) 这个娃感觉得咾理咾,又□起来地闹咾一阵这个孩子感觉占了理,又猛闹了一阵。

猛乍 məŋ^{35}tsa^0、猛 məŋ^{354}

词义是"猛地、突然地"做某事。"猛乍"直接作状语修饰动词,老派常用。猛"后要带结构助词"地",用法和普通话基本相同。如:

(129) 猛乍一看还当是他们老师进来咾猛地一看还以为是他们老师进来了。

(130) 谁个猛乍吼叫咾一声把人吓的不知道谁猛地吼了一声把人吓的。

(131) 猛地一攒劲，就把车推上走咾 猛地一用力，就把车推走了。

第四节　时间、频度副词

一　表时间的副词

A　才　正　正在　跟着　马上　顿时

B　才才　才刚　才说　架势　看倒看倒　跟倒　立马　当时

才才 ts^{h}ai^{42}ts^{h}ai^0

词义是"才"，强调说话人观念中的相对时间间隔特别短，直接作状语修饰动词。如：

(132) 他才才出去，早来一分钟就碰到咾 他才出去，早来一分钟就碰上了。

(133) 他才才毕业，还没找下工作哩 他才毕业，还没找到工作呢。

(134) 老师才才讲毕，你就忘咾 老师才讲完，你就忘了？

才刚 ts^{h}ai^{42}tɕiaŋ^{55}

词义是"刚"，修饰动词作状语，表示稍早发生的时间。如：

(135) 他们啥时候来的？他们才刚进门 他们刚刚进门。

(136) 他们才刚还在这台哩来，咋没见咾 他们刚刚还在这里呢，怎么不见了。

(137) 才刚下咾歇雨，外头是湿的 刚刚下了一阵雨，外面是湿的。

才说 ts^{h}ai^{42}suɤ^{55}

"才说"有两个义项，一是正要、正准备做某事，作状语修饰动词，表示动作即将发生的时间，后面总是与"就"相呼应。如：

(138) 才说走呀，你就进来咾 正准备走呢，你就进来了。

(139) 才说不去咾，你电话就来咾 正要说不去了，你电话就打来了。

(140) 才说好好歇几天呀，学校又叫去加班 正准备好好歇几天，学校又让去加班。

二是正猜想、正预想着某事，表达与实际情况相反的内容。如：

(141) 我们才说叫给哄咾，打110呀 我们正猜想被骗了，准备打110呢。

(142) 才说今年挣点钱呀，结果发咾大水咾 正想着今年能挣点钱，结果发水灾了。

（143）才说这回肯定给涨工资，结果会上根本就没通过猜着这回肯定给涨工资，结果会上根本就没通过。

架势 tɕia³⁵ ʂʅ²¹³

动词"架势"意思是"架起势来"准备做某事的具体动作。副词"架势"由动词"架势"虚化而来，强调时间上正开始、正准备做某事，只能修饰肯定式的动词性词语。如：

（144）赶紧架势，搞快一点能打四圈赶紧架起势开始，快一点能打四圈牌。（动词）

（145）摆桌桌拿碗，架起势，今天多喝一点摆桌子拿碗，架起势来，今天多喝点。（动词）

（146）昨天黑咯我们架势打牌呀，结果单位叫去加班昨天晚上我们准备打牌呀，结果单位让去加班。（副词）

（147）清早六点多架势搞，黑咯快十二点咯才搞毕早上六点多开始干，晚上快十二点了才干完。（副词）

（148）看到她妈出门呀，这女子就架势哭看见她妈妈要出门，这女孩就准备要哭。（副词）

（149）一到年跟前，贼娃子就架势上班呀一到年底，小偷就准备要上班了。（副词）

看倒看倒 kʰan²¹tao⁰ kʰan²¹tao⁰

词义是"眼看着"，表示动作行为眼看着发生了的时间状态。虽然主要词根是"看"，取"看"表动作的实义，但这里主要是强调时间的副词用法。如：

（150）哎哟，看倒看倒下开雨咯眼看着下开雨了。

（151）看倒看倒长这们大咯眼看着长这么大了。

（152）看倒看倒门给关住咯眼看着门给关了。

跟倒 kən⁵⁵tao⁰

词义是动作行为"紧跟着"发生，描写一个动作行为紧跟着下一个动作行为的频率和时间状态。这种用法应该是"跟"这个动词实义慢慢指向表时间、表频率后虚化而来的。可以直接作状语修饰动词中心语，常常出现在"一……就……"格式里，表示动作的连续出现。如：

(153) 我一下班，跟倒就往医院走跟着就往医院走。

(154) 他饭一吃毕，跟倒就开咾三个会跟着就开了三个会。

(155) 上头把文件一发，跟倒就是检查跟着就是检查。

立马 li⁵⁵ma³⁵⁴、当时 taŋ⁵⁵ʂʅ⁰

词义是"立刻，马上，当下"。表示动作行为立即就应该在当时时刻行动或完成，表达说话人态度急切、坚决、果断等感情。如：

(156) 你立马给我回来你立刻给我回来。

(157) 一听这话，立马把娃背上就跑立刻把孩子背上就跑。

(158) 这么多钱，当时就要要么马上就要吗？

(159) 看到这个样式，当时就哭开咾看到这个场面，马上就哭开了。

二 表频率的副词

A 时常 常常 动辄 总是 有时

B 一拗 紧忙 一例 蛮 三不搭四 旋……旋…… 肯

一拗 i²¹ȵiəu²¹³

意思是"动辄"，表示动作行为的频度，表达动作行为经常发生，动不动就发生等。常与"就"连用，作状语，共同修饰后面的动词中心语。如：

(160) 兀个媳妇歪的没法，一拗就怄气回娘屋那个媳妇凶得不行，动不动就生气回娘家。

(161) 他们领导烦的，一拗就叫他们去加班他们领导很烦，动不动就让他们去加班。

(162) 现在这学校才不容易，一拗就叫家长告咾现在学校很不容易，动不动就被家长告了。

"拗"可能不是本字，取其"动辄"的"动"的含义，汉中话"拗"词义是"动弹"，如"要拗别动：扎上针就~"。

紧忙 tɕin³⁵maŋ⁴²

词义是"一时间""一时半会"等。直接作状语，修饰否定式的动词性词语，表达说话人着急、埋怨等感情色彩。如：

(163) 等咾半天咾，他紧忙不过来等了半天了，他一时间过不来。

(164) 今天活有点多，紧忙做不完今天活有点多，一时间做不完。

(165) 路上遇咾个人，说话紧忙说不完，急人的路上碰见一个人，说话一时间说不完，着急得很。

一例 i²¹li²¹³

意思是"总是""老是"，表示动作行为按照一定的规律反复发生。用在动词"是"前，侧重于强调后面动词性或形容词在时间上的反复性、规律性。

(166) 他一例是下午才来他总是下午才来。

(167) 他一例是爱编排别人的瞎话他总是爱编排别人的瞎话。

(168) 这个教室一例是干干净净的这个教室总是干干净净的。

(169) 小娃家脸上一例是粉红粉红的小孩子脸上总是粉红粉红的。

蛮 man⁴²

词义是"老是……"，可以直接作状语，也可以带表动作持续的"起"组成"蛮起"作状语，修饰动词中心语。如：

(170) 你蛮望我搞啥，跟我没关系你老是看着我干什么，跟我没关系。

(171) 蛮催我搞啥，你自己搞好咾吧催我干什么，你自己先搞好了吗？

(172) 这个娃蛮起哭，你去看看咋回事这个孩子老是哭，你去看看怎么回事。

(173) 夏天价身上蛮起长米米，肯定是湿的很夏天身上老是长痱痱，一定是太潮湿了。

三不搭四 san⁵⁵pu⁰ta⁵⁵sʅ²¹³

词义是"偶尔，间或"，表示动作的频率，表达动作行为的间隔非常长和稀疏。可以直接作状语修饰动词中心语，可以带助词"地"作状语，也常常与"才"连用共同修饰动词。如：

(174) 这地方三不搭四才用一回，不需要打扫这地方偶然才用一次，不用打扫。

(175) 他三不搭四地拿些东西去看他妈一回_{他偶然拿点东西去看看他妈。}

(176) 我三不搭四才做一回饭，一天都是买倒吃_{我偶然才做一次饭，整天都是买着吃。}

旋 ɕyan²¹³……旋 ɕyan²¹³……

词义是"一边……一边……"，表达动作行为同时进行，"旋"可以直接作状语修饰动词中心语，组成的"旋……旋……"结构，常作谓语。如：

(177) 他们两个旋走旋说，一下就到学校咾_{他们一起边走边说，一会儿就到学校了。}

(178) 她跟她妈旋看电视旋包饺子_{她和她妈一边看电视一边包饺子。}

"旋……旋……"结构也可以连接两个分句，如：

(179) 你们旋吃倒饭，旋把明天的事情也商量下_{你们边吃着饭，边把明天的事也商量一下。}

(180) 他旋开车，旋给我们讲是咋回事情_{他边开车，边给我们讲是怎么回事情。}

肯 kʰən³⁵⁴

词义是"容易发生的"，不加结构助词，直接作状语修饰动词，或动词与形容词的兼类词的中心语，后面总是跟程度副词做补语，表示这种性质状态或动作行为容易发生。如：

(181) 这衣裳肯烂得很_{这种衣服容易烂}，才穿咾两三次就烂咾_{才穿了两三次就烂了。}

(182) 这种油吃咾肯胖得很_{这种油吃了很容易胖。}

(183) 这种阴阴天肯瞌睡得很_{这种阴天很容易瞌睡。}

一般没有后面不加程度补语的用法。如：

＊这种阴阴天肯瞌睡。

＊这种桌桌肯坏。

第五节 肯定、否定副词

A 不 不要 不许 没
B 保证 真的话 覅 不敢

保证 pao³⁵tʂən²¹³

词义是"一定，肯定"，作状语，表达说话人对动作行为可能性的肯定判断。如：

(184) 他保证是喝咾酒的_{他肯定是喝过酒的}，你看兀脸红杠杠的。

(185) 你把心搁到肚子里，这回保证得行_{这次肯定可以}。

真的话 tʂən⁵⁵tiºxuaº

词义是"真的"，可以单用，也可以作状语，表达十分确定的判断。如：

(186) 真的话_{真的}，几天就挣咾这么多钱！你不信咾也试看看。

(187) 我原先没见过他们女子。这回看，真的话_{真的}，能干的很！

(188) 这剪子真的话好使唤_{真的很好用}，你买把回去么。

(189) 汉中冬天价真的话冷的很_{真的很冷}，原先没得空调的时候，经常脚手长冻疮。

(190) 兀个媳妇把娃给没了_{丢了}，当时就要寻短见_{自杀}哩。过咾一向_{过了一段时间}真的话上咾吊咾_{真的上吊了}。

(191) 伢把你招呼一下，你还真的话就吃开咾_{真的就吃开了}？

覅 pao⁴²

词义是"不要"，多在禁止或劝阻时使用。多位学者文章已经指出"覅"的字形、读音与"不"和"要"的关系，语音合音，语义叠加，字形结合等特点。在汉中方言里，"覅"的使用频率非常高，要考察它到底是在本方言系统中语音变化中发生合音形成的，还是完全由关中移民带来的很难。"覅"最主要和最常见的用法是在句中直接作状语修饰动词中心语。如：

(192) 你覅说咾，我不想听_{你别说了，我不想听}。

（193）下雨呀，你夋出去咾要下雨了，你别出去了。

（194）夋一天把脸黑起，高高兴兴的对身体好别整天黑着脸，高高兴兴的对身体好。

另外，"夋"常常前面加"再"，能够加深说话人语气上的坚决性，强调禁止或劝阻的程度。"再夋 tsai³⁵ pao⁴²"连用的频率很高，具有很强的凝固性，共同作状语修饰后面的动词中心语或分句，能够搭配的动词性成分也很普遍。如：

（195）再夋给我说兀个人，直接靠不住再也别给我提那个人，简直靠不住。

（196）再夋在兀家去吃饭，难吃死咾再也别到那一家吃饭，难吃死了。

不敢 pu²¹ kan³⁵⁴

作状语，主要修饰动词，是说话人对动作行为可能性的否定性判断，用于祈使句，常表达制止作出某些动作行为。凡说话人认为有具体危险的动作或抽象危险的事件等都可以用"不敢"进行制止或劝阻。说话对象既可以是孩子，也可以是任何需要进行制止和提醒的成年人。如：

（197）不敢跑，招呼绊咾不要跑，小心摔了。

（198）外头冷得没法，不敢出去噢外面很冷，不要出去哦。

（199）这阵不敢揭锅，饭恐怕还没好哩现在不要揭开锅，饭可能还没好呢。

（200）你可好好上班哦，不敢大意你好好上班，不要大意。

第六节 语气副词

A 反倒 幸亏 干脆 就 简直 难道 大概 只好 反正，何必 其实 根本

B 招呼 好撒 贵贱 红黑 才 亏咾 没咾 不咾 该 偏不偏 恐怕 早 再

招呼 tʂao⁵⁵ xu⁰

意思是"小心"做某事，常用在祈使句，表示提醒、警示的语气。如：

慢慢价走，招呼绊咾。

招呼看通知噢，这两天要发工资哩。

好撇 xao³⁵pʰiε²¹³、贵贱 kuei³⁵tɕian²¹³、红黑 xoŋ⁴²xei⁵⁵

这一组都是反义语素并列式构词，加强表示断定的语气。都能够表示"无论怎样"的含义，如：

(201) 贵贱蛮出去哦，外头有传染病哩。

(202) 伢红黑不愿意。

(203) 你好撇给伢回个话，也好搞后头的事。

这几个词在使用中不能任意互换，使用时具有特定的搭配关系。比如上述例句中，"贵贱"和"红黑"两个词可以互换，而"好撇"一般不和它们互换。"贵贱"和"红黑"两个词已经完全虚化，不含实词实义，所以可以自然互换。但是"好撇"仍然还含有"好"与"坏"的实词实义，比如例句中句义包含"无论答案是好是坏，都要给人家回复一下"的含义，所以不能与其他两个词互换。

才 tsʰai⁴²

本身的词义难以独立提取，主要放在"是"前面作状语，一起表示"真是……"的含义，表达说话人意料之外、非常遗憾又无可奈何的情感语气，"是"前可以同时被其他副词修饰，也可以省略。如：

(204) 这才是，东西这们重，还叫你给送上来 真是的，东西这么重还让你送上来。

(205) 这才简直是，早知道我们昨天来就对咾 这简直是，早知道我们昨天来就好了。

(206) 这才不好意思，叫你白跑一趟 这真不好意思，让你白跑一趟。

亏咾 kʰuei⁵⁵lao⁰

意思是"幸亏"，常用在假转句的前一分句中，表达假设和转折的语气。如：

(207) 亏咾你开得有车，要不咾我们都不得回去咾 幸亏你开的有车，不然我们都回不去了。

(208) 亏咾你拿得有钱，要不是今天瞎眼咾 幸亏你带的有钱，不然今天坏完了。

(209) 亏咾你没来，要不咾也得在这搞一下午 幸亏你没来，不然也得在这里干一下午。

没咾 mɤ⁵⁵lao⁰、不咾 pu⁵⁵lao⁰

"没咾""不咾"意思是"要不然"，常常位于一个表示意见建议内容的分句前，描述说话人商量和征求意见的内容和语气。如：

(210) 没咾我们明天去吧，这阵太迟咾 不然我们明天去吧，现在太迟了。

(211) 没咾换个大点的吧，这个有点小 不然换个大的吧，这个有点小。

(212) 不咾是这，你们先走，我明天再去 不然是这样，你们先走，我明天再去。

(213) 不咾这们价，我们今天先搞倒起，毕咾后头又想办法 不然这样吧，我们今天先干着，完了后面再想办法。

"没咾""不咾"位置也可以放在假转句的第二分句开始，描述假设出的负面结果。如：

(214) 你得把娃抱上，不咾没得座位咾 你要把孩子抱起来，不然没座位了。

(215) 我们得赶紧些，不咾迟咾 我们要快一点，不然要迟到了。

(216) 先给他说一下，没咾他又要提意见 先给他说一声，不然他又要提意见。

(217) 你得攒劲把大学考上，没咾就得去打工 你要努力把大学考上，不然就得去打工。

该 kai⁵⁵

意思是"应该是"，常位于动词前作状语，表示说话人的推测、估计的语气。如：

(218) 好多年没见咾，他们娃该都上大学咾 应该已经上大学了。

(219) 下咾一黑咾雨，地下该都湿完咾 地上应该都湿透了。

(220) 他该都来咾吧 他应该已经来了。

偏不偏 pʰian⁵⁵pu⁰pʰian⁵⁵

词义和用法相当于"偏偏"，常作状语直接修饰动词中心语，或在分句前作状语。汉中话的"偏不偏"既可以包含"正巧"的正面态度，也包含"不巧"的负面态度，两种情况下都可以使用。如：

（221）偏不偏出去就碰到我们老师咾，刚好把作业交咾。(正巧)

（222）偏不偏他要卖房，我要买房。(正巧)

（223）偏不偏他上课去咾，最后就没见上。(不巧)

（224）偏不偏的车车坏到路上咾，我们只有走路去偏偏自行车坏到路上了，我们只能走路去了。

恐怕 $k^h oŋ^{35} p^h a^{213}$

"恐怕"一词在词面上与普通话的"恐怕"相同，表示揣测语气，在动词前作状语，表揣测时使用频率特别高。如：

他恐怕有咾病咾，要不是肯定都来上班咾。

也可以在整个句子前作状语，如：

（225）恐怕伢早都把事情搞好咾。

（226）恐怕伢把房钱早都还清咾。

还可以加上语气词单独成句作应答语，表达听话人对说话人内容的认同，如：

（227）A：他该都下课咾吧他应该已经下课了吧？

　　　　B：恐怕哩应该是。

（228）A：今年学娃子学费该要涨价呦今年学生们的学费可能要涨价。

　　　　B：恐怕哩应该是。

早 tsao³⁵⁴、再 tsai²¹³

意思相当于"早点知道""如果"，表达说话人对过去没能做某事的惋惜、遗憾，常用于假设复句的前一分句，与后一分句的"就"呼应。如：

（229）早点去当咾兵噻，这阵就把工作安排咾早知道去当兵的话，现在把工作就安排好了。

（230）早知道这房这阵卖不出去噻，前些年就该赶紧卖咾早知道这房子现在卖不出去，前几年就该赶紧卖了。

（231）再早点起来噻，就不得迟到咾要是早点起床的话，就不会迟到了。

（232）再早点认得他噻，就不得上这个当咾要是早点认识他的话，就不会上这个当了。

第八章

介词和助词

第一节 介词

汉中方言许多介词是和普通话大致相同的，比如"从、自从、在、到、往、朝、因为、为、为了、用、拿、凭、借、通过、经过、把、将、对、连、跟、和、除了、替、比、给"。下面描写分析词形、用法上与普通话不同的介词。

一 表示对象的介词

跟 kən^{55} 跟倒 kən^{55} tao^0

"跟"在汉中方言中是常用介词，引介动作行为所关涉的对象，"跟倒"和"跟"的用法一致。如"我明天跟他去收菜呀""你跟谁到西安去的"。"跟倒"中"倒"是表持续体貌的助词，因此"跟倒"很能体现"跟"仍然保留动词的痕迹，它们总是引介与"跟"这个动作相关涉的对象。

依 i^{55} 依倒 i^{55} tao^0

"依"作为动词指"顺从，答应"，如"这事情依你这件事情按你说的办"。在此基础上虚化为介词的"按照"义，"依"和"依倒"都很常用。如"依你说咋个照你说怎么办？""依倒规矩办事不得错"。

问 uən^{213}

"问"作介词时指"向"，引介动作行为所关涉的对象。如"你问他要钥匙""你要问你同学借钱，回去问你妈要去"。

将 tɕiaŋ⁵⁵

作介词时词义指"用"，主要引出工具。如："将这个盆盆装，兀个太浅咾用这个盆子装，那个太浅了""将你的手把垃圾倒咾去用你的手（正好脏着的）把垃圾倒了"。

拿 la⁴²

词义和用法与"将"相近，引出动作行为。老派用"将"多，新派用"拿"多。如"拿你的包包帮我把书装上噻""拿毛笔写字""他会拿葡萄做酒"。

除过 tsʰu⁴²kuɤ²¹³

"除过"表示排除的对象。"除过小李请假，我们都来咾""除过假期太少，这个单位还是可以""除过乱七八糟搅销开销，一月能挣千把块钱"。

二 表被动的介词

叫 tɕiao²¹³

汉中方言表被动的介词主要是"叫"，相当于普通话的"被"。最常见的是组成"叫＋N＋（给）V"格式。"叫"引介和强调动作关涉的对象，是句中动作行为的施事者，"给"强调动作行为本身，省略后不影响句义。如：

（1）我的书叫他给借走咾。

（2）门叫我给踢烂了。我的书被他借走了。

在这个格式的基础上，常见一种与把字短语嵌套的格式，形成"叫字短语＋把字短语＋给字短语"的兼语句。格式中的"给"也可以省略。如：

（5）哎呦，叫他把我的伞给拿走咾。

（6）他妈直接是没法，最后叫他们老师把他给镇住咾。

（7）我们得商量好，婯叫他把我们给哄咾。

在对话语境中，有时"叫"引介的施事可以省略，突出被实施的具体动作。这时"给"不能省略。如：

（8）这个娃不听话，回去叫给美呀美美地收拾咾一顿。

（9）门前头堆的兀些垃圾，一下全部叫给扔咾。

（8）才才刚刚买的锅，叫给整坏咾。

三　表比较的介词
赶 kan³⁵⁴ 比 pi³⁵⁴

"赶"和"比"用在比较句中，构成介词短语作状语，引介出比较的对象，修饰形容词或动词性中心语。如"她赶他妹妹要利索一点""他赶他爸爸搞得快得多""蒸面皮我们根本赶不上她"等。近年来受到普通话的影响，用"比"的频率和人数超过了"赶"。

四　表时间、处所的介词
赶 kan³⁵⁴ 赶倒 kan³⁵tao⁰

"赶"和"赶倒"放在表示时间点或时间段的词或短语前。如"你赶明天黑咾一定要回来你赶明天晚上一定要回来""你赶他刚上班兀阵去找他你赶他刚上班那时候去找他"。"赶倒"可以替换"赶"，作用和功能是相同的。

投 tʰəu⁴² 投倒 tʰəu⁴²tao⁰

"投"和"投倒"放在表示时间点或时间段的词或短语前面，构成介词短语，指一种极限的时间。如"投倒你长大咾，早都把我忘咾等到你长大了，早就把我忘了""投倒兀个时候，我们也就老咾等到那个时候，我们也就老啦""投他过来的时候，我们饭都吃毕咾等他过来的时候，我们饭都吃完了"。"投"和"投倒"在这些语境下可以相互替换，在汉中当地的使用频率都很高。

五　表凭借的介词
将 tɕiaŋ⁵⁵ 将就 tɕiaŋ⁵⁵tɕieu⁰

"将"和"将就"放在表示与动作行为相关的工具类词语前，构成介词短语表示动作的方式。如"没得筷子咾就将就手抓""将就你的手用你的手（这时手是脏的），把垃圾扔咾去""将就你的包包，把这些书装上"。"将"和"将就"的用法一致。

按 ŋan²¹³

"按"可以表示某种规律或标准，词义相当于"按照","按"＋名词或名词性短语，如"按你说的，那下午他们不得来","按"＋动词或动词性短语，如"按这个价算，驴搅咾马价钱"等。

第二节　助词

助词在句子的结构、体貌表达和时制表达方面都起到非常重要的作用。本章从结构助词、体貌助词、时制助词几个大类出发进行描写，同时从体貌系统的表达角度，加深对单个助词的音形义、来源发展方面的考察，探求汉中方言助词在功能、语用和与句中其他词语的相互关系等方面的规律。

一　结构助词"的"

汉中方言中相当于普通话结构助词的"的、地、得"三个词读音一致，都读轻声"ti⁰"。朱德熙先生多年来对"的"字问题进行了持续考察，最终认为把共同语、汉语史和方言结合起来的研究道路才是最全面的。结构助词"的（底）"的演变，历年来进行了许多角度的考察。就汉中方言情况来看，它和西安方言的结构助词"的"一样，"是直接来源于宋元时期的'的（底）'的用法，兼作定语、状语、补语的标记。"[①] 这个结论兰宾汉先生在《西安方言语法研究》中从汉语史、普通话、方言结合的角度也详细论证过。汉中结构助词"的"的用法如下：

第一，"的"兼有定语、状语、补语的标记功能，用法包括"的、

[①] 兰宾汉：《西安方言语法调查研究》，中华书局2011年版，第211页。

地、得"三个词。如：

(1) 这是我的书，兀是你的书，兀个是他的书。（定语）

(2) 新做的铺盖送倒来咾。（定语）

(3) 高高兴兴的出去咾，蔫不唧唧的回来咾。（状语）

(4) 转过弯猛的碰到个熟人，一下把名字记不起咾。（状语）

(5) 你看老王轻的轻狂的不知道他姓啥咾。（补语）

(6) 三月间油菜花开的好看的很。（补语）

(7) 他恐怕还觉得他聪明的没法。（补语）

第二，"的"跟在实词或短语后组成"的"字短语，无论是跟在哪种词类或短语后，组成的"的"字短语都具有名词性特征。

(8) 大的是我的，小的是你的。

(9) 馍要吃刚蒸出来的才香哩。

(10) 出咾钱的说话，没出钱的听话。

(11) 筐筐里的是刚拔下的菜。

第三，常用在状态形容词后，对事物具有的某一特点进行突出描述。

(12) 这地方宽宽绰绰的，能开成茶馆。

(13) 才买下的桌子新崭崭的，叫他一下整咾个洞。

(14) 兀个娃看倒起贼眉日眼的，叫人不啥相信。

(15) 这凉粉稀溻溻的，现场好吃，没法拿。

第四，常用在数量词中间，表示数字相加或相乘。

(16) 八个的五个，十三个。

(17) 六米的九米，五十四个平方。

二 体貌助词

咾 lao⁰

汉中的体貌助词"咾"有两种，一种是完成体，可以表过去时间的完成，也可以表将来时间的完成。另一种是经历体，表示动作曾经发生、曾经经历过。

完成体的"咾"出现在句中主要有以下几种格式：

（18）饭才吃咾一下下。（V+咾+C）

（19）衣裳大咾一圈圈。（V+咾+C）

（20）昨天下咾场雨。（V1+咾+数量短语+O）

（21）刚睡咾歇觉。（V1+咾+数量短语+O）

（22）昨天已经下咾雨咾（V1+咾+O+咾2），今天覅再下咾。

（23）我们改咾好些卷子咾（V1+咾+O+咾2），该歇一阵咾。

例（18）和例（19）"吃"和"大"都是已经完成的动作。例（20）和例（21）"咾"前的"下"和"睡"都已经完成，"咾"后带的宾语都带有数量短语（数词省略）作定语。例（22）和（23）句中的是体貌助词"咾1"，句末是语气词"咾2"，这两个句子的结构是完整的，能够表达相对独立的意思，但是这两个句子后面总是跟着另一个分句，才是说话者想要表达的完整意图，所以后一个分句隐藏着一个V2，V2在说话人意图中与V1是相反的。例如例（22），说话人的意图是今天不想再下雨，例（23）说话人的意图是不想再改卷子。

需要注意的是还有一种格式"V1+咾+O+咾+V2"，它表示动作行为的完成体发生了时间上的改变，表达的是将来时间段的动作完成。例如：

（24）我们吃咾饭咾再去上班。（V1+咾+O+咾+V2）

（25）这阵交咾钱咾再进去参观。（V1+咾+O+咾+V2（V3））

例（24）是说我们吃完了饭再去上班，动作V1"吃饭"尚未发生，它是给动作V2"上班"预设的先行动作。所以V1（吃饭）在将来某一时间段上完成以后，才会有V2（上班）的发生。例（25）是说现在交完钱再进去参观，动作V1"交钱"也是尚未发生的，它是给动作V2"进去参观"预设的先行动作。所以V1（交钱）在将来某一时间段上完成以后，才会有V2（V3）（进去参观）的发生。

"咾"表示将来时段的完成体，还可以位于"等、要是"开头的条件句、假设句中，格式是"等、要是+S+V1（形）+咾+再、才、就+V2"，例如：

320　/　汉中方言研究

(26)（等天）黑咾再出去等天黑了再出去。

(27)（等桔子）熟咾才有法吃哩等桔子熟了才能吃。

(28)（等你）大咾就知道咾等你大了就懂了。

(29)（要是）你饿咾就给我说。

(30)（要是）不想搞咾你就给我打电话。

句中的"咾"一般都用在表事件已经完成的句子中，但在交代背景信息的时候，作为连动句的前项，可以用于表未来的完成。在以上几例中，因为与"等、要是"同现，能够知道句子所指的时间段是将来，V_1还没有发生，"再、才、就"等引出 V_2。跟在能够表示动作变化或状态变化的 V_1 后，这时 V_1 可以由状态形容词充当，如例（26）（27）（28），"咾"表达的是将来时间段的动作 V_1 的完成体，与例（24）例（25）等相比，功能本质上没有改变。

经历体的"咾"位置在动词后，这时"咾"常与"的"连用形成"V/VO＋咾的"格式，表示动作曾经发生过。如：

(31) A：你搞啥咾的你干什么来着？B：我买菜咾的我买菜来着。

(32) A：（看到房间整的乌烟瘴气）这是谁个咾的这是谁干的？B：是王胖子咾的是王胖子来着。

(33) A：你问他咾的吧你问他没有？B：我问咾的我问来着。

倒 tao⁰

表示持续体的"倒"读轻声。根据汉中连读变调的语法连调规律，这时的调值由前字决定，"倒"单字调不好确定。作结果补语、可能补语的时候，调值是上声，如"找不倒""看不倒""认不倒"。我们认为表持续体的助词"倒"与此相同，是上声字。

关于"倒"字的来源，历年来有多位学者进行过关注和论证，近年也有很多相关成果。吕叔湘（1941）、王力（1958）、梅祖麟（1988）、吴福祥（1996）、邢向东（2004）、罗自群（2006）等先生详细评述分析过"倒"与"着/著"的关系、声调表现、在各方言中的分布情况、语法化路径情况等。下面就汉中方言"倒"的不同用法进行描写和分析。

"V 倒"

"V 倒"相当于普通话的"V 着",表示需要听话人保持某种状态。

(34) 你想倒说,覅瞎说。

(35) 你把他恨倒有啥用,得想办法才得行。

与"倒"共现的动词是能够表示可持续意义的动词。"倒"表进行体和持续体,也要求共现的动词具有[+持续]义。因此,含有持续义的行为动词、可持续的一部分心理活动动词等常与"倒"共现。

重叠式"V 倒 V 倒"

(36) 吃倒吃倒都把你嘴堵不住!

(37) (这个碗)看倒看倒给落到地下咾。

(38) (这个洞)挖倒挖倒就给垮咾。

重叠结构中的动词与"V 倒"相同。重叠结构在强调[+进行]义方面更强烈更明显。

连动结构中的"V 倒"

这时"V 倒"可以作连动短语的前一动作,修饰形容后一个动作。

(39) 坐倒看比站倒看好。

(40) 你看倒念就不得忘咾。

(41) 你小心倒(走)覅绊咾。

例(39)是比较看的姿势是坐着还是站着更好,例(40)是提醒念的时候要看着,例(41)的实际动作"走"省略了。"V 倒"重点修饰后加动作的状态或方式,而并不重点提示前一个动作"坐、站""看""小心"的持续状态。在这种情况下,"倒"可以与本文中另一个体貌助词"起"互换。

"V 倒"+动词或趋向动词

(42) 他一路跑倒来的。

(43) 她把娃背倒去的。

(44) 你只能走倒上去咾。

(45) 院长把他叫倒过去改卷子去咾。

例(42)和例(43),在"跑"和"背"的动作后连续出现了第二个动作，也可以归纳为上一个类型中的联动结构。例（44）和例（45）"上去"和"过去"都是前一个动词的趋向，这里是趋向动词。例（42）和例（43）中的"倒"，在语义上可以与"起"互换，但例（44）和（45）中则不能。

"V 倒" + 宾语

（46）这两年吃倒低保的，过得还可以。

（47）门上搁倒垃圾桶的。

（48）他旋看倒电视旋做饭，啥都不耽搁。

（49）吃倒碗里的，看倒锅里的。

例（46）（47）中的"倒"表示动作已经完成。低保已经吃（拿）上了并且持续在吃，垃圾桶已经放上了，而且一直在放。例（48）句中的"倒"表示看这个动作完成了，而且仍然在看，和后一个含持续义的动词做饭构成一个"旋……旋……"并列结构。例（49）用前后两个"V 倒" + 宾语的结构，表示吃和看这两个动作既完成了，又在同时进行和持续。

V/A + 倒的

表动作状态的持续。

（50）桔子还酸倒的酸着的，吃不成。

（51）这个车子坏倒的坏着的。

（52）你去就对咾，门开倒的开着的。

（53）远远看倒他在兀立倒的站着的。

这些例子中"倒的"都不能分开，只有"倒"或者只有"的"都不能完整表达原句的意思。

起 tɕʰiɛ⁰、倒起 tao⁰tɕʰiɛ⁰

"起"的趋向义是由下向上移动，在表示位移的动词后做补语。体貌助词"起"跟在与位移无关的动词后，表完成、表持续，主要位于描写句的动词或形容词后，与"V 倒"用法就有了很多相同相似的地方。

V 起

（54）还得把他当个菩萨供起。

（55）他们媳妇把他歪得脑壳啄起。

（56）他爱仰起睡，他们娃爱趴起睡。

（57）他眼睛鼓起跟他老子吵咾一架。

（58）这个铁丝得弯起搭到架子上。

（59）把车横起搁到路中间搞啥？

（60）饭冷起吃要害病哩。

例（54）到例（57）都是"V 起"格式，与"V 倒"相同，共现的动词是能够表示可持续意义的动词。例（58）到（60）中，与"起"同现的是含有［＋持续］意义的形容词。在这两种情况下，"起"都可以与"倒"互换，上面每个例句中的"起"都可以换成"倒"。

V 倒起

（61）他骨头绊断咾，这两天只有把胳膊参倒起。

（62）你好好盯倒起，覅叫他跑咾。

（63）把你的钱好好存倒起，总要用上哩。

（64）你先站倒起，等下就有座位。

（65）你得记倒起，将来肯定有用哩！

这些例句中的"起"可以省略，句子的主要意思不变，经过是否省略"起"的句子比较，发现有"起"的句子倾向于表静态的持续，同时起到明显的舒缓语气的作用。试比较"你先站倒起/你先站倒"，前者语气舒缓，含有客气、商量意味，后者表示命令的祈使意味更强，后一句末的"倒"功能是"倒1 动态助词"和"倒2 语气词"共同作用下的结果。

在一个方言系统内部，具有近似语法功能的词语，总是承担着不同的分工，完全同样的语法成分同时存在很长一段时间的情况是少有的。张一舟、张清源、邓英树（2001）认为四川成都话两个持续标记"倒"与"起"，二者在和动词的搭配上有分工，"倒"多跟动态动词结合，表动态的持续；"起"多跟静态动词（包括形容词）结合，表静态的持续。

汉中话的"倒"既可以与动态动词相结合，如"踢倒 V、跑倒 V、跳倒 V、走倒 V、吃倒 V、说倒 V、唱倒 V"，又可以与静态动词相结合，如"正倒 V、反倒 V、光倒 V、亮倒 V、醒倒 V、饿倒 V"。而

"起"可以与静态动词相结合,侧重于描写一种动作完成后的形成的静态持续,可以说"正起V、反起V、光起V、亮起V、醒起V、饿起V",一般不和动态动词相结合,不能说"踢起V、跑起V、跳起V、走起V、吃起V、说起V、唱起V"。

根据"倒"和"起"的表现,"倒"和"起"在汉中话的早期就同时存在,"倒"可以作介词、表动态的体貌助词、语气词,"起"功能较为单一,主要是作表静态的持续体貌助词。

的 ti0

作为体貌助词的"的"有多种用法。

第一,"的"跟在动词后,表示动作的持续。通过两个或两个以上事物的列举,陈述某处有某物的句义,"的"后的名词就是列举出的事物,都是受事名词。如:

(66) 礼拜天调顿改善伙食,屋里又是熬的肉烧着肉,又是炖的汤炖着汤。

(67) 门上挂的新门帘门上挂着新门帘,床上铺的新单子床上铺着新单子。

(68) 架子上搁的放着书,桌子上搁的放着本本,到处堆的堆着东西。

第二,用在陈述连续发生的多个动作的紧缩句或复句中,表示后一动作是前一动作发生后才产生的,强调时间顺序,也强调第二个动作也已经完成。如:

(69) 我是面皮吃毕吃的稀饭我是吃完面皮才吃的稀饭。

(70) 头开始在兀说咾半天刚开始啰嗦了半天,最后咾才发的票后来才发的票。

(71) 他实在没得时间,才又选的二一个人(先选了他,)因为他实在没有空,才重新选了另一个人。

第三,用在"V+的+N"结构中,描述动作结束后,处于结果状态下的事物。如:

(72) 桌子高头搁的板板咋没见咾桌子上放着的板子怎么不见了?

(73) 外头立的兀个人是他爸爸外面站的那个人是他爸爸。

(74) 刚才放的歌叫啥名字刚才播放的歌叫什么名字?

第四，V 的 + 语气词"咾"表达催促、提醒，外层还可以再与其他语气词连用。如：

（75）走的咾，等下迟咾该走了，等会儿迟到了。

（76）挨打的咾该挨打啦。

（77）穿袄袄的咾吧该穿棉袄了吧？

第五，用在动词后，表示动作的完成。

（78）我在汉中上的高中。

（79）老王去领的东西，我没有去。

（80）我上周浇的水，这周还没干。

开 k^hai^0

常常位于动词、形容词后表起始体。有 V + 开 + O + 咾、V/A + 开 + 咾两种格式，与句末语气词"咾"形成固定搭配，如（85）到（88），后面还可以再加位于外层、与"咾"连用的其他语气词，如（89）（90）。

（85）又下开雨咾。

（86）一进门就吃开饭咾。

（87）葡萄坏开咾，赶紧吃。

（88）桔子黄开咾，过几天就能摘咾。

（89）她又哭开咾呣她又开始哭了是吗？

（90）衣裳干开咾吧衣服开始干了吗？

看 k^han^0、看看 $k^han^0k^han^0$

"看看（看）"位于动作动词、心理动词词根的后面，是一个半黏着词缀，可以附加在很多同类的词根上，表达所关涉动作的尝试貌、量小貌，增强特定的语法功能。叠音的"看看"和单音的"看"用法功能，只是在口语使用中往往被省略了一个音节。用法如例：

（91）你走看看（看）你走一走。

（92）你尝看看（看）你尝一尝。

（93）你再想看看（看）你再想一想。

"看"和"看看"跟在动词后，表示动作的尝试貌和减量貌，功能完全相同，可以随时相互替换。

（94）这回我们试看看，总有办法。

（95）你问看看他一路去吧你问下看他一起去不？

（96）你想看我说的对吧你想想看我说的对不？

（97）你先穿看得行吧你先穿着试试行不行，小咾我给你改小了的话我给你改。

第九章

语气和语气词

汉中方言的语气词位置可以在句末，也可以在分句末尾，语气词与句中其他成分语法功能共同表达多种语气，一种语气可以由多个语气词来表达。汉中市的东关南关、西关北关不同地带语气词的使用没有明显区别。

经过总结和归纳，汉中方言一共有 14 个语气词。这 14 个语气词的单用用法是构成语气词系统的基础。在此基础上，汉中方言两个或两个以上语气词的连用形式丰富。下面结合不同语气词的不同用法，分单用和连用两大类，描写和分析汉中方言的语气表达系统和相关的语气词。

在这 14 个语气词中，"咾、来、呀、哩"同时兼有表时作用。在处理这种情况时，邢向东师（2015）提出"在讨论助词'来、也、了、嘞'等的时制功能与语气功能的联系与区别时，首先应将这些助词单纯表达语气意义的作用同兼表时制、语气的作用分开，作为两个同音词处理"[①]。根据汉中方言实际情况，在分析单个语气词时，可以分离出同形的语气词和助词的区别和联系，也可以分析语气词的连用问题。以下对"咾、来、呀、哩"等描写时随文分析。

---

① 邢向东：《论晋语时制标记的语气功能——晋语时制范畴研究之一》，《安徽大学学报》（哲学社会科学版）2015 年第 4 版。

第一节　陈述语气

表示陈述语气的语气词主要有：的、咾、哩、呀、吧、来、么。

的 ti⁰

吕叔湘先生详细论述过"的"字表语气的问题。"上面有'是'字的，严格说，下面的'的'字不该算是一个语气词：'是'和'的'联合起来把一句叙事句改造成一句判断句，这正是句法变化之一例"[①]。

除去"是……的"格式判断句，以下是"的"作语气词的用例，表示一种"事实确实如此"的陈述和确定语气。（5）（6）作为常用应答语，是本地对话中的常见用法。

(1) 你这回搞的好倒的_{你这次做得好}！

(2) 劝他也没用，天天在外头跑的_{马张扬飞的}。

(3) 昨天收下的菜都在院坝堆倒的_{昨天收的菜都在院子里堆着的}。

(4) 甮走兀们快，把人累的_{别走那么快，把人累的}。

(5) A：他这回事情搞得可以。B：对倒的_{对着的}，下咾功夫咾。

(6) A：今年包谷长的不啥行_{不怎么样}。B：对倒的_{对着的}，没下雨。

咾 lao⁰

选用"咾"字形标写这个语气词，是因为突出本地字的读音 [lao⁰]。汉中的"咾"主要功能是作动态助词和句末陈述语气词，分别对应"了₁"和"了₂"，我们在此讨论的是兼有句末语气词和动态助词的"了₂"。在"今天又了咾一件事"，"吃不了咾"里，"了"读音是 [liao³⁵⁴]，是另外一个动词"了断、完结"，此不赘述。

首先，"咾"常位于全句句尾或分句句尾，作陈述句语气词，表示动作的完成或状态、变化的实现。

(7) 这两天天冷开咾_{这两天天气开始冷了}。

(8) 他们昨天就到咾。

---

① 吕叔湘：《中国文法要略》，商务印书馆 2015 年版，第 366 页。

（9）他明天这个时候就来咾。

第二，常作祈使句句末语气词。表达说话者提示或请求对方需要注意的状况。

（10）天就下雨呀，甭出去咾_{天马上就要下雨了，别出去了！}

（11）你走的咾_{你该走了}。

（12）对咾，甭说咾_{行了，别说了！}

第三，常跟在形容词后起成句作用，表示动作或状态的完成，同时表达陈述或感叹语气。

（13）瞎咾_{坏了}！我把钥匙没丢咾。

（14）尿咾_{当地常用口头语，完蛋了}！今天戳拐惹祸咾。

第四，跟在词语或短语后表列举。

（15）买点茄子咾，黄瓜咾，在屋里做点饭。

（16）他老在兀说他们娃的不是_{缺点}，不孝顺咾，不回来看他咾，这咾兀咾，烦得很。

"咾"分布在各种句型和句类中，使用范围广泛。如上例（7）（8）（9）等是主谓句，例（12）（13）是非主谓句，"他到北京去告状去咾"是连谓句，"王老师叫他出去咾"是兼语句，"风把帽子给吹跑咾"是把字句，"他叫他媳妇给气病咾"是表被动的叫字句，"院坝对面子成咾超市咾"是存现句。综合来看，"咾"是非常典型的基础语气词，很多语气词的语音变体、多个语气词连用等更多用法都是建立在"咾"的基础用法之上，在汉中方言语气词系统中占有重要位置。

哩 li⁰

"哩"可以表示动作行为正在进行。如："他洗澡哩，他看书哩，他吃饭哩"是现在进行时态，不需要与表时间的名词同现。另外也可以与表时间的名词搭配，表其他时间的进行时，如"昨天这阵我在吃饭哩"。

"哩"作陈述语气，表示对某事情的描述和感叹，表现出说话人对这件事应该怎样做的态度。说明事实明确，语气夸张和强调。声调是轻声。

（17）走路不得行，得坐车哩_{走路不行，要坐车呢}。

（18）伢一个月挣五千块钱哩_{人家一个月挣五千块钱呢}。

（19）才写了一半倒的，还得写哩_{才写了一半着呢，还得写呢}。

（20）兀个卖药的哄了他一千块钱哩_{那个卖药的骗了他一千块钱呢}。

"哩"可以作疑问语气词。主要用在疑问句句末。在表达说话人有疑而问的同时，常常也能表达对所疑问事物的不满或责问。

（21）你唱啥哩_{你唱什么呢}？（有疑而问）

（22）你在搞啥哩_{你干什么呢}？（不满和责问）

呀 ia⁰

第一，"呀"可以分为表时态的"呀"和单纯表语气的"呀"，表陈述语气，可以用在将来时态，计划和打算做某事。

（23）我走呀。

（24）他明天在西安去呀_{他明天到西安去呀}。

（25）他没有来呀。

（26）他答应咾呀。

第二，跟在否定句后，在表达否定内容的同时，同时表达对事情惊讶和不满等态度。总是与用语气词"吗"的疑问句形成问答模式。见"吗"。

（27）A：你昨天没上班吗_{你昨天没上班对吗}？B：没有呀2，我上咾的_{我上了的}。

（28）A：你饭吃咾吗_{你饭吃了对吗}？B：没有呀2，我还没吃哩。

吧 pa⁰

首先，"吧"可以作表推测的陈述语气。

（29）不多，来的有三四十个吧。

（30）A：咋样？B：差不多吧。

（31）A：这是谁改的卷子？B：恐怕是王老师吧。

第二，用在正反对照结构的停顿处，表示作比较。

（32）去吧，天气不好；不去吧，已经都答应伢咾。

（33）这点布做衣裳吧，尺寸不得够；做裤子吧，又花得很_{又太花了}。

来 lai⁰

表一种陈述中的申明语气，如例（34）（35）（36）。可以表过去时，出现在句中提示动作行为曾经发生过，如例（37）（38）。

（34）不知道来 不知道呀！

（35）就是来 就是呀！

（36）还没吃饭哩，他就走咾来 还没吃饭呢，他就走了呀！

（37）清早凉快，我们两个去担水来 早上凉快，我们俩去担水来着。

（38）昨天下午搞啥咾的 昨天下午干什么了？我去进货来 我去进货来着。

么 maŋ⁰

"么"表陈述语气时，表示事情情况确实如此，或道理显而易见。

（39）有个工作总好么 有个工作总是好的。

（40）你得先把病看好么 你总得先把病看好。

（41）说兀们多有啥用么 说那么多有什么用呢，最后还得你自己慢慢价搞么 最后还得是你自己慢慢做啊。

第二节 疑问语气

表示疑问语气的语气词主要有：吧、哩、么、呀、啦。这几个词中，"吧、哩、么"是主要表达疑问语气的，"呀、啦"是可以在疑问句中出现，并不完全表示疑问语气。见下文"疑问句"。

吧 pa⁰

"吧"是汉中话疑问句中最常见的一个疑问语气词。常常出现在是非问句中，期待听话人用肯定或否定的情况作为回答。

（42）他在屋里吧？

肯定回答：在哩。否定回答：没在。

（43）他来咾吧？

肯定回答：来咾！否定回答：没有，还没来哩！

（44）你明天去吧？

肯定回答：去哩。否定回答：不想去。

（45）天亮咾吧？

肯定回答：亮咾。否定回答：没有哩！

（46）我吃过兔子肉的，你吃过吧？

肯定回答：吃过的！否定回答：没吃过。

（47）你算看看，这点钱够花吧？

肯定回答：够咾！否定回答：不得够。

（48）明天王经理在公司来吧？

肯定回答：来哩！否定回答：不得来！

唠 xao⁰

"唠"主要表达求证性的疑问语气，词义相当于"是吗"，放在句尾进行疑问，常常出现在是非问中。也可以单独成句，表示疑问。这时应该归入叹词的范围。

（49）他走呀唠？

肯定回答：嗯，他走呀。否定回答：没有呀，他不走呀。

（50）你一月工资五千块钱哩唠？

肯定回答：噢，就是的。否定回答：没有呀，哪有兀们多哩。

（48）他调到北京去咾唠？

肯定回答：嗯，就是的。否定回答：没有（调走）呀。

（49）老师给了你本书哩唠？

肯定回答：嗯，就是的。否定回答：没有（给我）呀。

（50）A：王老师调到西安去咾。B：唠？怪不倒这一向没见他咾。（叹词）

"吧"的疑问功能和"唠"的疑问功能区别在于，用"吧"提问是表示一般疑问，因为提问者对相关问题知道但不确定，确实需要回答者的答案和建议，从而了解情况。用"唠"提问，是因为提问者对问题的相关情况已经有了一些了解，有先入为主的答案，比较确定，提问是需要回答者的回答印证。

么 maŋ⁰

"么"表疑问语气。可以使用在一般疑问和选择问中，能够表达说话人不满意、不耐烦的情绪。

（51）最后选的谁么？（特指问）

（52）你吃蒸饭呀么吃馍？（选择问）

（53）你去么不去？（选择问）

试比较以下两个句子：

（54）最后选的谁？——最后选的谁么？

句子疑问的主题内容是相似的，后一句多了语气词"么"，使句子含有了追问、不耐烦、不满等情绪，而前一句是有疑而问的一般疑问句，没有别的情绪。同类的例子还有：

（55）你这园子里种的啥？——你这园子里种的啥么？

（56）你这包包装的啥？——你这包包装的啥么？

呀 ia⁰

用在疑问句中表疑问语气，疑问时确实希望得到对方的答案。

（57）这两本书，我们挑哪个呀？咱们挑哪个呢

（58）北京跟西安，到哪去呀？北京和西安，到哪里去呢

（59）你的钱包呀你的钱包呢？招呼嫑没咯小心别丢了！

啦 la⁵⁵

"啦"可以表疑问语气，要求解释说明和描述性的回答，追究确定和清晰的答案。在疑问句中调值读本调55，读音音长较长。

（60）我的饭卡啦？我的饭卡呢

（61）我们女子上初一咯，你们啦？我女儿上初一了，你女儿呢

第三节 祈使语气

表示陈述语气的语气词主要有：噻、倒、么。

噻 sai⁰（嗦，吵）

同样功能的词在其他方言中也有写作"嗦"或"吵"的。

首先，表较强的祈使语气，表达说话者非常希望达成要求。可以表达命令、催促；请求、商量；禁止、劝阻等。

（62）我们一路看电影去噻。（请求、商量）

（63）叫我看下噻。（请求、商量）

（64）再坐下一会儿噻。（请求、商量）

（65）走噻，等下迟了。（命令、催促）

（66）往上看噻，在兀哩。（命令、催促）

（67）嫑说话咾噻别说话了！（禁止、劝阻）

（68）侭管说啥噻！一直说什么呀，别说了（禁止、劝阻）

第二，表愿望类虚拟语气。主要用于假设复句中的条件分句，表达与事实相反的情况，结果分句表达说话人想达到的愿望没能达到，从而强调遗憾和追悔。

（69）兀个时候再去噻，这阵早都到咾那时候要是去的话，现在都该到了。

（70）你再早点认错噻，就不得挨打咾你要是早点认错的话，就不会挨打了。

（71）再知道你要在汉中来噻，那我肯定不在西安去咾早知道你要到汉中来的话，那我肯定不到西安去了。

（72）我再有你这们勤快噻，也早就把房修下咾我要是有你这么勤快，也早就把房子盖好了。

倒 tao⁰

表示命令、警告、提醒的祈使语气。

（73）你给老子等倒你给我等着！

（74）站倒！手搁到脑壳上站住！手放头上。

（75）车票记倒记着拿车票，不咾没法坐车。

表先行意义的语气。这时与表示先行意义的语气词"着"用法相同，可以互相替换。根据调查，在年龄更大的发音人例句中，用"倒"的情况更多。

（76）嫑急，饭吃咾倒饭吃了着。

（77）我把东西搁下咾倒我把东西放下了着。

（78）这两年顾不上出去耍，得等这小的上咾幼儿园咾倒得等这小的上了幼儿园再了着。

着 tʂɤ⁰

"着、倒"都表示先行意义，两个词都可用，这是汉中话中西南官话、中原官话接触、融合的明证。

汉中话的"着"表示先行意义，常与表持续义的体貌助词"咾"共用（见本文助词"咾"的用法部分），位置在带有嘱咐意义的祈使句末尾或表示将来行动的对话的答句末尾表先行意义。邢向东师对"着"已经有过非常详细的论述，"'着₁'大多伴随着持续意义，是唐宋以来'着'表祈使用法单一化的结果，它在方言中的保留与西北官话和晋语等方言的陈述句中'VO着'的语序有极大关系。'着₂'表先行意义，是'着₁'在'（等/先）VP 了+着'结构中进一步语法化的结果。"① 汉中话语气词"着"用法与"着₂"相同，"等/先"常常省略，如：

(98) 夔急，吃咾饭咾着_{吃了饭了再说}。

(99) 想盖房，得等娃上咾大学咾着_{要等孩子上了大学再说}。

(100) 你等一下噢，我把脸洗咾着_{我把脸洗完了再说}。

(101) A：你把屋里收拾一下。B：好，客走咾着_{等客人走了再说}。

(102) A：我们_{咱们}逛街去嚯。B：下咾班咾着_{下了班了再说}。

么 maŋ⁰

祈使语气，表达说话者对所涉及事物的建议、请求和强调。

(79) 走么_{走吧}，等下迟了。

(80) 把我等一下，我们一路么_{一起走吧}。

(81) 穿红的么，今天过节哩么。

噢 ao⁰

用在句末表祈使语气，表达说话人的关心、提醒、提示和叮嘱。

(82) 你可看倒路噢。（关心）

(83) 可夔把事情忘咾噢！（提醒）

(84) 把你的东西看好噢！（叮嘱）

(85) 你来咾噢_{你来啦}！（打招呼）

---

① 邢向东：《论现代汉语方言祈使语气词"着"的形成》，《方言》2004 年第 4 期。

第二，放在主语后起到语气停顿的作用，提示后面的谓语部分是关于主语的建议和意见内容。

（86）这个事情噢，你恐怕得好好跟你妈们商量一下。

（87）他噢，就是得慢慢说，吃软不吃硬。

（88）下午噢，我们再搞慢一点，搞细一点。

呦 iəu⁰

位于陈述句、祈使句分句末或整句句末，含有提醒对方注意的语气。

（89）他没来过呦，得要个人出去把他接一下。

（90）小心写呦，蛋错咾呦。

（91）到前头早点拐弯呦，兀个弯子急的很。

第四节　感叹语气

表示陈述语气的语气词主要有：啦、噢、呦、么。

啦 la⁰

"啦"在表达疑问语气以外，还可以表感叹语气，感叹、出乎意料，惊讶等情绪。声调是轻声。

（92）这衣裳好看的很啦！

（93）伢兀房多的很啦！

（94）你咋又迟到咾啦！

么 maŋ⁰

"么"表感叹语气时，表达说话者无奈、不满的情绪。

（95）没法么，我管不下么 没办法啊，我管不了啊。

（96）伢不去么，我有啥法 人家不去啊，我有什么办法。

（97）一个月只挣这一点点，咋都不得够么 一个月只能挣这么一点点，怎么都不够啊。

第五节 语气词的连用情况

汉中方言中两个或两个以上的语气词相连叠加使用的情况很多,使用频率高。从语气词附着在整句的层次看,按照人们认识事物的主观认知顺序分层更清晰明白。第一层是表示情况本来如此的"的"。第二层是表示新情况的出现,成句结尾作用的"咾"。第三层是在表明句子基本情况的核心意义上,表示疑问、感叹、商量、催促、责备、关心、语气舒缓等等各种感情色彩的12个语气词"哩、么、噻、呀、吧、呣、啦、噢、来、呦、着"。这样的分层可以清晰地分析汉中方言语气词的连用叠加现象,见表9-1。

表9-1　　　　　　　　汉中方言语气词连用示例表

第一层	第二层	第三层	连用形式	例句
的	咾		的咾	已经够可以的咾

第一层	第二层	第三层	连用形式	例句
的		么	的么	他昨天到的么
		噻	的噻	他昨天到的噻
		呀	的呀	他昨天到的呀
		吧	的吧	他昨天到的吧
		呣	的呣	他昨天到的呣
		来	的来	他昨天到的来
		呦	的呦	他昨天到的呦

	第二层	第三层	连用形式	例句
	咾	哩	咾哩	这还奇怪咾哩
		么	咾么	他睡觉咾么
		噻	咾噻	夔提咾噻
		呀	咾呀	他出去咾呀
		吧	咾吧	他出去咾吧
		呣	咾呣	他出去咾呣
		啦	咾啦	他咋出去咾啦

续表

	第二层	第三层	连用形式	例句
	咾	噢	咾噢	他出去咾噢
		来	咾来	他出去咾来
		呦	咾呦	他出去咾呦
		着	咾着	他出去咾着
		倒	咾倒	他出去咾倒

第一层	第二层	第三层	连用形式	例句
	哩	么	哩么	他睡觉哩么
		噻	哩噻	他看书哩噻
		呀	哩呀	他上课哩呀
		吧	哩吧	他睡觉哩吧
		呣	哩呣	他吃饭哩呣
		啦	哩啦	他咋睡觉哩啦
		噢	哩噢	他写字哩噢
		来	哩来	他睡觉哩来
		呦	哩呦	他看书哩呦
	呀	么	呀么	你吃饭呀么
		吧	呀吧	你睡觉呀吧
		呣	呀呣	你画画呀呣
		来	呀来	你回去呀来
		呦	呀呦	你出去呀呦
	吧	么	吧么	你讨厌吧么
		噻	吧噻	你高兴吧噻
		啦	吧啦	你喜欢吧啦
	来	吧	来吧	他吃饭来吧
		呣	来呣	你吃饭来呣
		噢	来噢	你吃饭来噢
		呦	来呦	他上课来呦

第一层	第二层	第三层	连用形式	例句
的	咾	么	的咾么	已经挺满意的咾么
		吧	的咾吧	这事情够焦人的咾吧
		呀	的咾呀	快修好的咾呀

续表

第一层	第二层	第三层	连用形式	例句
的	咾	呣	的咾呣	早都搞好的咾呣

第二层	第三层	第三层	连用形式	例句
咾	吧	么	咾吧么	这桶满咾吧么
		嚸	咾吧嚸	这帽子缝好咾吧嚸
		啦	咾吧啦	这衣服干咾吧啦

第二层	第三层	第三层	连用形式	例句
来	吧	么	来吧么	你到西安去来吧么
		嚸	来吧嚸	他去跳绳来吧嚸
		啦	来吧啦	你去吃席来吧啦

第六节　汉中方言语气词连用规律分析

一　连用的基础是存在丰富的基础语气词

王珏（2010）提出"南方方言语气词平均数量比北方方言多出4.8个。北方方言中的语气词数量在7至34个之间，其中，太原话最少，有7个语气词；遵义话最多，有34个语气词。南方方言的语气词数量在12至41个之间，其中湖南东安土语语气词最少，有12个语气词；广州话最多，有41个语气词。"[①]

单用的语气词数量足够丰富，连用的语气词才能够呈现多种形式。汉中方言的单用语气词数量是14个，这是总结和归并后，留下的功能用法各自不同、能够代表不同类别的语气词数量，是去除语音相似、用法相同的相同音位影响的最终结果。根据王珏先生的文章数据，14个的数量恰恰处于南、北之间，为出现多个语气词连用具备了数量基础。

本文上表（表9-1）中语气词连用各例均属于句末语气词附着在全

[①] 王珏：《汉语方言语气词南多北少之格局及其原因浅析》，全国汉语方言学会、上海语文学会、上海大学文学院：《汉语方言语法研究的新视角——第五届汉语方言语法国际学术研讨会论文集》2010年，第266页。

句上的语气词连用。如"这事情够焦人的咾吧""这桥快修好的咾呀"中"的咾吧""的咾呀"都是附着在整句上的语气词连用。

二 连用的语气词彼此间没有结构关系，按照前后顺序出现，层层叠加

朱德熙先生把语气词分为三组，第一组表示时态，第二组表示疑问或祈使，第三组表示说话人的态度或情感。这三组语气词在句子里出现的顺序是固定的①。这样分组能够按照语气词本身在句子里承担的功能和作用，细致分析每个词及它在句子中与其他成分之间、连用的语气词之间的关系。因此在进行每个语气词的功能考察和语气词连用之间的先后顺序和搭配关系时，采取这种分组方式能够帮助我们更清晰地理解一个语气词系统。

按照这个分组标准，汉中 14 个语气词第一组是"的，咾，哩1，来1，呀1"，第二组是"吧、么"，第三组是"噻、呀2、咡、啦、噢、呦、着"。

汉中方言里的语气词连用顺序规律与这个结论相同。如"这已经够可以的咾"是"的"先附着在整句上，表示"这已经够可以的"，事实的确如此，然后"了"附着在"这已经够可以的"后面，表示事件已经完成。

表示时态的语气词在前，表示说话人态度或情感的语气词在后。如"这衣裳干咾吧噻"，表时态的"咾"和表疑问的"吧"在前，表达句子的主要句义，表示追问的"噻"顺序在后。

总体而言，汉中方言的语气词丰富，各个语气词分工明确，功能作用清晰，通过单用、连用的各种用法，极大地丰富了汉中方言表情达意的需求，充分体现出语言表达的细致性和准确性。

---

① 朱德熙：《语法讲义》，商务印书馆 1982 年版，第 208 页。

第 十 章

特定句式

第一节 "把"字句

一 "把"字句的句式

把 + NP + VP

这是把字句最基本的格式，这时 NP 可以是普通名词、代词、定中短语、"的"字短语等名词性短语。VP 可以由动宾短语、动补短语承担，这时补语的类型非常丰富。如果是光杆动词，句末需要有语气词来成句。

（1）我把饭吃咾半天咾_{我把饭吃完半天了}。（宾语是名词）

（2）你把他引倒去_{领去咾}吧？（宾语是代词）

（3）你把兀一堆书搁端正_{你把那一堆书放端正}。（宾语是定中短语）

（4）你把黄的换成红的咾哛_{你把黄的换成红的了是吗}？（宾语是"的"字短语）

（5）我把他当成我们支书咾_{我以为他是我们支书呢}。（谓语是动宾短语）

（6）他早都把兀点点家当葬得干干净净的咾_{他早就把那一点家当败得干干净净的了}。（谓语是动补短语，补语是程度补语）

（7）他妈把他美呀收拾咾一顿_{他妈把他狠狠地收拾了一顿}。（谓语是动补短语，补语是动量短语）

（8）他佴把一点点活路做了月打月_{他把一点点活计做了快一个月}。（谓语

是动补短语，补语是时量短语）

(9) 我把房卖咾我把房子卖了。（谓语是光杆动词）

把 + NP + V/A + 得

这个结构的第一个特点是补语部分的省略。在这个结构的句子中，整句以"得"结尾成句，虽然从整句句义上可以补充出补语的内容，但是由于说话人想要强调的是动作状态及这个动作状态所关涉的人，这两个语义焦点都已经出现，补语的内容就不再重要，补语所承担的程度、结果、动量时量等内容都已经被该句结构所替代。即使补语不出现，也足以充分表达说话人此时的情绪态度。同时，在现实语境中，直接对听话人讲的话，或说话人对自己情况表达感叹时，主语不需要出现。如：

(10) 哎哟，这娃把这屋里铺摆倒腾得很乱的样子得。

(11) 你看伢把房修得你看人家把房修得（那么好）。

(12) 你看到咾吧，直接把伢能得你看见没，简直把他能得不行了。

(13) 把你张张狂得，直接搁不下你咾吧？

(14) 哎哟，把人累得。

这个结构的第二个特点是，"把 + 宾语 + 动/形 + 得"的谓语部分是由动词或形容词充当的，这里的形容词一般都是性质形容词。

(15) 这两天直接把人焦得，说又没处说。

(16) 这回把你老师麻烦得！咋样谢一下啦？

(17) 这一向把他爸爸高兴得，精神也好咾。

把 + NP + V 一下

这个结构能够表达说话人的主观意愿，认为应该做某事，劝告、命令、要求自己或听话人做某事。在"把"字前常常与能愿动词"得 tei^{55}"共现，构成祈使性"把"字句。但值得注意的是，使得整句表现出明显的祈使意义的是"把 + NP + V 一下"结构本身，不是能愿动词"得"。所以句中去掉表商请的"得"，句子都完全成立，并且祈使义更强。同时，在这个结构为核心的基础上，句末可以加上表整句句调的语气词，表祈使、表商量等。但就算是不加这个语气词，整句的核心句义不会改变。如下各例：

（18）今天得把电费交一下（吧）今天要把电费交一下。

（19）你把脑壳抬一下（嚜）你把头抬一下。

（20）我们得把伢去谢一下我们应该把人家去答谢一下。

（21）得把房修一下才有法住哩，不咾直接没法进人要把房子修整一下才能住呢，不然简直没办法进去。

（22）把书好好价看一下，嫑佲管看电视多看点书，别老看电视。

（23）把事情多掂量一下不得错把事情多掂量一下不会错。

把 + 代词 + 个 + NP

把 + 代词 + 个 NP 是一个无动词存在的把字句，特殊的是在这个结构中，如果整句无主语出现，"把"也可以省略，直接减缩为代词 + 个 + NP 的格式，代词常常是"你，他"等，NP 常常是骂人话、贬义称呼等，整句表达辱骂类意义，后面可以加表整句情绪意义的语气词。如果整句有主语出现，则"把"字不省略。如：

（24）把你个霉佡！（把字可省略）

（25）把兀个挨屍的！（把字可省略）

（26）把兀个坏佡下来的！（把字可省略）

（27）我把你个碎崽娃子，今天不好好紧个皮挨打，不知道你姓啥咾。（把字不可省略）

（28）我把你个坏佡，来，我们好好价说一下。（把字不可省略）

S（受事）+ 把 + NP（施事）+ VP

从语序看，这个格式和基本格式"把 + NP + VP"相同，这里为了强调施事和受事关系单列出来。李蓝、曹茜蕾先生把这类格式归入到"致使义处置式"[①] 中。如：

（29）这电影把人看得难受的这电影看得让人难受。

（30）这饭把人吃得不安逸这顿饭吃的让人不舒服。

（31）这事情把我们都整得头大这件事情让我们头疼。

[①] 李蓝、曹茜蕾：《汉语方言中的处置式和"把"字句（下）》，《方言》2013 年第 2 期。

二 关于"把"字句的讨论

以上描写了汉中方言"把"字句的几种结构和用法,但是还没有回答几个提到"把"字句就应当回答的问题。比如:汉中方言的"把"字句属于处置句还是非处置句?"把"字介引的对象是定指的还是非定指的?在"把 + NP + V/A + 的"这个结构中,"的"的功能和作用是怎样的?在此我们进行讨论和分析。

首先,汉中方言的"把"字句可以分为处置义和非处置义两类。判断的标准是分辨主语和分析"把"字后的宾语之间的施受关系为原则。这样的分法可以清晰描述汉中方言"把"字句的特点。通过这个原则来界定,无论句中有没有出现主语,只要"把"字后的宾语是动作时,整句就是非处置义。在汉中方言里,这类句子往往是表态度或感情色彩义的"把"字句。例如:"把他能的""把人累的""把他爸爸高兴的"。另外一类是"把 + 代词 + 个 + NP"格式,由于无动词存在,不表达处置义,归入非处置义一类。例如"我把你个坏俅""兀个碎崽娃子"等。第三类就是"致使义处置句"。除这三类"把"字句外,其他的"把"字句都是表示处置义的。

第二,关于定指问题。汉中方言的"把"字句,"把"字介引的对象既可以是定指的,也可以是不定指的。定指的如"你把兀一堆书搁端正""帮我把老师送出去","兀一堆书"和哪位"老师"是说话者和听话者都明确和已知的事物;不定指的如"把书多看一下,嫑倰管看电视""把事情多掂量一下不得错","书"和"事情"都是不定指的。

第三,"把 + NP + V/A + 的"是汉中常见的一种"把"字句格式。全句的句尾"的",它的出现首先是因为补语的省略。如"把人累的",省略的是描写累得怎样怎样的结果补语,如"把人累的不想吃饭""把人累的光想睡觉"等等。当补语被省略后,作为补语标志的"的"留下来。黑维强(2016)对"的"的性质进行过分析:"没有补语出现的补语标记'得',其身份会不会发生变化,即人们对它重新确定属性呢?由于补语没有出现的原因,'得'作为补语标记的功能已经失去,所以,我们宁愿将其分析为一个表示语气的词。这是语法重新分析（reanalysis）的结果。"① 这里的"的"与绥德的"得"性质相同，刚开始以补语标志留存下来，后来逐渐开始与语气词"的"功能合并，转而主要表语气。以"的"结尾的句子，还可以加更外层的语气词与之连用，如"把人累的呀""把人焦的呀"等。符合"的"从一个补语标记逐渐转而成为"一个表示语气的词"的论断。

第二节 "叫"字句

汉中方言的"叫"用法主要是动词、介词。作动词时，主要是由"叫喊"的基本义引申出的叫请义、允让义、使役义的用法；作介词时主要介引施事成分，构成状语修饰谓语中心语，表示被动意义。汉中方言表被动不用"被""让"等其他词，"叫"是表被动的最主要的常用词，如果算上与"给"的搭配用法，就成为汉中方言表达被动的唯一方式。"叫"没有表处置的用法。

"叫"作介词的用法

汉中方言"叫"作介词的主要表现形式就是"叫"字句，它的基本格式是"NP1＋叫＋NP2＋VP＋语气词"，NP1是表受事的体词成分，NP2是表施事的体词成分，VP是谓语成分，句末常加语气词"咾"，但也有双音节的V后不带语气词的。在情境语境允许的基础上，受事可以省略，格式为"叫＋NP2＋VP＋语气词"；施事可以省略，格式为"NP1＋叫＋VP＋语气词"；施事和受事的可以一起省略，格式为"叫＋VP＋语气词"。同时，围绕谓词性成分VP，前面可以加状语，后面可以带补语、宾语，都在"NP1＋叫＋NP2＋（状）＋VP＋（补、宾）＋语气词"这个基本格式范围内。下面我们按照不同格式来分析。

NP1＋叫＋NP2＋VP＋语气词（有时语气词不出现）

这是汉中"叫"字句的基本格式，围绕谓词性成分VP，前面可以

---

① 黑维强：《绥德方言调查研究》，北京师范大学出版社2016年版，第476页。

加状语成分，后面可以带补语、宾语成分。根据 VP 的具体情况，语气词有时不出现。如：

(32) 兀个苹果叫我吃咾 那个苹果被我吃了。

(33) 兀个衣裳早都叫我甩扔咾 那件衣服早就被我扔了。

(34) 兀个事情最后还是叫他爸爸知道咾 那件事情最后还是被他爸爸知道了。

(35) 旧房里头兀些家具叫你爸爸一下卖咾 旧房子里面那些家具被你爸爸全部卖了。

(36) 你的书叫你妈垫咾桌子腿腿咾 你的书被你妈妈垫了桌子腿了。（后加宾语）

(37) 兀一袋糖叫娃儿们吃得一颗都没咾 那一袋糖被孩子们吃得一颗都没了。（后加状态补语）

(38) 光光的桌子面子叫他整咾个洞 光光的桌面被他弄了个洞。（后加宾语）

(39) 我们辛辛苦苦摆的摊摊，结果叫他们挣咾一抹二的钱 我们辛辛苦苦摆的小摊，结果被他们挣了那么多钱。（后加宾语）

叫 + NP2 + VP + 语气词

在受事主语已经由情境确定，或为对话双方已知的情况下，施事对象和施事内容成为双方对话的主要信息，此时 NP1 被省略。如：

(40) A：老王最后咋样咾？B：叫他们领导美实嘁咾一顿 被他们领导狠狠地训了一顿。

(41) 你再不出去收衣裳，叫风刮跑咾么 被风刮走了的话，你可要哭。

当句子重点陈述动作本身，而并不需要明确具体的动作发出者时，NP2 常常由他称代词"伢"，或者代词的复指形式来充当。如：

(42) 叫伢好好价收拾一回才记的倒哩 被人家好好收拾一次才能记住呢！

(43) 再哭我就不要你咾，叫伢背倒去。让人家背走算啦。

(44) 身份证不装好，叫谁个捡倒去就瞎咾。被谁捡去就坏了。

NP1 + 叫 + VP + 语气词

在施事主语已经由情境确定，或由于生活常识和社会常识确定的情况下，受事对象和受事内容成为语义焦点，此时 NP2 被省略。如：

（45）昨天水大的没法，他们屋里猪圈一下叫淌咾_{被冲走了}。

（46）西瓜早都叫吃咾_{西瓜早都被吃掉了}，香瓜还剩的有。

（47）老王叫逮咾_{被逮捕了}。

（48）领导们叫骂交咾_{领导们（一个个）被骂遍了}。

叫 + VP + 语气词

当对话双方均已知施事对象和受事对象的情况下，NP1 和 NP2 都可以被省略，留下"叫"字和动作内容，表达被动的发生。这时主要是 NP1 被省略，NP2 不必说出，根据对话语境，NP1 可以被补全。如：

（49）A：他妈丢下_{留下}的兀些钱啦？B：一下叫整光咾_{全部被他败光了}。

（50）（兀们大一个厂）硬叫搞垮咾_{硬是被搞垮了}。

（51）（遇到这个价事）几天就叫整的没劲咾_{几天就变得没劲了}。

第三节 "把、叫"同现句与助词"给"

"把、叫"同现句

汉中方言里"把、叫"也常常同现在一个句子中，构成一种特殊的"把、叫"同现句。"把"字介引的把字短语和"叫"字介引的叫字短语充当状语。

从位置上看，汉中方言的"把、叫"同现句都是"叫"字短语在前，"把"字短语在后。如：

（52）王老师叫贼娃子把钱包偷咾_{王老师被小偷偷了钱包}。

（53）老张叫狗把腿咬烂咾_{老张被狗咬了腿}。

（54）一下没注意，叫么="子把我叮咾个包_{我被蚊子叮了个疙瘩}。

（55）这才霉呀，叫伢一个女的把你给比下去咾_{被人家一个女的给比下去了}。

以上句子都可以公式化为 NP1 + 叫 + NP3 + 把 + NP2 + VP。其中，NP1 和 NP2 是领属关系或复指关系，NP2 是 NP1 的一部分，或者 NP2

为 NP1 所领有，或 NP2 复指 NP1，NP1 可以省略。如上例"老张叫狗把腿咬烂咾"，NP1 是老张，NP2 是腿，"腿"是"老张"的，NP2 是 NP1 的一部分，属于领属关系；上例"叫么"子把我叮咾个包"，NP1 和 NP2 都是表受事的代词"我"，复指关系，句中 NP1 被省略，NP3 是表施事的"蚊子"。

我们认为，"把、叫"同现句既符合"把"字句的特点，又符合"叫"字句的特点，是这两种句式交叉重合的一种格式。在这种格式中，"叫"突出的功能是引介出施事方，"把"突出的功能是将动词后的宾语前置，"把"和"叫"两者套合使用，共同强调句中的施事者和动作所关涉的对象（前置的宾语）是这类句子的语义焦点。语义上表现为突出所遭受不好的、负面的、损失类的事情，表达惋惜、遗憾、气愤等感情色彩。

同时，汉中方言"把、叫"同现句都是"叫"字在前，"把"字在后。尤其是省略 NP1 的"把、叫"同现句，特点尤其明显。从句子格式上来看，更强调"叫"引介出的 NP3 这个施事者，从当地方言这类句子的使用环境和感情表达来看，也的确如此。如上例"这才霉呀，叫伢一个女的把你给比下去咾这真倒霉，让一个女的把你给比下去了"，从句式结构上看，"叫"在前，语义焦点聚集在施事者内容上，引介出的施事者"伢一个女的"，同时还是复指短语，增加了语势。

汉中方言不用"把"字在前的"把、叫"同现句，没有 NP1 + 把 + NP2 + 叫 + NP3 + VP 格式。如下例句，与西安方言比较，汉中方言用"叫"字句来强调受事主语，而不用"把"字在前的"把、叫"同现句，也没有"叫前把后"的表达。见表 10 - 1。

表 10 - 1　　西安的"把、叫"同现句和汉中的"叫"字句

西安方言①	汉中方言
小明把手叫开水烫唎几个大泡	小明手叫开水烫咾几个泡
老房子把墙根叫老鼠打了好些窟窿	老房兀墙根根叫老鼠打咾好些洞子

---

① 例句出自兰宾汉《西安方言语法调查研究》，中华书局 2011 年版，第 298 页。

续表

西安方言	汉中方言
大爷把草帽儿叫风吹的老远	兀个老汉草帽叫风吹跑咾

第四节 "把"字句、"叫"字句与助词"给"

汉中方言中的"给"有动词、介词、助词几种词性和用法。

作为动词,《现代汉语八百词》归纳出"给"有使对方得到、使对方遭受和容许、致使三种作用。[①] 汉中方言中前两种用法是一样的,但没有"容许、致使"的用法。如北京话例句"城里城外跑了三圈,给我累得够呛"、"给他多休息几天"[②] 等,汉中话分别用"把"和"叫"来完成。如"城里城外跑了三个圈圈,把我累死咾"、"叫他多休息几天"。作为介词,汉中方言的"给"常用在动词前,引进"受益"对象,如"给我打个电话";"给我" + VP 常用于用于命令句加强语气,如"给我滚出去";表达"朝、向、对"的含义,如"给她使个眼色"。但不能表示"被动、被"的含义,如"门给风吹开了"只能说"门叫风吹开了"。

作为助词,汉中的"给"高频出现在"把"字句和"叫"字句中,位置在"把"字短语和"叫"字短语后,动词前,主要起到加重语气的效果。如:

(56) 他把钱包给没咾。

(57) 我把他给得罪咾。

(58) 他叫贼娃子给偷咾。

(59) 他叫领导给收拾咾一顿。

(61) 来迟咾,好的都叫给卖咾,光剩下撇的。

[①] 吕叔湘:《现代汉语八百词(增订本)》,商务印书馆 2016 年版,第 225 页。
[②] 吕叔湘:《现代汉语八百词(增订本)》,商务印书馆 2016 年版,第 225 页。

(63) 帽子叫给吹跑咾，这下没得帽子咾。

王还先生提出"'被'字句中的动词前面可以加助词'给'，'把'字句中的动词前面也可以加，这个'给'字都只是加重语气，并没有什么意义。"① 我们同意这个说法，因为从词汇意义的角度说，"给"的确是没有实义的。但是，"给"能够表达的附加意义是不可忽略的，在各方言中都有同样的表现，在汉中方言中"把"字句和"叫"字句里的"给"非常重要，在当地这些句子的使用中，有"给"的句子使用率更高，认可度更强。

另外，汉中方言的"给"出现在"把"字句的时候，"把"引介的受事成分需要明确出现，不能省略。但出现在"叫"字句的时候，"叫"引介的施事成分可以省略，或被他称的指示代词"伢"代替，整句更强调"给"后面的 VP 的不如意、遭受损失等具体内容。如：

(64) 他把钱包给没咾。（钱包不能省略）

(65) 我把他给得罪咾。（他不能省略）

(66) 他叫贼娃子给偷咾/他叫（伢）给偷咾。（贼娃子可以省略，可以替换成伢）

(67) 他叫领导给收拾咾一顿/他叫（伢）给收拾咾一顿。（领导可以省略，可以替换成伢）

第五节　比较句

根据一对一的比较、一对多的比较，多对多的比较过程，和相同性、相异性的比较结果，比较句可以分为差比句和平比句两大类，差比句又可以分为一般差比句、极比句、渐比句等。对比较句较为统一的认识是，一个结构完整的比较句一般要具备四个要素和一个要求，含有比较主体（X）、比较基准（Y）、比较词（如"比""不及""一样"等）、比较结果（Z），和较为固定的词语序列。凡是符合条件的词语能

---

① 王还：《"把"字句和"被"字句》，上海教育出版社1984年版，第52页。

够进入该格式就能产生比较语法意义。① 总体来说，汉中的比较句表达基本格式稳定，差比句、极比句、递比句和平比句齐备，格式变体不多，比较词主要是"比，赶，有，抵上，顶上，赶上"等。

一　差比句

(一) 差比句的肯定式

X + 比/赶 + Y + Z

这个结构是汉中比较句最基本、最常用的结构。例如"这个比兀个好""今天比昨天还冷"。

比较词使用频率最高的是"比"，在汉中市汉台区地域内，城市中心区用"比"，东部铺镇、北部武乡、宗营镇等乡镇农村地区老派有用"赶"的情况，句子基本结构不变。

结构中的 X 和 Y 成分主要是名词、代词、名词性短语，动词、动词性短语，凡是可以进行比较的事物、动作行为等都可以用 X 和 Y 的形式表达，Z 表达比较结果，多由形容词充当，另外根据比较的对象，也可以是动补短语、动宾短语等，补语可以是数量短语。如：

(68) 在外头吃比在屋里吃方便。

(69) 出去搞点啥总比一天蹲到屋里强。

(70) 兀个红花花的比这个黄花花的质量好。

(71) 大的比小的爱说话，小的比大的爱动手。

(72) 老王比老李吹的猛 老王比老李吹牛更猛。

(73) 塔塔菜比小青菜蔫得快。

(74) 我比他大咾三岁多。

X + 有 + Y + Z

这个结构主要用在疑问句中，表示对事物性质、数量多少等方面的推测、疑问和求证。对这个结构的肯定回答用结构 X + 比/赶 + Y + Z，含"比"，不含"有"；否定回答用 X + 没得 + Y + Z。如：

---

① 张赪：《汉语语序的历史发展》，北京语言大学出版社 2010 年版，第 26 页。

(75) A：他有我胖吧？B：他比你胖的多！/他没得你胖。

(76) A：我有伢工资高吧？B：你肯定比他工资高。/你恐怕没得伢工资高。

另外一种情况是"有"前加表示强调的"哪"，表示反问。如：

(78) 我哪有伢厉害哩，你可覅在这瞎说。

(79) A：我有他胖吧？B：你哪有他胖哩。

(80) A：他整的有老李快吧？B：他整的哪有老李快哩。

X+顶/抵/赶上+Y

这个结构主要用"顶""抵"或"赶上"来比较 X 和 Y，这几个词可以相互替换，结构不变。Z 常常不出现。如：

(81) 伢人家一个人做的顶你们三个。

(82) 这三个月搞的赶上昨年去年一年的。

(83) 这个衣裳厚，一件抵三件。

(84) 这筐筐筐子大，抵兀种的那种的几个没点问题。

X 跟 Y+比+Z

这个结构突出特点是把 X 和 Y 用介词"跟"并列在一起，位于比较词前面，突出两者的比较性。并且这两者的比较结果往往差距很大，从而强调 X 的绝对劣势。如：

(85) 这个衣裳跟兀个比撇得不是点把点这件衣服和那件比，差得不是一点点。

(86) 这个店跟昨天兀个比烂葬的多咾这个店跟昨天那个比差劲得多。

(87) 小王办个事跟老张比还差的远。

当强调 X 的绝对优势时不用这个结构，而用 X+赶/比+Y+Z 结构。如：

(88) 这个衣裳赶兀个好的多。

(89) 这个店赶昨天兀个强的多。

(90) 老张办事赶小王强的不是点把点。

（二）差比句的否定式

汉中方言差比句的否定词主要是"没得 mɤ^{42}ti^{55}""不及 pu^{21}tɕi^{55}

（不如 pu²¹z̩u⁵⁵）"，"没得"最常用，其他否定词很少见。结构上看主要有三种：

X + 比较词 + Y + Z

这个结构的句子与肯定式 X + 比 + Y + Z 形成对应关系，"比"的位置替换为表示比不上的"没得""不及""不如"等比较词，就可以转换为否定式，是当地表达差比否定的最常用的结构。见表 10 – 2。

表 10 – 2　　　　　　　　X + 比 + Y + Z 及其否定式结构

肯定式 X + 比 + Y + Z	否定式 X + 比较词 + Y + Z
在外头吃比在屋里吃方便。	在屋里吃没得在外头吃方便。
出去搞点啥总比一天蹲到屋里强。	一天蹲到屋里还不及出去搞点啥。
兀个红花花的比这个黄花花的质量好。	这个黄花花的没得兀个红花花的质量好。
大的比小的爱说话，小的比大的爱动手。	小的没得大的爱说话，大的没得小的爱动手。
老王比老李吹的猛老王比老李吹牛更猛。	老李不及老王吹的猛。
塔塔菜比小青菜蔫得快。	小青菜没得塔塔菜蔫得快。
我比他大咾三岁多。	他没得我大。

肯定式 X + 比 + Y + Z 结构中，Z 常常包含数量短语做动词、形容词为中心语的补语，如"我比他大咾三岁""这个比兀个长咾一米多"等，这种情况下的否定式里的 Z 不能包含数量关系，如"我比他大咾三岁多"的否定式，只能说"他没得我大，差咾三岁多哩"，不能说"他没得我大三岁多"。

X + 连 + Y + 都 + 比较词

这个结构是由 X + 比较词 + Y + Z 的基础上稍微变化得来，从语用角度来看，这个结构突出的是 X 与 Y 的比较，而且比较基准 Y 非常低，常常突出对 X 境遇的绝对劣势，与语气助词"连""都"共同描述负面情况，比较词常常用"不如""不及""V 不过"等。如：

（91）我活的连叫花子都不如常用于哭诉自己的不如意。

（92）他这回搞的活路连个学手子学徒都不及。

（93）老王连老张都搞不过。

（94）我连他都喝不过，要说你咾我连他都喝不过，更别说你了。

X + 跟 + Y + Z（没法比）

这个结构中，句中的 Z 常常省略为"没法比"，表达比较的否定的"比不上"，"不如"等含义。X 和 Y 的内容也常常不完全出现在句中，而出现在前后分句、上下语境中，在对话双方都知道的比较对象中，往往比较基准 Y 的情况是明显优势，突出 X 的明显劣势。如：

（95）今年跟去年没法比，好多店店都关门咾。

（96）我们屋里家里跟你们没法比，只有出去打工咾。

（97）我跟伢人家老王没法比，伢早都把房修咾。

二　极比句

极比句表示特定事物在特定性状上与同类所有事物相比，结果处于极端优势（最好的）或极端劣势（最差的）。极比和差比句同样都是比较事物的高下，但是是一种特殊的极端差比。"它跟一般差比的不同在于比较的范围：一般差比的求比或被比对象是特指的，而极比的求比或被比对象往往是任指（或遍指）的"[1]。

汉中方言的极比句主要有三种结构，这三种结构都没有否定式。

比较范围 + X + 最 + Z

这个结构一般先以全句主语的形式交代和强调比较范围，X 出现，Y 隐含，"最"放在比较结果 Z 前，当整句语气词用"的"时，"最"前加判断动词"是"，"是……的"的有无不影响结构和句义表达。Z 常常是形容词或形容词性短语，可以是正向的，也可以是负向的。如：

（98）最近这些年，汉中城西面变化最大。

（99）汉中街面上这些生意，做饮食的最多。

（101）冬天价吃一碗羊肉泡是最安逸的。

（102）这些人里头兀个俫最恶心。

---

[1] 汪国胜：《湖北大冶方言的比较句》，《方言》2000 年第 3 期。

比较范围 + 就 + X +（最）Z

这个结构是在上一结构的基础上，X 前加表范围的"就"，强调 X 的极端优势或极端劣势。Z 在形容词以外还可以是动词性短语等。如：

（103）这一片房就他们屋修的最好这一片房子就他家盖得最好。

（104）整个村里的包谷就老王务的最攒劲整个村里的玉米就老王种的最好。

（105）这们多学生就他退咾学咾这么多学生就他退学了。

（106）兀们多打工的就他把腿给绊断咾那么多打工的就他把腿摔断了。

比较范围 + X + 比 + Y + 都/还 + Z

在这个结构中，比较范围不必要说明，重点在于 X 和 Y 的比较上。如下前两例，X 是特定的，Y 是任指或遍指，后两例，X 是任指，Y 是特定的。Z 是表达比较结果的形容词性或动词性词或短语。

（107）不管咋个无论怎样，身体好比啥都强。

（108）只要一家人平平安安的，比做啥都好。

（109）汉中这地方再没得谁比王胖子还能谝吹牛。

三 递比句

递比句也是差比句的一种，因为句子功能也是通过比较表达差异的。特殊之处在于递比句是对同一比较范围的多种状态之间，并且这种差异是逐步、渐进式的，这种比较句可以称为"递比句"[1]，也有研究者称为"渐比句"[2]。

汉中方言表程度逐渐加深的递比句最常见是"比较范围 + X + 比 + Y + Z"结构，出现在递比句中的 X 和 Y 都是"一 + 量"短语。例句如：

（110）这些年轻人一茬比一茬歪厉害。

（111）腊月间的菜腊月里的蔬菜一天比一天贵。

（112）搬到新房里，这身体也一天比一天好。

---

[1] 汪国胜：《湖北大冶方言的比较句》，《方言》2000 年第 3 期。
[2] 刘珂：《陕西三原方言语法研究》，博士学位论文，中央民族大学，2017 年。

(113) 现在这饮食生意一年比一年难做。

(114) 这两个娃直接是一个比一个焦人。

其中，比较范围主体是不变的，"这些年轻人""腊月间的菜""身体""现在这饮食生意""这两个娃"，作为整句的话题，是这类比较句的比较范围和主体，"一年比一年""一茬比一茬""一天比一天"，都是"一+量"短语，是上述比较范围的多种阶段性状态 X 和 Y，它们是这种阶段性状态的省略式；比较结果可以是单音节"歪，贵，好"，也可以是双音节"难做，焦人"等表性质的形容词。这些关键项综合起来，共同表达渐进、程度逐渐加深的表达目的。

与此相对，表程度逐渐减弱的递比句最常见的是"比较范围 + X + 不如（不及）+ Y"结构。如：

(115) 女的家过咾四十岁，这身体一天不如一天。

(116) 这家子进的货一茬子不及一茬子。

(117) 单位上发的东西是一年不及一年。

其中，比较词与汉中差比句否定式比较词"不如、不及"一致，用法也一致，"不如"比"不及"使用。

四 平比句

《现代汉语语法讲话》（丁声树等，1979）认为，比较句分成平比句和差比句两种，比较句的定义也比较严格，认为要"表示程度差别"的句子才是真正的比较句。这是汉语语法研究史上第一次提出要把比较句和比拟句分开。

我们在此讨论的平比句也将比较和比拟区别开来，意念上的等同、近似、比拟等不作分析，只描写在结构形式上有特征的句子，重点关注比较项和比较基准之间介词的使用情况，比较词的使用特点等。

汉中方言的平比句，比较项和比较基准之间介词主要用"跟（倒）""有"，带有褒义色彩或中性色彩的比较词有"一般、一样、一样样、一模一样、样是、咋是、差不多"，相对的带有贬义色彩的比较词有"一（屎）样、差（屎）不多"等，句末的语气词最常见的是表示陈述语气的"的"。

X + 跟（倒）+ Y + 一般（一样）+ Z

这是最常用的平比结构，介词最常用的是"跟"，有时加表持续的"倒"，构成"跟倒"。如：

（118）这个月饼跟兀个图样子一般大这个月饼跟那个图样子一样大。

（119）梯子搁到兀跟倒院墙一般高梯子放那里跟院墙一样高。

（120）他天天出去走路，走咾好久，结果跟倒原先一样胖结果和原来一样胖。

表示比较结果的 Z 可以是形容词和形容词性短语，也可以是动词和动词性短语。是动词性短语时，多为"爱、想"等心理活动的动词，并带宾语。如：

（121）这个小的跟大的一样肯害病容易生病。

（122）他跟他老子一样爱打牌。

（123）他跟你一样最爱睡觉。

X + 跟（倒）+ Y + 比较词

这个结构相当于上一结构省略了 Z 而得到，在"一样、一般"的基础上，这个结构中更常用"一样样、一模一样""咋是、呀是""有一比"等，比较结果 Z 虽然省略了，但比较词的描写性更强。

（124）他写的字跟（倒）字帖直接一样样的。

（125）他学的兀腔调跟（倒）赵本山一模一样。

（126）这个娃兀脸模子脸型跟（倒）他妈咋是咾的一样样的。

（127）这衣裳他穿起穿着跟（倒）叫花子呀是的一样样的。

（128）他走路窜窜倒倒趔趔趄趄的跟（倒）害咾病呀是的像生了病一样。

（129）今年这架势跟去年有一比哩跟去年比差不多。

X + Z + 跟 + Y + 比较词

这个结构也是比较常用的，Z 可以是形容词性的，也可以是动词性的。如：

（130）今年房价贵起来跟去年差不多。

(131) 这个媳妇懒的跟前头兀个差不多这个媳妇和前一个媳妇一样懒。

(132) 她忙开咾跟她们男的也差不多她忙起来跟她丈夫一样忙。

(133) 这女子长的跟她妈一模一样。

(134) 这个娃画画跟他们老师有一比。

其中，X＋跟＋Y作为比较项和比较基准，在平比句中，更强调相同性、相似性，而并不突出比较项本身，所以可以用一个包括式短语整体表达出来。汉中方言常用指量短语等整体去表达X＋跟＋Y。这时谓语部分常用形容词或动词加表持续貌的助词"起来、倒"等。如：

(135) 这两棵树高起来差不多这两棵树差不多高。

(136) 这两个菜打眼看倒一模一样这两种菜猛一看一模一样。

(137) 兀几本书看倒去一样样的那几本书看上去一模一样。

X＋Z＋有＋Y＋比较词

这个结构特点是介词用"有"，表示比较项和比较基准之间的等同性、相似性，结构中的Z有时省略，含在句义中，比较词主要是"这们、那们"加形容词。整个结构常常作整句的状语成分。如：

(138) 几天没看，兀个花长的有碗这们大。

(139) 伢一个月挣的有我半年兀们多。

(140) 我有你条件这们好噻，早都退休咾。

(141) 有你这们大的时候，你妈都自己做开饭咾。

(142) 你再有伢一半子勤快你如果有人家一半勤快，也不得搞成今天这样样也不会搞成今天这样子

第十一章

疑 问 句

把表达疑问语气的一般句型、特殊句式,与相应的疑问语气词、语气副词、疑问代词等的使用结合起来研究,观察它们之间的配合情况,是对一种语言疑问句研究较为全面的方式。现代汉语疑问句通常分为结构类型和功能类型两大类:结构类型包括是非问、特指问、选择问和正反问等;功能类型包括附加问、回声问、反诘问、设问等。

首先,汉中方言结合句中或句末语气词、疑问代词和语气副词、助词相互作用来表达疑问的方式占绝对优势。单纯利用整句的上升句调来表达疑问的方式很少见。

其次,是非问是在相应的陈述句格式基础上,通过功能不同的句末语气词及其在不同层次上的连用,结合功能不同的助词,转换成疑问句调来表达疑问。

第三,汉中方言选择问最基础和最常用的固定结构是 X + 么 + Y。其他结构都是在不同时体要求下变化的结果。

下面我们根据结构类型特点描写和分析汉中方言的疑问句。由于是非问和正反问在汉中方言格式上表现出的相同性,本文把正反问作为是非问的下位类型进行描写和分析。

第一节 是非问

一 句末语气词用"吧 pa^{55}"的是非问

"VP 吧?"这一形式使用频率高,是汉中话最主要的是非问句格式,用法与普通话的"S+吧"区别明显，就整句的句义上更接近于普通话的"S+吗"问句。用于句中谓语部分核心成分是单音节动词、双音节动词、动宾短语、能愿动词、动补结构、反义疑问句中的正反对举、系词等各种状态。事件前，动词直接加"吧"构成正反问；事件中，根据具体语境，动词直接加"吧"，或加表持续貌的"倒的"等再加"吧"构成正反问；事件后，动词加表已然态的"来、咾、咾的"等再加"吧"构成正反问。如：

(7) A：领导叫到西安去开会哩，你去吧？你去不去？B：去哩。/不去。

(8) A：明天搞活动，你来吧？你来不来？B：来哩。/不想去。

(9) A：你吃咾吧？你吃饭没吃饭？B：——吃咾。/没吃。

(10) A：你问咾的吧？你问了没问？B：问咾的。/没问。

(11) A：你认得倒他吧？你认识不认识他？B：认得倒。认识。/认不倒。不认识。

(12) A：这事情你知道吧？这件事情你知道不知道？B：知道哩。/不知道。

(13) A：你昨天看电影来吧？你昨天看电影没有？B：看来的。/没有。

(14) A：你们过年磕头吧？你们过年磕头吗？B：磕哩。/不磕。

(15) A：你得出来一下吧？你能出来一下吗？B：得行。/不得出来。

(16) A：你拿得动吧？你拿得动吗？B：拿得动。/拿不动。

(17) A：下午搞得完吧？下午做得完吗？B：搞得完。/搞不完。

(18) A：你们今年生意好吧？你们今年生意好吗？B：还可以。/不行。

(19) A：你现在身体还可以吧？你现在身体好吗？B：还可以。/不行。

二　句末语气词用"嗐 xao^{42}"的是非问

一般表示已完成或已实现事件的疑问、对曾经发生过的事件的疑问、对现在事件和将来事件的疑问。

对已完成或已实现事件的疑问，句末语气词"嗐"和"吧"与汉中表完成体、实现体的体貌助词和句末陈述语气词"咾""咾的"连用。

对曾经发生过的事件的疑问，句末语气词"唛"和"吧"与表经历体的体貌助词和句末语气词"的"连用，句中有跟在动词后表动作完成的动态助词"过"等配合。

对曾经发生过的事件的疑问，句末语气词"唛"和"吧"与句中的时间名词等配合，现在事件常与"哩""咾"连用，将来事件常与"呀"连用。

（1）A：他们女子上班咾唛？他女儿已经工作了是吗？

　　B：嗯，上班咾。对，工作了。/还没有。

（2）A：你昨天看电影咾的唛？你昨天看电影了是吗？

　　B：嗯，我昨天看电影咾的。对，我昨天看电影了。/没有，我昨天没有看电影。

（3）A：你去过北京的唛？你去过北京的是吗？

　　B：嗯，去过的。/没有，我没去过。

（4）A：你吃过娃娃鱼的唛？你吃过娃娃鱼的是吗？

　　B：嗯，吃过的。/没有，没吃过。

（5）A：你吃饭哩唛？你吃饭呢是吗？

　　B：嗯，就是的。/没有，我没吃饭，我走路哩。我没吃饭，我走路呢。

（6）A：你明天在西安去呀唛？你明天到西安去是吗？

　　B：嗯，西安去呀。/不，我不去。

三　"吧"类是非问和"唛"类是非问的应用辨析

邵敬敏（2012）提出："在区分疑惑和询问的基础上，不仅增加'求答'功能，而且要把'疑惑'进一步细化为'求知性疑惑''求证性疑惑'以及'倾否性疑惑'。这一研究将有助于是非疑问句内部类型的建立以及对外汉语的疑问句教学。"[①] 这一论点对汉中方言"唛"字

---

① 邵敬敏：《是非问内部类型的比较以及"疑惑"的细化》，《世界汉语教学》2012年第3期。

是非问和"吧"字是非问的区分问题具有重要启示。

问话者使用是非问的目的主要是"求知"和"求证",通过使用是非问的"求答"功能来实现。使用者想要"求证"时多使用"咾"字是非问,想要"求知"时多使用"吧"字是非问,"求知"与"求证"完全取决于问话者自己对所关涉事件的了解程度,自认为把握较大的,会选择"求证",用"咾"字是非问;自认为把握较小的,会选择"求知",用"吧"字是非问。两者之间并没有明确的绝对量可供比较,只是问话者对事件把握的相对强弱之分。

句末用"咾"的是非问,问话者对事件本身内容已经有一定程度的了解,问话重在求证,证实问话者已知的了解内容和观点。如:

(20) A:他们女子上班咾咾?他女儿已经工作了是吗?

B:嗯,上班咾。对,已经工作了。

(21) A:你到咾咾?你到了是吗?

B:嗯,我到咾。对,我到了。

(22) A:你昨天去收菜咾的咾?你昨天去收菜了,是吗?

B:嗯,就是的。对,是的。

(23) A:你把钱交咾咾?你把钱交了是吗?

B:嗯,交咾。对,交了。

句末用"吧"的是非问,问话者对事件本身内容的了解程度弱,问话重在求知,是问话者对事件内容的询问和求知过程。如:

(24) A:他们女子上班咾吧?他女儿已经工作了吗?

B:没有,还在上学哩。没有,还在上学呢。

(25) A:你到咾吧?你到了吗?

B:嗯,我到咾。对,我到了。

(26) A:你昨天去收菜咾的吧?你昨天去收菜了吗?

B:没有,我没看。

(27) A:你把钱交咾吧?你把钱交了吗?

B:交咾。交了。

汉中方言对"咾"字是非问和"吧"字是非问的答句,句型和内容结构都是一样的，没有差别。

当问话者需要询问对方的主观意愿或客观情况才能决定的某种事件可能性时，问话者主观意愿最弱，对方主观意愿最强，"求知"目的最强。汉中方言这类是非问都用"吧"字而不用"吗"字，与句中"能、会、想"等能愿动词配合。如：

（28）你会游水吧？你会游泳吗？

（29）把我带上得行吧？把我带上行吗？

（30）你这阵得出来一下吧？你现在能出来一下吗？

（31）你想出去耍吧？你想出去玩吗？

句末用"吗"的是非问，"吗"就位于句末，它后面不再有其他的语气词出现。句末用"吧"的是非问，"吧"是非常重要的，因为不出现"吧"就无法实现是非问的语义功能，但"吧"的后面根据问话人的情绪表达目的，还常常出现其他语气词与"吧"连用，如"么，噻"，这些语气词的功能主要是表达情绪上的程度加深。如：

你起来咾吗？你起来了是吗？（以"吗"结尾的所有疑问句，后面都不再出现其他语气词的连用）

A 你起来咾吧？——B 你起来咾吧么？——C 你起来咾吧噻？

这三个句子的核心句义都是"你起来了吗？"，A 句是"求知"性是非问，"咾"是表示动作完成的"了1"，"吧"是承担是非问功能的句末语气词。核心句义是问话人想知道对方起床没有。B 句"咾"和"吧"功能不变，多了"么"，能够表达问话人不耐烦、催促的感情。C 句在"吧"后面用"噻"，更倾向于表达不耐烦、催促的情绪。

第二节　特指问

汉中方言的特指问是在陈述句的基础上，用相应的疑问代词对特指对象进行发问，与普通话的区别主要表现在疑问代词的使用不一样，其他表达方式相同。以使用不同的疑问代词为例：

（32）谁个在外头哩谁在外面呢？

（33）明天插秧人叫下咾吧？都是些谁们明天插秧人都请好了吗？都有谁？

（34）喇叭里头喊叫咾半时天喇叭里说了半天，说的都是些啥名堂说的都是什么事情？

（35）你说的啥子个你说什么？你为啥不来你为什么不来？

（36）这么多的筐筐，你看上哪个咾？

（37）早晨择下的蒜苗是哪些子是哪些？来给我指一下。

（38）你们队上的大场在哪（哪台，哪一截，哪一坨）哩你们队上的晒谷场在哪里呢？

（39）你这阵在啥地方哩你现在在什么地方呢？

（40）你啥时候得闲你什么时候有空？我问你个事。

（41）这个红的咋样这个红的怎么样？可以就买下。

（42）小娃家头发咋们价编哩小孩子头发怎么编呢？我编不来我不会编。

（43）老张咋的咾老张怎么了？谁惹咾的吗谁惹他是吗？

（44）这事情哪门价搞起的这事情怎么搞的？咋老张叫给逮咾怎么老张被逮捕了。

（45）你一个月能挣多钱你一个月能挣多少钱？

（46）这个娃多大咾这个孩子几岁？

（47）这个院坝看倒大这个院子看起来大，再做席能摆多少桌要是做席能摆多少桌？

（48）他们今年喂咾多少猪他们家今年养了多少猪？

第三节　选择问

选择问是问话者提出两种或两种以上的选项，让回答者从中进行选择。汉中方言的选择问有常用的句型结构，通过与时制、体貌相关的"咾 lao⁰""呀 ia⁰""么 maŋ⁰"等配合使用实现疑问。不常用关联词。如果前项使用判断动词"是"，后项往往也会出现"是"，在前项单用也可以，和"是""还是"关联使用也可以，形成"是……是""是……还是"格式。

X + 么 + Y

X 选项和 Y 选项是前后选项,两者之间不需要使用关联词语。这个结构是汉中方言选择问最基本的结构。"么"字与语气词一节对应。它既可以表示疑问语气,又具有连接前后项的作用。如:

(49)你吃蒸饭么吃面?<small>你吃米饭还是吃面条?</small>

(50)你买咾么没买?<small>你买了还是没买呢?</small>

(51)你要黄的么红的?<small>你要黄色的还是红色的?</small>

(52)兀地方远么近?<small>那个地方远还是近?</small>

(53)啥时候去烧纸呀,这周么下周?<small>什么时候去烧纸,这一周还是下一周?</small>

(54)你是师父么徒弟(理发店)?/你是师父么徒弟?<small>你是师傅还是学徒?</small>
(出现判断动词"是",后项也出现"是"。但后项的"是"不稳定,可以省略,不影响句子表达)

(55)你是自己买么还是叫他帮你买?<small>你是自己买还是让他帮你买?</small>
(这时"是……是""是……还是"作为关联词成对出现,前项有"是",后项一定会出现"是"或"还是")

X + 呀 + 么 + Y

这个结构主要对即将发生的事情进行询问,主要标志是表将来时的"呀"。这个结构问句的回答有时是 X 呀/Y 呀,有时是 X/Y。如:

(56)A:礼拜天你在屋里呀么出去耍呀?<small>星期天你待在家里还是出去玩?</small>
　　　B:在屋里呀。/出去耍呀。

(57)A:你在这吃呀么带走呀?<small>你在这里吃(堂食)还是带走(外带)?</small>
　　　B:在这吃。/带走。

(58)A:毕咾呀么还得一歇?<small>快结束了还是再得一会儿?</small>
　　　B:快毕咾。/还得一歇。

X + 咾 + 么 + Y

这个结构主要对已成事实的事情进行询问,主要标志是表已然态的"咾""咾的"。这个结构问句的回答有时是 X 咾/Y 咾,有时是 X/Y。如:

(59)A:兀些饭吃咾么倒咾?<small>那些饭吃掉了还是倒掉了?</small>

　　　　B：吃咾。吃了。／倒咾。倒了。

(60) A：兀个事情搞毕咾么没有哩？那件事情搞完了还是没搞完呢？

　　　　B：搞毕咾。搞完了。／没搞毕哩。没搞完呢。

(61) A：他起来咾么还睡倒的？

　　　　B：起来咾。起来了。／睡倒的。还睡着的。

(62) A：这屋里咋溷的这么脏，是老大咾的么老二咾的？家里怎么弄的这么脏，是老大弄的还是老二弄的？

　　　　B：老大咾的。是老大弄的。／老二咾的。是老二弄的。

(63) A：哪天交的钱，礼拜二咾的么礼拜三咾的？哪天交的钱来着，是星期二还是星期三？

　　　　B：礼拜二咾的。是星期二。／礼拜三咾的。是星期三。

X + 哩 + 么 + Y

这个结构主要对正在进行的事情进行询问，主要标志是"哩""倒的"。回答有时是 X 哩（倒的）/Y 哩（倒的），有时是 X/Y。如：

(64) A：他这阵上班哩么在外头哩？他现在在上班呢还是在外面呢？

　　　　B：上班哩。上班呢。／在外头哩。在外面呢。

(65) A：你睡觉哩么看电视哩？你在睡觉呢还是在看电视呢？

　　　　B：睡觉哩。睡觉呢。／看电视哩。看电视呢。

(66) A：饭热倒的么冷咾？饭热着呢还是凉了？

　　　　B：热倒的。热着呢。／冷咾。凉了。

X + Y + 不咾/要不咾 + Z

这个结构用在已经有两种选项 X、Y 的基础上，问话人提供第三种选项 Z 时。引出 Z 最常用的是"不咾"、"要不咾"，同时表示一种假设让步的语气。如：

(67) 你去么我去，不咾我们两个都去？你去呢还是我去，不然我们两个都去？

(68) 要红的么要黑的，不咾两个都不要咾？要红的呢还是要黑的呢，要不然两个都不要了？

(69) 喝茶呀么逛街呀，不咾我们打牌算咾？看电影呢还是逛街呢，要不然咱们打牌算了？

第十二章

复句关系表达

本章根据邢福义先生的分类方法,按照因果关系、并列关系、转折关系三大类,结合汉中方言的各词类,从分句间的连词、分句中的副词和一些"超词形式"等有标记的形式进行重点考察,发掘和描写分析汉中方言复句的重要形式标记,并对无标记的形式进行探索,在充分调查语料的基础上,结合具体语境进行分析,探究隐藏在复句中的非显性语言现象,展现汉中方言复句表达的复杂性和丰富性。

第一节　因果类复句

因果类复句分为因果句、推断句、假设句、条件句、目的句 5 个小类。

一　因果句

汉中方言因果句没有使用频率高、标志性强的关联词语,主要是从前后分句的语义内容来表达因果关系,同时前后分句中常出现的动词、副词和短语可以起到表达语义内容的因果关系的作用。

基础型因果类复句,对已经发生的事件进行前后分句的因果关系说明,前句是原因,后句是结果,一般没有前后对应的关联词语标志,有时会出现表示语义顺承关系的"就",和"就是……才"。如:

(1) 昨天把手整烂咾弄烂了,上不成班咾。(无关联词)

（2）天气不行，庄稼长的就不行。（无关联词）

（3）我去的早，把票买上咾。（无关联词）

（4）白天轻微稍微多睡一下，黑咾晚上就睡不着。（就）

（5）就是你搞的太好咾，才叫伢给偷上走咾才被人家给偷走了。（就是……才）

（6）就是你没给我借钱，我才把房给卖咾。（就是……才）

当强调不希望发生或出现的负面结果和情绪时，表示结果的后一分句，常用"搞得、搞得是""害得、害得是"、"结果"等词。如：

（7）清早雨就下大咾，搞得是我们直接没法出门一大早雨就下大了，搞得我们简直没法出门。

（8）这个娃闹的不得下台闹得不行，害得他妈是到这阵饭都没得吃。

（9）他就出去咾一下下出去了一会儿，结果把发的米没领上。

（10）说是老李昨天开车哩打咾个桄桄听说老李昨天开车恍惚了一下，结果戳咾拐咾结果闯了祸了。

当强调事件的原因是由不了解到了解，解开了事件原因的疑惑时，表示原因的分句中常用"搞咾半天""结果，结果是"，表示结果的分句中常用"怪不倒""我说，我就说"，位置可前可后。黑维强先生在描写绥德方言"我说、我就说"时认为："'我说、我就说'在结构上属于主谓短语，但是意义已经虚化，'说'在此并不表达言语行为，而是表达一种主观上的认识，是一个话语标记，用于表达因果关系结果的确认。"① 汉中方言中的"我说、我就说"用法与此一致。如：

（11）搞咾半天伢是学财会的搞了半天人家是学财会的，怪不倒账算的清的没法怪不得账算得清的不行。（前句原因，后句结果）

（12）搞咾半天他是你的同学，怪不倒他说是认得你。（前句原因，后句结果）

（13）这地方根本不出苹果不产苹果，怪不倒卖的兀们贵怪不得卖的那么贵。（前句原因，后句结果）

---

① 黑维强：《绥德方言调查研究》，北京师范大学出版社2016年版，第516页。

（14）我说咋这一向没见他咾我说怎么这一段时间没看见他，结果伢跟伢女子去住去咾原来他去他女儿家住了。（前句结果，后句原因）

（15）我就说他咋脸黑倒起我说他怎么脸黑着，结果是叫贼娃子给偷咾原来是被小偷给偷了。（前句结果，后句原因）

二 推断句

普通话推断句主要标志是"既然……就……"，表示推断性的因果关系，事件原因一般是已成事实的，而结果是主观推断的。汉中方言的推断句主要类型有以下几种：

"……，肯定/保证……"结构主要是根据已知原因来推断结果，"肯定/保证"常在后一分句。"保证"和"肯定"同义，"肯定"带有新派色彩。

（16）这个菜这们好吃这种菜这么好吃，保证买的人多。

（17）长得这们像长得这么像，保证是老张家娃。

（18）昨天晚上停咾电咾，冰箱里东西肯定坏咾。

"再（要）是这个价……那（就）……""已经都已经咾……那……"。当已然发生的事实情况在对话中省略时，常以这两个句子开头。说话人根据眼前已然发生的事实情况，推断一个结果时常用。这个事实情况往往是不符合说话人意愿的、令人无奈和不满的情况。

（19）再要是这个价要是这样，那我们再说啥就不合适咾我们再说什么就不合适了。

（20）再是这个价要是这样，那你搞的这事情就太过咾你干的这事情就太过分了。

（21）已经都已经咾已经这样了，搞啥都没用咾。

（22）已经都已经咾，那只能是先停下，过后咾再说以后了再说。

"……都……，还……"这个结构常用作说话人根据眼前已发生的事实，推断一个自己认为不会发生的结果，后一分句常是反问语气，同时表示对关涉的人或事物表示不满和责怪。"还"仍读"xa^{31}"，但音长明显变短，音强也变轻。如：

(23) 铺盖都叠不到一堆_{被子都叠不到一块儿}，还想出去打工哩。

(24) 字都认不全，还想写书哩。

(25) 外头路都没通哩_{外面的路还没通呢}，还出去卖菜哩。

(26) 一分钱没得，还想做啥生意哩。

三 假设句

汉中的假设句主要有以下类型：

"投到……就……"句式。"投到"在前一分句引出时间上的实现的假设，后一分句描述到那个时候会出现的结果。"投到"指"等到……"，表示虚拟和假设。如：

(27) 投到他耍毕回去_{等到他逛完了回来}，娃们早就饿死咾。

(28) 投到你把我记起_{等到你想起我}，我早就钻咾土咾_{我早就死掉了}。

(29) 投到米熟咾_{等到米熟了}，锅早就烧干咾。

(30) 投到娃结咾婚咾_{等到孩子结了婚}，我们也就老得磕爬爬的咾_{老得颤颤巍巍的了}。

"再/要再/再要……嘥，……"句式。"再/要再/再要"义为"要是、如果"，位于前一分句，引出虚拟假设条件，这时句末语气词多用"嘥"。后一分句陈述在这种假设条件基础上的结果。这是汉中表达假设最常见的结构。如：

(31) 你再早点来嘥_{要是早点来}，保证就把鸡蛋领上咾。

(32) 我再有钱嘥_{要是有钱}，还需用你在这说，早就把房盖咾。

(33) 我再早知道是这们价嘥_{要是早知道是这样}，当时不管咋都不叫他去_{当时无论如何都不让他去}。

(34) 再能再搞一次嘥_{要是能再搞一次}，保证给你搞的好好的。

(35) 再要是你去嘥_{要是你去的话}，肯定能得上奖。

(36) 再要是这_{要是这样}，那也好办。

(37) 我要再有兀个功夫嘥_{我要是有那个功夫}，那这阵现在也不需用操这个心咾。

"再不是……嘥，……"句式。这是上一结构从否定角度进行假设的变化形式，"再不是"位于前一分句，陈述一个原因，后一分句陈述一个与实际结果正相反的结果。如：

（38）再不是去接你噻_{要不是去接你}，我早都把活做完咾。（实际上我没有做完活）

（39）再不是供两个大学生噻_{要不是供着两个大学生}，我们屋里_{家里}条件也还可以。（实际上家里条件不好）

（40）再不是听咾他的话噻_{要不是听了他的话}，我们也不得搞的这么霉。（实际上我们很倒霉）

（41）再不是你过来帮忙噻_{要不是你过来帮忙}，我们这阵还搞不毕哩。（实际上我们搞完了）

（42）再不是今天老王刚好在兀噻_{要不是今天老王刚好在那里}，我们事情还办不成哩。（实际上办成了）

以上后两个例句，后一分句字面是假设一个与理想状态正相反的糟糕结果，语义焦点是能够突出避免这个糟糕结果的原因，从而突出令说话人满意和感谢的对象，所以前一分句陈述的原因被突出、被强调。因此实际上这类句子在汉中方言里是作为表达感谢、表示赞扬的一种常用句式。又如：

（43）再不是你噻_{要不是你}，这次就瞎眼咾_{这次就坏了}。（实际上很好）

（44）再不是你帮忙噻_{要不是你帮忙}，娃保证报不上名_{娃肯定报不上名}。（实际上报上名了）

（45）再不是你们这领导能干，恐怕还瞎倒的_{恐怕就坏了}。（实际上很好）

"……，恐怕……"句式。"恐怕"义为"万一"，引出假设的条件与原因，位于前、后分句都可以，另一分句是在这个假设的条件下推断应当做出的准备或反应。当使用"恐怕"这个句式时，一般说话人的推测是有一定把握的，所以整句语义突出强调应当做的具体内容。如：

（46）你得把伢的座位安排上_{你要把人家的座位安排上}，恐怕伢再来呀_{是的万一人家要来}。

（47）你把衣裳穿上噢，恐怕外头冷家伙_{可能外面很冷}。

（48）恐怕这两天查的严，我们得把活搞细一点。

（49）恐怕今天人来的多，东西不兮的多备一点东西什么的要多准备一些。

四 条件句

条件复句是以充分条件或无条件为根据推断结果的，汉中方言充分条件句主要用"只要……就……""一……就……"，必要条件句主要用"只有……才……"，无条件句主要用"不管……都……""不论……都……"等。

13.1.4.1 充分条件句"只要……就……""一……就……"，"只要""一"引出一个充分必要条件，另一分句描述在此基础上必然出现的结果。如：

（50）只要他老子没在屋里，他就匪的没王法咾。

（51）只要老王出来管事，就没得搞不成的。

（52）一到春天菜码花油菜花开，到处都是蜂子蜜蜂。

（53）天一下雨，他就不去摆摊摊咾。

（54）电话铃一响，他就坐不住咾。

必要条件句"只有……才……"，"只有"引出一个必要条件，后一分句说明在满足这个条件后才会出现的结果。如：

（55）只有把饭吃饱，才能稳稳当当做活。

（56）只有先把房安顿下，才得把手腾出来搞别的。

（57）只有好好价做些活好好干活，才能在这扎下根脚站住脚。

无条件句主要用"不管……都……""不论……都……"，"都"可以省略，重点突出在一切条件下都会出现推定的结果。句中常出现"反正/红黑""总之"等词共现。如：

（58）不管他咋说，红黑都蛮理识他。

（59）不管你回来早或迟，总之给我打个电话。

（60）不论挣多挣少，过年时候回屋里来过。

（61）不论这回搞的好坏，我们先歇几天咾再说。

五　目的句

目的复句是为了表明目的。普通话代表性的形式标志是"为了""以便""以免"。表示达到目的时，汉中方言主要用"为咾""好"，表示避免目的时，主要用"免得"。

"为咾"为标志的目的句。一个分句用"为咾"引出明确达到的目的，位置可前可后，另一分句描述具体的动作行为内容。如：

（62）这们冷的天，天天早早起来，就是为咾卖菜占个好摊摊_{为了卖菜占个好摊位}。

（63）为咾给女子攒些学费_{为了给女儿把学费攒够}，她妈年年是务些茶叶子去卖_{她妈年年经营茶叶去卖}。

（64）我为咾啥，也就是为咾给两个老的尽点心_{也就是为了给父母尽些孝心}。

"好"为标志的目的句。前一分句描述为实现目标的具体行为动作，后一分句以"好"为标志，描述需要达到的目的。如：

（65）你们男的家_男的出去一下，我们好在这换衣裳。

（66）给娃把厚袄袄_{厚棉袄}找出来，天冷咾好换哩。

（67）你把工作好好价搞，碰到机会咾我好给你说话。

"免得"为标志的目的句。前一分句描述为避免某一结果而做出的具体行为动作，后一分句以"免得"为标志，描述需要避免的目的。如：

（68）你可穿厚一点噢，免得等下冻凉_{感冒}咾。

（69）做活给呀_{人家}好好价做，免得把活路丢咾就瞎眼咾_{坏了}。

（70）你把东西再看_{检查}一道，免得等下又说是把啥忘咾。

第二节　并列类复句

分句间的关系是平行和列举关系的复句叫做并列类复句。汉中方言的并列类复句主要是由前后相对的几组词语充当关联词语，来实现并列、连贯、递进和选择等功能。

一　并列句

表达并列关系的成对词语主要有"旋……旋……""一阵阵……一阵阵……""一下……一下……""一岸……一岸……""一面……一面……""又……又……"等。

"旋 çyan²¹³……旋 çyan²¹³……"主要表示动作的同时发生，既可以是同时的动作，也可以是连续性动作。如：

（71）我们旋走旋说边走边说，一下一会儿就到咾。

（72）老太婆旋包包子一边包包子，旋看她孙娃子一边照看孙子，过得挺高兴。

"一阵阵……一阵阵……""一下……一下……"主要表示在时间上的并列和列举，可以表达对事物不连贯、不一致、变化无端等不满情绪。如：

（73）他这个人一阵阵的情绪不稳的样子。一阵阵高兴咾，说啥都得行；一阵阵不高兴咾，啥都不答应。

（74）单位最焦人咾，一阵阵说年底发钱哩，一阵阵又不发咾。

（75）他说话没准头，一下说这哩，一下说兀哩，把人听的焦人的。

（76）这超市爱搞活动，一下发东西哩，一下表演节目哩，闹陈咾。

"一岸……一岸……""一面……一面……"既可以表达"一边……一边……"，也可以表达"一边……另一边……"。当表达"一边……一边……"时，与"旋……旋……"功能一样，主要是表示同时的动作；表达"一边……另一边……"时，还可以表示关于同时发生的相反动作。在语言风格上"一岸"更地道。如：

（77）一岸／一面唱一岸／一面跳，高兴的没法。

（78）一岸／一面在吃饭哩，一岸／一面还在耍手机哩。

（79）一岸／一面是在当面说好话，一岸／一面是在背后戳刀子。

（80）一岸／一面假装给帮忙，一岸／一面趔的远远的离得远远地。

二 连贯句

主要表达时间或事件的先后与承接关系。汉中方言实现这些功能的关联词语主要是"才/刚……就……""先……毕咾……""头开始……最后……"。其中"才/刚……就"与普通话用法一致，其他两组不同。如：

（81）他才进门就叫他妈歪_{训斥}咾一顿。

（82）我刚坐咾一下下_{一会儿}就给睡着咾。

表示先后承接关系使用频率最高的是"先……毕咾……"。这时主要单纯表达时间先后的功能；前一分句里也可以不出现"先"，后一分句直接由"毕咾"表对前一情况的承接，同时使前一分句有表达事件原因，进行前后对比等因果意味。如：

（83）你先去交钱，毕咾在这排队_{完了在这里排队}。

（84）我先去看老师_{我先去看望老师}，毕咾我们在大门上见_{完了我们大门口见}。

（85）我今天在外头吹咾些风，毕咾就害咾病咾_{结果就生病了}。

（86）他自己不好好搞，毕咾还说我们不给他帮忙。

"头开始……最后……"相当于"刚开始……后来……"，可以用来表达先后承接，同时使前后分句有进行对比的含义。

（87）头开始这种菜好卖，最后（市面上）太多咾就卖不出去咾。

（88）头开始这个娃还乖，最后直接闹的哄不住咾。

（89）好多饭馆都是，头开始搞的还可以，最后越来越撇_{越来越差}。

三 递进句

汉中常用表递进关系的有"要说"类和"不说"两类，有"要说……连……""……，再要说是……"，"……不说咾，还……""不说不……反倒/倒转……"等。

"要说……连……"表示程度由低到高、情况由弱到强的递进。"要说"一定出现，"连"不一定出现，这时由后一分句的语义内容描述在前一分句基础上的递进。

（90）甭说是你这身体，连我都稀乎戚不住连我都差点撑不住。

（91）甭说是汉中，就城里县城里都没去过。

（92）甭说是叫伢出钱别说让人家给钱了，伢连到跟前来都不来人家根本不到跟前来。

（93）甭说是没得啥事别说是没啥事情，就有个啥事我们也不害怕就算有什么事我们也不怕。

"……都……，再甭说……"表示程度由低到高、情况由弱到强的递进。

（94）啥不得了的人我都见过什么了不起的人我都见过，再甭说就是个他更别说只是个他。

（95）多少罪都受咾多少罪都受过了，再甭说现在这条件还越好咾更别说现在这条件还更好了。

（96）亲妈都经管不过来亲妈都照顾不过来，再甭说是后妈更别说是后妈。

"……不说咾，还……"表示程度由低到高、情况由弱到强的递进。

（97）这个媳妇懒的要命不说咾这个媳妇懒得要命且不说，手还撒的很花钱还大手大脚。

（98）一分钱没挣不说咾一分钱不挣且不说，恐怕还得往里头倒□pia[55]哩可能还得往里面倒贴呢。

（99）屋里条件不行不说咾且不说家里条件不行，人还是个病秧秧还是个病人。

"不说……倒转/反倒……"表示程度由低到高、情况由弱到强的递进，同时还强调前后分句内容的对比。

（100）这娃不说给大人帮忙，倒转在这添乱。

（101）提咾半天的意见，不说往好里改，倒转整的越来越撒。

（102）看咾这一向的病，不说没好，倒转给严重咾。

（103）搞咾这一年，不说没挣下且不说没挣下钱，倒转还赔咾反倒还赔了钱。

四 选择句

普通话选择句主要用"或者……或者……"表示任意和主观的选择，用"要么……要么……"表示必须性的选择。汉中方言用"不管……不管……"或"看是……看是……"表示任意主观的选择，"要么……要么……"或"不咾……不咾……"表示必须性的选择。

"不管……不管……"或"看是……看是……"用于任意和主观的选择，听话人可以在前后分句表达的内容中任意选择，还可以在给出的选项之外进行另外的选择。除了"不管"或"看是"引出的分句之外，还常需要有后续的句子来陈述最终选择的情况。如：

（104）不管出去打工，不管做个啥生意，总之得想一下，蛮一天蹲到屋里_{不能整天待在家里}。

（105）不管吃中餐，不管吃火锅，热热闹闹的就对咾_{只要热闹就行了}。

（106）看是学毛笔呀么，看是学钢笔，再叫娃想一下_{再让孩子想想}。

（107）采茶会_{一年一度的采春茶仪式}看是这周搞么，看是下周搞_{是这周办，还是下周办}，看你们_{根据你们的情况}，我们都得行_{我们都可以}。

"要么……要么……"或"不咾……不咾……"表示必须性的选择。根据实际情况，说话人提供的选项中必然应当实现一种。除了"要么"或"不咾"引出的分句之外，由前置的或后续的句子来陈述必须选择的原因。如：

（108）你要么种成胡豆_{蚕豆}，要么种成菜码_{油菜}，总之得赶紧种上。

（109）他这阵也没得其他办法_{他现在也没有其他办法}，要么就自己搞_{要么自己干}，要么就得听伢的_{要么就得听人家的}。

（110）这种大筐不咾是拿篾子_{竹篾条}编的，不咾是拿藤藤_{藤条}编的，哪有拿苇子_{芦苇杆}编的。

（111）好好价做饭，不咾炖点汤_{炖肉汤}，不咾熬些菜_{烧熬菜}，要光做兀些没医的_{别光做那些没营养的饭}。

第三节　转折类复句

一　转折句

汉中方言表转折时，主要有以下几种。第一种是最常用的，用"就是"来表达较轻微的转折。整句来看，表达转折的态度是明确的，但用词比较含蓄委婉，不像"但是"那样直接和明确。新派用"虽然说……但是（啦/来/呦/噢）……"等用词和普通话很一致。有时新老派的用词也混合搭配使用。如：

（112）老张这活路做得好得很咾_{老张这活计做得很好了}，就是看来看去，觉得还争点啥_{觉得还欠点什么}。

（113）这两年屋里条件算是可以咾_{这两年家里条件算是挺好了}，就是娃们老没在_{就是孩子们总不在家}，觉得一天没搞场的很_{觉得一天很没意思}。

（114）这阵看倒起是修好咾_{现在看起来是修好了}，就是害怕后头要出啥问题_{就是怕后面别出什么问题}。

（115）虽然说他这阵同意咾_{虽然他现在是同意了}，就是看得来还有点心欠欠的_{就是能看出来还是有点不甘心}。

（116）虽然说是伢早都在西安把房买咾_{虽然说人家早就在西安买了房子}，但是这两年做生意还是在汉中的多_{但是这两年做生意还是在汉中居多}。

（117）虽然说是已经上咾大学咾，但是啦，还是得好好价学习哩。

第二种是"要看/看倒起……实际上……"结构，转折表达得比较明确。前一分句描述事物表面的现象，后一分句由"实际上"引出前面相反的另一种情况，从而完成转折。"实际上"根据语境可以省略。如：

（118）要看他一天笑眯兮兮的_{别看他一天笑嘻嘻的}，实际上兀日子过的焦人倒_{实际上那日子过的焦心着呢}。

（119）你要看就这一点点菜园子_{你别看就这一点点菜园子}，实际上一年价挣些钱哩_{实际上一年能挣不少钱呢}。

（120）你要看伢一天穿得不行，伢屋里条件好得很_{人家家里条件好得很}。

（121）这苹果看倒起可以看起来不错，实际上心心都是烂的。

（122）这东西看倒起对倒的看起来好着呢，用过几天才知道瞎咾坏了。

第三种是"光说是……，……"结构，用的范围比前两种小，转折也比较弱，主要用于前句描述事物为人知的一面，后一分句转折到事物不为人知的另一面，同时也解释说明前句情况产生的原因。如：

（123）光说是伢考第一哩么光知道人家考了第一，你看伢下的啥功夫你看人家下得什么功夫。

（124）光说是当领导倒的表面上看是当领导着呢，实际上是在受罪哩。

（125）光说是他在外头打工去咾只知道他到外地打工去了，这阵才知道是遭咾这们大个罪现在才知道是遭了这么大个罪。

（126）光说是他给离咾婚咾，搞老半天才是这个价搞了半天原来是这么回事。

二　让步句

普通话让步句使用标志性关联词语"即使……也……"。汉中方言主要使用第一种"就……也……"结构。"就"单用时用法与"就算"相当，特点是常搭配为"就再""就打"等组合引出表让步的分句。现在新派年轻人已经开始用"就算"替代"就"。如：

（127）就你再歪就算你再厉害，你也得听一下大家是咋说的你也要听一下大家的意见。

（128）就明天不放假就算明天不放假，我也得在屋里歇一天。

（129）这回就再辛苦这回就算再辛苦，我们也得咸住。

（130）你就再不服气你就算再不服气，也要当场跟伢翻脸也别当场跟人家翻脸。

（131）挣的哪有一百块钱。就打有一百就算有一百，我们也亏倒的我们也亏着呢。

（132）就打他今年五十五就算他今年五十五，那离退休也还早哩。

第二种是"再知道……还不及……"结构。这个结构前一分句表达让步，后一分句表达转折。前一分句的语气词主要用"噻"，虚拟语气明显，语义上表示对现实情况的后悔和不满，提出假设的一种理想情况。如：

（133）再知道花辣菜这们肯烂噻要是知道花辣菜这么容易烂，还不及买成芹菜。

（134）再知道这阵叫他噘一顿噻要是知道现在被他训一顿，还不及甭叫他知道还不如别让他知道。

（135）再知道今年猪肉这个价噻要是知道今年猪肉价（这么低）的话，还不及甭养。

三　假转句

假转句含有假设、否定和逆转三个主要元素。汉中方言假转句主要有"不咾"和"再不是"两类。

第一种，前一分句用"亏咾/幸亏"，也可以不用关联词直接陈述一个已发生的事实内容。后一分句主要用"不咾/不是噻"表达否定和逆转，陈述如果没有发生前一事实的话，就会成为的另外一个事实的内容。如：

（136）亏咾你来的早幸亏你来得早，不咾就没处坐咾不然就没地方坐了。

（137）幸亏我上天把炭买下咾幸亏我前几天把木炭买了，不咾这进咾九冷得着不住不然这进九了冷得不行。

（138）我们早早把房买下咾，不是噻这阵直接贵的没法不然现在简直贵的没法。

（139）我们买的菜多，不是噻这几天肯定不得够吃不然这几天肯定不够吃。

第二种，前一分句用"肯定/保证……"，后一分句用"（要）不咾（咋）……"结构主要是根据已知结果来推断原因，"肯定/保证"常在前一分句。"不咾""要不咾"同义，加上"咋"，相当于"不然怎么……""要不然怎么……"。

（140）昨天黑咾肯定下咾雨的昨晚一定下雨了，（要）不咾地下都是湿的不然怎么地上都是湿的。

(141）兀个瞎㑬保证知道这事情哩那个坏家伙一定知道这事情呢，（要）不咋咋早早跑咾不然怎么早早跑了。

（142）老王保证是怄气咾老王一定是生气了，不咋也不得坐倒兀不开腔不然也不会坐在那里不说话。

（143）肯定是吃瞎眼咾一定吃坏了，不咋也不得肚子疼不然也不会半夜肚子疼。

第十三章

语料标音

第一节　语法例句

1. 谁呀？我是老三。
   谁个？我是老三。
   sei⁴² kɤ⁰？ŋ ɤ³⁵ sɿ²¹ lao³⁵ san⁵⁵。

2. 老四呢？他正跟一个朋友说着话呢。
   老四啦？
   lao³⁵ sɿ²¹ la³⁵？
   他跟他一个朋友说话哩。
   tʰa⁵⁵ kən⁵⁵ tʰa²¹ i²¹ kɤ²¹ pʰəŋ⁴² iəu³⁵ suɤ⁵⁵ xua²¹ li³⁵。

3. 他还没有说完吗？
   他还没说毕哩么？
   tʰa⁵⁵ xai⁴² mɤ⁴² suɤ⁵⁵ pi⁵⁵ li⁰ ma⁵⁵？

4. 还没有。大约再有一会儿就说完了。
   没有哩。
   mɤ⁴² iəu³⁵ li⁰，
   恐怕再得一下就毕咾。
   kʰoŋ³⁵ pʰa²¹ tsai²¹ tei⁵⁵ i²¹ xa⁰ təu²¹ pi⁵⁵ lao⁰。

5. 他说马上就走，怎么这么半天了还在家里呢？

他说马上就走哩来，

tʰa⁵⁵ suɤ⁵⁵ ma³⁵ ʂaŋ⁰ təu²¹ tsəu³⁵ li⁰ lai⁰，

哪们半天咾还在屋里哩？

la³⁵ mən⁰ pan²¹ tʰian⁵⁵ lao⁰ xai⁴² tsai²¹ u⁵⁵ li⁰ li⁰？

6. 你到哪儿去？我到城里去。

你在哪去呀？

ȵi³⁵ tsai²¹ la³⁵ tɕʰi²¹ ia³⁵？

我在城里去一下。

ŋ ɤ³⁵ tsai³⁵ tʂʰən⁴² li⁰ tɕʰi²¹ i²¹ xa⁰。

7. 在那儿，不在这儿。

在兀里，没在这。

tsai³⁵ uɤ²¹ li³⁵，mɤ⁴² tsai³⁵ tʂ ɤ²¹³。

8. 不是那么做，是要这么做的。

不是兀个价的，得这们价。

pu²¹ sʅ²¹ uɤ²¹ kɤ³⁵ tɕia⁰ ti⁰，tei⁵⁵ tʂ ɤ²¹ mən³⁵ tɕia⁰。

9. 太多了，用不了那么多，只要这么多就够了。

太多了，要不到兀们多，有这些子就够了。

tʰai²¹ tuɤ⁵⁵ lao⁰，iao²¹ pu²¹ tao³⁵ uɤ²¹ mən⁰ tuɤ⁵⁵，iəu³⁵ tʂ ɤ²¹ ɕiE³⁵ tsʅ⁰ təu²¹ kəu²¹ lao³⁵。

10. 这个大，那个小，这两个哪一个好一点儿呢？

这个大，兀个小，这两个哪个好？

tʂ ɤ²¹ kɤ⁰ ta²¹³，uɤ²¹ kɤ⁰ ɕiao³⁵⁴，tʂ ɤ²¹ liaŋ³⁵ kɤ⁰ la³⁵ kɤ⁰ xao³⁵⁴？

11. 这个比那个好。

这个比兀个好。

tʂ ɤ²¹ kɤ³⁵ pi³⁵ uɤ²¹ kɤ³⁵ xao³⁵⁴。

12. 这些房子不如那些房子好。

这些房没得兀些房好。

tʂ ɤ²¹ ɕiE³⁵ faŋ⁴² mɤ⁴² ti⁰ uɤ²¹ ɕiE³⁵ faŋ⁴² xao³⁵⁴。

13. 这句话用汉中话怎么说？

这个话拿汉中话咋说？

tʂɤ²¹ kɤ³⁵ xua²¹ la⁴² xan²¹ tsoŋ³⁵ xua²¹ tsa³⁵ suɤ⁵⁵。

14. 他今年多大岁数？

他今年有多大年龄咾？

tʰa⁵⁵ tɕin⁵⁵ ȵian⁰ iəu³⁵ tuɤ⁵⁵ ta³⁵ ȵian⁴² lin⁴² lao⁰？

15. 大概有三十来岁罢。

恐怕三十多岁。

kʰoŋ³⁵ pʰa²¹ san⁵⁵ ʂʅ⁰ tuɤ⁵⁵ suei²¹³。

16. 这些东西有多重呢？

这些东西有多重？

tʂɤ²¹ ɕiɛ³⁵ toŋ⁵⁵ ɕi⁰ iəu³⁵ tuɤ⁵⁵ tsoŋ²¹³？

17. 有五十斤重呢！

五十斤哩！

u³⁵ ʂʅ⁰ tɕin⁵⁵ li⁰！

18. 拿得动吗？

拿得动吧？

la⁴² ti⁰ toŋ²¹ pa³⁵？

19. 我拿得动，他拿不动。

我拿得动，他拿不动。

ŋɤ³⁵ la⁴² ti⁰ toŋ²¹³，tʰa³⁵ la⁴² pu⁰ toŋ²¹³。

20. 真不轻，重得连我都拿不动了。

重得很，重得我都拿不动咾。

tsoŋ²¹ ti⁰ xən³⁵⁴，tsoŋ²¹ ti⁰ ŋɤ³⁵ təu⁰ la⁴² pu⁰ toŋ²¹ lao³⁵。

21. 你说得很好，你还会说点什么呢？

你说得好的很，你还会说些啥吧？

ȵi³⁵ suɤ⁵⁵ ti⁰ xao³⁵ ti⁰ xən³⁵，ȵi³⁵ xai⁴² xuei²¹ suɤ⁵⁵ ɕiɛ⁰ sa²¹ pa³⁵？

22. 我嘴笨，我说不过他。

我嘴巴笨，我说不过他。

ŋɤ³⁵ tsuei³⁵ pa⁰ pən²¹³，ŋɤ³⁵ suɤ⁵⁵ pu⁰ kuɤ²¹ tʰa³⁵。

23. 说了一遍，又说了一遍。

    说了一道，又说了一道。

    suɤ⁵⁵ lao⁰ i²¹ tao²¹³，iəu²¹ suɤ⁵⁵ lao⁰ i²¹ tao²¹³。

24. 请你再说一遍！

    请你再说一道！

    tɕʰin³⁵ n̪i³⁵ tsai²¹ suɤ⁵⁵ i²¹ tao²¹³！

25. 不早了，快去罢！

    迟了，赶紧去！

    tsʰʅ⁴² lao⁰，kan³⁵ tɕin³⁵ tɕʰi²¹³！

26. 现在还早着呢。等一会儿再去罢。

    这阵还早倒的。等一下再去噻。

    tʂɤ²¹ tʂən⁰ xai⁴² tsao³⁵ tao⁰ ti⁰，təŋ³⁵ i²¹ xa⁰ tsai³⁵ tɕʰi²¹ sai⁰。

27. 吃了饭再去好罢？

    吃了饭再去噻？

    tʂʰʅ⁵⁵ lao⁰ fan²¹³ tsai³⁵ tɕʰi²¹ sai⁰？

28. 慢慢儿的吃啊！不要急！

    慢慢吃！要急！

    man³⁵ man²¹ tʂʰʅ⁵⁵，pao⁴² tɕi⁴²！

29. 坐着吃比站着吃好些。

    坐倒吃比站倒吃好么。

    tsuɤ²¹ tao⁰ tʂʰʅ⁵⁵ pi³⁵ tsan²¹ tao⁰ tʂʰʅ⁵⁵ xao³⁵ maŋ⁰。

30. 他吃了饭了，你吃了饭没有呢？

    他把饭吃了，你吃了吧？

    tʰa³⁵ pa²¹ fan²¹ tʂʰʅ⁵⁵ lao⁰，n̪i³⁵ tʂʰʅ⁵⁵ lao⁰ pa⁰？

    他吃了，你吃了吧？

    tʰa³⁵ tʂʰʅ⁵⁵ lao⁰，n̪i³⁵ tʂʰʅ⁵⁵ lao⁰ pa⁰？

31. 他去过上海，我没有去过。

    他去过上海，我没去过。

    tʰa³⁵ tɕʰi²¹ kuɤ⁰ ʂaŋ²¹ xai³⁵，ŋɤ³⁵ mɤ⁴² tɕʰi²¹ kuɤ³⁵。

32. 来闻闻这朵花香不香。

    来闻下这朵花香吧？

    lai⁴² uən⁴² xa⁰ tʂ ɤ²¹ tuɤ³⁵ xua⁵⁵ ɕiaŋ⁵⁵ pa⁰？

33. 给我一本书。

    给我一本书。

    kei²¹ ŋ ɤ³⁵ i²¹ pən³⁵ su⁵⁵。

34. 我实在没有书嘞！

    我真的没得书！

    ŋ ɤ³⁵ tsən⁵⁵ ti⁰ mɤ²¹ ti⁵⁵ su⁵⁵！

35. 你告诉他。

    你给他说。

    ȵi³⁵ kei²¹ tʰa⁵⁵ suɤ⁵⁵。

36. 好好儿地走，不要跑！

    好好价走，要跑！

    xao³⁵ xao³⁵ tɕia⁰ tsəu³⁵⁴，pao⁴² pʰao³⁵⁴！

37. 小心跌下去爬也爬不上来！

    小心绊下去爬不上来咾！

    ɕiao³⁵ ɕin⁰ pan²¹ xa³⁵ tɕʰi⁰ pa⁵⁵ pu⁰ ʂaŋ²¹ lai³⁵ lao⁰！

38. 医生叫你多睡一睡。

    大夫叫你多睡一下。

    tai²¹ fu³⁵ tɕiao²¹ ȵi³⁵ tuɤ⁵⁵ suei²¹ i⁰ xa⁰。

39. 吸烟或者喝茶都不行。

    抽烟，喝茶都不得行。

    tʂʰəu⁵⁵ ian⁵⁵，xɤ⁵⁵ tsʰa⁴² təu⁵⁵ pu²¹ tei⁵⁵ ɕin⁴²。

40. 烟也好，茶也好，我都不喜欢。

    烟跟茶，我都不喜欢。

    ian⁵⁵ kən⁵⁵ tsʰa⁴²，ŋ ɤ³⁵ təu⁵⁵ pu²¹ ɕi³⁵ xuan⁰。

41. 不管你去不去，反正我是要去的。

    不管你去不去，反正我是得去。

pu²¹ kuan³⁵ ȵi³⁵ tɕʰi²¹ pu⁰ tɕʰi²¹³，fan³⁵ tʂən⁰ ŋ ɤ³⁵ sɿ²¹ tei⁵⁵ tɕʰi²¹³。

42. 我非去不可。

    我非去不可。

    ŋ ɤ³⁵ fei⁵⁵ tɕʰi²¹ pu²¹ kʰɤ³⁵⁴。

43. 你是哪一年来的？

    你哪一年来的？

    ȵi³⁵ la³⁵ i²¹ ȵian⁴² lai⁴² ti⁰？

44. 我是前年来的汉中。

    我是前年来汉中的。

    ŋ ɤ³⁵ sɿ²¹ tɕʰian⁴² ȵian⁰ lai⁴² xan²¹ tsoŋ³⁵ ti⁰。

    我是前年到汉中来的。

    ŋ ɤ³⁵ sɿ²¹ tɕʰian⁴² ȵian⁰ tao²¹ xan²¹ tsoŋ³⁵ lai⁴² ti⁰。

45. 今天开会谁主持？

    今天的会谁个主持？

    tɕin⁵⁵ tʰian⁰ ti⁰ xuei²¹³ sei⁴² kɤ⁰ tsu³⁵ tʂʰɿ⁰？

46. 你得请我的客。

    你得把我请一下。

    ȵi³⁵ tei⁵⁵ pa²¹ ŋ ɤ³⁵ tɕʰin³⁵ i⁰ xa²¹³。

47. 一边走，一边说。

    旋走旋说。

    ɕyan²¹ tsəu³⁵ ɕyan²¹ suɤ⁵⁵。

第二节　歇后语，谚语

1. 碓窝里摊摊馍，心厚。

   tuei²¹ uɤ³⁵ li⁰ tʰan⁵⁵ tʰan⁵⁵ mɤ⁰，ɕin⁵⁵ xəu²¹³。

   形容人心太贪婪。

2. 老太婆上梯子，不扶（服）不行。

   lao³⁵ tʰai²¹ pʰɤ³⁵ ʂaŋ²¹ tʰi⁵⁵ tsɿ⁰，pu²¹ fu⁴² pu²¹ ɕin⁴²。

表示很服气。

3. 差人的沟子，挨的。

tsʰai⁵⁵ ẓən⁰ ti⁰ kəu⁵⁵ tsʅ⁰，ŋai⁴² ti⁰。

形容事情很肯定。

4. 一屋里人害眼，瞎完了。

i²¹ u⁵⁵ li⁰ ẓən⁴² xai²¹ ȵian³⁵，xa⁵⁵ uan⁴² lao⁰。

形容人特别坏，或者事情坏了，麻烦大了。

5. 半夜里吃柿子，捡炮的捏。

pan³⁵ iɛ²¹ li⁰ tʂʰʅ⁵⁵ sʅ²¹ tsʅ³⁵，tɕian³⁵ pʰa⁵⁵ ti⁰ ȵiɛ⁵⁵。

形容专门挑弱小欺负。

6. 脖脐窝里生娃，打捷路。

pu²¹ tɕi⁰ uɤ³⁵ li⁰ sən⁵⁵ ua⁴²，ta³⁵ tɕiɛ⁴² lu⁰。

形容做事抄近道。有找到简便方法的意思，也有讽刺耍小聪明的意思。

7. 聋子的耳刮，样样子。

loŋ⁴² tsʅ⁰ ti⁰ ər³⁵ kua⁰，iaŋ²¹ iaŋ³⁵ tsʅ⁰。

形容不起作用的样子货。可以形容人，也可以形容事。

8. 瓜娃子进面店，给啥吃啥。

kua³⁵ ua⁴² tsʅ⁰ tɕin³⁵ mian³⁵ tian²¹³，kei²¹ sa³⁵ tʂʰʅ⁵⁵ sa⁰。

形容不挑不拣，听从安排。

9. 秃子头上摸一把，没发（法）。

tʰu⁵⁵ tsʅ⁰ tʰəu⁴² ʂaŋ⁰ mɤ⁵⁵ i²¹ pa³⁵，mɤ⁴² fa⁵⁵。

形容没有一点办法。

10. 秃娃子剃头，白葬钱。

tʰu⁵⁵ ua⁰ tsʅ⁰ tʰi³⁵ tʰəu⁴²，pei⁴² tsaŋ²¹³ tɕʰian⁴²。

形容事情不值得做，白花钱。

11. 秃娃子头上一颗虱，明赞赞地。

tʰu⁵⁵ ua⁰ tsʅ⁰ tʰəu⁴² ʂaŋ⁰ i²¹ kɤ⁵⁵ sei⁵⁵，min⁴² tsan²¹ tsan³⁵ ti⁰。

形容事情明摆着，不需要解释。

12. 秃娃脑壳上顶豌豆，稀里呼噜。

    tʰu⁵⁵ua⁰lao³⁵kʰɤ⁰ʂaŋ⁰tin³⁵uan⁵⁵təu⁰，ɕi⁵⁵li⁰xu⁵⁵lu⁰。

    形容事物不稳当，事情办的危险，不靠谱。

13. 瘸子的沟子，翘（俏）货。

    tɕʰyɤ⁴²tsʅ⁰ti⁰kəu⁵⁵tsʅ⁰，tɕʰiao³⁵xuɤ²¹³。

    形容事物珍稀，或很吃香，红火。

14. 筷子擀面，能破了。

    kʰuai²¹tsʅ⁰kan³⁵mian²¹³，lən⁴²pʰɤ²¹lao³⁵。

    讽刺别人能干。

15. 茅坑里的瓦片子，有几个臭片片。

    mao⁴²kʰən⁰li⁰ti⁰ua³⁵pʰian⁰tsʅ⁰，iəu³⁵tɕi³⁵kɤ⁰tʂʰəu²¹pʰian³⁵pʰian⁰。

    形容别人别的不行，就是有几个臭钱。

16. 月经带上的虱，红人。

    yɤ⁵⁵tɕin⁰tai²¹ʂaŋ³⁵ti⁰sei⁵⁵，xoŋ⁴²ʐən⁴²。

    讽刺出头露面展示的多，常被领导赞扬和关注的焦点人物。

17. 疥疤子的脊背，有点点。

    kai²¹pa³⁵tsʅ⁰ti⁰tɕi⁴²pei⁰，iəu³⁵tian³⁵tian⁰。

    暗示某个人物有高层社会关系和背景。

18. 青蛙跳到尿坑里，不咚（不懂）。

    tɕʰin⁵⁵ua⁰tʰiao²¹tao⁰ȵiao²¹kʰən³⁵li⁰，pu²¹toŋ³⁵。

    无论实际懂不懂，当面表示不懂。常含有拒绝态度。

19. 山里人送饭，冷苕一罐。

    san⁵⁵li⁰ʐən⁰soŋ³⁵fan²¹³，lən³⁵ʂao⁴²i²¹kuan²¹³。

    讽刺人是冷苕二杆子。

20. 死人的沟子，冷洞。

    sʅ³⁵ʐən⁰ti⁰kəu⁵⁵tsʅ⁰，lən³⁵toŋ²¹³。

    形容事物是冷门，不要轻易尝试。

21. 肩膀上架火笼，脑（恼）火。

    tɕian⁵⁵paŋ⁰ʂaŋ⁰tɕia²¹xuɤ³⁵loŋ⁰，lao³⁵xuɤ³⁵⁴。

事情棘手，恼火。

22. 背上案板下河，装鳖不圆。

pei⁵⁵ ʂaŋ⁰ ŋan²¹ pan³⁵ ɕia³⁵ xɤ⁴² , tsuaŋ⁵⁵ piᴇ⁵⁵ pu²¹ uan⁴²。

讽刺别人学样子做事或做人，结果装都装不像。

23. 母鸡找窝，蛋（淡）事。

mu³⁵ tɕi⁰ tsao³⁵ uɤ⁵⁵ , tan³⁵ sʅ²¹³。

形容事情无关紧要，不着急。

24. 精沟子撑狼，丢人现眼。

tɕin⁵⁵ kəu⁵⁵ tsʅ⁰ ȵiaŋ³⁵ laŋ⁴² , tʰiəu⁵⁵ zən⁴² ɕian²¹ ȵian³⁵⁴。

丢人现眼。

25. 砂锅踏蒜，一锤子买卖。

sa⁵⁵ kuɤ⁵⁵ tʰa⁴² suan²¹³ , i²¹ tsʰuei⁴² tsʅ⁰ mai³⁵ mai⁰。

形容一锤子买卖，只打一次交道。

26. 十个说的，不及一个丑的。

ʂʅ⁴² kɤ⁰ suɤ⁵⁵ ti⁰ , pu²¹ tɕi⁵⁵ i²¹ kɤ⁰ tuɤ⁵⁵ ti⁰。

十个说好话的，顶不住一个说坏话的。

27. 巷子里抬轿子，直来直去。

xaŋ⁵⁵ tsʅ⁰ li⁰ tʰai⁴² tɕiao²¹ tsʅ³⁵ , tʂʅ⁴² lai⁴² tʂʅ⁴² tɕʰi²¹³。

解释：形容直来直去，不绕弯。

28. 䌂条贯豆腐，提不得。

mi⁴² tʰiao⁰ kuan⁵⁵ təu²¹ fu³⁵ , tʰi⁴² pu²¹ ti⁰。

形容人或事情有很多隐情不能提，或者提不上串，摆不上台面。

29. 疥疤子支桌子，硬成。

kai²¹ pa³⁵ tsʅ⁰ tsʅ⁵⁵ tsuɤ⁵⁵ tsʅ⁰ , ȵin³⁵ ʂən⁴²。

比喻没力气也得硬撑着。

30. 一刀划到沟门子上，咸住。

i²¹ tao⁵⁵ xua⁵⁵ tao⁰ kəu⁵⁵ mən²¹ tsʅ⁰ ʂaŋ⁰ , ʂən⁴² tsu⁰。

比喻无法为外人道，只能自己暗暗撑住。

31. 叫花子烤火，各顾各。

tɕiao²¹xua³⁵tsʅ⁰kʰao³⁵xuɤ³⁵⁴，kɤ⁵⁵ku²¹kɤ⁵⁵。

只能自己顾自己，管不了旁人。

32. 叫花子过年，要啥没啥。

tɕiao²¹xua³⁵tsʅ⁰kuɤ³⁵ȵian⁴²，iao²¹sa⁵⁵mɤ⁵⁵sa⁰。

比喻要啥没啥。

33. 黄泥巴糊到裤裆里，不是屎也是屎。

xuaŋ⁴²ȵi⁴²pa⁰xu⁵⁵tao⁰kʰu²¹taŋ³⁵li⁰，pu²¹sʅ²¹sʅ³⁵iE³⁵sʅ²¹sʅ³⁵⁴。

比喻有理也说不清。

34. 校场坝的土地爷，管的宽。

tɕiao²¹tʂʰaŋ³⁵pa⁰ti⁰tʰu³⁵ti⁰iE⁴²，kuan³⁵ti⁰kʰuan⁵⁵。

讽刺别人管的宽。

35. 精沟子撵贼，胆大脸厚。

tɕin⁵⁵kəu⁵⁵tsʅ⁰ȵian³⁵tsei⁴²，tan³⁵ta²¹lian³⁵xəu²¹³。

形容胆大脸厚。

36. 黄瓜打锣，去了一截。

xuaŋ⁴²kua⁰ta³⁵luɤ⁴²，tɕʰi²¹lao³⁵i²¹tɕiE⁴²。

形容事物已经过去了一大半。

37. 木脑壳壅火，焦人。

mu⁵⁵lao⁰kʰɤ⁰uoŋ⁵⁵xuɤ³⁵，tɕiaozən⁴²。

用木偶烧火，木头人烧焦了。比喻心里着急的样子。

38. 乌梢蛇进店子，长（常）客。

u⁵⁵sao⁰ʂɤ⁴²tɕin²¹tian²¹tsʅ³⁵，tʂʰaŋ⁴²kʰei⁰。

比喻常客。

39. 疥疤子吃豇豆，悬吊吊的。

kai²¹pa³⁵tsʅ⁰tʂʰʅ⁵⁵tɕiaŋ⁵⁵təu⁰，ɕyan⁴²tiao²¹tiao⁰ti⁰。

比喻事情办得不稳当，很悬。

40. 蛐蟮的腰杆，硬不起来。

tɕʰy⁵⁵ʂan⁰ti⁰iao⁵⁵kan⁰，in²¹pu²¹tɕʰiE³⁵lai⁰。

腰杆不硬，比喻没有底气。

41. 跟上好人学好人，跟上端公学跳神。

kən⁵⁵ şaŋ⁰ xao³⁵ zˌən⁰ çyɤ⁴² xao³⁵ zˌən⁰ kən⁵⁵ şaŋ⁰ tuan⁵⁵ koŋ⁰ çyɤ⁴² tʰiao³⁵ şən⁴²。

形容近朱者赤，近墨者黑。

42. 上梁不正下梁歪，中梁不正倒下来。

şaŋ³⁵ liaŋ⁴² pu²¹ tşən²¹ çia³⁵ liaŋ⁴² uai⁵⁵，tsoŋ⁵⁵ liaŋ²¹ pu²¹ tşən²¹ tao³⁵ xa⁰lai⁰。

43. 吃不穷，穿不穷，计划不周一世穷。

tşʰʅ⁵⁵ pu²¹ tçʰioŋ⁴²，tsʰuan⁵⁵ pu²¹ tçʰioŋ⁴²，tçi³⁵ xua²¹³ pu²¹ tşəu⁵⁵ i⁴² şʅ²¹ tçʰioŋ⁴²。

44. 三天不打，上房揭瓦。

san⁵⁵ tʰian⁵⁵ pu²¹ ta³⁵⁴，şaŋ³⁵ faŋ⁴² tçiɛ⁵⁵ ua³⁵⁴。

45. 小洞不补，大了尺五。

çiao³⁵ toŋ²¹³ pu²¹ pu³⁵，ta²¹ lao⁰ tşʰʅ⁵⁵ u³⁵⁴。

洞小的时候不补起来，就会变成一尺五那么大。

46. 桃三杏四梨五年，枣树当年就见钱。

tʰao⁴² san⁵⁵ xən³⁵ sʅ²¹ li⁴² u³⁵ n̪ian⁴²，tsao³⁵ su²¹³ taŋ⁵⁵ n̪ian⁴² təu³⁵ tçian³⁵ tçʰian⁴²。

47. 狗看星星一灿明。

kəu³⁵ kʰan²¹ çin⁵⁵ çin⁰ i²¹ tsʰan³⁵ min⁴²。

比喻像狗看星星一样，看了什么也不懂。

48. 铺盖翻起盖，日弄虱子走远路。

pʰu⁵⁵ kai⁰ fan⁰ tçʰiɛ⁰ kai²¹³，zʅ⁵⁵ loŋ⁰ sei⁵⁵ tsʅ⁰ tsəu³⁵ yan²¹ lu³⁵。

被子反着盖，让虱子绕路走。

49. 扯门神擦沟子，糟蹋神仙。

tşʰɤ³⁵ mən⁴² şən⁰，tsʰa⁵⁵ kəu⁵⁵ tsʅ⁰，tsao⁵⁵ tʰa⁰ şən⁴² çian⁰。

用门神画擦屁股，比喻大材小用，亵渎尊贵。

50. 麻雀吃胡豆，不跟屁眼子商量。

ma⁴² tçyɤ⁰ tşʰʅ⁵⁵ xu⁴² təu⁰，pu²¹ kən⁵⁵ pʰi²¹ n̪ian³⁵ tsʅ⁰ şaŋ⁵⁵ liaŋ⁰。

51. 上坟拿扳手，修（羞）先人。

ʂaŋ³⁵ fən⁴² la⁴² pan⁵⁵ ʂəu⁰，ɕiəu⁵⁵ ɕian⁵⁵ zʅn⁰。

52. 坟院上烧报纸，哄鬼。

fən⁴² yan⁰ ʂaŋ⁰ ʂao⁵⁵ pao²¹ tsʅ²¹³，xoŋ³⁵ kuei³⁵⁴。

53. 倒拐子上插针，戳拐。

tao²¹ kuai⁰ tsʅ⁰ ʂaŋ⁰ tsʰa⁵⁵ tʂən⁵⁵，tsʰuɤ⁵⁵ kuai³⁵⁴。

胳膊肘上插针，戳到胳膊肘。比喻闯祸，捅娄子。

54. 太阳坝里晒脊背，阴肚子。

tʰai²¹ iaŋ⁰ pa⁰ li²¹ sai³⁵ tɕi⁴² pei⁰，in⁵⁵ tu⁰ tsʅ⁰。

比喻嘴上不说心里谋划的人。

55. 月亮坝坝里打手电，不要天亮（良）。

yɤ⁵⁵ liaŋ⁰ pa²¹ pa⁰ li⁰ ta³⁵ ʂəu³⁵ tian²¹³，pu²¹ iao²¹ tʰian⁵⁵ liaŋ⁰。

月亮地里打手电筒。讽刺人没良心。

第三节　故事

北风跟太阳

有一回，北风跟太阳在那儿争论谁的本事大。争来争去就是分不出高低来。这时候路上来了个走道儿的，他身上穿着件厚大衣。他们俩就说好了，谁能先叫这个走道儿的脱下他的厚大衣，就算谁的本事大。北风就使劲的刮起来了，不过他越是刮得厉害，那个走道儿的把大衣裹得越紧。后来北风没法儿了，只好就算了。过了一会儿，太阳出来了。他火辣辣的一晒，那个走道儿的马上就把那件厚大衣脱下来了。这下儿北风只好承认，他们俩当中还是太阳的本事大。

北风跟太阳

pei⁵⁵ fəŋ⁵⁵ kən⁵⁵ tʰai²¹ iaŋ³⁵

有一回，北风跟太阳在兀里争将谁的本事大。争将了半天，分不出个输赢。

iəu³⁵i²¹xuei⁴², pei⁵⁵fəŋ⁵⁵kən⁵⁵tʰai²¹iaŋ³⁵tsai²¹uɤ²¹li⁰tsən⁵⁵tɕiaŋ⁰sei⁴²ti⁰pən³⁵sʅ⁰ta²¹³。tsən⁵⁵tɕiaŋ⁰lao⁰pan²¹tʰian⁵⁵, fən⁵⁵pu⁴²tsʰu⁵⁵kɤ⁰su⁵⁵in⁴²。

这时候来了个过路的,他身上穿了一件厚袄袄。

tʂɤ³⁵ sʅ⁴²xəu⁰lai⁴²lao⁰kɤ⁰kuɤ³⁵lu²¹ti³⁵, tʰa⁵⁵ʂən⁵⁵ʂaŋ⁰tsʰuan⁵⁵lao⁰i⁴²tɕian²¹³xəu²¹ŋao³⁵ŋao⁰。

他们两个就说,谁能叫这个过路的把袄袄脱了,就算谁的本事大。

tʰa³⁵mən⁰liaŋ³⁵kɤ⁰təu²¹suɤ⁵⁵, sei⁴²lən⁴²tɕiao²¹tʂɤ²¹kɤ⁰kuɤ³⁵lu²¹ti⁰pa²¹ŋao³⁵ŋao⁰tʰuɤ⁵⁵lao⁰, təu³⁵suan²¹sei⁴²ti⁰pən³⁵sʅ⁰ta²¹³。

北风就攒劲地吹。结果他吹得越厉害,兀个过路的把袄袄裹得越紧。

pei⁵⁵fəŋ⁵⁵təu²¹tsan³⁵tɕin²¹ti⁰tsʰuei⁵⁵。tɕiE⁵⁵kuɤ³⁵tʰa⁵⁵tsʰuei⁵⁵ti⁰yɤ²¹li²¹xai³⁵, uɤ²¹kɤ⁰kuɤ³⁵lu²¹ti⁰pa²¹ŋao³⁵ŋao⁰kuɤ³⁵ti⁰yɤ²¹tɕin³⁵⁴。

最后北风没法了,只好算了。

tsuei³⁵xəu²¹pei⁵⁵fəŋ⁵⁵mɤ⁴²fa⁵⁵lao⁰, tsʅ²¹xao³⁵suan²¹lao³⁵。

过了一下,太阳出来了,晒得火辣辣的。兀个过路的赶紧把袄袄脱了。

kuɤ²¹lao³⁵i⁴²xa²¹³, tʰai²¹iaŋ³⁵tsʰu⁵⁵lai⁰lao⁰, sai²¹ti⁰xuɤ³⁵la⁰la⁰ti⁰uɤ²¹kɤ⁰kuɤ³⁵lu²¹ti³⁵kan³⁵ɕin³⁵təu²¹pa²¹ŋao³⁵ŋao⁰tʰuɤ⁵⁵lao⁰。

这下北风只得承认,他们两个里头还是太阳的本事大!

tʂɤ²¹³xa⁰pei⁵⁵fəŋ⁵⁵tsʅ²¹tei⁵⁵tʂʰən⁴²zən²¹³, tʰa³⁵mən⁰liaŋ³⁵kɤ⁰li³⁵tʰəu⁰xai⁴²sʅ²¹tʰai²¹iaŋ³⁵ti⁰pən³⁵sʅ⁰ta²¹³!

参考文献

北京大学中国语言文学系语言学教研室：《汉语方音词汇》（第二版重排版），语文出版社 2003 年版。

曹志耘：《汉语方言地图集》，商务印书馆 2008 年版。

陈保亚：《论语言接触与语言联盟——汉语（侗台）语源关系的解释》，语文出版社 1996 年版。

陈保亚：《20 世纪中国语言学方法论》，山东教育出版社 1999 年版。

陈良学：《湖广移民与陕南开发》，三秦出版社 1998 年版。

陈良学：《明清大移民与川陕开发》，陕西人民出版社 2015 年版。

陈章太、李行健：《普通话基础方言基本词汇集》，语文出版社 1996 年版。

丁声树等：《现代汉语语法讲话》，商务印书馆 1979 年版。

郭鹏主编，汉中市人民政府主修，汉中市地方志办公室编纂：《汉中地区志》，三秦出版社 2005 年版。

汉中市地方志编纂委员会编：《汉中市志》，中共中央党校出版社 1994 年版。

黑维强：《绥德方言调查研究》，北京师范大学出版社 2016 年版。

黄尚军：《成都方言词汇》，巴蜀书社 2006 年版。

柯西钢：《汉江上游沿江地区方言语音研究》，北京师范大学出版社 2018 年版。

兰宾汉：《西安方言语法调查研究》，中华书局 2011 年版。

李荣：《切韵音系》，科学出版社 1952 年版。

李荣、熊正辉、张振兴：《中国语言地图集》，香港朗文（远东）有限公司 1990 年版。

李荣主编，梁德曼、黄尚军编纂：《成都方言词典》，江苏教育出版社 1998 年版。

李荣主编，王军虎编纂：《西安方言词典》，江苏教育出版社 1996 年版。

李如龙：《汉语方言的比较研究》，商务印书馆 2001 年版。

吕叔湘：《汉语语法论文集》，商务印书馆 1984 年版。

吕叔湘：《现代汉语八百词》，商务印书馆 1984 年版。

吕叔湘：《中国文法要略》，商务印书馆 2014 年版。

罗自群：《现代汉语方言持续标记的比较研究》，中央民族大学出版社 2006 年版。

牟成刚：《西南官话音韵研究》，中国社会科学出版社 2016 年版。

沈明：《安徽宣城（雁翅）方言》，中国社会科学出版社 2016 年版。

王还：《"把"字句和"被"字句》，上海教育出版社 1984 年版。

王珏：《汉语方言语气词南多北少之格局及其原因浅析》，全国汉语方言学会、上海语文学会、上海大学文学院：《汉语方言语法研究的新视角——第五届汉语方言语法国际学术研讨会论文集》，2010 年。

王力：《汉语史稿》，商务印书馆 2004 年版。

吴媛、韩宝育：《岐山方言调查研究·陕西方言重点调查研究》，中华书局 2016 年版。

邢福义：《汉语语法三百问》，商务印书馆 2002 年版。

邢向东：《神木方言研究》，中华书局 2002 年版。

薛平拴：《陕西历史人口地理》，人民出版社 2001 年版。

洋县地方志编纂委员会编：《洋县志》，三秦出版社 1996 年。

张赪：《汉语语序的历史发展》，北京语言大学出版社 2010 年版。

中国社会科学院语言研究所、中国社会科学院民族学与人类学研究所、香港城市大学语言资讯科学研究中心：《中国语言地图集（第 2 版）》，商务印书馆 2012 年版。

朱德熙：《语法讲义》，商务印书馆 1982 年版。

曹志耘：《方言濒危、文化碎片和方言学者的使命》，《中国语言学报》第16期，商务印书馆2014年版。

陈保亚：《语言接触导致汉语方言分化的两种模式》，《北京大学学报》2005年第2期。

邓婕：《湖南泸溪乡话的"倒"及其语法化》，《方言》2017年第1期。

郭沈青：《陕南西南官话的内部差异与归属》，《方言》2006年第2期。

郭沈青：《陕南中原官话的性质与归属》，《语文研究》2006年第4期。

柯西钢：《汉江上游地区方言的混合特征及历史成因》，《中山大学学报》2018年第5期。

柯西钢：《汉水流域语言与文化研究》，《陕西师范大学学报》2018年第3期。

李蓝、曹茜蕾：《汉语方言中的处置式和"把"字句（下）》，《方言》2013年第3期。

李荣：《汉语方言的分区》，《方言》1989年第4期。

李如龙：《论汉语方言的词汇差异》，《语文研究》1982年第2期。

刘丹青、徐烈炯：《普通话与上海话中的拷贝式话题结构》，《语言教学与研究》1998年第1期。

刘祥柏：《六安丁集体貌助词"倒"》，《方言》2000年第2期。

钱曾怡：《浙江嵊州长乐话的变调》，《方言》2016年第1期。

邵敬敏：《是非问内部类型的比较以及"疑惑"的细化》，《世界汉语教学》2012年第3期。

沈明、崔允慧：《安徽宣城（雁翅）方言两字组连读变调》，《方言》2016年第2期。

孙立新：《汉中方言同音字汇》，《咸阳师范学院学报》2016年第1期。

汪国胜：《湖北大冶方言的比较句》，《方言》2000年第3期。

夏俐萍：《汉语方言的完成持续体标记——以"路上停着一辆车"的标记类型为例》，《汉语学报》2009年第4期。

邢向东：《关于深化汉语方言词汇研究的思考》，《陕西师范大学学报》2007年第2期。

邢向东：《晋语的时制标记及其功能与特点——晋语时制范畴研究之三》，《方言》2020 年第 1 期。

邢向东：《论陕南方言的调查研究》，《西北大学学报》2008 年第 2 期。

邢向东：《论西北方言和晋语重轻式语音词的调位中和模式》，《南开语言学刊》2004 年第 1 期。

邢向东：《论现代汉语方言祈使语气词"着"的形成》，《方言》2004 年第 4 期。

邢向东：《陕西省的汉语方言》，《方言》2007 年第 4 期。

邢向东：《神木方言词汇的内外比较》，《语言研究》2002 年第 1 期。

邢向东：《神木方言的两字组变调和轻声》，《语言研究》1999 年第 2 期。

邢向东：《西部官话中名词小称形式的分布和类型——兼及动词重叠式的分布》，《语言研究》2020 年第 1 期。

邢向东、周利芳：《陕北神木话的语气副词"敢"及其来源》，《方言》2013 年第 3 期。

熊正辉：《官话区方言分 ts tʂ 的类型》，《方言》1990 年第 1 期。

张成材：《商州方言里的"形 + 人 + 哩"结构》，《语言科学》2003 年第 1 期。

张双庆、邢向东：《关中方言古知系合口字的声母类型及其演变》，《方言》2012 年第 2 期。

甄尚灵：《〈西蜀方言〉与成都语音》，《方言》1989 年第 3 期。

周利芳：《内蒙古丰镇话的人称代词［nia^{54}/nie^{53}］》，《语文研究》2004 年第 3 期。

周政：《略论安康方言词汇的融合方式》，《安康学院学报》2014 年第 5 期。

周政：《陕南方言的标准问题》，《安康学院学报》2009 年第 2 期。

周政：《陕南混合方言韵母和声调的演变》，《汉语学报》2013 年第 2 期。

周政：《陕南混合方言韵母和声调的演变类型》，《安康学院学报》2012

年第 6 期。

周政：《陕南混合方言知庄章组声母的今读类型与历史层次》，《语言科学》2014 年第 2 期。

周政：《陕西汉台方言同音字汇》，《安康学院学报》2012 年第 3 期。

白雪洁：《汉中（汉台区）方言语音研究》，硕士学位论文，西北大学，2013 年。

段石玉：《从方言接触看古入声字在汉中方言里的今读》，硕士学位论文，云南民族大学，2013 年。

黄后菊：《汉中方言音韵比较研究》，硕士学位论文，北京语言大学，2008 年。

刘珂：《陕西三原方言语法研究》，博士学位论文，中央民族大学，2017 年。

邢向东、马梦玲：《论西北官话的词调及其与单字调、连读调的关系》，"第二届中法语言学论坛"，湖北大学，2017 年。

邢向东、马梦玲：《再论词调——从词汇、语法层面透视汉语方言的连调问题》，"继承与创新：庆祝《方言》创刊四十周年学术讨论会"，浙江师范大学，2018 年。

张永哲：《关中方言词汇研究》，博士学位论文，陕西师范大学，2016 年。

［美］布龙菲尔德：《语言论》，袁家骅等译，钱晋华校，商务印书馆 1997 年版。